在使馆工作期间，介绍我国的经济发展和改革开放

中联部首次新闻发布会

于1991年访问苏联时，同莫斯科一所中学的中文班学生合影

在中日《亚洲形势与和平问题座谈会》上作主题发言

在日本东京参加第10届日中恳谈会

斯里兰卡总理班达拉奈克夫人会见中国国际交流协会代表团

陪同中国国际交流协会副会长张香山会见日本外宾

日本社会党委员长土井多贺子会见中国国际交流协会总干事

陪同中国国际交流协会副会长钱李仁访问德国

陪同中国国际交流协会副会长郁文会见美国外宾

参加中联部、中国国际交流协会与德国艾伯特基金会共同举办的国际问题研讨会

中国国际交流协会代表团访问尼泊尔，同尼泊尔对华友好人士交谈

中国国际交流协会代表团访问苏丹，在苏丹总统府

参加意大利共产党党报节，同几位意共老党员、游击队员合影

同海湾合作委员会秘书处座谈

同朱善卿副部长、郭业洲同志一起访问德国

参加中联部开放日活动

在德国特里尔市“马克思诞生之家”前

在德国柏林马克思、恩格斯像前

在德国波恩中国驻联邦德国使馆第一座馆址前

在美国密苏里大学新闻学院图书馆斯诺生平展览厅

在列宁办公室

政党外交工作的回忆与思考

吴兴唐 著

当代世界出版社
THE CONTEMPORARY WORLD PRESS

图书在版编目（CIP）数据

政党外交工作的回忆与思考 / 吴兴唐著 . -- 北京 : 当代世界出版社 , 2020.7

ISBN 978-7-5090-1503-2

Ⅰ . ①政… Ⅱ . ①吴… Ⅲ . ①政党－外交－文集 Ⅳ . ① D8-53

中国版本图书馆 CIP 数据核字 (2019) 第 101773 号

书　　名：政党外交工作的回忆与思考
出版发行：当代世界出版社
地　　址：北京市复兴路4号（100860）
邮　　箱：ddsjchubanshe@163.com
网　　址：http://www.worldpress.org.cn
编务电话：（010）83907332
发行电话：（010）83908410（传真）
　　　　　13601274970
　　　　　18611107149
　　　　　13521909533
经　　销：新华书店
印　　刷：北京虎彩文化传播有限公司
开　　本：710毫米×1000毫米　1/16
印　　张：29.25
字　　数：435千字
版　　次：2020年7月第1版
印　　次：2020年7月第1次
书　　号：ISBN 978-7-5090-1503-2
定　　价：78.00元

前　言

我所著的《政党外交和国际关系》于2004年出版发行，现在已经过去16年了。在这16个秋去春来的岁月中，我仍然关注着政党外交和国际关系这两个主题，陆陆续续写了一些有关文章，大多发表于《当代世界》《中国新闻周刊》《纵横》《红旗文稿》《国际交流》《德语国家资讯与研究》等公开发行的报刊上，有些文章为摘要发表，有的还在《作家文摘》《文摘报》和《报刊文摘》摘发。现在精选部分文稿，做了些修改，集编成书出版，也许会对读者了解和研究上述两个问题有一定的参考价值。需要说明的是，在编辑本文集过程中，删去了一些过于陈旧的观点，但仍会留下一些"痕迹"，也可为读者作一定参考。同时，根据现在新时代形势的发展，在原稿基础上加了一些新的看法和观点。

世界绝大多数国家实行政党政治。政党政治是国家政权的基石，各国政党之间的交流与合作，有利于"和平、发展、合作、共赢"的世界大局，有利于国家关系的巩固与发展。

中国特色政党外交是中国共产党党的事业的一部分，又是中国"总体外交"重要的不可或缺的一部分。

我国政党外交有着几十年的丰富的实践经验，但现在更需要加强政党外交的理论建设、战略建设和学术建设。这是一个很大的繁复的课题。本书文稿只是提出对上述三项建设的一些初步设想和建议，大量工作还有待于今后专家们的努力。

论述政党外交必然会涉及国际思潮。国际思潮，风起潮涌，潮起潮落，这种思潮变化，对国际政治生态和政党格局的发展变化有着重要的影响。本书结合国际形势的变化，对新自由主义、民主社会主义、世界主义、民粹主义等思潮有所涉及。政党外交研究同国际政治研究密切相联，包括对国际形势、国际战略和外交政策的跟踪研究。

因此，本文集包括以下八个章节：历史沿革；复兴路上；理论探索；思潮研究；世界大势；国际战略；外交政策；创新发展。

中共中央对外联络部（简称中联部）是负责中国共产党对外工作的职能部门。作者从1960年6月起就在中联部工作，因而《复兴路上》这一章节是作者对中联部工作和对中联部部分领导的片段回忆。

撰写本书这些文章时我已经退休。虽然本人也跟踪国际形势和政党外交的发展，参加一些调研，但毕竟不在第一线工作。没有了繁重的工作任务的压力，可以用比较宽裕的时间来思考一些问题，做些潜心的研究。当然也正因为如此，本书文稿是作者本人的研究成果，阐述了一些个人的看法，难免会有片面和偏颇之处，敬请读者批评指正。

中联部部领导对我的调研工作给予很大的关注和鼓励，并对本书的出版给予热情的支持。在此，谨向中联部的各位部领导表示衷心的感谢。

收集于本书的文稿主要是我在退休后近20年来写就的。但文稿中的主要内容和论点是我在中联部的几十年工作中积累起来的。在这几十年中，包括退休后我作为部调研咨询小组成员和老同志国际问题研讨小组召集人，得到戴秉国、钱李仁、朱良、李淑铮和王家瑞等老部领导的关心和指导。在此，对中联部各位老部领导表示衷心的感谢。

同时，我要感谢中联部研究室栾建章主任和当代世界出版社丁云社长对本书出版的大力支持。感谢周志琴同志为本书的编校付出了很多心血，同时，也要感谢高铁英和郭国英等同志为修改和编辑本书作出的努力。

我要深深感谢中联部给予我进行政党外交、民间外交、公共外交和调研工作的难能可贵的且使我终生受益的大舞台。感谢多年来建议和支持我出版文集的中联部休干局领导以及所有老同事和众多朋友。

吴兴唐

2020年1月于北京

序　言

以习近平新时代中国特色社会主义思想为指导
进一步发展政党外交的新局面

中共十九大提出中国特色社会主义进入新时代。这个新时代的指导思想和理论基础是习近平新时代中国特色社会主义思想。这个思想是当代中国马克思主义的新发展，它将指引中华民族实现伟大复兴，同时也丰富着全人类对未来世界的美好向往。

在世界进入大发展、大变革、大调整时期，中国将实现从站起来、富起来到强起来的伟大历史飞跃。国际社会和各国各类政党都更加愿意倾听中国共产党关于治国理政、和平发展、合作共赢、中国发展道路、争取世界和平、全球治理的中国方案和中国声音。

中共十九大之后，2017 年 11 月 30 日至 12 月 3 日，中国共产党与世界政党高层对话会在北京举行。来自 120 多个国家的近 300 个政党和政治组织共 600 多名中外方代表聚会，围绕“构建人类命运共同体、共同建设美好世界：政党的责任”的主题进行了广泛深入的对话与交流。尤其重要的是，中共中央总书记、国家主席习近平出席开幕式并发表题为《携手建设更加美好的世界》的主旨讲话，全面深刻地阐述了会议主题，得到与会各国政党代表的一致高度赞赏。

会议内容十分丰富，围绕“习近平新时代中国特色社会主义思想”“新时代中国：新发展、新理念”“创新世界、中国贡献”和“加强政党建设：政党的挑战和未来”“建设美好国家：政党的实践和经验”“共建‘一带一路’：

政党的参与和贡献”和“引领构建人类命运共同体：政党的角色和责任”等议题进行了讨论，汇聚了各方思路与理念。还配套举行了第三届中非政党理论研讨会、第二届中国—中亚政党论坛、第十届中美政党对话。会议通过《北京倡议》，强调政党间应增进互信，加强沟通、密切协作，探索建立求同存异、互相尊重、互学互鉴的新型政党关系，汇聚构建人类命运共同体的强大力量。

这次中国共产党与世界政党高层对话会，是中国共产党首次与世界各类政党举行高层对话，在世界政党关系史上具有开创性的意义。同时，也为不断开创新时代中国特色政党外交新局面增添了新的色彩。

政党的角色与责任

政党是社会发展的产物。政党萌芽于17世纪70年代资本主义发展最早的英国。19世纪早期和中期在英国和美国先后形成了历史上最早的现代意义上的政党，即资产阶级政党。第一个无产阶级政党是1847年成立的马克思和恩格斯领导的共产主义者同盟。

在现代，绝大多数国家实行政党政治，不论其意识形态和价值观的异同。政党都为实现自己的目标和理念，进而取得或保持国家政权进行政治活动。不论各种政体的异同，政党都通过不同的形式，领导或引领国家政权。

在几百年的历史长河中，政党起起伏伏，一些政党没落了，一些政党兴起。为什么会发生这些情况？世界政党兴衰成败的经验教训在哪里？

关键在于：世界上各类政党，无论是进步政党还是保守政党，无论是左翼还是右派或是中间派，都要顺应世界发展潮流。都要随社会发展变化而不断调整方向，都要了解民情，符合民意，有符合广大民众利益的施政纲领和施政诉求。世之潮流浩浩荡荡，顺者昌逆者亡。

当今世界经济全球化是世界经济和科技发展的结果，但全球化是把双刃剑。20世纪八九十年代全球化曾给世界经济带来空前的繁荣。但是，2007年美国发生次贷危机，进而演化为国际金融危机，接着发生欧债危机，全球化的种种弊病就暴露出来了。这些弊病的产生，究其根源是美国推行市场原教旨主义的新自由主义，并利用全球化的发展，将新自由主义推广到全世界，称为“华盛顿共识”。虚拟经济泛滥，实体经济难以维系，甚至破产，大量工人失业，甚至影响中间阶层的收入。分配不均，贫富差距扩大。

同时，美国借全球化发展之势，把“危机”转嫁到新兴市场经济国家和广大发展中国家。美国还在苏联解体东欧剧变之后，奉行“新霸权主义”，推行“全球民主化”，搞“颜色革命”，使中东和美洲一些国家动乱不止，造成“难民潮”。大量难民涌入欧洲，加剧了当地的社会矛盾和混乱。这就是近年来民粹主义兴起的根由。

面对世界经济全球化的起伏变化和民粹主义兴起，西方国家传统政党，依然依据“西方民主”的旧套路，热衷于“竞选”和“党争”，与中下层民众和民众利益渐行渐远，直至出乎意料的英国脱欧和特普朗当选美国总统。这种地震式的连锁震动还在继续。于是，人们要问：政党还有作用吗？传统政党究竟向何处去？

2017 年底中国共产党与世界政党高层对话会的一个重要收获是，加强了对各国政党在本国政治活动中和全球治理中的重要作用的认识。

习近平总书记在主旨讲话中说：“政党在国家政治生活中发挥着重要作用，也是推动人类文明进步的重要力量。”又说：“当前，世界格局在变，发展格局在变，各个政党都要顺应时代发展潮流，把握人类进步大势，顺应人民共同期待，把自身发展同国家、民族、人类的发展紧密结合在一起。我们应该志存高远、敢于担当，着眼本国和世界，着眼全局和长远，自觉担负起时代使命。我们应该深入体察民情，把民众需求转化为政党的理念、宗旨、目标，制定符合实际的实施方案。”

与会各国政党代表都赞同习近平总书记的这一关于政党作用和责任的讲话。他们认为，伴随新的经济发展和工业革命以及全球化的不断推进，西方一些传统政党正经历着历史性的转折。

凝聚共识：构建人类命运共同体

世界进入新世纪以来，和平与发展依然是时代主流。但与此同时，世界面临的不稳定性与不确定性日益突出。地区冲突和突发事件不断发生，世界经济复苏乏力，全球贫富分化严重，恐怖袭击突出，自然灾害和传染性疾病威胁人类生态环境。当今人类面临许多共同的挑战。

面对深刻复杂变化的国际形势，面对当今世界许多“不确定”的挑战，我们经常听到国际社会中政界、学界，甚至普通民众的提问：这个世界会好吗？人类未来究竟走向何处？

习近平主席秉承中华优秀文化几千年积淀的“天下一家”的伟大理想和情怀，提出共同构建人类命运共同体。

2013 年 3 月，习近平在当选国家主席后首次出访时，在莫斯科发表题为《顺应时代潮流，促进世界和平发展》的演讲，提出：“这个世界，各国相互联系、相互依存的程度空前加深……越来越成为你中有我、我中有你的命运共同体。”

2015 年 3 月，习近平主席在博鳌亚洲论坛上发表主旨演讲，提出：“共同营造对亚洲、对世界都更为有利的地区秩序，通过迈向亚洲命运共同体，推动建设人类命运共同体。”2015 年 9 月，习近平主席在第七十届联合国大会一般性辩论时，强调要“构建合作共赢为核心的新型国际关系，打造人类命运共同体”。习近平主席阐述了建立平等相待、互商互谅的伙伴关系，营造公道正义、共建共享的安全格局，谋求开放创新、包容互惠的发展前景，促进和而不同、兼收并蓄的文明交流，构筑尊崇自然、绿色发展的生态体系，形成了构建人类命运共同体的总体布局。

2017 年年初，习近平主席在达沃斯和日内瓦的国际会议上相继发表两场重要演讲，提出构建人类命运共同体，关键在行动。他指出，“世界命运应该由各国共同掌握，国际规则应该由各国共同书写，全球事务应该由各国共同治理，发展成果应该由各国共同分享”。2017 年 2 月，“构建人类命运共同体”理念被正式写入联合国决议，表明这一理念得到国际社会的广泛认可。

习近平总书记在中国共产党与世界政党高层对话会上的主旨讲话，进一步完善和发展了构建人类命运共同体的基本方略。在题为《携手建设更加美好的世界》的主旨演讲中，习近平总书记提出了“建设更加美好世界的理想愿景”：“我们要努力建设一个远离恐惧、普遍安全的世界”；“我们要努力建设一个远离贫困、共同繁荣的世界”；“我们要努力建设一个远离封闭、开放包容的世界”；“我们要努力建设一个山清水秀、清洁美丽的世界”。

习近平总书记的主旨讲话从政治高度提出了构建人类命运共同体的“政党版”倡议。习近平总书记提出，“各个政党都要顺应时代发展潮流，把握人类进步大势，顺应人民共同期待，把自身发展同国家、民族、人类的发展紧密结合在一起”；“我们应该凝聚不同民族、不同信仰、不同文化、不同地域人民的共识，共襄构建人类命运共同体的伟业”。习近平总书记的重要论述，进一步增强了中国共产党在解决人类重大问题方面的引领作用。习近平总书记的关于构建人类命运共同体的政党担当和作用，得到了与会各国政党代表的热烈赞赏。

提出建立新型政党关系的重大理论观点

习近平总书记在对话会上首次提出新时代建设新型政党关系的重要原则：“不同国家的政党应该增进互信、加强沟通、密切协作，探索在新型国际关系的基础上建立求同存异、相互尊重、互学互鉴的新型政党关系，搭建多种形式、多种层次的国际政党交流合作网络，汇聚构建人类命运共同体的强大力量。”

这是呼应时代潮流发展，着眼世界政党政治发展新趋势和新格局提出的理论创新。新型政党关系原则与党际交往的“独立自主、完全平等、互相尊重、互不干涉内部事务”的“四项原则”一脉相承，是对党际关系“四项原则”的继承发展与丰富完善。

党际关系“四项原则”在不同时期的不同表述，可以说明政党外交的对象范围的不断扩大。

1982 年 9 月，中共十二大政治报告中正式提出了处理党际关系的“四项原则”：“我们党坚持在马克思主义的基础上，按照独立自主、完全平等、互相尊重、互不干涉内部事务的原则，发展同各国共产党和工人阶级政党的关系。”但是，这个表述里留有一顶“帽子”：“在马克思主义的基础上”，还有一条限制，即发展同“各国共产党和工人阶级政党”的关系。

1987 年 10 月，中共十三大政治报告不再将“在马克思主义的基础上”作为发展政党关系的前提，同时扩充了“四项原则”的适用范围，表述为：“按照独立自主、完全平等、互相尊重、互不干涉内部事务的原则，发展同外国共产党和其他政党的关系。”

1992 年 10 月，中共十四大政治报告提出：“我们将按照独立自主、完全平等、互相尊重、互不干涉内部事务的原则，同各国政党建立和发展友好关系，本着求同存异的精神，增进相互了解与合作。”至此，中共在党际交往中，不再区分“外国共产党和其他政党”，而表述为“各国政党”。并在“四项原则”的基础上增加了“本着求同存异的精神，增进相互了解与合作”的内容。

习近平总书记提出的建立新型政党关系的论述，是习近平新时代中国特色社会主义思想的一个组成部分，必将为全球政党团结合作开创更广阔的思想空间和合作平台。

携手建设更加美好的世界

中国共产党是世界上最大的政党，习近平总书记提出“大就要有大的样子”。这就是，中国共产党要同各国政党一起，携手建设更加美好的世界。这就是，中国共产党为中国人民的幸福、为中华民族伟大复兴而奋斗，同时也为人类的和平发展而努力。中国共产党把为世界和平与繁荣、为人类进步事业继续奋斗作为赋予自己的神圣使命。

习近平总书记在对话会主旨讲话中提出中国共产党为世界作贡献的“三个一如既往”。这“三个一如既往”就是：第一，一如既往为世界和平安宁作贡献。中国积极参与全球治理体系改革和建设，推动国际政治经济秩序朝着更加公正合理的方向发展。第二，一如既往为世界共同发展作贡献。中国共产党不仅对中国人民有着深厚情怀，而且对世界各国人民有着深厚情怀，不仅愿意为中国人民造福，也愿意为世界人民造福。第三，一如既往为世界文明交流互鉴作贡献。中国共产党以开放的眼光、开阔的胸怀对待世界各国人民的文明创造，愿意同世界各国人民和各国政党开展对话和交流合作，支持各国人民加强人文往来和民间友好。

习近平总书记主旨讲话还提出世界各国政党同我们一起努力的“三项倡议”。这就是：倡议世界各国政党同我们一道，做世界和平的建设者、全球发展的贡献者、国际秩序的维护者；倡议世界各国政党同我们一道，为世界创造更多合作机会，努力推动世界各国共同发展繁荣；倡议将中国共产党与世界政党高层对话会机制化，使之成为具有广泛代表性和国际影响力的高端政治对话平台。

中共中央对外联络部（中联部）是党的对外工作的职能部门。习近平同志多年来一直重视政党外交的发展，曾多次作出重要指示。

2011 年 1 月，习近平同志亲临中联部，出席纪念党的对外工作 90 年暨中联部建部 60 年大会，并就政党外交发表重要讲话。指出党的对外工作要努力成为促进我国对外关系发展的重要途径，成为向国际社会展示党的良好形象的重要窗口，成为党员领导干部观察和研究世界的重要平台，成为借鉴国外经验、为中央决策服务的重要渠道。

八年多来，特别是党的十八大以来，中联部遵循习近平同志重要指示精神，党的对外工作不断取得了新的成就。

习近平总书记在中国共产党与世界政党高层对话会上的主旨讲话，从新时代使命、历史责任和担当的角度出发，深刻阐述了政党在构建人类命运共同体、建设美好世界中所承担的重要责任和应发挥的重要作用，强调不同国家政党在新型国际关系的基础上建立新型政党关系。

遵循习近平新时代中国特色社会主义思想，学习宣传和贯彻落实好习近平总书记在中国共产党与世界政党高层对话会主旨讲话精神，结合当代世界和中国实际，进一步开创新时代中国特色政党外交新局面。

目 录

CONTENTS

第一章
历史沿革

政党外交的历史视野

政党外交是一个新词，大约出现在近 30 年。因为当时提出我国实施“总体外交”，包括政府外交、政党外交、议会外交、经济外交、军事外交、文化外交、民间外交和公共外交等等。政党外交这个词本身就带有中国特色，因为“外交”严格地说，是指主权国家政府之间的关系。20 世纪 50 年代，周恩来把中国的对外民间交往称之为“民间外交”，把外交的含义扩展开来了，成为周恩来外交思想的重要组成部分。但当时的“民间外交”是同“官方外交”（政府外交）相对应而提出来的，而其他领域（政党、经济、文化等）仍然称之为对外联络或对外交流，政党交流称为党的外事工作或党的对外联络工作。

中国共产党从建党开始就同外国政党有了联系和交往，但当时党处于地下状态，并且政党交往主要是同共产国际的联系，因此不能说是政党外交。

抗日战争后期，我党在延安和重庆所展开的外事活动，是否可作为我党政党外交的开端，是一个可以讨论的问题。胡乔木在一篇题为《抗战后期延安的外交活动》的文章中说：“我们党的外交工作在抗日战争后期有很大发展。从 1944—1945 年抗战结束，有三件非常重要的事情：中外记者团访问边区，美军观察组派驻延安和美国总统特使赫尔利斡旋国共谈判。那时的外交工作是与这些事情联系在一起的。”对胡乔木文章应加以补充的是，当时周恩来在重庆领导的我党外交活动是延安外交活动的一部分。胡乔木文中提到的三件事都同周恩来在重庆的外交活动密切相关。

中华人民共和国成立后，我党作为执政党的外事活动，理所当然可以称为政党外交。新中国成立后政党外交应如何分期，也是一个可以探讨的问题。依据现有材料和认识，大体可以分为四个时期：1. 新中国成立到 20 世纪

50年代末60年代初；2. 从国际共运大论战到“文革”结束；3. 从中共十一届三中全会至20世纪结束；4. 中国特色政党外交的新时期。

一、从新中国成立到20世纪50年代末60年代初

这一时期的国际背景是：

1. 战后形成两个阵营，以美国为首的西方资本主义阵营发起冷战，以苏联为首的社会主义阵营高举反战和平的旗帜。

2. 民族独立和解放运动风起云涌。

3. 社会主义在西方国家民众中和在新独立国家中有很好的声誉，西欧国家共产党和社会党力量发展壮大。

4. 以美国为首的西方发达国家对新中国进行政治孤立、经济封锁和军事威胁，妄图遏制以至扼杀新中国。

这一时期我国的外交战略与方针是：

1. 对外“一边倒”方针，“站在和平、民主和社会主义阵营一边”。同时又强调独立自主，“中国的事情必须由中国人民自己做主”。

2. 进行抗美援朝。派遣中国人民志愿军同朝鲜人民一道，把美国军队打回三八线附近，迫使美国签订停战协议，大大提高了我国的国际威望。

3. 提出和平共处五项原则，超越国家社会制度不同，为新中国外交提供了一个广阔的活动空间。

4. 参加日内瓦会议和万隆会议。周恩来率领的中国代表团首次在国际政治舞台上亮相。我国缓和国际局势和坚持国家之间和平共处与友好合作的立场得到国际社会广泛赞赏。

这一时期政党外交的工作范围是：

1. 政党外交主要对象是社会主义国家执政党。新中国成立后，首先同苏联和欧亚十多个人民民主国家建立了外交关系。由于这些国家都是共产党执政，我们党同这些国家执政党的关系，不仅同政府外交紧密结合在一起，而且在双边关系中起决定作用。双方领导人都十分重视政党关系在国家关系中

的主导作用。

2. 在西方对新中国实行封锁的情况下，我们党同世界各国共产党、进步组织和各国进步的人民团体、民间组织及其国际群众组织有着比较广泛的联系。这种联系，使世界各国民众更加了解一个真实的爱好和平的中国，争取了世界许多朋友支持新中国。

3. 中共八大是这一时期政党外交的顶峰。1956 年中共八大在北京召开，来自世界上 56 个国家的共产党和工人党代表团出席了大会。毛泽东在会上说，有世界上一切兄弟党的支持，又有世界上一切同情者的支持，“我们并没有孤立的感觉”。在中共八大期间，毛泽东等中共领导人充分利用这一时机，同各党领导人频繁会谈，介绍了我们党的大政方针，增进了我党同各国政党相互的了解。除同苏共及东欧国家共产党领导人会晤外，中共领导人特别重视同英共、意共、法共等西欧共产党代表团交换意见。

4. 支持民族独立和解放斗争。第二次世界大战后，民族独立和解放运动风起云涌。我们党坚决支持这场反对帝国主义和殖民主义的斗争。中华民族长期遭受帝国主义的剥削和压迫，中国共产党领导中国人民为民族独立和解放进行了艰苦卓绝的斗争。我们对亚非拉的民族独立和解放运动感同身受，同这些国家的民族独立和解放运动及政治组织有着非常密切的关系。这也是当时政党外交的重点之一。

5. 同发达国家的社会党进行接触和联系。早在新中国成立之初，一些国家社会党就开始同我们党接触和联系，特别是日本社会党。日本社会党一直坚持对华友好，主张中日建立友好关系，在促进中日邦交正常化和缔结《中日和平友好条约》方面起了积极作用。日本社会党委员长浅沼稻次郎曾于 1957 年和 1959 年两次访华。意大利社会党领导人也曾访华。1954 年 8 月，由英国前首相艾德礼率领的英国工党代表团访华。这为新中国成立之初广交朋友和打破孤立作出了贡献。

这一时期政党外交的基本特点是：

1. 政党外交主要对象是“兄弟国家”和“兄弟党”。交往原则是无产阶级国际主义。主要任务是广交朋友，打破孤立。政党外交同政府外交、民间外交密切结合，在外交决策中起重要作用。毛泽东、周恩来、刘少奇、朱德、邓小平等中央领导十分重视政党外交工作。1951 年党中央决定成立中共中央对外联络部（中联部），首任部长王稼祥确定中联部是党中央在国际问题上的参谋和助手。从 1954 年到 1966 年“文革”开始，邓小平一直主管党的对外工作。

2. 贯彻政党关系的独立自主方针。虽然当时是对外“一边倒”方针，又奉行无产阶级国际主义，共产党之间关系称为“兄弟党”关系，但我们党领导人坚持各党独立自主的方针。毛泽东在这一时期的对外谈话中，强调“国有大小，党也有大小，都要平等相处”“任何外国的经验，只能做参考，不能当做教条。一定要把马列主义真理和本国的情况这两个方面结合起来”。他还说，在 1957 年社会主义国家共产党和工人代表会议通过的《莫斯科宣言》上，“我们提出加上一句，各国党的事由他们自己决定。这样对各党就没有束缚了”。

3. 政党外交起广交朋友作用。作为政党关系来说，由于历史的局限性，当时的党际关系局限于共产党之间。但从宽泛的政党外交角度来看，其范围就要宽广得多了。因此只说当时政党外交局限于同共产党的关系就不够全面和准确了。

二、从国际共运大论战到“文革”结束

从 20 世纪 50 年代末到 60 年代中期，发生了一场延续 10 年的史无前例的国际共运大论战。这场论战席卷了整个国际共运中的各国共产党和工人党，导致国际共运分裂。论战主要在中苏两个最大的执政党之间进行，从意识形态论争发展到国家关系，导致社会主义阵营消失。

发生论战的历史背景是十分复杂的。论战有客观和主观原因。就客观原因而言，国际共运面临如何对待国际形势和国际共运出现的新问题。

1. 国际形势的复杂变化。战后初期，社会主义、共产党威望很高。苏联作为世界反法西斯战争的主要力量，进行了艰苦的斗争，付出了巨大牺牲，

赢得世界人民的同情和赞赏。中国革命的胜利极大地鼓舞了世界被压迫民族的独立和解放斗争。苏联、中国同欧亚出现的人民民主国家组成和平、进步的社会主义阵营。

然而，到了20世纪50年代中期之后，美国、西欧和日本，度过战后经济困难时期之后，科技革命突飞猛进，促进了生产力前所未有的发展。资本主义增强了自我调节能力，进行经济体制和社会体制的改革。美国实施罗斯福新政，西欧推行凯恩斯主义，实施社会市场经济，日本实行东西方文化结合的企业制度。这些虽然并未解决资本主义社会的基本矛盾，但通过各种手段的调节，缓和了阶级矛盾和社会矛盾。

然而，社会主义国家执政的共产党仍在胜利陶醉之中，没有对国际形势的变化、对资本主义的发展变化作出科学的分析，教条主义地盲目相信社会主义的优越性，热衷于搞阶级斗争和党内“路线斗争”，缺乏改革的主观需求与动力。

2. 国际共运的复杂变化。战后国际共运经历了一系列重大事件，写下了矛盾和斗争的历史。战后，苏共实际控制的共产国际虽然已经解散，但斯大林领导的苏共利用其历史上的特殊地位和当时的国际威望，以国际共运的领导党自居，1947年9月成立的欧洲共产党情报局，就是为实现这个目的服务的。第二年，苏联共产党和南斯拉夫共产党发生冲突，南共被错误地批判和开除出情报局。斯大林还把这种国际共运的老子党地位，同俄罗斯大国沙文主义结合起来，粗暴干涉“兄弟国家”内政。赫鲁晓夫上台之初，在对待“兄弟党”和“兄弟国家”的政策上作出了某些调整和松动。但不久，赫鲁晓夫利用苏共作为社会主义阵营领导者的地位，利用华沙条约和经互会，继续推行大党主义，并发展为大国霸权主义。以苏共二十大为起始，国际共运矛盾全面展开。与此同时，西欧国家共产党的独立自主倾向有所发展。接着发生了波兰、匈牙利事件。当波匈事件发生时，我们党提出了一个重要观点，就是和平共处五项原则也适用于社会主义国家之间的关系。因为此前认为，和平共处五项原则只适用于社会制度不同的国家，而社会主义国家之间的关系应以高于和平共处五项原则的无产阶级国际主义为指导。对于这场国际共运大论战，邓小平在后来指出：一个党评论外国党的是非，往往根据的是已有公式或者某些定型的方案，事实证明是行不通的。

对这场国际共运大论战的评估：

1. 这场论战涉及一系列重要理论问题。如国际共运总路线、战略与策略以及路线、方针与政策，战争与和平问题，对民族解放运动评价，“和平过渡”问题，对斯大林评价，共产党关系准则和社会主义国家之间关系的原则。面对新形势，对这些问题存在不同看法和矛盾是正常的。争论是无法避免的，但争论时间持续如此之久，范围如此之广，各方伤害如此之深则是可以避免的。从理论论争发展到国家关系破裂则是完全可以避免的。

2. 打破了苏共在国际共运中“一统天下”的局面，发展各党独立自主的思想。论战从根本上动摇了苏共的“领导党”地位，打破了思想禁锢，进而为各国党独立思考、探索同本国实际相结合的革命道路，长远健康发展创造了条件。我们党在同苏共大党主义和大国沙文主义的斗争中，维护了国家的独立和主权，摆脱了“兄弟党”“兄弟国家”“社会主义阵营”和苏式“无产阶级国际主义”的思想束缚，为独立自主地探索发展道路（尽管仍有曲折）和发展对外关系（特别是打开同西方国家的关系）打下了思想基础。

3. 论战造成国际共运分裂，也给各国党的发展造成困难。论战中，苏共支持一些党内的亲苏势力，排斥异己，打击和开除不同意见的干部和党员。我们党也片面强调国际共运的发展取决于一分为二和分裂，鼓励与从各国“修正主义”政党中分裂出来的“马列主义派”加强联系。由于中苏两党是最大的共产党，又是两个最大的社会主义国家执政党，论战和分裂给世界社会主义带来负面影响，在各国共产党人和各种左翼力量中造成思想混乱。

4. 论战是发起“文化大革命”的动因之一。20 世纪 50 年代中期，我们党在国内问题上的“左”的政策，影响我们对国际问题和国际共运的看法，以我们自己的经验和观点来衡量国际共运的是非，把“左”的思想带到论战中。同时，论战中的“左”的观点反过来又影响我们对国内形势和问题的估计与判断。特别是用“苏共已成为修正主义党”“苏联已经改变颜色”“已经资本主义复辟”，以及分析苏联变修的阶级基础和社会基础等一系列观点，来分析和判断当时我国国内和党内的形势，提出阶级斗争主要对象是党内走资派，认为中国的赫鲁晓夫就睡在我们身边，于是得出发动“文化大革命”的错误指导理论：“无产阶级专政下的继续革命”。

三、从中共十一届三中全会至20世纪结束

党的十一届三中全会的召开标志着中国发生了具有深远历史意义的伟大转折，开创了建设中国特色社会主义的新时期。30多年来，中国的社会主义现代化建设取得了举世瞩目的伟大成就。根本原因就是我们党在十一届三中全会之后，形成了中国特色社会主义理论体系。很自然，政党外交作为党的事业的重要组成部分和我国总体外交的方面军，形成了作为中国特色社会主义理论中分支体系的中国特色政党外交理论。

（一）时代主题的转换是确定国际战略的关键，也是政党外交战略调整和开创新局面的理论依据。时代主题的分析、认识、判断和确定，是关系到党和国家统领全局的战略问题。时代主题也关系到理论的发展与创新。马克思主义理论100多年的历史命运，取决于两条：其一是符合时代的发展；其二是同本国的实际相结合。

20世纪前半个世纪已经被历史事实证实，如同列宁所预见的，是“战争与革命”的时代。这50年中，发生两次世界大战，发生了俄国十月社会主义革命和中国革命，东欧和亚洲一些国家建立了人民民主政权，亚非拉广大地区的民族解放运动，都证实了这一点。从20世纪60年代开始，国际形势发生了很大变化。东西方关系出现了一定程度的缓和，西方国家主要靠和平手段而不是战争手段对付社会主义国家。西方社会由于科技和经济发展而使阶级结构和社会结构发生变化，改良主义促使阶级关系和社会关系进行调整，资本主义民主制度也得到一定程度的改造。世界大战打不起来，革命已缺乏动力。“战争与革命”的时代特征正在发生质的变化。毛泽东一直十分重视战争与革命问题。他一直在思考：“是战争引起革命，还是革命制止战争？”50年代他对形势作出的判断是：世界主要倾向是革命。但60年代中

期又提出战争已迫在眉睫。

邓小平对战争与和平作出了新的判断。这个新判断是20世纪70年代末期逐步形成的，到80年代中期明确提出“和平与发展”是当代世界的两大主题，是当代具全球性的战略问题。

时代主题从“战争与革命”转换到“和平与发展”有着非常重要的历史意义，也是一个重大的理论突破。时代主题的转移，为我国的改革开放和社会主义现代化建设指明了战略方向，也成为中国总体外交的理论指导原则。

（二）政党外交的发展同时代主题及我国国际战略调整密切相关。我国外交工作在“文革”期间也曾受到“左”的干扰，但由于当时外交是由毛泽东和周恩来亲自主管和把关，这种干扰比对国内工作的冲击，程度要轻些，时间要短些。因此外交工作在“文革”时期还是取得了很大成绩，提高了中国的国际地位。在此时期内，中国恢复了在联合国的合法席位，尼克松访华打开了中美关系僵局，实现了中日邦交正常化，中国同联邦德国等西欧国家和欧共体建立了外交关系。当时提出的“西方世界不是铁板一块”、西欧存在“联合自强”倾向、世界各种政治力量出现“大动荡、大分化、大改组”的分析，以及提出“三个世界”战略思想，在当时历史条件下也是正确的。

但是政党外交受到“左”的路线影响所造成的损害，要比整个外事工作严重。受“战争与革命”的教条主义理论影响，从国际共运大论战到“文革”，我们党同苏共以及大多数共产党的联系中断了，而且还严重影响我国同社会主义国家的关系。“左”的政策给党的对外联络工作带来严重损害。如规定中联部工作就是“支左反修”，批所谓“三和一少（对帝国主义和、对修正主义和、对反动派和、对革命斗争力量支持少）”“三降一灭（投降帝国主义、投降修正主义、投降反动派、消灭民族解放运动）”，把中国的经验作为评判别国政党的“标准”“以我划线”“以苏划线”。到1976年“文革”结束时，同我们党有党际关系的实际上只有朝、罗等10个党和一批在国际共运大论战以及“文革”影响下出现的“左派党”（这些党在我国“文革”结束后大多数自行消失）。虽然在“文革”后期，耿飚和李一氓来中联部之后，对“四人帮”和康生的极“左”路线作了抵制，但整个党的对外联络工作已经陷入困境。

（三）“文革”结束之后，政党外交作出重要战略调整。1977年，我们党决定与南共联盟恢复两党关系，是政党外交重要战略调整的开始。邓小平确定恢复同大论战和“文革”中断绝来往的共产党关系的原则是：“过去的事情一风吹，一切向前看。”1977年8月南斯拉夫总统铁托访华。同铁托会见是毛泽东生前的愿望。华国锋在国宴上向铁托说：1975年10月毛泽东在接见访华的南斯拉夫总理比耶迪奇时，赞扬铁托不怕压迫，铁托是“铁”。铁托是以“总统”名义来访的，我们对两党的关系是否要恢复，进行了热烈的讨论。耿飚代表中联部，主张以此为契机，积极恢复两党关系。

1977年我们党同第三世界民族主义政党发展党的联系和关系也是一个突破。我们党一直真诚地支持亚非拉民族解放和独立运动。领导民族解放运动的政治组织在取得民族独立后，大多数成为新独立国家的执政党。但由于当时历史条件的限制，这种关系没有确定为党际关系。当时非洲有些国家执政党向我们党提出过要求建立党与党关系的建议，我们没有同意。当时不仅中共而且整个国际共运中各党都只在意识形态相同的共产党之间建立党际关系，而第三世界国家的许多政党同共产党毕竟在意识形态上是不同的。因此婉拒了这些党同我们建立党际关系的要求。但从政党外交广义上来说，并不能说这一时期我们同这些党的联系是“一片空白”。因此“文革”之后，我们同意同这些政党建立党的关系也就顺理成章了。1977年12月20日，经中央政治局讨论同意，中共中央批准中联部、外交部《关于黑非洲等地区一些民族主义国家执政党要求与我建立关系问题的请示》，决定首先同一些非洲国家执政党建立党的关系，以后在实践中推广到了整个亚非拉地区。

（四）拨乱反正，为“三和一少”平反，消除“左”的影响，明确政党外交的总方针是为我国社会主义现代化建设服务。在国际共运大论战期间，中联部参加了论战的写作和汇集材料工作。康生作为论战“写作班子”的重要成员，利用中联部在“写作班子”中的成员王力，插手中联部工作，推行其“极左”路线。中联部首任部长王稼祥对此始终持冷静的态度。20世纪60年代初期，中苏论战逐步走向公开化，毛泽东认为中国处于帝修反包围之中，应同帝国主义、现代修正主义和各国反动派进行坚决斗争。与此同时，我国国民经济出现严重困难。王稼祥从国际国内全局出发，经过反复考虑，经过中联部部务会议多次讨论，向中央提出自己独到的看法和意见。他首先提出，要发表一个全面的对外关系声明，说明我对外的和平外交政策，这种政策的任务是创造保证我们社会主义建设的长期和平国际环境。他提出的具体对策是：1. 为了争取时间，度过困难，加速完成我国社会主义建设，对外有必要采取缓和的方针；2. 我国的对外援助要根据自己的具体条件，实事求是，量力而行；3. 在国际斗争中要小心谨慎，注意策略，要有进有退，有攻有守，有争有让，有拖有解，而不能勇往直前一斗到底。王稼祥的正确建议非但没有被接受，反而被扣上“三和一少”的修正主义路线的帽子。1966 年春，中央决定由康生领导中联部工作，替代中央长期分工领导中联部的邓小平。“文革”刚一开始，康生就直接来到中联部作报告，提出“打倒刘、邓、王（稼祥）”的口号，号召批判“三和一少”“三降一灭”，规定中联部的工作方针为“支左反修”。因此，党的十一届三中全会之后，党的外事工作首要任务是拨乱反正，纠正“左”的错误，纠正康生提出的“支左反修”的指导思想及一系列有关的方针政策，同时要为“三和一少”平反。1979 年 3 月，党中央批准为所谓“三和一少”问题平反，从思想和政策上纠正“左”的错误，为党的外事工作调整创造了条件。

（五）在十一届三中全会“解放思想、实事求是”的思想指导下，政党外交不断开拓，迎来了新的“春天”。这是在邓小平的政党外交理论思想指导下取得的。

邓小平历来十分重视政党外交。他亲自经历了国际共运许多重大事件，同外国政党领导人有过广泛的接触。在他任党的总书记期间，长期领导了中联部的工作。党的十一届三中全会之后，邓小平根据国际国内形势的新变化，对政党外交的指导思想和党际关系原则进行了一系列论述，形成了邓小平新型政党关系理论的科学体系，成为邓小平外交思想的一个重要组成部分。

1. 各国政党都是独立自主的，要互不干涉内部事务。各国政党无论大小都是独立自主的，都要根据自己的实际决定自己的政策。各国的事情，一定要尊重各国的党、各国的人民，由他们自己去寻找道路，去探索，去解决问题。对于别的党、别的国家的事情不应该随便指手画脚，评头品足，更不能横加干涉。

2. 各党要相互尊重、相互了解，不要拿自己的观点或模式强加于人。任何大党、中党、小党，都要相互尊重对方的选择和经验，各国都有自己特点，不要拿自己的观点或模式强加于人。各国党的国内方针路线是对还是错，应该由本党和本国人民去判断，这样就可把党与党之间的关系真正建立在相互尊重、相互了解甚至相互谅解的基础上。

3. 求同存异，尊重对方利益，促进双方合作。世界上存在着社会制度和意识形态方面的差异，甚至分歧，但我们主张把着眼点放在寻求双方的共同点上，要尊重对方的利益，促进双方的合作；对存在的差异和由此引起的矛盾，要通过对话与谈判和平解决，有时要有必要的斗争，但不搞对抗，不搞争论。

4. 对历史遗留问题，主要是总结经验，结束过去，开辟未来。我们过去并不都是对的，错误也不少。我们的真正错误是根据中国自己的经验和实践来论断和评价国际共运的是非，因此有些东西不符合唯物主义和辩证法的原则。对于那段历史，我们已经作出了结论，对国际共运的重大问题，我们同其他共产党的看法、观点也有不同，但这没有关系，并不妨碍我们恢复和发展两党关系。要说三句话：一是过去的一切一风吹；二是当时有些问题我们看得不清楚，甚至有错误；三是我们双方统统向前看。

5. 意识形态的差异不应成为新型政党关系的障碍。考虑国与国、党与党之间的关系，主要应该从国家的自身利益出发，着眼于长远的战略利益，同时也尊重对方的利益，不去计较社会制度和意识形态的差别。

6. 对社会主义前途充满信心。社会主义经历一个较长过程发展后代替资本主义，这是社会历史不可逆转的总趋势。但道路是曲折的。一些国家出现严重曲折，将促使社会主义向着更加健康的方向发展。马克思主义最根本的观点就是辩证唯物主义和历史唯物主义。归根到底，在社会主义国家，真正的马克思主义党执政以后，一定要发展生产，并在此基础上改善人民的生活。这就是物质文明，另外还要搞精神文明。中国搞好了，就是社会主义的一个成功。巩固和发展社会主义需要几代人、十几代人以至几十代人坚持不懈的努力。

（六）以邓小平为核心的第二代中央领导集体开创了政党外交新局面。在邓小平政党外交理论的指引下，时任党中央总书记的胡耀邦和中央书记处，领导和具体实施了开创政党外交的新局面。在胡耀邦领导下，1983 年，中央批准并转发了中联部《关于进一步开创党的对外联络工作新局面的基本设想》。1984 年 9 月，胡耀邦主持中央书记处和国务院联席会议，听取了中联部的汇报，对党的对外工作做了重要指示。这种新局面的打开，可以分 4 个层次：1. 修复同中断了关系的各国共产党的关系；2. 大面积地扩展同第三世界国家政党的关系；3. 建立和发展同各国社会党、社会民主党、工党和社会党国际的关系；4. 建立和发展同一些国家的中、右翼政党的关系。

“文革”结束时，除朝、罗等 10 个政党仍有联系外，我们党同世界上绝大多数共产党，即同原有联系的约 80 个共产党都中断了关系。党的外事工作陷入了极端困难的境地。问题的严重性还在于，在中苏论战中，我们“以苏划线”“以我划线”，把凡是同我有意见分歧或在某些观点上支持苏共的，统统扣上“修正主义党”的帽子，断绝一切交往。特别是对在西方发达国家有较大政治影响和有独立自主倾向的意共、法共、日共等也进行了公开批判。同时，与反对苏共观点的从“修正主义党”分裂出来“马列主义者”加强联系。针对这种情况，邓小平首先提出“过去一风吹，一切向前看”的同共产党恢复关系的原则。同时，邓小平在 20 世纪 80 年代初在同意共、西共、法共、南共联盟领导人谈话时，对我们在国际共运大论战中的错误作了自我批评。第一次将这种自我批评公开出来的是胡耀邦 1984 年 5 月 18 日在欢迎南共联盟主席马尔科维奇宴会上的讲话。他说：“过去我们在处理别国党的关系方面也有过缺点和错误，特别是片面地根据自己的经验和实践来论断和评价别国党的是非，对某些党曾经造成不利的后果。我们已经认真纠正了这方面的错误。”

除同南共联盟已恢复关系外，首先选择同意共、西共和法共、葡共恢复关系。经过中联部副部长吴学谦去罗马同意共中央内部接触，1980 年 4 月，意共总书记贝林格访华，恢复中意两党关系。接着西共总书记卡里略和法共总书记马歇相继访华，恢复了中西、中法党的关系。之后，中共同大多数共产党恢复了关系。隔了一段时间之后，从 1986 年开始，中共同民主德国、波、捷、匈、保五个社会主义国家执政党恢复了党的关系。1989 年 5 月，戈尔巴乔夫访华，中苏两党总书记的会晤，就自然地显示中苏两党关系的恢复。

同第三世界政党的关系，虽然在 1978 年春已经突破，但大面积发展这种关系是在十一届三中全会之后。我们同这些政党在国际或各自国内面临着相同的或类似的问题与任务。因而我们同第三世界政党关系深入发展，相互交流执政经验和对国际问题的看法。在互相支持和互相学习的原则思想指导下，共同为维护世界和平、发展本国经济、建立国际新秩序而努力。

同社会党、社会民主党和工党建立党的关系存在着历史和意识形态两个障碍。从历史角度看，列宁和他创建的共产国际批判第二国际和社会党是“工人运动的叛徒”。第二国际和社会党也一直攻击列宁和俄国十月革命。战后，各国共产党作为国际共运的一部分，只在共产党之间建立党的关系。1951 年由各国社会党组成的社会党国际，宣称走既不同资本主义又不同于共产主义的“第三条道路”，不同共产党发展党的联系。从意识形态方面看，共产党和社会党是两种不同类型的政党，共产党的指导思想和理论是马克思主义，社会党主张多元的意识形态。

能否跨越这些障碍，开展政党领域的交往，双方都在思考这个问题。历史的机遇终于来到了。从 20 世纪 70 年代开始，社会党和中共在相互认知上发生了变化。社会党赞赏中国的改革开放和发展经济的政策，认为中国在维护世界和平和地区安全中发挥了重要作用。中共认为许多国家的社会党，无论在国内还是国际政治舞台上已经成为一支不可忽视的政治力量，执政的社会党在经济管理和稳定社会等方面积累了比较丰富的经验，值得我国借鉴。在许多国际问题上，双方都认为有相同或相似的观点和立场。1981 年 2 月密特朗率领法国社会党政治代表团访华，标志着中共同社会党对话和交流的开始。之后，勃兰特率领德国社会民主党代表团和石桥政嗣率领日本社会党代表团访华。到20世纪80年代中期，中共同世界上几乎所有重要的社会党都建立了不同程度的联系。

（七）提出党际关系的四项原则和同社会党交往的关系准则。邓小平总结国际共运正反两方面经验，强调政党之间关系应建立在独立自主、平等相处、互相尊重的基础之上。“独立自主、完全平等、互相尊重、互不干涉内部事务”党际关系四项原则，作为完整概念首先提出的是胡耀邦。1980年4月和11月，胡耀邦同意共领导人贝林格和西共领导人卡里略谈话时提出，政党之间的关系要建立在“完全平等、独立自主、互相尊重以及和平共处五项原则、不搞霸权主义的基础上”。同年12月14日，他在同希腊共产党（国内派）代表团谈话时，把上述谈话中“以及和平共处五项原则、不搞霸权主义”改为“互不干涉内部事务”，并把“独立自主”放在首位，从而形成完整的四项原则。1982年6月7日，胡耀邦在同荷共主席谈话时，进一步确定党际关系的四项原则。他说，我们需要总结经验，找出党与党之间友好合作的基本准则。这就是：1. 独立自主；2. 完全平等；3. 互相尊重；4. 互不干涉内部事务。1982年9月中共十二大把“四项原则”正式确定为我党发展同外国政党关系的准则。

“四项原则”是总结国际共运历史教训，针对共产党之间关系而提出来的。随着中共政党外交对象的扩大，“四项原则”也适用于中共同世界各国各类政党的关系，当然也适用于我们同社会党的关系。但由于中共同社会党存在着明显的意识形态分歧，政党带有强烈的意识形态色彩，政党关系会不会受到意识形态分歧的影响，意识形态分歧会不会成为政党合作的障碍，这就需要在“四项原则”基础上加上如何处理意识形态的问题。因此，胡耀邦1984年5月29日在欢迎勃兰特（勃兰特当时不仅是德国社民党主席，而且是社会党国际主席）宴会上的讲话中指出，“超越意识形态的差异，谋求相互了解和合作”是中共同社会党之间“开拓新的关系的唯一现实的抉择”。这一方针不仅同邓小平提出的党与党之间的关系不去计较社会制度和意识形态差别的原则完全一致，而且经过20多年的实践说明是行之有效的。

四、中国特色政党外交的新时期

世界进入新世纪以来，特别是党的十八大以来，我国政党外交在以习近平同志为核心的党中央的直接领导下，不断开拓创新，深化内涵，扩展外延。突出表现在肩负“双重任务”和形成“三位一体”格局两个方面。

所谓“双重任务”，就是政党外交既是党的事业的一部分，又是中国总体外交的一个重要组成部分。中国共产党领导全国各族人民，坚定不移地沿着中国特色社会主义道路前进，为实现中华民族的伟大复兴而奋斗。党的事业包括整个民族和国家的各个领域，也包括党的自身建设。因而要实施“政党外交升级版”，就要从党的事业大局和战略出发，增强创新意识，为中央决策服务，努力完成中央交给的各项任务。政党外交是“总体外交”的一个组成部分。各个领域的外交相互渗透、相互协调。政党外交同政府外交及各领域外交相互配合，相辅相成。

“三位一体”是指以政党外交为主体，辅以同政党外交有密切联系的民间外交和公共外交，形成“三位一体”格局。

政党外交本身近年来有新发展，不仅表现在所联系的政党数量有增加，还主要有以下几点：

1. 进一步发展政党外交的广泛性、多样性与灵活性的特点。联系面十分广泛。主要做执政党工作，同时也做在野党工作；突出做大国大党工作，同时也以平等态度同中小国家政党进行联系；主要同传统政党交往，同时也同新兴政党接触。

2. 中国正在走近世界舞台中心，受世界瞩目，又招致议论纷纷。有西方国家少数的敌意与歪曲宣传，“中国威胁论”一拨又一拨。还有种种对中国内外政策的误读。更多的是对中国共产党政策新变化的不了解。通过政党间联系，针对不同对象和情况，进行解惑释疑工作，收到了很好的成效。

3. 发挥政党外交战略性和理论性的优势。政党交流，特别是政党高层互访交流，主谈的大多是战略与理论问题。世界局势复杂多变，并有许多不确定因素，各国国内走向以及国际上的双边及多边关系也有不少不确定性。这就需要从战略上把握和理论上阐述。因此政党交流重视并加强了战略与理论问题的交流。

4. 多边政党外交活跃。多边政党外交以区域性和国际性政党交流为平台。讨论的题目十分广泛，有治国理政发展模式、价值观问题，有建立国际政治经济新秩序问题，有克服国际金融危机和国际金融体制改革问题，有全球气候变化和贫富差距问题等。

5. 政党交流的机制化发展。中国共产党已同俄、欧、美、印、日等大国政党建立形式多样的高层对话机制，就国际和地区形势、双边及多边关系等全局性问题进行交流沟通，扩大共识，增进互信。

6. 增强政党交流的务实性。政党交流谈战略和大局问题，近年来也特别加强了务实性。政党代表团互访，包括政党领导人高层交流，以及党中央各部门及地区党委领导人外访，都有一个或几个特定的考察题目，为改革开放服务，为经济、文化、社会、改革和生态建设服务，也为党的建设服务。

“三位一体”中同政党外交有关联的民间外交主要体现在民间组织的对外活动中。“三位一体”中的公共外交，既体现在政党交流中，又体现在民间组织的对外活动和对外信息传播中。本着“让世界了解中国、让中国了解世界”的精神，要讲好“中国故事”，自然也包括要讲好“中国共产党的故事”。

总结 40 多年来我国政党外交之经验，最根本的一条，就是政党外交要为实现我国国内发展战略和国际战略服务。世界进入新世纪，维护和平制约战争的力量继续增长，世界多极化趋势在曲折中发展，经济全球化趋势在激烈竞争中向前发展，文明对话和文化交流呈现新的态势，国际安全形势在严峻挑战中保持总体稳定，国际合作在深刻复杂斗争中得到加强。国际形势总体稳定，但影响和平与发展的不稳定不确定因素增多。

党的十八大以来，以习近平同志为核心的党中央，高举和平、发展、合作和共赢的旗帜，坚持独立自主的和平外交政策，统筹国内国际两个大局，坚持互利共赢的开放战略，坚持推动建设和谐世界，为中国改革开放和社会主义现代化建设作出了重要贡献,为促进世界的和平与发展作出了积极贡献。

习近平总书记提出建立“新型国际关系”和推动构建“人类命运共同体”，是我国新世纪新时期外交工作的总纲。总的来说包括国际政治、世界经济和人类文明三个方面。推动构建“人类命运共同体”，是我们坚持走和平发展道路的必然要求，也是我们实现和平发展的重要条件。国际政治方面要致力于尊重各国人民自主选择社会制度和发展道路的权利，促进国际关系民主化。世界经济方面要推动经济全球化朝着均衡、普惠、共赢的方向发展，努力建立开放、公平、规范的多边贸易体制。人类文明方面要倡导世界多样性，坚持平等对话和交流，努力使世界上所有文明、所有民族携手合作，共同推进人类和平与发展的崇高事业。构建“人类命运共同体”是中华文明优秀传统的重要价值取向，也是人类社会的不懈追求。

党的对外联络工作指导思想和基本方针的调整

2018年是我国改革开放40周年，回顾改革开放初期政党外交指导思想和基本方针的调整，也是一件有意义的大事。

党的十一届三中全会以来，我们党的对外联络工作的指导思想和基本方针有了很大的调整。我们不仅已经从根本上纠正了过去，特别是“文化大革命”期间“左”的错误，而且在方针政策上同50年代相比也有相当大幅度的调整和发展。这主要表现在以下三个方面：

一、纠正了对革命形势和共运形势的不切实际的估计

过去在一个很长时期内，我们在战争与和平问题上的基本观点实质上是“战争不可避免”。与此相联系，“文化大革命”中有一段时间曾把“革命制止战争”看作是一种现实的可能性，作出过“世界的主要倾向是革命”的判断。现在看来，这种估计是不符合实际的。事实上除了二次世界大战后的最初年代，革命形势已经发生了很大的变化，正趋于低潮。目前，资本主义世界各国都不存在直接的革命形势。

从国际共运大论战到“文化大革命”期间，我们对国际共运形势也作了错误的分析。当时认为世界上多数共产党变成了修正主义，因而将希望寄托于建立新的左派组织。实践证明，这些新建立的左派组织绝大多数未能在群众中站住脚，而原有的共产党至今仍是共运中的重要力量。同时，我们对那些曾经附和苏共指责我党或对进行某些新的探索的党扣上修正主义的帽子，现在看来，也是没有根据和错误的。

当前的国际共运和许多国家的共产党，由于各种主客观的原因，处境比较困难。资本主义世界不少共产党的力量和影响有不同程度的削弱。一些党和某些国际舆论因此就认为共运处于危机状态。我们认为这种论断是片面的。当前世界共运总的情况可以说各国党正处在从困难和挫折中总结经验，调整政策，积蓄力量，在探索中前进，在曲折中发展的局面。前进和发展的主要标志是，越来越多的共产党注意独立思考，力求把马克思主义基本原理同本国实际情况结合起来，寻找自己的发展道路；同时，谋求建立在自愿基础上的独立平等的新型的党与党的关系。我们相信，经过各国党长期艰苦的努力，首先是执政的共产党把社会主义搞好，国际共产主义运动无论会有多少艰难曲折，终将出现新的局面。

二、调整了党的对外联络工作的方针和原则，明确提出了为我国社会主义现代化建设服务的总方针

我们提出：第一，党的对外工作的总方针是为我国的社会主义现代化建设服务；第二，在外事活动中必须遵守不要把我们的经验、观点和做法强加于人；第三，要进一步扩大同各国各类政党的联系和往来，交往的方式要不拘一格，多种多样；第四，做好周边国家的政党交流工作。

党的对外联络工作为我国社会主义现代化建设服务，主要是为争取尽可能长时期的和平国际环境这一目标服务。为此，就要在国际上广泛团结一切愿意同我友好和可以团结的爱好和平的政党和力量。党的十一届三中全会以来，我们首先彻底摒弃了所谓“支左反修”和“以我划线”“以苏划线”的框框，不断扩大工作面，改变过去那种同国际共运中绝大多数共产党隔绝和比较孤立的状况，争取同尽可能多的中断了关系的共产党恢复和发展关系。同时本着扩大联系、广交朋友的精神，我们还同各国社会党、社会民主党和工党以及第三世界的友好政党和组织建立了广泛的友好合作关系。我们还愿意同世界上其他对我友好、愿意同我往来的各种政党、组织和社会团体进行对话、接触和交往。到目前为止我们党已经同世界绝大多数国家的主要政党

保持着各种形式的交往和接触。这对增强我国在国际上的地位、扩大我国在世界人民中的影响都很重要。

三、总结了党际交往中的经验教训，明确提出以独立自主为核心的“四项原则”

我们党的十二大根据历史的经验，并从当前的实际情况出发，明确提出了“独立自主、完全平等、互相尊重、互不干涉内部事务”的四项原则作为处理党际关系的准则。许多外国党也有类似的提法和要求。它反映了各国党的共同愿望。

各国党都应独立自主地处理自己的一切事务。在革命和建设道路的问题上，尊重各国共产党自己按照马克思主义基本原理与本国实际相结合，独立自主地进行实践、探索，确定自己的路线、方针和政策。党与党之间在自愿的基础上交换意见，互相学习当然是必要的，但不能把自己的意志强加给别国党。

各党之间要完全平等，互相尊重。不论大党小党、老党新党和强党弱党都一律平等，不存在领导党与被领导党的关系。由于各种原因，各国党在一些问题上彼此有不同的看法和主张是正常的，双方认为需要时可以交换意见，但决不能强求一致，也不能因此影响相互关系的发展。

互不干涉内部事务就是说不干涉别国党的内部事务，不通过与别国党的关系干涉所在国家的内政，也不利用党与党的双边关系针对第三者。

我们党坚持维护世界和平、反帝、反霸和争取人类进步的立场，对各国人民和各国党的正义斗争给予道义上支持。我党逐步调整了同一些国家主要是东南亚国家共产党的关系。我们严格按照和平共处五项原则搞好同这些国家的关系。

随着整个党的对外工作政策的调整和我党对外联络工作局面的逐步打开，大大改善了我们党在世界人民心目中的形象。政党外交的一项紧要工作就是要正确树立我党在国际上的形象。要通过传媒讲清楚：

1. 中国共产党是领导和团结全国人民从事社会主义现代化和平建设的核心力量。在中共领导下的多党合作和政治协商，是建设具有中国特色的社会主义的一个重要特征。

2. 中国共产党坚持独立自主的对外政策，不断加强和世界一切爱好和平人民的团结，共同为捍卫世界和平、稳定和繁荣而奋斗。

3. 中国共产党按照独立自主、完全平等、互相尊重和互不干涉内部事务的四项原则同世界上一切愿意和自己接触与交往的友好政党、组织发展友好合作关系。

4. 意识形态的异同不是发展党际关系的条件，以独立自主为核心的四项原则是我党处理党际关系的准则。处理得好，意识形态虽然不同，但党与党之间仍能保持很好的关系；处理得不好，尽管意识形态相同，党的关系也会很糟。中国共产党和各国政党处理相互关系时都应遵循四项原则。同任何党发展关系包括同执政的共产党的关系都不能违背独立自主的原则，也决不会回到 50 年代时期那种党与党的关系。

5. 要加强对和平与裁军问题的宣传。我国独立自主的和平外交政策已为国际上越来越多的人所了解和赞赏。战争与和平问题不仅涉及国家的对外政策，而且涉及人心向背、当代国际关系及现代科学技术发展等问题，有些国家已发展为一种专门的学科。我们要加强这方面的研究，建立起有中国特色的我们自己的战争与和平学说。

党际关系四项原则形成的历史过程

“独立自主、完全平等、互相尊重、互不干涉内部事务”党际关系四项原则提出以来，中共的政党外交进行得有声有色。依仗的法宝就是这“四项原则”。

“四项原则”虽然只有短短的20个字，得来却是十分不容易。“四项原则”的核心是独立自主。中共为独立自主而奋斗，贯穿于建党以来的整个历史过程。经历了几十年同苏共“指挥棒”的控制与反控制，马克思主义教条化与马克思主义中国化的反复斗争。没有独立自主，也就没有中共领导人民革命的胜利，也不可能形成中国特色的社会主义理论。

1982年中共十二大确立了党际关系四项原则。但是这个原则的确立，不是突然从天而降，而是经过长期的酝酿过程。首先是中共和许多共产党同苏共的“指挥棒”进行长期斗争的结果。从我们方面来说是要克服“文革”中的“左”的影响。“文革”之前，中联部由邓小平总书记亲自领导，王稼祥部长又是中央书记处书记。“文革”一开始，邓小平和王稼祥被打倒，康生夺得了中联部的领导权。康生推行“支左反修”的极“左”错误，使党的对外工作陷入混乱状态。原来同中共有政党关系的外国共产党和工人党有80个，“文革”期间大多数中断了关系，仅有10个党保持着一定的联系。康生还主张鼓动一些外国“左派”从原来的“修党”内分裂出来，另组“新党”。

经周总理推荐，1971年1月，中央任命耿飚为中联部部长。耿飚来部前，周总理同他进行了长谈。当时“四人帮”气焰正盛，康生又把持着中联部，因此耿飚知道会遇到很多干扰和困难。

从1972年到1975年，耿飚同张香山、申健、冯铉等部领导讨论如何打开党的对外工作局面。耿飚提出，要打开局面，首先要批判“左”的思想，确定党际关系的原则，笼统地按马列主义原则处理党际关系不能适应现在情况了。他要求中联部业务局共同研究整理出几条中共与其他党关系的原则。在广泛讨论的基础上，中联部初步拟定了“独立自主”等几条原则。1974年8月，耿飚在同一个外国党代表团谈话时说，要“确立正确的党的关系”，就“必须建立在马克思列宁主义和无产阶级国际主义的基础上”“必须严格遵守完全平等、独立自主、相互尊重、互不干涉内部事务的原则”。之后，中联部在起草供中央领导同志会见外宾时参考的谈话口径中，重申了耿飚提出的这几项原则。

为加强中联部领导，周总理调李一氓到中联部任副部长。李一氓被解放后，周总理要他到中联部工作。李一氓于1975年10月被任命为中联部副部长。1979年1月耿飚调离中联部后，主要由李一氓承担起向中央建议开拓党的对外工作的任务。

在耿飚对党际关系探索性工作的基础上，李一氓为形成“独立自主”的党际关系作出了开拓性的贡献。党的十一届三中全会之后，全国工作重点转移到经济建设上来。对如何评估国际形势（即战争与和平问题）和如何发展同外国政党关系及如何确立政党关系原则，李一氓认为应从战略高度考虑，并多次向中央提出建议。李一氓于70年代末到80年代初在中联部组织专门班子进行研究，并写成《讨论稿》报送中央。关于战争与和平问题，李一氓认为，世界格局和国际形势已发生很大变化，因此需要改变“战争不可避免只能推迟”的提法，我们可以争取一个长期和平的国际环境，有利于我国改革开放和现代化建设。关于党际关系，李一氓认为，我们同许多共产党中断了关系，是以苏划线的结果，孤立了自己。而那些新建的左派党和组织，其实并没有什么力量。李一氓提出，要设法同各国党恢复关系，而且应该互不干涉党的政治主张和内部事务。1979年3月，李一氓在部务会议上提出，要结合今天的客观实际，对国际共运中一系列重大理论问题进行认真研究，得出比较正确的概念和明确的结论。其中一个问题就是，如何确定“党与党之间关系准则”。同月，在罗马举行的中共与意共内部会晤中，中共代表、中联部副部长吴学谦说:“我们一贯主张各党关系应当是完全平等、独立自主、互相尊重、互相支持、互不干涉内政。”

1980年10月,中央书记处召开会议,专门讨论党的对外工作,听取中联部的工作汇报。李一氓副部长汇报了国际共运新的发展阶段的特点和对外联络工作打开新局面的情况和今后开展对各类政党工作的设想。中央领导同志充分肯定了汇报内容。

从“文革”结束到1982年9月党的十二大,中共陆续同一些国家政党恢复关系。先后同南共联盟、意共、西共、希共、荷共等一批在国际共运中有影响的党恢复了关系。同这些党共同探讨了党际关系准则,它们一致赞同“独立自主”的原则。

在这些先期恢复政党关系中,同南共联盟恢复关系最为重要。在国际共运大论战中中共批判了南斯拉夫修正主义,并以南为靶子批判赫鲁晓夫现代修正主义。在《九评》中也专门批判了南斯拉夫。耿飚和李一氓认为,同南共联盟恢复关系最具有突破性。而且还有这样的一个背景:铁托钦佩中国革命,多次提出愿意访华。而邀请铁托访华,是毛主席生前决定的。1970年5月1日,毛主席在天安门城楼与南斯拉夫驻华使馆代办握手,并说“祝南斯拉夫发展”。1971年,中国派驻中断12年之久的大使到任时,铁托总统在接受国书时称中国大使为“同志”,并请大使转达他对毛泽东同志的问候。1975年10月,南斯拉夫联邦执委会主席比耶迪奇访华。毛主席在会见他时,称铁托是“铁”,不怕苏联压迫,并问候铁托。在这里可以看出,毛主席赞赏的是铁托在国际共运奉行“独立自主”的原则。1975年后,南共联盟多次向中共提出恢复两党关系问题。

1977年8月底铁托以南斯拉夫总统名义访华。铁托访华期间,是否恢复两党关系当时是一个敏感的问题。耿飚、李一氓经过在中联部内部充分讨论后向中央报送了关于恢复两党关系的请示报告。建议先内部后正式恢复政党关系的建议,中间有一个“转弯子”的过程,因为中共同南共联盟中断关系近20年,对“南斯拉夫修正主义”的批判是毛主席和党中央决定的。

1977年8月下旬,中央政治局开会讨论铁托访华事宜。李一氓列席会议，并代表中联部就开展对南工作的战略意义和两党关系问题作了汇报。中央领导同志肯定了中联部的建议。中央领导同志认为，对南关系是战略问题，在党的关系上不应缩手缩脚，要“开门”“开正门”，而不是开“后门”“边门”。在铁托到北京的当晚国宴上，中国领导人称他为“总统”。第二天下午会谈中，华国锋称他为“同志”。华国锋说：“我们过去吵过架，党的关系中断了，现在又要公开称同志，恢复党的关系，现在可以先恢复内部联系，经过双方努力，正式恢复两党关系。”铁托表示高兴和同意。李一氓重视这个“转弯子”工作。因为长期以来我们批判南独特道路和工人自治为“修正主义”，批判南借西方外债是屈服于“帝国主义压力”。1978 年 3 月，李一氓率中共党的工作者代表团赴南考察 3 周。乔石参加了这个代表团。代表团访南后向中央报告，南斯拉夫从本国实际出发，形成了一条以社会主义自治为中心的独立自主进行社会主义建设的道路。中共中央将报告作为中央文件发至县团级。之后，中共中央向全党转发中联部撰写的《关于中南两党恢复关系问题的宣传提纲》。1978 年 6 月，中南两党正式恢复关系。这是一个重大的突破。

1980 年之后，邓小平在内部谈话和会见外国政党领导人的谈话中，一再强调要根据纷繁复杂的国际共运历史，在总结党际关系正反两方面历史经验基础上，提出建立新型党际关系的重要原则。

邓小平总结国际共运正反两方面经验，强调政党之间关系应建立在独立自主、平等相处、互相尊重的基础之上。从而逐步形成“独立自主、完全平等、互相尊重、互不干涉内部事务”党际关系四项原则。作为完整概念首先提出的是胡耀邦。1980 年 4 月和 11 月，胡耀邦同意共领导人贝林格和西共领导人卡里略谈话时提出，政党之间的关系要建立在“完全平等、独立自主、互相尊重以及和平共处五项原则、不搞霸权主义的基础上”。同年 12 月 14 日，他在同希腊共产党（国内派）代表团谈话时，把上述谈话中“以及和平共处五项原则、不搞霸权主义”改为“互不干涉内部事务”，并把“独立自主”放在首位，从而形成完整的“四项原则”。1982 年 6 月 7 日，胡耀邦在同荷共主席谈话时，进一步确定党际关系的四项原则。他说，我们需要总结经验，找出党与党之间友好合作的基本准则。这就是：1. 独立自主；2. 完全平等；3. 互相尊重；4. 互不干涉内部事务。

1982 年 9 月，中共十二大政治报告中正式提出处理党际关系的四项原则："我们党坚持在马克思主义的基础上，按照独立自主、完全平等、互相尊重、互不干涉内部事务的原则，发展同各国共产党和工人阶级政党的关系。"这里有一顶"帽子"，即"坚持在马克思主义的基础上"。还有一条"限制"，即"发展同各国共产党和工人阶级政党的关系"。1987 年 10 月，中共十三大去掉了这顶"帽子"，同时扩充了"四项原则的适用范围"，表述为："按照独立自主、完全平等、互相尊重、互不干涉内部事务的原则，发展同外国共产党和其他政党的关系。"

政党关系范围的扩展，早在"文革"结束后就开始了。主要是打破只同各国共产党发展政党关系的框框。1977 年 11 月，中联部、外交部联名向中央上呈一份关于同第三世界国家民族主义政党建立政党关系的请示，得到中央批准。1980 年初，华国锋向中联部提出，对社会党要做工作，中联部写成报告后报中央审批。1980 年 7 月，中联部向中央上呈关于对各国社会党开展工作的请示报告，得到中央批准。

1984 年整党期间，中联部在充分研究讨论基础上，向中央提出业务指导思想拨乱反正和打开新局面的具体意见。中共中央书记处和国务院召开联席会议，听取中联部的汇报。中联部部长钱李仁汇报说，我党对外联络工作的基本任务，就是要本着独立自主的方针，继续扩大联系，进行广泛接触，同世界上所有愿意和可能与我党来往的共产党、社会党、民族主义政党及其他进步政党和组织建立联系。听取汇报的胡耀邦等中央领导同志肯定了中联部的工作。胡耀邦指出，外事工作的总方针是为我国的社会主义现代化建设服务，要进一步扩大同各国人民、有关的友好政党之间的联系和往来，交往的方式要不拘一格，多种多样。

1992 年 10 月中共十四大提出："我们将按照独立自主、完全平等、互相尊重、互不干涉内部事务的原则，同各国政党建立和发展友好关系，本着求同存异的精神，增进相互了解与合作。"这里强调的是"各国政党"。

“80, 10, 560”这三个数字，代表不同年代同中共有联系的外国政党的数字。“80”是20世纪50年代同我们党有联系的政党。“10”是国际共运大论战和“文革”期间仍同我们有联系的政党。“560”是现在同我们党有联系的政党。数字可以说明，在党际关系“四项原则”的指导下，我们党对外工作所取得的成就。

“四项原则”是总结国际共运历史教训，针对共产党之间关系而提出来的。随着中共政党外交对象的扩大，“四项原则”也适用于中共同世界各国各类政党的关系，当然也适用于我们同各国社会党的关系。但由于中共同各国社会党存在着明显的意识形态分歧，政党带有强烈的意识形态色彩，政党关系会不会受到意识形态分歧的影响，意识形态分歧会不会成为政党合作的障碍，这就需要在“四项原则”基础上加上如何处理意识形态的问题。因此，我们党同各国社会党发展关系时遵循“超越意识形态的差异，谋求相互了解和合作”的方针。

中国共产党同共产国际的关系

中国共产党从建党开始就同外国政党有了联系和交往。中共 90 多年来同外国政党的联系与交往，可以分为两个时期，以时间先后来划分，为前 28 年和后 60 多年。前 28 年，中共处于地下和艰苦革命斗争时期，尚未执政，因此不能称为政党外交。但从历史沿革来看，我们也要将这一时期的中共与外国政党的联系与交往作一个简要的论述。特别是，这一时期的政党交往主要是同共产国际的联系。

共产国际对中共建党和中国革命斗争是有帮助的。同时，共产国际对中国革命存在着正面和负面的影响。回顾历史可以看到，这一时期，在中共党内和中共同共产国际（主要是斯大林领导共产国际时期）的关系中，充满着“国际主义路线同独立自主思想”“马克思主义教条化同马克思主义中国化”的反复斗争。这种斗争从建党初期开始，一直延续很长时期，同中国革命和新中国建设相结合，这一斗争伴随着中共成长过程，从幼年时期走向成熟的马克思主义政党。

俄国十月革命胜利后，列宁创建和领导了第三国际，亦称共产国际。1919 年 3 月 4 日至 6 日在莫斯科举行共产国际第一次代表大会。有来自 21 个国家的 35 个政党和团体的代表 52 人参加，宣告共产国际成立。共产国际存在 24 年，可分为三个时期。从 1919 年 3 月到 1924 年 1 月列宁逝世为前期，从 1924 年到 1934 年为中期，1935 年共产国际七大到 1943 年解散为后期。先后参加共产国际的有 65 个共产主义政党和组织。

共产国际是在世界社会主义运动处于转折的关键时期建立的。当时第二国际崩溃；列宁领导的俄国十月社会主义革命胜利，并且粉碎了外国武装干涉；左派从社会民主党分离出来，另立共产主义政治组织，但建成什么样的政党并不明确；在十月革命的影响下，以德国1918年十一月革命为标志，欧洲一些国家出现社会主义革命的小高潮。客观的历史条件发展为成立一个新的国际即共产国际创造了条件。

共产国际在它存在的整个历史时期，对推动世界社会主义革命运动的发展是有功劳的。1943年5月26日中共中央关于共产国际执委会主席团提议解放共产国际的决定中指出：

“共产国际曾完成了它自己的历史使命：它不仅在欧美各国及日本保护了被机会主义者所糟蹋的革命马克思主义，帮助了先进工人团结成为真正的工人政党，支持了社会主义的苏联，百折不挠地反对了法西斯主义与法西斯战争；而且用了它的一切可能帮助了东方被压迫民族的解放运动，帮助了被压迫民族的先进工人组成自己的政党，成为站在一切解放运动最前头的人民先锋队。”（1943年5月27日《解放日报》）

签署发出“共产国际第一次代表大会邀请”的政党、团体、流派共39个。其中共产党12家，主要的只有3个，即俄国共产党（布）、斯巴达克联盟（德国共产党）和荷兰共产党。社会主义政党及派别18家。工会组织及青年国际共10家。因此，世界上大多数国家的共产党都是在共产国际成立到20世纪20年代和30年代期间，在共产国际帮助和指导下建立的。有部分是从社会民主党中分离出来后而改名为共产党的。法共、意共、英共、西共、芬共、美共、日共以及中共、印共、印尼共和南非共等都是在这一时期建立的。

共产国际依据列宁关于民族和殖民地问题的思想，把西方无产阶级革命斗争同被压迫民族解放斗争结合起来，为无产阶级政党领导殖民地半殖民地国家的民族解放运动制定了正确的策略原则。共产国际贯彻列宁的“全世界无产阶级和被压迫民族联合起来”重要思想。在共产国际第二次代表大会上（1920年7月至8月），强调殖民地和附属国革命首要的和紧要的任务是建立共产党，无产阶级及其先锋队要掌握革命的领导权。

1922年7月在上海召开的中共二大确定中国社会的半殖民地半封建性质，第一次明确提出反帝反封建的民主革命纲领。在共产国际的指导下，中共领导建立了中国劳动组合书记部，集中力量从事工人运动，掀起中国工人运动的第一个高潮。特别是1923年2月4日爆发的京汉铁路大罢工，使工人运动高潮达到顶点。但在帝国主义和军阀势力的血腥镇压下，发生“二七惨案”，工人运动转入低潮。这为党领导工人运动提供了重要经验教训。这就是中国革命的敌人也就是反动势力是十分强大的，仅仅靠工人阶级孤军奋斗是不能战胜敌人的，因而必须争取一切可能的同盟军，并决定采取积极步骤去联合孙中山领导的中国国民党。对于孙中山的看法以及是否要联合国民党，当时中共党中央领导人之间存在意见分歧。

与此同时，1922年1月21日至2月2日在莫斯科和彼得格勒举行由共产国际执行委员会发起的“远东各国共产党和民族革命团体第一次代表大会”（简称远东会议）。张国焘、瞿秋白、任弼时等中国代表参加会议。代表大会要求远东各国的革命者团结一切民族力量，把被压迫民族斗争同国际无产阶级反对帝国主义斗争联结在一起。大会拥护“全世界无产者和被压迫民族联合起来！”的口号。在此之前，马林在向共产国际执委会汇报中，建议中共加强同中国国民党的联系。共产国际执委会接受了马林的建议，要求中共“坚实可靠、严肃认真地设法把革命运动和共产主义结合起来”。并委派马林代表共产国际“同南方革命运动领导人合作”。

列宁因病未能参加远东会议。但列宁十分关心中国和朝鲜的革命形势，因而抱病接见了中国代表张国焘、瞿秋白、邓恩铭和朝鲜代表金奎植。谈话中列宁曾询问中国国民党和中国革命的情况。

1922年12月，陈独秀到莫斯科参加共产国际第四次代表大会。陈独秀在听到各方意见后，认为共产国际建议中共同国民党合作的决定是正确的。共产国际执委会在再次听取马林汇报后，于1923年1月12日通过了《关于中国共产党与国民党的关系问题的决议》。决议指出，“国民党与年轻的共产党合作是必要的”，“但是，这不能以取消中国共产党独立的政治面目为代价”。决议还指出，“只要国民党在客观上实施正确的政策，中国共产党就应当在民族革命战线的一切运动中支持它。但是，中国共产党绝对不能与它合并，也绝对不能在这些运动中卷起自己原来的旗帜”。

由此可见，共产国际执委会的关于中国共产党与国民党关系的决议，对促进国共合作起了积极的推进作用。

但是事情总是两面的。这项决议存在明显的缺陷。如决议是在马林过高估计国民党力量而轻视共产党力量的基础认识上作出的，虽然提到中共应在自己原有的旗帜下行动，但没有提出统一战线及其领导权问题。又如，决议要求国共合作为苏俄外交政策服务，提出中共应对国民党施加影响，同苏俄联合“共同进行反对欧洲、美国和日本帝国主义的斗争”。各国共产党都要服从和服务于苏联对外政策的这一观念，从共产国际到苏共一直延续几十年，成为苏共对兄弟党提出的无产阶级国际主义的重要原则之一，也成为苏共同中共及其他共产党发生矛盾的重要因素。

共产国际执委会于 1923 年 1 月根据马林的提议做出的关于中国共产党与国民党关系的决议传到中国，对促进国共合作起到了积极的推动作用。

1923 年 6 月 12 日至 20 日在广州召开中共第三次全国代表大会。大会正确地估计了孙中山和国民党的革命立场，决定共产党员以个人身份加入国民党，实现国共合作。同时，中共三大明确规定，在共产党员加入国民党时，党必须在政治上、思想上、组织上保持自己的独立性。国共合作的实现，促进了工农运动的恢复和发展。但伴随着革命运动的迅速发展，国民党右派掀起的反共逆流也在滋长。

面对国民党新老右派变本加厉的反共活动，共产国际指示中共中央，共产党如果同国民党新右派进行斗争，必将导致国共关系破裂，因而主张妥协退让。共产国际驻中国代表坚持并执行这种意见。中共中央只能执行共产国际的指示，使得妥协退让的意见在中共党内占了上风。

1925 年 1 月 11 日至 22 日，中共四大在上海召开。会议中心题目是党对革命运动的领导权问题。会议指出，“中国的民族革命运动，必须有最革命的无产阶级有力的参加，并且取得领导地位，才能够得到胜利”。但是作为党中央主要领导人的陈独秀却主张，国民革命的领导者是资产阶级。由于中共中央和共产国际的妥协退让，国民党右派在革命阵线中占据了统治地位。蒋介石制造“中山舰事件”，发出了排挤和迫害共产党员的信号。由于北伐战争在即，国共两党未完全分裂，但已经埋伏着严重的危机。

对蒋介石制造的“中山舰事件”，毛泽东、周恩来、陈延年等主张彻底揭露蒋介石的反革命阴谋，依靠工农和革命士兵，联合国民党左派回击蒋介石。但陈独秀及苏俄和共产国际代表团，害怕造成分裂，对蒋介石采取了退让政策。“中山舰事件”之后，联共（布）中央和苏联政府的政策是：认为蒋介石仍继续革命，则当处处迎合其意，与之让步。在这一时期，共产国际一再指示中共中央，“必须执行把共产党保留在国民党内的路线”。苏俄顾问鲍罗廷接受了同蒋介石达成的“和解”协议，鲍罗廷准备满足蒋介石提出的任何条件，包括进一步牺牲中国共产党。鲍罗廷同时劝说中共同蒋介石妥协。

在对待中国革命问题上，当时主要是集中在“中共是否退出国民党”问题上，斯大林同托洛茨基、加米涅夫和拉狄克发生了分歧。在 1926 年 11 月 22 日至 12 月 16 日举行的共产国际执委会第七次扩大全会上，斯大林在组织上打败了托洛茨基反对派，撤消了在中国问题上主张共产党退出国民党而独立行动的托洛茨基等人的职务。

在共产国际执行委员会第七次扩大会议上，讨论了中国革命问题，作出了《关于中国形势问题的决议》。决议提出，“目前中国民族革命运动的发展，重点是土地革命”。决议同时指出，共产党应该“利用政府机关没收土地，减少捐税并给农会以实权”，但共产党员在政府里只许“组织左派并与之密切合作，不要企图以共产党员代替他们做工作”。决议在谈判国共两党关系时，着重批评了中共退出国民党的主张是“错误的”。同时进一步指出，“中国革命发展的全过程，其性质和前途都要求共产党人留在国民党内，并在其中加强自己的工作”。

1927 年 1 月，联共（布）中央派遣米夫率领的联共（布）代表团前往中国。同年 2 月，共产国际执委会派罗易率领一个新的代表团前往中国，贯彻共产国际决议的精神。米夫遵照联共（布）特别是斯大林对中国革命的主张，要求中共拉住蒋介石北伐到底。米夫来华时正是上海工人举行第三次武装起义之际。米夫以上海工人武装起义为例，向中共中央说明共产国际对中国问题的各项决议都是符合中国形势发展的，是正确的。而当时的托洛茨基认为蒋介石的军队开进上海，存在潜在的危险。他认为，上海的占领将促使国民党领袖“急剧的右倾”，也许会成为无产阶级失败和国共关系发生转变的时机。然而托洛茨基的观点受到了斯大林的严厉批评。

北伐战争的胜利进军和工农运动的高潮，未能遏制革命阵营内部的危机。在这种背景下，蒋介石的反共面目公开暴露出来。蒋介石加快了勾结帝国主义实行反共的步伐。1927 年 4 月初，蒋介石等人在上海举行秘密会议，决定用暴力手段实行“清党”。中共中央和中共上海区委对蒋介石的阴谋活动有所觉察，力图巩固革命成果。但共产国际仍对蒋介石抱有幻想，不赞成同蒋介石破裂。1927 年 4 月 12 日，蒋介石突然在上海向革命群众举起屠刀，发动反革命政变，大规模捕杀共产党员和革命群众。

“四一二”反革命政变后，中共领导人之间以及同共产国际代表在革命策略分析上发生了分歧。周恩来、陈延年、罗亦农、赵世英、李立三等主张东征讨蒋；蔡和森提出巩固两湖革命根据地；而鲍罗廷竭力主张举行第二期北伐；罗易主张在两湖地区开展土地革命。中共中央主要负责人陈独秀支持鲍罗廷的主张，因而争论结果是鲍罗廷的主张占了上风，中共同意与国民党一起继续北伐。对于土地革命，共产国际指示提出：土地革命不需要共产党领导，只要同国民党左派合作，自上而下进行就行了。这实际上放弃了土地革命。而鲍罗廷同罗易两位共产国际代表无休止的争论，延误了中共应付事变的时机，严重影响了党的行动能力。

在“四一二”反革命政变之后，斯大林依然对国民党抱有幻想，认为共产国际有关中国革命的指导方针是唯一正确的，要中共支持国民党左派主持的武汉政府。从 1927 年 5 月上旬开始，在斯大林授意下，《真理报》和《布尔什维克》连续发表一批文章，强调共产国际和联共（布）中央对中国革命指导方针、路线和策略是“绝对和唯一正确的”。5 月 13 日，斯大林还到莫斯科中山大学就中国革命问题发表演讲。斯大林认为，蒋介石政变不是革命低落的表示，而是表明革命进入了其发展的最高阶段。他提出，中共目前的任务是支持武汉政府，在武汉政府领导下开展土地革命。

1927 年 4 月 27 日至 5 月 9 日，中共五大在革命紧要关头在武汉举行，大会在共产国际错误方针指导下，未能对当时危急局势作出正确分析，导致实施了对武汉政府汪精卫的“右倾”迁就政策，未能在党面临生死存亡的危急关头为全党指明方向。五大产生的以陈独秀为总书记的中央领导机构，未能解决全党极为需要的坚强有力的领导问题。

“四一二”反革命政变后，由罗易、维经斯基、鲍罗廷组成共产国际驻中国代表团，罗易为首席代表。

“四一二”反革命政变后，武汉国民党汪精卫政府的反共面目日益暴露。革命处在危急关头，共产国际于5月18日至30日举行共产国际执委会第八次全会。斯大林在会上发表演说，在谈到中国革命问题时说，“中山舰事件”后，已指示国际代表和中共坚持统一战线政策，现在也不打算放弃已作出的关于《中国问题的决议》。共产国际于1927年5月底向中共发出了紧急指示，即“五月指示”。“五月指示”提出了“土地革命”和“建立军队”问题，但强调“从下面争夺土地”，同时“必须反对过火行动”。“五月指示”首次提出了“建立军队”问题，要求动员2万左右共产党员组织5万人的新军。但这个要求来得太晚了，当时已经失去了建立军队的时机。

罗易接到“五月指示”后，通知中共中央召开政治局紧急会议。罗易、鲍罗廷和维经斯基参加了会议。讨论中，周恩来、吴玉章提出关于建立共产党独立武装的提议，毛泽东提出关于土地革命的建议。但这两项建议都被陈独秀否决。“五月指示”内容空洞，脱离中国当时实际，同时对武汉汪精卫政府仍抱有幻想。会议经过讨论，中共中央政治局对共产国际作出答复：“依照训令方针进行，惟声明不能即时都能实现，因为中央全体同志都认为国际这些训令都是一时没有办法的办法。”为了“拉拢”汪精卫，罗易背着中共中央和共产国际，擅自将“五月指示”交给汪精卫过目。“五月指示”中关于“土地革命和建立军队”的内容，恰恰为汪精卫反共提供了口实。这件事迅速促成了汪精卫发动“七一五”反革命政变，对当时已受重创的中国共产党造成极大的损伤。刚从上海到武汉的周恩来，从国民党内部得知罗易泄露“五月指示”的情况，立即报告了中共中央和鲍罗廷。鲍罗廷报告了共产国际。共产国际执委会对罗易十分不满，决定将其立即召回。

罗易泄露“五月指示”虽属个人行为，但背景却是共产国际代表鲍罗廷和陈独秀仍企图以让步来“拉拢”汪精卫集团的主导思想。

汪精卫的武汉政府不断制造反共事件，但鲍罗廷和陈独秀仍企图“拉拢”汪精卫集团。党内对陈独秀“右倾”错误的不满越来越强烈。1927 年 7 月 12 日，根据共产国际执行委员会的指示，中共中央进行改组，由张国焘、李维汉、周恩来、李立三、张太雷五人组成中央临时政治局常务委员会。7 月 13 日，中共中央发表《对时局宣言》，强烈谴责武汉国民党中央和国民政府已在公开地准备政变。但是为时已晚。7 月 15 日，汪精卫宣布正式同共产党决裂。第一次国共合作终于全面破裂，持续三年多的轰轰烈烈的大革命最终失败了。

大革命失败是诸多因素，各种原因造成的。但共产国际的错误指导思想、错误的形势分析，并强迫中共接受其错误的指令，是大革命失败的重要原因之一。

大革命失败后，中共中央临时政治局常委会决定发动南昌起义和秋收暴动。中共中央八七会议后，毛泽东于 1927 年 10 月率领秋收起义部队到达江西宁冈县古城，后移师井冈山茨坪，创建井冈山革命根据地。中国现代历史进入第二次国内革命战争时期。

第二次国内革命战争时期，从 1930 年到 1933 年中共领导的工农红军反对国民党的军事“围剿”共 5 次，在 1933 年 9 月在第 5 次反“围剿”之前，以王明为代表的“左倾”教条主义已实际掌握中共中央的领导权。1933 年 1 月，当时的中共临时中央从上海迁到中央革命根据地瑞金。在中共临时中央负责人博古（王明离开上海前往莫斯科，根据共产国际远东局的提议，成立临时中央政治局，由博古负总的责任）和自称“共产国际军事顾问”李德的错误领导下，红军在反“围剿”中陷入被动境地，苦战一年后退出中央革命根据地，进行战略大转移——长征。

长征途中，1935 年 1 月，遵义会议召开。遵义会议是党的历史上的一个生死攸关的转折点，以毛泽东为核心的党中央的正确领导开始确立，标志着中共在政治上走向成熟。遵义会议是在中共同共产国际失去联系的背景下召开的。

1943 年共产国际解散。1945 年 4 月 23 日至 6 月 11 日，中共在延安召开七大，确立毛泽东思想在全党的指导地位。中共七大是夺取抗日战争最后胜利和新民主主义革命在全国胜利的根本保证。

探索中苏“十年论战”的成因和教训

中苏“十年论战”产生了一系列影响。

（一）“十年论战”虽然主要在中苏两党进行，但涉及所有共产党。从而促使国际共运大分裂，使国际共运迅速进入低潮。论战使各国共产党和左翼力量产生思想和理论混乱。

（二）中苏两大社会主义国家以及其他社会主义国家，由于注意力集中于论战，错过了科技革命带动起来的经济发展黄金机遇期。

（三）论战触动了国际格局的变动。中苏关系破裂，美国介入，形成“中美苏”的大三角关系。

（四）中共反对苏共“老子党”和苏联大国沙文主义，维护了我国国家和民族利益，并使国际共运中的独立自主的思想活跃起来。

（五）就中共来说，论战是在“左”的思想越来越发展的情况下进行的。“以我划线”和“以苏划线”，除批倒苏修之外，还打击“一大批”，孤立了自己。

（六）我们错误估计形势，认为“帝修反”要联合起来反对中国，因而得出“要准备打仗”的结论。

一、“中苏论战”的国际背景

从20世纪50年代到60年代，国际形势和国际共运形势发生了许多新的深刻变化。

（一）西方资本主义国家经过10年战后恢复，在科技革命的引领下，经济有了很大发展。资本主义从大危机和战争中吸取了教训，改变了完全放任自由的发展模式，代之以带有宏观调控的凯恩斯主义。西方发达国家统治阶层采取一系列社会改良政策及措施，实行广泛社会福利政策，缓和劳资矛盾和社会矛盾，人民生活有明显改善，社会结构和阶级及阶层结构发生了明显变化。

（二）社会主义越出一国范围，一系列国家走上社会主义道路。特别是中国革命的胜利，深刻地影响着国际格局以及社会主义和资本主义力量对比的变化。

（三）战后殖民地半殖民地国家民族解放运动风起云涌，逐步建立了民族独立国家。获得独立之后的民族主义国家面临发展民族经济、摆脱殖民主义影响和警惕新殖民主义的任务。在国际上，逐步形成第三世界的力量。

（四）东西方关系时而紧张时而缓和。战后形成资本主义和社会主义两个阵营，北大西洋公约集团和华沙条约集团两个军事集团，同时世界经济也分割为资本主义和社会主义两个平行市场。西方发起冷战，东西方严重对立和对抗。到了60年代初，东西方出现缓和迹象，美苏改善关系，但美国依然对中国采取孤立和封锁政策。中国自然会认为，美苏是否会联合起来对付中国。

（五）由于第二次世界大战的惨痛教训，美苏核恐怖的平衡，以及全球范围反对战争的和平运动，虽然美加强军备武装，美苏展开军备竞赛，但世界大战一时打不起来。

（六）社会主义阵营内部出现矛盾和分歧。苏联以“无产阶级国际主义”为名义，要求其他社会主义国家都要服从苏联外交总路线，粗暴干涉别的社会主义国家内政和其他共产党的内部事务，甚至出兵武装干涉。

（七）苏联实行高度集中的计划经济，重视发展重工业，轻视轻工业，着重发展军事工业，忽视提高人民生活水平。苏联把这种“苏联模式”作为社会主义国家唯一正确的发展道路，强迫别的社会主义国家接受。

（八）发达资本主义国家共产党出现对革命道路的新的探索。在第二次世界大战期间发达国家共产党都进行了英勇的反法西斯斗争，作出了巨大牺牲，因而战后在人民群众中威望很高，力量有很大发展，有的参加议会和政府。但从60年代开始，西方国家经济发展，中间阶层开始成长，阶级矛盾缓和，这些国家的共产党的力量和影响明显下降。面对这种情况，这些国家共产党开始对革命道路和前途进行新的探索。

（九）战后，社会民主党的力量同共产党相比，明显处于劣势。但社会民主党从“工人党”转变为“全民党”，全力争取中间阶层的选民，影响和力量超过共产党，进入议会和政府，成为同保守党轮流执政的主要政党。同时，社会民主主义影响和力量在拉美和亚洲有了很快的发展。

由于各国共产党所处的历史地位不同，对于上述的新情况和新问题，会有不同的看法和答案，问题不仅局限于对形势的看法，而且涉及各社会主义国家和各国共产党对国际和国内发展的战略和道路的选择，涉及各国共产党之间和各社会主义国家之间的关系原则。发生分歧、矛盾和导致争论是不可避免的。问题在于如何对待和处理这种争论。这就是发生论战的历史背景。

二、苏共“老子党”作风和苏联大国沙文主义的发展

战后，斯大林利用苏共传统影响和苏联在反法西斯战争中巨大历史作用的国际影响，加之历史上形成的以大俄罗斯主义为基础的大国沙文主义和民族利己主义的影响，苏共“老子党”的作风有了很大发展。

（一）1956年2月苏共召开第二十次代表大会。这次大会以及此后，苏共中央及其主要领导人就国际共运的一系列问题作出了结论。其内容远远超出苏共一党范围。对于这一系列重大问题，苏共事先并未与各国党协商，却宣称苏共二十大的文件是“当代的共产党宣言”，是国际共运的“共同纲领”，要各国共产党接受苏共的主张和服从苏联的对外政策。从政治、经济和军事上加紧控制其他社会主义国家和各国共产党，将其纳入苏联的国际战略利益。

（二）维护苏共的国际共运“领导中心”地位。共产国际在第二次世界大战期间解散了，但苏共要把自己作为国际共运“领导中心”的意图一直没有改变。战后成立了苏共力图控制的共产党和工人党情报局。情报局被迫解散后，苏共又提出设立共产党联络局和出版共同刊物。此事未果，说明重新

建立苏共控制的共产党国际组织已经不可能。于是苏共利用各国共产党的国际会议来继续控制各国共产党和其他社会主义国家。苏共的这种做法，引起国际共运和社会主义阵营内部复杂而激烈的斗争。

三、中苏两党两国的矛盾和冲突的发生与发展

国际共运大论战，实质是中苏论战。论战的复杂性在于意识形态的争论与民族利益冲突相交错，涉及两国的内政和国际战略。

（一）中苏两党分歧由来已久。苏共控制的共产国际实行民主集中制，规定各国共产党是其“支部”。中共对此有独立自主的要求。斯大林时期，中苏两党在中国革命问题上一直存在分歧。斯大林有过正确意见，但也有过错误的主张。造成中国革命损失很大的王明路线实际是斯大林路线。我们批判王明路线，虽然没有点共产国际和斯大林的名，但斯大林和苏共是不高兴的。战后我们又不听斯大林“沿长江划线”的劝阻，夺取了全国胜利。中共取得解放战争胜利后，斯大林又怀疑中国是同南斯拉夫一样的“民族主义”，毛泽东是铁托或半个铁托。

（二）苏共二十大后中苏两党分歧逐步发展。中共不同意赫鲁晓夫大反斯大林，未同意苏共建立共产党联络局的建议，我们劝阻了苏联对波兰动武和婉拒苏共提议召开谴责波兰党领导人的社会主义兄弟党会议的要求，并建议苏联发表关于同社会主义国家关系宣言，建议他们改变对东欧国家的政策和撤回在这些国家的驻军。苏共对中共的善意立场产生了反感和嫉恨。

（三）1958 年后两党两国关系日趋恶化。1958 年之前，两党关系主要是意识形态分歧，两国关系基本是好的。1958 年之后，苏联企图加强对中国的政治、经济和军事控制。1958 年 7 月苏联提出要同我在我国东海建立“共同舰队”，被我拒绝。1959 年 6 月，苏联单方面撕毁两国技术协定，停止向我国提供制造原子弹的设备和资料。赫鲁晓夫访美后来华向我施压，要我跟美国妥协，接受“两个中国”。遭我拒绝后，赫鲁晓夫在我国庆的国宴上教训我们不要“用武力去试探资本主义制度的稳定性”。他回国后，又影射攻

击我“像公鸡好斗那样热衷于战争”，是“不战不和的托洛茨基”。1960 年 4 月，我们发表了《列宁主义万岁》等三篇文章。同年 6 月，苏共在布加勒斯特会议上围攻我党，接着苏联撤回在华专家，撕毁两国间的合同。1960 年下半年伴随各国共产党和工人党代表会议的召开，中苏两党进一步展开激烈的斗争。

（四）在大论战期间，我们发表了几十篇论战文章。其中有些观点从当时背景看是正确的，但总的来说是“左倾”思想的表现。我们对社会主义社会的理解是教条主义和简单片面的。没有将马克思和列宁的论述结合实际来运用，错误地得出阶级斗争贯穿社会主义社会始终和资本主义复辟危险时刻存在的结论。论战是导致发动我国“文化大革命”的重要原因之一。“文化大革命”是在论战之后接着进行的。其出发点就是“反修防修”，主要论点就是论战中对社会主义社会和修正主义做出的“左”的错误判断，再用这些判断来观察和分析我们党内和国内的形势，得出的结论是：已经形成“党内走资本主义道路的当权派”，中国的赫鲁晓夫就睡在我们身边，资产阶级就在党内，在当时的中央有一个资产阶级司令部，形成了一条修正主义的政治和组织路线。对形势错误分析还形成要进行“一个阶级推翻一个阶级的革命”，即“无产阶级专政下继续革命”的错误理论。

四、神秘的钓鱼台 8 号楼

（一）论战有一个发展过程。从内部争论到公开论战；从影射攻击到指名道姓；从意识形态分歧到国家关系恶化；从中苏两党争论扩展到涉及世界所有共产党；从中苏两党会谈到共产党国际会议。论战应从苏共二十大算起，1960 年是一个分界线。

（二）论战从内部争论逐步转向公开争论时，中央决定成立“反修”文章起草小组。1963 年 2 月召开中央工作会议期间，正式决定成立这个小组，直属中央政治局常委领导。组长康生，副组长吴冷西，小组成员有廖承志、伍修权、刘宁一、章汉夫、孔原、乔冠华、熊复、胡绳、许立群、姚溱、王力、范若愚等。廖承志、伍修权和乔冠华等因有中联部、外交部的工作，只参加一些讨论。胡乔本因病未参加。陈伯达不是小组成员，但主持了几篇文章的起草工作。起草小组集中在钓鱼台8号楼工作，因此被称为“钓鱼台写作班子”。起草稿最后都由毛泽东和中央常委确定。写作班子首先起草7篇文章，作为《人民日报》和《红旗》杂志的社论或编辑部文章发表。文章矛头指向攻击我党的法共、意共、美共和捷共及德国统一社会党，没有公开点苏共和赫鲁晓夫的名，而实际上是针对苏共的，是“影射攻击”。

（三）从“二十五条”到“九评”，论战进入高潮。1963年2月23日，毛泽东主持中央常委会讨论苏方2月21日来信，决定由写作班子起草给苏共中央的复信。中共中央复信于3月9日发出。3月30日，苏共中央向中共中央发出复信之复信。4月初，毛泽东召集中央常委会讨论苏共中央3月30日来信。毛泽东指出，从苏共中央这封长信来看，赫鲁晓夫集团不准备修改他们的路线，我们要系统地阐述我们的观点，提出什么是国际共运应当采取的总路线。写作班子根据毛泽东的意思起草文稿。毛泽东同时要陈伯达也起草一稿。在起草过程中，毛泽东提出，这次复信要提出我们党对国际共运总路线的看法，作为向苏共和各兄弟党的建议。复信经过两个多月的修改后定稿，于6月17日以《关于国际共产主义运动总路线的建议》的标题，由《人民日报》全文发表。这个总路线的建议共有25条，因而也被简称为“二十五条”。“二十五条”对国际共运总路线、当代世界基本矛盾、战争与和平问题、亚非拉民族民主革命、和平过渡、社会主义国家关系和兄弟党之间的关系等问题作了系统的阐述。这“二十五条”，从现在来看，就是我党要扛起“世界革命”的大旗。“二十五条”批判了苏共的“和平共处”“和平竞赛”“和平过渡”的总路线，提出我们党的“逐步实现无产阶级世界革命的完全胜利，建立一个没有帝国主义、没有资本主义、没有剥削制度的新世界”。“二十五条”也为“九评”打下了基础。1963年7月6日到21日在莫斯科举行中苏两党会谈。会谈期间，即7月14日苏共中央突然公开发表了《给苏共各级党组织和全体共产党员的公开信》。8月初，毛泽东召集中央常委会，指出公开信已指名道姓攻击我们，我们也要指名道姓，苏方已公开论战，我们也公开论战。写作班子根据毛泽东和中央常委的指示，发表公开文章，全面评论苏共《公开信》，共为九篇，因而称为“九评”。原来准备写十篇，即十评《公开信》。1964 年 7 月 14 日发表九评苏共中央的《公开信》，标题是《关于赫鲁晓夫的假共产主义及其在世界历史上的教训》。毛泽东对全文作了大量修改，标题也是毛泽东加上的。“九评”对“无产阶级专政的历史教训”共列出 15 点，也是在毛泽东“以阶级斗争为纲”思想指导下写成的。在论述 15 点之后，引了一段毛泽东 1963 年 5 月 7 日的一段批示，也就是在“文革”时经常引用的：如果不抓阶级斗争、生产斗争和科学实验，“那就不要很多时间，少则几年、十几年，多则几十年，就不可避免地要出现全国性的反革命复辟，马列主义的党就一定会变成修正主义的党，变成法西斯党，整个中国就要改变颜色了”。这种对国际共运和我国国内形势的严重错误估计，是“九评”“左”倾思想的要害，也是导致发动我国“文化大革命”的思想根源。但是第十评没有写成，因为赫鲁晓夫于 1964 年 10 月 14 日下台。毛泽东于 11 月 18 日召集政治局常委会讨论，并指示写作班子起草的题为《赫鲁晓夫是怎样下台的》文章，定稿后于 11 月 21 日用《红旗》杂志社论形式发表。

五、当赫鲁晓夫遇上了毛泽东

重大历史事件的发生具有必然性，同时也带有偶然性。其中重要历史人物的秉性和作用也是一个不可忽视的因素。毛泽东和赫鲁晓夫在中苏 10 年论战中，各为一方主帅。赫鲁晓夫反复无常，言语粗暴。毛泽东一言九鼎，引经据典，常蕴文人之气。但就是这一点经常被赫鲁晓夫歪曲之后加以攻击。抄录几段这两位主帅在论战时的言词，也不失为一件乐事。

（一）赫鲁晓夫影射攻击中国“像公鸡好斗那样热衷于战争”。1959 年 9 月 15 日至 28 日赫鲁晓夫访问美国，同美国总统艾森豪威尔在戴维营举行会谈，发表了两国首脑会谈公报，称为“戴维营精神”。赫鲁晓夫在访美声明中说，美国总统“也像我们一样在为保障和平而操心”。赫鲁晓夫访美后回到莫斯科，第二天飞到北京参加我国国庆十周年庆典。毛泽东亲自到机场迎接。当晚，赫鲁晓夫在我国国庆招待会上发表祝词，影射我国对外政策是不正确地“用武力去试探资本主义的稳定性”。10月2日，中苏两党会谈。赫鲁晓夫埋怨中国炮打金门、马祖给他造成了“困难”，提出台湾问题可以像苏联内战时期对“远东共和国那样处理（当时列宁为了避免同日本作战而同意成立远东共和国）”。赫鲁晓夫实际建议把台湾从中国分离出去。他还攻击中国“跟印度关系搞坏了就不对，你们何必去争那么一点地方呢？喜马拉雅山下荒无人烟，争那么小一块地方有什么意思？”还说，“达赖跑到印度，是中国的过错，是中国共产党犯了错误”。赫鲁晓夫的这些言论，受到周总理、陈毅和彭真的驳斥。赫鲁晓夫最后摊摊手说：“我在美国跟艾森豪威尔说过，我在访美之后，接着要到中国去。艾森豪威尔对我说，你到中国去一定是白跑一趟。果然是白跑一趟了。”赫鲁晓夫到中国推销“戴维营精神”失败后就气急败坏地攻击中国。10月4日，赫鲁晓夫离京回国。他到海参崴发表演说，影射攻击中国“像公鸡好斗那样热衷于战争”。10月31日，他又在苏联最高苏维埃会议上，不指名地攻击中国搞“冒险主义”，是“不战不和的托洛茨基”。

（二）赫鲁晓夫影射攻击毛泽东是“一双破套鞋”。1959年12月1日赫鲁晓夫在匈牙利社会主义工人党第七次代表大会上的讲话中说，我们应“成为列宁主义的能手，不落后也不抢先”，“如果这个或那个国家的领导人开始骄傲自大起来就会合乎敌人的利益”。他影射攻击中国在社会主义建设中“抢先”，没有同苏联“对表”。他说社会主义国家要同苏联“互相对对表”，否则“领导本身就会帮助敌人来反对社会主义，反对共产主义”，“而这样做是不能容许的”。1960年2月4日，在莫斯科举行华沙条约组织政治协商会议。赫鲁晓夫在闭幕执行会上放肆影射攻击毛泽东，说：“如果一个老头子不明智，等于一双破套鞋，实际上是摆在那个角落里当废品，没有用处。”

（三）毛泽东提出“东风压倒西风”。1957年11月，毛泽东率中国党政代表团赴莫斯科参加十月革命40周年庆典和各国共产党工人党会议。毛泽东同赫鲁晓夫以及意共、法共、英共、印尼共、日共领导人或代表进行了会谈。在莫斯科会议上发表了三次讲话。最著名的要数“东风压倒西风”的论断。毛泽东讲到国际形势时说:“现在我感觉到国际形势到了一个新的转折点。世界上现在有两股风:东风,西风。中国有句成语:不是东风压倒西风,就是西风压倒东风。我认为目前形势的特点是东风压倒西风,也就是说,社会主义的力量对于帝国主义的力量占了压倒的优势。”毛泽东后来在另一场合说,“不是东风压倒西风,就是西风压倒东风”这句话是《红楼梦》里苏州姑娘“林妹妹”林黛玉说的。毛泽东的这个说法显然过高地估计了社会主义力量和过低估计了资本主义的力量。毛泽东列举二战之后十件大事来说明他的观点。苏共领导歪曲毛泽东的论断,说这种分析“没有阶级观点”。赫鲁晓夫攻击说:“你们老讲东风压倒西风,就是你们中国想压倒大家,要压倒世界。”苏共中央《公开信》说:“中国同志顽固地宣传没有阶级内容的‘东风压倒西风’的口号以取代‘全世界无产者联合起来’的口号。”

（四）苏联有原子弹,我们只有山药蛋,因此要“以苏联为首”。在莫斯科会议上和同其他党领导人谈话中,毛泽东一再提出“以苏联为首”的问题。他说,这么多党,总得有个依靠的为首的;在社会主义阵营内部需要相互协商、相互调商,相互合作、协调行动,就需要召集会谈,也需要一个头;帝国主义阵营是以美国为首,如果我们没有头就组织不起来,就没有力量。苏共领导提出“以中苏为首”,毛泽东加以拒绝。他说,苏联发射了卫星,我们半个卫星也没有,只有山药蛋,因此中国没有这个资格。毛泽东还说服不同意“以苏联为首”的波兰领导人哥穆尔卡。毛泽东解释说:“以苏联为首”并不是苏联说了算,也不能采取少数服从多数的办法;“为首”只是一个会议召集人,各国党完全独立自主,可以根据自己民族的特点,各国的不同情况,采取不同的政策。哥穆尔卡被毛泽东说服。

（五）从“僧是愚氓犹可训”到“更无豪杰怕熊罴”。以诗言志,毛泽东在论战中写下的诗词也表明了毛泽东对“苏修”态度变化的心迹。1961 年 10 月,在北京演出绍剧《孙悟空三打白骨精》。郭沫若看过戏后作了一首七律,以示反对“苏修”。郭沫若七律中隐称赫鲁晓夫是唐僧,“人妖颠倒是非淆,对敌慈悲对友刁”,并称“千刀万剐唐僧肉,一拔何亏大圣毛”。当时虽已展开论战，但毛泽东认为，赫鲁晓夫仍是“半个修正主义”，对他要“一斗二帮”。因此1961年11月17日，毛泽东作了一首七律《和郭沫若同志》，诗中写道：“僧是愚氓犹可训，妖为鬼蜮必成灾”。“僧”隐指赫鲁晓夫，“妖”则是美帝。但是到了1962年12月下旬，中苏论战从影射攻击逐渐走向公开论战。毛泽东作的一首诗中，把“苏修”同“美帝”共提了。12月26日，毛泽东在自己生日的这天作了一首七律《冬云》。“雪压冬云白絮飞，万花纷谢一时稀”，指当时国际共运形势。“独有英雄驱虎豹，更无豪杰怕熊罴”“虎豹”指“美帝”，“熊罴”指“苏修”。1963年1月9日，毛泽东作满江红《和郭沫若同志》把苏联现代修正主义比作“苍蝇”“蚂蚁”和“蚍蜉”。“正西风落叶下长安，飞鸣镝”，指我们对“苏修”批判的气势。

（六）“土豆烧熟了，再加牛肉，不须放屁。”1964年7月发表了“九评”的“压轴篇”第九评。毛泽东很重视第九评的写作，要求总结“赫鲁晓夫修正主义”的历史教训。第九评文章标题“关于赫鲁晓夫的假共产主义及其在世界历史上的教训”也是毛泽东改的。文章重点有两个，即“赫鲁晓夫的假共产主义”和“无产阶级专政的历史教训”。关于“赫鲁晓夫的假共产主义”有两个背景材料。第一个就是1961年10月赫鲁晓夫在苏共二十二大上说，苏联已经进入全面展开共产主义社会的时期，“在二十年之内我们基本上建成共产主义社会”。第二个就是“土豆烧牛肉共产主义”。来源于20世纪60年代初赫鲁晓夫访问匈牙利和奥地利的讲话。“土豆烧牛肉”本是欧洲的一道名菜。赫鲁晓夫在访问匈牙利时吃到这个菜觉得十分美味，就对周围的人说，如果人人都能吃到“古拉斯”（即“土豆烧牛肉”菜名），那就到共产主义了。他在奥地利的广播电视演说中又说，共产主义就是“所有人都可以得到的、盛满了体力劳动和精神劳动产品的一盘餐”。所以说，赫鲁晓夫粗俗地把共产主义看作是“一盘土豆烧牛肉的好菜”。第七评对此进行了批判，认为这是违背马克思主义的。1965年秋，毛泽东作词念奴娇《鸟儿回答》：“还有吃的，土豆烧熟了，再加牛肉。不须放屁！试看天地翻覆。”

（七）赫鲁晓夫攻击“中国人是黄祸”，诬蔑中国人“没有裤子穿，喝清水汤”。赫鲁晓夫出口粗鲁，常常口不择言。早期，他同西德联邦总理阿登纳会谈时说，中国非常危险，中国人是黄祸。他问阿登纳：能不能帮我们想个办法。1960 年 6 月，赫鲁晓夫在同中共代表团会谈时，攻击中国人“没有裤子穿，穷得要命”“你们搞百花齐放，现在还放不放？”“你们那么爱斯大林，你们把斯大林的棺材搬到北京去好了，我们可以送给你们”。1964 年 4 月赫鲁晓夫连续发表讲话，给中共戴上“小资产阶级倾向”“新托洛茨基主义”“冒险主义”“大汉族主义”“种族主义”等一堆帽子。赫鲁晓夫粗野地说：“中国人没有裤子穿，他们说一个人有一条裤子就够了，他们觉得把自己羞耻的部分掩盖起来就足够了。可是我们这些北方国家，需要更厚实的衣服。否则，我们身体的某些部分可能会冻僵的。”关于“裤子问题”，毛泽东批驳说：在赫鲁晓夫看来，（中国）多几个人，只不过是一堆肉。而且他还说，现在中国是五个人穿一条裤子，大家喝清水汤。其实，他说这个话的时候，正是他那里裤子太少而清水汤太多的时候，他们日子比我们好过不了多少。他在最困难的时候讲这种话，是为了向人民说：“看，我们国家多了不起，裤子不少，清水汤不多”。

（八）论战是打“笔墨官司”“天不会塌下来，草还是照样长，女人还是照样生孩子，河里的鱼还是照样游”。从论战开始，毛泽东和中共中央一直强调以团结为重，不同意见可以谈判和相互妥协。1957 年 11 月 19 日，各国共产党和工人党代表会议结束。毛泽东在苏共中央主席团告别宴会上，引用宋词表达中苏关系的亲密无间，说：“中国有句古语：两个泥菩萨，一起打碎啰。用水一调和，再来做两个。我身上有你，你身上有我。”然而双方论战并未停止，反而越演越烈。1963 年 1 月，东德党召开党代会。伍修权率中共代表团参加大会。开会期间，先是东德党领导人乌布利希在大会报告中对中共进行攻击。接着赫鲁晓夫在大会致词中突然提出各党之间“停止公开论战”。伍修权代表中共中央向大会致词，并宣读贺词。然而伍修权发言被一片喧闹声所打断。伍修权离开讲稿，临时加了一句话：“你们这样做很好，这就使我看到了你们德国同志的‘文明’。”会后，赫鲁晓夫和苏共继续发表反华言论。2 月 21 日，苏共中央致信中共中央，提出停止公开论战，并建议举行苏中两党会谈。与此同时，有些共产党对论战后果深为忧虑。他们反对苏共的霸道作风，也不同意中共的一些观点和做法。他们希望停止公开论战，要求在中苏两党间进行调解。毛泽东和中共中央认为苏共停止公开论战的建议是一个“花招”，是“只许州官放火，不许百姓点灯”。1963年2月，毛泽东在接见苏联驻华大使契尔沃年科时说，我们赞成停止公开论战，但要说清楚，“现在的公开论战，不是我们首先发动的，我们是被攻击的”。他又说，“既然你们已经公开论战，既然你们那样攻击我们”“索性展开公开论战不好吗？我看，进行这样的公开论战，天不会塌下来，草还是照样长，女人还是照样生孩子，河里的鱼还是照样游”。1964年1月17日，毛泽东同安娜·路易斯·斯特朗等人谈话中，又重复“天不会塌下来”这番话。他说：“打打笔墨官司有什么了不起呢？”

六、王稼祥冷静面对而遭冤屈

面对全党全民“反对帝修反”和“防修反修”的政治热潮，王稼祥保持了难能可贵的冷静与严肃的态度。在这场“反修斗争”中，中联部负担着重要任务。作为中央书记处书记和中联部部长的王稼祥，十分了解当时的情况。但他除了作为中共代表团成员参加重要会谈外，具体事务并不多。这是因为从1960年6月布加勒斯特会议之后，康生组织了一个临时班子，当时大论战的一些方针政策以及我们党同苏共等进行争论的几乎所有文章和信件，主要是由这个班子起草并向中央建议的。因而王稼祥有比较宽裕的时间来思考大政方针问题。

（一）由于当时我国内经济遇到严重困难，国际方面同苏联严重对立，造成内外形势对我国十分不利的局面。王稼祥感到，经济困难不是一时能克服的，对外方面强调斗争太多，“失言失算”，不太讲究策略，给人以一种“四面树敌”的感觉。为此，王稼祥将上述想法，在部务会议上经过多次反复讨论，主持起草了近十个文件。其中有的上报中央。王稼祥提出在对外方面主张采取四点对策：

1. 发表一个全面的对外关系声明，正确地全面地阐明和确认我们的对外政策是和平外交政策。这种政策的任务是创造保证我们建设社会主义所必需的长期的和平国际环境，争取在有利条件下加快建设速度。

2. 为了争取时间，渡过困难时期的难关，加速完成我国社会主义建设，对外有必要采取缓和的方针。在国际斗争中要小心谨慎，注意策略，发挥主观能动性，要有进有退，有攻有守，有争有让，有拖有解，不能勇往直前一斗到底。

3. 要尽可能争取避免中苏关系的公开破裂。同赫鲁晓夫的斗争，仍然必须服从团结反帝的大局。要在一种特殊形式的统一战线范围内进行斗争，集中力量打击赫鲁晓夫的指挥棒。在当前要注意避免把美帝国主义在亚洲的锋芒全部集中到中国来。对美帝也应该采取较为缓和的态度。

4. 对中印边境问题，要设法打开僵局，尼赫鲁不是中国的民族敌人。

5. 关于我国的对外援助，必须根据自己的具体条件，“实事求是，量力而行”。

王稼祥的这些想法和政策建议，在当时“左”的思潮泛滥的情况下，当然不能被接受。

（二）王稼祥的想法和建议，不但没有被接受，反而作为“三和一少”修正主义路线被批判。1962 年 7 月，以茅盾为团长的中国代表团参加莫斯科争取裁军与和平世界大会。行前，在王稼祥主持下，代表团就出访指导思想和活动方针起草了向中央的请示报告，得到中央批准。请示报告提出，由于这次大会的重要性和复杂性，拟希望通过这次大会阐明我国热爱世界和平的愿望，并对苏联不主动挑起争论。代表团赴苏后，根据苏方建议，中苏两国代表团中党员代表举行会议，进行内部磋商。中国代表团团长在大会发言中突出了“和为贵”的思想。大会通过了《告世界人民书》，这是各方妥协的产物，没有点名批评美国，没有支持民族独立的内容。中国代表团在大会期间的做法，苏方比较满意，而引起了一些代表团特别是第三世界代表团的不满。接到有关情况报告后，毛泽东在中南海游泳池召见中联部副部长伍修权，对中国代表团在莫斯科的做法不满。毛泽东批评中国代表团的做法“脱离了左派，加强了右派，增加了中间派的动摇”。接着，毛泽东在一次中央政治局常委会上，对出席莫斯科的中国代表团对苏斗争不力提出批评。毛泽东的批评意见在北戴河的中央工作会议上作了传达。1962 年 8 月，王稼祥在中共八届十中全会预备会西北组会议上作了检讨。之后王稼祥还当面向毛泽东表示要在中央全会上作一次检讨。毛泽东认为这个问题在中联部领导内部谈一谈即可。在中共八届十中全会确定中国面临主要危险来自苏联，国内特别要防止出现修正主义的政策后，对王稼祥的批评逐步升级，1963 年年中之后，毛泽东多次同外宾谈话批评王稼祥实行“三和一少”修正主义路线。他说：“三和一少”就是“对帝国主义和气一点，对反动派（尼赫鲁）和气一点，对修正主义和气一点，对亚非拉人民斗争的援助少一些”。他强调说，我们的方针应该是“三斗一多”，就是对帝国主义要斗，对修正主义要斗，对各国反动派要斗，要多援助反对帝国主义的、革命的和马列主义的政党与马列主义的派别。之后，毛泽东还把王稼祥的“三和一少”同邓子恢的“三自一包”联系起来作为对外对内“修正主义”进行批判。毛泽东对一些国家共产党领导人说，修正主义的国内纲领是“三自一包”，国际纲领是“三和一少”。1964 年之后，中央没有让王稼祥继续主持中联部工作，让他在家思考。但他的中联部部长的职务并未撤消，而是任命刘宁一为代部长。

七、邓小平：结束过去，开辟未来

对于十年“文革”已在中共十一届六中全会通过的《关于建国以来党的若干历史问题的决议》中作出全面否定的结论。而对“十年论战”尚未有权威性的结论，没有作出全面总结和评价。上述《决议》中对中苏论战仅用两句话带过。“文革”结束之后，邓小平在同外宾的多次讲话中，对这场论战的结论是：反对“老子党”，我们反对得对了；论战中双方都讲了许多空话；你们有错，我们也有错，我们错在“左”；现在应结束过去，开辟未来，一切向前看。

（一）过去一切一风吹，双方统统向看。邓小平 1980 年 4 月 17 日会见意共总书记贝林格时说：“这次我们两党恢复了关系，我去见马克思也好交待了。”“我们党高度赞赏我们两党恢复关系。过去吵架，没关系，统统作废，一起烧掉。”“有不同意见，不要紧，当然总会有一些不同看法。双方讲清楚，有些问题要通过实践加以检验。”“过去许多争论，并不是我们讲的都是对的，我想你们认为自己讲的也不一定都对。”“我要说三句话：一是过去的一切一风吹；二是当时有些问题我们看不清楚，甚至有错误；三是我们双方统统向前看。”

（二）党际关系需要坚持两条原则。邓小平 1980 年 11 月 24 日在会见西共总书记卡里略时说：“党的关系有两条原则一定坚持：第一条原则是党与党的关系是兄弟党关系，不是父子党关系；第二条原则是任何国家的事情只能由那个国家的马列主义者和共产主义者自己去判断，犯错误也是自己犯，自己去纠正，不要拿自己的观点、模式强加于人。过去我们党对第一条是清醒的，也是受害者。”“但对第二条原则，应该说，我们觉悟得比较晚。现在回头看，我们过去并不都是对的，错误也不少。”“应该说，我们现在才比较清醒地认识到这个问题。”

（三）过去的事我们不对，你们也不一定对，过去的事就让它过去，一切向前看。邓小平 1982 年 10 月 25 日在会见法共总书记马歇时说：“我们过去有些事情处理得不好，我们总结了经验教训。一个国家的革命和建设应当由这个国家的党自己独立处理。”“铁托访华时，我们对他说，过去的事我们做得不对，但你们也不一定都对，过去的事就让它过去，不谈了，一切向前看。”

（四）苏共那一套是不行的，我们有些东西也站不住脚。邓小平 1983 年 1 月 11 日在会见墨西哥统一社会党代表团时说：“1957 年我参加了莫斯科会议，毛主席是团长，我实际上是副团长；1960 年刘少奇同志当团长，我正式名义是副团长。中苏两党会谈我是一直参加的，多数是我当团长，对手主要是苏斯洛夫，他们有他们的一套，我们有我们的一套。现在回过头来看，他们那套东西是不行的，中心就是发号施令，以他们为主。我们有些东西今天回头看也站不住脚。”

（五）我们同各党关系上有过错误，“对此我也有些责任”。邓小平 1983

年 4 月 29 日在会见总书记南布迪里巴德率领的印度共产党（马克思主义）中央代表团时说：“（‘文革’中）我们党不仅同你们党的关系搞坏了，而且把对世界上许多事情的看法都搞坏了。对于那段历史，我们已经作出了结论。即使在“文化大革命”以前，我们在同世界兄弟党的关系上，也有过错误。对此我有些责任。因为我当时是总书记。”“1960 年莫斯科会议我是我们党的主要发言人，在 26 国会议上我讲了 4 个多小时。但如果现在讲，有好多提法就不同了。”

（六）“九评”好多观点是不对的，用自己经验来评判国际共运的是非。邓小平 1983 年 11 月 6 日在会见澳大利亚共产党（马克思列宁主义）主席希尔时说：“大论战我们发表了九篇文章，这些工作我都参加了。从现在观点看，好多观点是不对的。”“我们的错误不是个别观点，个别观点上谁对谁错很难讲，应该说，我们的许多观点现在看来还是很正确的。我们的真正错误是根据自己的经验和实践来论断和评价国际共运的是非，因此有些东西不符合唯物主义和辩证法的原则。”

（七）我们过去犯了对别的党指手画脚的错误。邓小平 1984 年 5 月 20 日在会见由中央主席马尔科维奇率领的南斯拉夫共产主义者联盟代表团时说：“我当时对他（指铁托）说，过去我们两家吵架，主要是我们方面不对。现在这事过去了，一风吹，以后不提它了。”“对别的党指手画脚肯定要犯错误。我们过去的错误就是这样来的，我们总结了这一点。在党的三中全会以后我们更明确地认识了这一点，并用它来指导我们党和世界各国党的关系。”

（八）最大危险是“左”，因为“左”已形成一种习惯势力。邓小平 1987 年 4 月 30 日会见西班牙工人社会党副总书记、政府副首相格拉时谈到要吸取历史经验，防止错误倾向时说：“我们既有‘左’的干扰，也有右的干扰，但最大危险还是‘左’，因为‘左’已形成一种习惯势力。”

（九）从 1957 年开始，包括对国际共运我们主要错误是“左”。邓小平 1987 年 5 月 7 日在同保加利亚领导人会见时说：“我们 57 年反“右”，58 年大跃进，搞人民公社，都是要求过急，政治上、经济上损失都很重，包括对国际共运的政策也是‘左’的。”邓小平 1987 年 6 月 12 日在会见南斯拉夫共产主义者联盟主席团委员科罗舍茨时说：“任何大党、中党、小党，都要相互尊重对方自己的选择和经验，对别的党、别的国家的事情不应该随便指手画脚。”“我们反对‘老子党’‘儿子党’，这一点我们是反对得对了。我们不赞成有什么中心……。但我们自己也犯了点随便指手画脚的错误。”“从 1957 年开始我们的主要错误是‘左’，‘文化大革命’是‘极左’。”

（十）我们走自己的路，既不照搬西方，也不照搬其他社会主义国家的做法。邓小平 1987 年 10 月 13 日在会见匈牙利领导人卡达尔时说：“我们根据自己的特点、自己国家的情况，走自己的路。我们既不能照搬西方资本主义国家的做法，也不能照搬其他社会主义国家的做法，更不能丢掉我们制度的优越性。”“（中匈两党关系）过去问题一风吹，一切向前看。我们各自都有自己的特点，自己国家的情况，走自己的路。”

（十一）结束过去，开辟未来；多做实事，少说空话。邓小平 1989 年 5 月 16 日在会见苏联领导人戈尔巴乔夫时说：“经过二十多年的实践，回过头来看，双方都讲了许多空话。”“中苏两国关系从此实现正常化，两党关系也从此实现正常化。”“我们这次会见的目的是八个字：结束过去，开辟未来。”“从 60 年代中期起，我们的关系隔断了。这不是指意识形态争论的那些问题，这方面现在我们也不认为自己当时说的都是对的。真正的实质问题是不平等，中国人感到受屈辱。”“历史账不讲了，这些问题一风吹，过去就结束了，这也是这次会晤取得的一个成果。在今后发展交往方面我有一个重要建议：多做实事，少说空话。”

八、从“十年论战”中可以汲取哪些经验、教训

“十年论战”留给我们的经验教训是十分丰富的，可以从各个方面来考虑，初步认识有以下几点。

（一）在处理国家关系和党际关系时，要把国家利益放在第一位，意识形态可以超越。中苏论战从意识形态分歧而起，发展到影响国家关系，从而

损害双方国家利益，这是不值得的。现在我国同许多国家关系特别是同西方国家关系中依然存在着意识形态、价值观和发展模式的不同。我们走自己的路，有自己的价值观，但不能因此而影响国家关系和党际关系。

（二）始终坚持独立自主的原则。和平共处五项原则和党际关系四项原则的核心都是独立自主。奉行完全的独立自主的外交政策，坚持不结盟，不同其他大国搞“战略联盟”，根据国际事件的是非曲直来确定我们的政策。

（三）在对外关系中要讲究策略。如“团结多数”“区别对待”和斗争中“有理有利有节”的原则，在论战初期尚能注意，但随着论战发展，这些原则都被抛弃了。先拿坚持独立自主的南共联盟作为批判对象。在未公开点名批评苏共之前，先点名批评同我党有不同看法的意共、法共等党。一些既不同意苏共做法也不同意我们党看法的中间力量也被批判。而且动不动就同别的党中断一切往来，造成我们自己孤立。现在国际形势复杂多变，政党关系和国家关系也是各种矛盾交错。在这种形势下，我们更应注意策略，提倡“和为贵”，倡导和平协商解决各种矛盾、分歧和冲突，树立我国的大国风范。

（四）中苏论战同“文化大革命”的关联。党的十一届六中全会通过的《关于建国以来党的历史问题的决议》中在谈到发生“文化大革命”的“复杂的社会历史原因”中说：“此外，苏联领导人挑起中苏论战，并把两党之间的原则争论变为国家争端，对中国施加政治上、经济上和军事上的巨大压力，迫使我们不得不进行反对苏联大国沙文主义的正义斗争。在这种情况的影响下，我们在国内进行了‘反修防修’运动，使阶级斗争扩大化的迷误日益深入到党内，以致党内同志间不同意见的正常争论也被当作是所谓修正主义路线的表现或所谓路线斗争的表现，使党内关系日益紧张化。这样，党就很难抵制毛泽东等同志提出的一些‘左’倾观点，而这些‘左’倾观点的发展就导致‘文化大革命’的发生和持续。”

关于中国共产党同亚洲国家共产党的关系

上个世纪80年代中期，我任中联部新闻发言人。在几次新闻发布会上，有多位外国记者问及中共同亚洲国家特别是同东南亚国家共产党的关系。我回答:“我国同世界各国，包括亚洲国家的关系遵循‘互相尊重主权和领土完整、互不侵犯、互不干涉内政、平等互利、和平共处’的和平共处五项原则。党与党的关系遵循‘独立自主、完全平等、互相尊重、互不干涉内部事务’的党际关系四项原则。我们一再声明，我们决不干涉外国党的内部事务，同时，也决不利用与外国党的关系去干涉这个国家的内政。大家知道，我国同亚洲国家的关系都是睦邻友好的。”当然，有的外国记者还想深入问下去。于是我回答:“这是一段历史过程。在新闻发布会这样的场合三言两语是说不清楚的。我愿意，如哪位外国记者对此感兴趣，可以同我约时间进行交谈。”但是没有一个外国记者来约谈。尽管如此，我还是做了有关“功课”。现今我想对这个问题作一归纳，比较全面地把这个问题讲清楚，也是一件好事。

一、斯大林提出“分工”的建议

在中共领导中国人民进行解放战争时期，斯大林对中共和毛泽东并不是完全信任的。1956年9月，毛泽东在同南斯拉夫共产主义联盟代表团的谈话时，谈到我们历史上几次“吃斯大林的亏”，说:“第三次是在第二次世界大战结束，日本投降以后。斯大林和罗斯福、丘吉尔开会，决定把中国全部都给美国，给蒋介石。当时从物质上和道义上，尤其是道义上，斯大林没有支持我们共产党，而是支持蒋介石的。”“第四次，就是说我是半个铁托或准铁托。不仅苏联，就是在其他社会主义国家和非社会主义国家中，都有相当一些人曾经怀疑中国是否真正的革命。”

随着中国革命取得胜利，斯大林改变了对中共的某些错误看法，并且对于亚洲共产党的一些问题，也重视并征求中共的看法。

1949 年 6 月，刘少奇率中共代表团访问苏联时，斯大林提出国际共运内部“分工”的建议。斯大林对刘少奇说，在国际革命运动中，中苏两家都应承担些义务，而且应该有某种分工，就是说要分工合作。希望中国今后多担负些对殖民地、半殖民地、附属国家的民族民主革命运动的帮助，因为中国革命本身和革命经验会对它们产生较大的影响，会被它们参考和吸取。考虑到当时的历史背景和现实情况，中共接受了这项建议。新中国成立后，支援亚洲各国人民和共产党开展争取民族解放和独立的斗争，在中共对外工作中占有重要的地位。

二、列宁的口号:“全世界无产者和被压迫民族联合起来！”

分析历史问题，应有历史唯物主义的观点。中共为什么要接受斯大林的“分工”建议呢？我们必须回到历史背景中去，可以追溯到列宁的这一著名口号。

19 世纪 40 年代，马克思和恩格斯根据资本主义正在上升的形势分析，认为无产阶级革命的胜利，只是在一切先进国家或者至少大部分文明国家的无产阶级共同发动时，才有可能。马克思认为无产阶级革命在一个国家内胜利是不可能的。列宁在 1915 年和 1916 年写成的《论欧洲联邦口号》和《无产阶级革命的军事纲领》这两篇文章中，依据资本主义发展不平衡规律，提出了社会主义可能首先在少数或者甚至在单独一个资本主义国家内获胜的理论。列宁在 1916 年写的《帝国主义是资本主义的最高阶段》一书中，指出帝国主义是垄断的、腐朽的、垂死的资本主义，是无产阶级革命的前夜。列宁依据上述理论，领导了十月革命并取得了胜利。

但是，在十月革命胜利后，列宁又回到了经典的马克思主义关于无产阶级世界革命的概念之中。列宁的要“从一国革命转变成世界革命”的论点，是创建共产国际的目的。列宁当时寄希望于其他资本主义国家的革命，希望以欧洲国家的无产阶级革命胜利来巩固俄国的苏维埃政权。列宁从欧洲几个国家在十月革命后发动社会主义革命失败的总结中，很快意识到对革命形势判断的错误。列宁于1920年4月至5月写成《共产主义运动中的“左派”幼稚病》，着重批判了欧洲共产党内的“左”倾思想。1921年6月共产国际第三次代表大会提出，在当前国际力量对比暂时处于均势的条件下，共产国际应当采取从直接进攻转为包围的策略，各国共产党应加强组织工作和宣传工作，争取群众，积蓄革命力量，准备迎接新的战斗。列宁在大会演说中，批评了“左派”共产党人提出的“进攻理论”。

与此同时，也就是在第一次世界大战结束之后，中国、印度（以非暴力的“甘地主义”形式）、土耳其（以“凯末尔主义”形式）、泰国、缅甸、印度尼西亚和菲律宾等亚洲国家兴起了广泛的民族解放和独立运动。于是列宁把国际革命的希望寄托于东方国家。列宁在1920年7月共产国际第二次代表大会上作了《民族和殖民地问题委员会的报告》，把马克思的“全世界无产者联合起来”的口号发展为“全世界无产者和被压迫民族联合起来”。《共产国际纲领》提出，“联共（布）负有支援资本主义国家工人运动、殖民地人民反帝和反对一切民族压迫的斗争的国际义务”。1922年1月由共产国际执委会召开的“远东各国共产党和民族革命团体第一次代表大会”，要求远东各国的革命者团结一切民族力量，把被压迫民族的斗争同国际无产阶级反对帝国主义的口号联结在一起。在俄国十月社会主义革命胜利的影响下，在共产国际的帮助和指导下，亚洲国家的共产党相继成立（括号内为简称和成立日期）。例如中国共产党（中共，1921年7月）、印度共产党（印共，1920年10月）、印度尼西亚共产党（印尼共，1920年5月）土耳其共产党（土共，1922年7月）、越南共产党（越共，1930年2月）、马来亚共产党（马共，1930年4月）、菲律宾共产党（菲共，1930年11月）、缅甸共产党（缅共，1939年8月）、泰国共产党（泰共，1942年12月，前身是1930年创建的暹罗共产党）。

三、中共对亚洲国家共产党的支持与援助

中共接受斯大林的国际共运“分工”的建议，在新中国成立后，将支持和帮助亚洲国家共产党进行反帝和民族解放与独立斗争，作为中共对外工作的一项重要任务。

从当时历史背景来分析，有以下几方面的因素。

第一，接受了列宁的观点，把殖民地、非殖民地国家的民族解放和独立运动看作是无产阶级国际革命的同盟军（非共产党领导）和国际革命的一个组成部分（由共产党领导）。

第二，中共同亚洲国家共产党特别是一些东南亚地区的共产党在抗日战争时期就有联系，相互声援和相互帮助。新中国成立初期，处于被西方国家包围和孤立之中，这些国家的共产党都欢呼新中国的成立，反对帝国主义国家封锁和孤立中国，给新中国以宝贵的道义上的支持。

第三，第二次世界大战之后，殖民地、半殖民地国家掀起空前的民族解放和独立运动的高潮。中共不仅对亚洲国家，而且也对非洲和拉丁美洲国家，不仅对这些国家的共产党，也对广大的争取民族解放独立的进步组织进行声援和帮助。亚非拉的高涨的民族解放和独立运动，给殖民主义和帝国主义以沉重打击。这是世界的进步潮流，也是中共对世界进步力量的贡献。

中共支持和援助亚洲国家共产党的形式主要有以下几个方面。

第一，协助亚洲国家共产党制订纲领和政策。这项工作原本由苏共负责，之后根据斯大林的意见，由中共出面进行，协助这些党制订纲领和政策。在这项工作中，中共始终处于协助地位。对于这些党的纲领，不论在斯大林生前或逝世之后，中共总是同苏共共同讨论和制订的，而且最后都由苏共拍板。

第二，介绍二战后国际形势和地区形势，特别是亚非拉的反对帝国主义和殖民主义和争取民族解放和独立的情况。亚洲一些国家共产党由于有的处于地下状况，有的活动范围较小，因此信息不太灵通，希望中共介绍和分析有关情况。

第三，介绍中国革命的经验，主要采取短期干部培训的方式。内容主要介绍中国革命“三大法宝”，即统一战线、武装斗争和党的建设。1949 年 11 月 16 日至 12 月 1 日，亚洲、澳洲工会代表会议在北京举行。这是新中国成立后在北京召开的第一次国际性会议。刘少奇在会上提出“殖民地半殖民地的工人运动是民族解放运动的一部分”的观点。刘少奇在会上代表中共将以“三大法宝”为基础的中国革命概括为“中国革命道路”。刘少奇的讲话也成为了亚洲工人阶级学习中国革命经验的主要内容。

第四，主要是道义上的声援与支持，同时也提供了必要的物质支援。中共不仅支援亚洲国家共产党，同时也支援其他为民族解放而斗争的各种组织。不仅支持亚洲国家反对帝国主义、殖民主义的斗争，也支持非洲国家，如阿尔及利亚、刚果、南非人民争取民族独立的斗争。

对于中共支持亚洲国家共产党的原则与做法，有积极的一面，也有历史局限的一面。从积极方面来说，中共当时的做法推动了亚洲地区的反帝、反殖、争取民族独立的斗争。二战结束后，英、美、荷等国以对日受降为借口，重新占领了马来亚、缅甸、泰国、菲律宾和印度尼西亚。这些亚洲国家的共产党在抗日战争时期就建立了抗日武装，为抗日战争胜利展开了英勇的斗争，作出了重大牺牲。抗日战争胜利后，这些国家的人民展开了反对美英等国的殖民占领的斗争，共产党及其武装是这场斗争的主力。取得革命胜利的新中国支持这些国家的正义斗争是理所当然的，也是新中国的国际义务。但也有历史局限性，如替别国党制订党的纲领和政策是不适宜和不妥当的，并不能符合别国的国情。随着形势的改变，中共调整了对亚洲国家共产党的政策。

四、援助越南抗法战争和国家建设

越南民主共和国于 1945 年 9 月宣告成立，但此后便处在残酷的抗法战争中，没有固定的首都，更没有获得国际承认。1950 年 1 月，印度支那共产党（越南共产党在一段历史时期中的称呼）中央主席胡志明，赤足步行 17 天进入中国地界，秘密访华。胡志明同毛泽东、周恩来和刘少奇进行会谈，请求中共援助越南人民解放斗争。中越两党就中国援助越南的具体措施达成协议。

应胡志明的请求，中共中央先后派军事顾问团和政治顾问团赴越南帮助其军事作战和经济建设。为了更有力地支援越南抗法斗争，经两党中央商定，1950 年 7 月，陈赓作为中共代表赴越协助边界战役和处理有关援越问题。同年 8 月，韦国清率中国军事顾问团抵达越南。9 月中旬和 10 月下旬，越南采纳陈赓和军事顾问团的建议，发动了“边界战役”，歼敌近万名，扫除了中越边界地区的法军据点，打开了中越边境的通道。1951 年 12 月，中国援越顾问总团成立，罗贵波为总顾问。

中国顾问团为越南抗法战争和经济建设做了大量工作。1953 年，顾问团协助越南党中央制定了土地改革法。1954 年 5 月，在中国军事顾问团的协助下，越南发起了著名的奠边府战役，大获全胜，为结束法国在越南的殖民统治奠定了基础。中国顾问团还协助越南在党建、统战和经济建设方面做了大量工作。

1954 年 9 月，中国开设驻越南大使馆，任命罗贵波为首任大使，并向越方建议逐步撤销政治顾问团和军事顾问团，改派少数专家技术人员到越南协助工作。1956 年年初，中国援越顾问团的工作全部结束。

五、东南亚国家共产党走和平道路或武装斗争道路的曲折过程

东南亚国家大多数共产党成立于 1920 年代或 1930 年代，长期为反帝、反殖和争取民族解放和国家独立进行艰苦的奋斗。

特别是抗日战争时期，这些国家的共产党联合其他抗日武装，为这一地区的抗日战争胜利作出了贡献。缅甸民族英雄德钦昂山是缅共创始人之一，曾任缅共总书记，后任反法西斯人民自由同盟主席。1942 年日军占领缅甸，缅共开展抗日宣传鼓动工作。1943 年决定开展抗日武装斗争，联合以昂山为首的缅甸国防军、人民革命党等组织，建立反法西斯人民自由同盟。1945

年3月，由自由同盟领导全国武装2万余人举行全国抗日总起义，于同年5月配合盟军将侵缅日军赶出缅甸。泰共自成立之日起就发动和组织群众，为驱逐日本侵略者和争取国家独立而斗争。马共从1937年开始采取建立反法西斯统一战线的政策，广泛发动群众，开展支援中国人民抗日战争和反对德意日法西斯的大规模群众运动。1941年12月日军侵入马来亚。1942年1月，马共组织马来亚人民抗日军，进行抗日民族解放战争。印尼共于1935年4月提出建立反法西斯统一战线的政治路线。1936年印尼共遭破坏。1942年日本入侵印尼，印尼共产党员和爱国青年参加抗日地下活动。1943年建立反法西斯组织"印尼独立运动"，艾地（1953年10月任印尼共中央总书记）任主席。菲共于1941年太平洋战争爆发后，发表纲领，主张建立抗日统一战线，武装人民抵抗日本侵略。1942年3月，创建人民抗日军，开展抗日武装斗争。

抗日战争胜利后，东南亚国家共产党面临复杂多变的局面，选择和平道路和武装斗争道路几经反复，有客观形势造成，也有主观政策上的原因。

对亚洲国家共产党政策的调整，是客观形势发展的需要。1953年之后，亚洲形势发生很大变化。1953年朝鲜停战。1954年日内瓦会议达成越南南北分治协议。同年周恩来总理访问印度和缅甸，中国同印度和缅甸共同倡导了和平共处五项原则。1954年中共、苏共建议缅共和马共两党在条件成熟时，以合法斗争代替武装斗争。

1956年春，毛泽东和中共中央决定停止帮助其他国家共产党制订纲领和政策的工作。1956年6月6日，刘少奇会见古巴等拉美国家政党领导人时指出：外国党的意见总不能像本国党那样正确，只有本国党最了解自己国家的情况，问题只能由自己解决。1958年6月，毛泽东在外交部务虚会上说："对兄弟党，不要代人家起草纲领，他们起草好，拿来给我们看看提些意见可以。我们过去也给人家起草过纲领，那样是行不通的。"

我国是和平共处五项原则的倡导者之一，政党关系要服从于国家关系。1954年12月11日毛泽东同缅甸总理吴努谈话时说，一个国家"靠外国的帮助，靠外国输出革命，而取得胜利是不可能的。我们就在这个意义上说，革命不能输出”。毛泽东还说，“我们决不会在云南边境组织军队打进缅甸”，我们教育在缅甸的华侨服从侨居的法律，“不要跟以武装反对缅甸政府的政党取得联系。我们在华侨中不组织共产党，已有的支部已经解散。我们在印尼和新加坡也是这样做的”。1955 年 12 月，毛泽东同泰国代表庵蓬等人谈话时说：“我们也不在你们国家讲共产主义，我们只讲和平共处，讲友好，讲做生意。我们不挑起人家来反对他的政府。吴努总理害怕我们挑起缅甸共产党来反对吴努政府，我们说，我们只承认你们一个政府，一个国家不能同时有两个政府。你们国内也有共产党，我们也不去挑起他们来反对你们的政府。”

六、“文革”后重新强调“革命决不能输出”

从 1960 年代“中苏大论战”到“文化大革命”期间，党的对外工作受“左”倾思想影响，受到了严重的破坏，陷入了困境。

首先树起了“世界革命”的旗帜。1963 年 6 月 14 日中共中央提出的《关于国际共产主义运动总路线的建议》（又称“二十五条”）提出：“全世界无产者联合起来，全世界无产者同被压迫人民、被压迫民族联合起来，反对帝国主义和各国反动派，争取世界和平、民族解放、人民民主和社会主义，巩固和壮大社会主义阵营，逐步实现无产阶级世界革命的完全胜利，建立一个没有帝国主义、没有资本主义、没有剥削制度的新世界。”

其次，突出亚非拉反帝革命斗争。“二十五条”指出，亚非拉广大地区“是目前直接打击帝国主义的世界革命风暴的主要地区”“是关系到整个国际无产阶级世界革命事业的全局性问题”。因此要“坚决支持他们的革命行动”，这“才是真正的无产阶级国际主义”。

第三，批判了王稼祥的所谓“三和一少”的“修正主义国际路线”，提出了“三斗一多”的对外方针。

第四，重新强调武装斗争的革命道路。在这时期，我们向外国共产党介绍中国革命经验时，着重介绍中国通过武装斗争夺取政权的经验。

第五，实行“支左反修”的政党对外关系的方针。“反修”结果是不仅同苏联共产党（苏共）中断了关系，而且同将近70个赞成苏共观点甚至主张中苏和解的共产党中断了关系。“支左”主要是所谓支持从“修正主义党”分裂出来的“小左派”。

“文化大革命”之后，党的对外工作“拨乱反正”，开创了政党外交的新局面。

首先纠正了对国际形势和国际共运形势的不切实际的估计。提出了“和平与发展”的时代主题，摈弃了“世界革命”的指导思想。

其次，明确了政党外交是“总体外交”的一个部分，同政府外交相辅相成，政党外交要为我国社会主义现代化建设服务、为我国改革开放服务、为创造我国和平的国际环境服务。

第三，重新强调“革命决不能输出”，各国人民选择什么样的社会制度，是要由各国人民自己选择。始终坚持和平共处五项原则。按照上述原则，这里当然也包含对东南亚一些国家共产党政策的进一步调整，有利于我国同东南亚国家发展友好睦邻关系。与此同时，中国积极发展同东南亚国家民族主义政党，包括执政党和主要在野党的联系与交往。

第四，确立“独立自主、完全平等、互相尊重、互不干涉内部事务”的党际关系四项原则。扩大了政党外交的交往对象。不仅同共产党和工人党以及共产主义政治组织发展关系，而且同第三世界国家的政党，同各国社会党、社会民主党、工党以及西方国家的保守党发展关系。现在政党外交还同民间外交、公共外交密切配合，为推动国家关系的发展和增进我国人民同各国人民的友谊作出贡献。

世界社会主义运动在探索中前进

（一）社会主义从空想发展为科学，从理论发展为社会主义制度，大大推动了人类社会的进步。2017 年是俄国十月社会主义革命 100 周年。十月革命出现了第一个社会主义国家，它的历史功绩是不可否定的。然而，第一个社会主义国家苏联在存在 70 多年后解体了，使世界社会主义运动和国际共产主义运动进入了低潮，各国共产党人没有被困难所吓倒，共产主义信念没有动摇，而在不断总结和探索中前进。

（二）中国共产党走过 90 多年的奋斗道路，有过曲折和困难，也取得了辉煌的成就。总结起来，简单来说，就是：第一把马克思主义的基本原理同本国实践相结合；第二，同时代发展相结合。

（三）我们所面对的世界发生了很大的变化，而且在不断地迅速发生变化，给我们提出许多必须面对的新问题。20 世纪 80 年代以来，世界经济全球化迅猛发展，带来世界经济繁荣时期。不仅对发达国家有利，也对发展中国家有利。发展中国家群体性崛起正是在这个时期。但经济全球化是双刃剑，带来了积极的正面影响，也带来了消极的负面影响。特别是 2008 年发生国际金融危机以来，世界经济低迷，发达国家和第三世界落后国家贫富差距扩大。无论发达国家还是发展中国家都出现“富者愈富，穷者愈穷”的现象。反全球化运动伴随着全球化而出现，后来一度沉寂。英国公投“脱欧”之后，反全球化思潮又有发展。但经济全球化毕竟是世之潮流，不可阻挡。从总体上来说，现在出现的是“逆全球化”，即贸易保护主义。中国主张自由贸易，主张推动经济全球化向健康方向发展。我们主张深入参与经济全球化进程，支持多边贸易体制，推进亚太自由贸易区建设，推动全面经济伙伴关系协定（RCEP）。出现社会多元化，各种社会思潮相互激荡。西方推行“新自由主义”和“颜色革命”。英国公投“脱欧”和特朗普当选美国总选之后，排外主义、白人至上的种族主义和保守主义的极右“民粹主义”泛起，冲击着传统政治生态和政党格局。社会信息化的快速发展也会给我们传统的政党组织方式带来冲击。国际思潮具有传导性，我们必须警惕。同时，国际思潮，潮起潮落，我们相信，正义、公正、公平的社会理想肯定是不可战胜的。

（四）坚定理想信念是我们共产党人的精神支柱。2016 年是中国工农红军长征胜利 80 周年。在极端困难的环境中，中国共产党人靠的是坚定的信念:“革命理想高于天”。今天我们处于和平时期，但我们党教育广大党员和党的干部，理想信念不能变。苏共解体有着沉痛的教训，其中一点就是理想信念不能动摇。

（五）40 多年来，我国改革开放，建设中国特色社会主义，特别是中共十八大以来，以习近平同志为核心的党中央带领全国各族人民进行建设中国特色社会主义伟大实践，已经形成了完整的理论体系。

（六）中共按照党际交往的“四项原则”同各国共产党和共产主义组织进行交往，其中最重要的是独立自主。这是国际共运历史经验与教训的总结。坚持马克思主义同各国实践相结合，紧紧地依靠广大人民群众。

（七）在经济全球化、社会信息化和文化多样化的现时代，我们对社会主义也要有一个全新的观念。即从现实出发，世界上存在着多种多样的社会主义和左翼思潮。我们实践并坚持科学社会主义，但我们也欢迎其他社会主义流派的探索和实践，以丰富社会主义的内容。

纪念马克思，坚持和发展马克思主义

不管时代发生多大变化，马克思主义的基本原理是完全正确的，但把这些原理运用于实践中必须要随时随地以当时历史条件为转移。中共在把马克思主义同中国实践相结合走过了一条曲折的道路。习近平新时代中国特色社会主义思想是马克思主义中国化的最新成果。

2018 年 5 月 5 日是马克思诞辰 200 周年纪念日。

纪念马克思是为了更好地学好马克思主义，更好地把马克思主义同当今世界发展、同中国实践相结合。特别是要深入学习和深刻领会马克思主义中国化最新成果“习近平新时代中国特色社会主义思想”。

一、马克思的英名和事业是不朽的

恩格斯指出“马克思首先是一个革命家”。

恩格斯在列举了马克思所写的“许多富有战斗性的小册子，在巴黎、布鲁塞尔和伦敦各组织中的工作”后，指出“作为全部活动的顶峰，创立伟大的国际工人协会”。

在马克思恩格斯领导下，第一个无产阶级的国际共产主义组织——共产主义者同盟于 1847 年 6 月初在伦敦成立。1847 年 11 月 29 日至 12 月 8 日同盟的第二次代表大会一致通过了马克思恩格斯制定的科学共产主义原理。马克思恩格斯受大会的委托起草了一个纲领性文件，即 1848 年 2 月发表的《共产党宣言》。国际工人协会即第一国际，1864 秋由马克思创立。马克思和恩格斯所主持的第一国际领导了各国工人的经济斗争和政治斗争，并同蒲鲁东主义、巴枯宁主义、工联主义、拉萨尔主义等反马克思主义流派进行了斗争，巩固了各国工人的国际团结。

恩格斯指出，马克思这位“当代最伟大的思想家”的功绩在于两大发现，其一是“发现了人类历史的发展规律”；其二是“发现了现代资本主义生产方式和它所产生的资产阶级社会的特殊的运动规律”。恩格斯还指出：“在马克思看来，科学是一种在历史上起推动作用的、革命的力量。”

现在我们离开马克思恩格斯发表的《共产党宣言》已经过去170年，离马克思建立的第一国际也已经过去150多年了。现代社会的政治、经济、文化的发展同马克思恩格斯那个时代相比，已经发生了翻天覆地的变化，但是马克思主义的基本原理并没有过时，而且一直指引着我们向实现人类伟大理想共产主义而奋斗。

二、马克思主义在坚持中发展、在发展中创新

坚持和发展马克思主义是辩证的统一。马克思主义要在坚持中发展，在发展中创新。

《共产党宣言》是第一个全世界工人阶级政党的纲领。马克思恩格斯以科学态度对待《共产党宣言》：一方面认为《共产党宣言》所阐述的基本原理是完全正确的；同时认为有些意见在实践方面毕竟是过时了。

在《共产党宣言》发表25年之后，马克思恩格斯在1872年德文版序言中说：“不管25年来的情况发生了多大的变化，这个《宣言》中所阐述的一般原理整个说来直到现在还是完全正确的”；但“这些原理的实际运用，正如《宣言》中所说的，随时随地都要以当时的历史条件为转移”。

序言还指出：“由于最近25年来大工业有了巨大发展而工人阶级的政党组织也跟着发展起来，由于首先有了二月革命的实际经验而后来尤其是有了无产阶级第一次掌握政权达两个月之久的巴黎公社的实际经验，所以这个纲领现在有些地方已经过时了。”

对于马克思主义，首先要坚持基本原理，尽管时代发生了很大变化，但实践一再证明，马克思主义的基本原理是“完全正确的”；但同时，在实践

运用这些原理时，必须“随时随地都要以当时的历史条件为转移”。

马克思主义开辟了认识真理的道路，而决不是穷尽了真理。马克思主义基本原理的掌握运用，使之成为鉴别是非、除旧布新的思想武器，成为分析和解决实际问题和创新局面的思想武器。马克思主义作为一种世界观和方法论，是永远不会过时的。尽管从1848年《共产党宣言》发表以来，世界发生了巨大的变化，但是马克思主义的基本原理没有过时，马克思主义奠基人所阐明的社会发展规律，资本主义社会的基本矛盾，实现社会主义是历史发展的必然，至今还是正确的。

三、坚持把马克思主义基本原理同中国实际相结合

中国共产党坚持把马克思主义基本原理同中国革命实践相结合，走过了一条十分复杂和曲折的道路。从1921年建党到1936年遵义会议，我们党充满着“国际路线”同“走独立自主道路”，充满着“马克思主义教条化”同“马克思主义中国化”的斗争。

中国共产党从诞生之日起，就把马克思主义确立为自己的指导思想。中国共产党的建立，得到了列宁领导的第三国际（即共产国际，成立于1919年3月）的帮助。

同时，如何把马克思主义的基本原理同中国革命的具体实践正确地结合起来，需要有一个探索的过程。

加入共产国际的条件规定，参加共产国际的各国共产党都是它的一个支部，必须完全服从共产国际决议。

共产国际代表马林帮助中国马克思主义者筹备和召开中共第一次代表大会。马林在会上指出：“共产国际是以世界共产党的形式统一指挥各国无产阶级的战斗行动。各国共产党是共产国际的支部。”

当时，参加会议的代表对中共与共产国际保持什么样的关系意见不一，所以《中国共产党第一个纲领》只是规定“联合第三国际”。

1922年7月16日至23日举行了中共二大，揭示出中国社会的半殖民

地半封建性质，指出党的最高纲领是实现社会主义、共产主义。中共二大第一次明确提出反帝反封建的民主革命纲领。

同时，中共二大通过决议案确认中国共产党是共产国际的一个支部。这在当时是必要的选择，对后来的中国革命产生过积极作用，但也带来过消极方面的影响。

总结20世纪20年代大革命失败的原因，客观上是帝国主义和封建势力的强大，主观上陈独秀等人在后期犯了右倾投降主义的错误。共产国际也有其责任。中国共产党作为共产国际的一个支部，直接受共产国际的指导。共产国际及其代表虽然对大革命起了积极的作用，但由于他们并不真正了解中国的情况，也作出过许多错误的指示，出了一些错误的主意。幼年的中国共产党，还难以摆脱共产国际的错误指导，这对酿成陈独秀右倾机会主义错误有直接影响。

在20世纪30年代，王明的"左"倾错误使中国革命遭受重大挫折。这也同共产国际错误指导有关。1931年1月7日，中共召开六届四中全会，从莫斯科回国不久、得到共产国际代表全力支持下，王明被补选为中央政治局委员。这次全会实际上批准了王明"左"倾冒险主义的纲领。"从这时起，以教条主义为特征的王明'左'倾错误在党中央开始长达四年的统治"，对中国革命造成重大损失。特别是在王明"左"倾错误指导下，在第五次"反围剿"时，中央红军遭受重大损失而被迫进行重大战略转移——长征。

1935年1月在长征途中召开的遵义会议，坚决结束了王明"左"倾冒险主义在党中央的统治，确立了以毛泽东为代表的新的中央的正确领导。这是中国共产党从幼年的党走上成熟的党的重要标志。它在党的历史上是一个生死攸关的转折点。

遵义会议是"在极其危险的情况下挽救了党，挽救了红军，挽救了中国革命。会议一系列重大决策，是在中国共产党同共产国际中断联系的情况下，独立自主地作出的"。从大革命失败到抗日战争前夕的十年历史证明："那种理论脱离实际，照搬照抄外国经验的教条主义，或由一个远离中国的国际中心来指挥中国革命的做法，都是错的。"

四、习近平新时代中国特色社会主义思想马克思主义中国化最新成果

党的十九大提出：中国特色社会主义进入新时代。这个新时代的理论基础和指导思想就是“习近平新时代中国特色社会主义思想”。

习近平新时代中国特色社会主义思想，是马克思主义同当代世界和中国实际相结合的最新发展，是马克思主义中国化最新成果。

习近平总书记从党的十八大以来的重要理论论述和在党的十九大的报告，是中国特色社会主义理论体系的重要组成部分，习近平总书记在十九大报告中提出的实现中华民族伟大复兴的伟大梦想，进行具有许多新的历史特点的伟大斗争，推进党的建设的伟大工程，推进中国特色社会主义的伟大事业，是全党和全国人民必须长期坚持并不断发展的行动指南，是对马克思主义的继承与发展。

习近平总书记提出的高举和平、发展、合作、共赢的旗帜，恪守维护世界和平、促进共同发展的外交政策宗旨，坚定不移在和平共处五项原则基础上发展同各国友好合作，推动建设相互尊重、公平正义、合作共赢的新型国际关系；各国人民同心协力、构建人类命运共同体，建设持久和平、普遍安全、共同繁荣、开放包容、清洁美丽的世界；尊重世界文明多样性，以文明交流超越文明隔阂、文明互鉴超越文明冲突、文明共存超越文明优越；秉持共商共建共享的全球治理观，倡导国际关系民主化，坚持国家不分大小、强弱、贫富一律平等，支持联合国发挥积极作用，支持扩大发展中国家在国际事务中的代表性和发言权。

这是习近平总书记面对世界正处于大发展大变革大调整时期，以马克思主义的基本原理和植根于中国传统文化的深厚底蕴，对时代和全球问题的理论阐述，有深刻的历史意义和现实意义。

第二章

复兴路上

中联部政党外交往事

2017 年 11 月 30 日至 12 月 3 日，中国共产党与世界政党高层对话会在北京举行。这是党的十九大后习近平总书记在国内出席的首场多边外交活动。习近平总书记在会上作了《携手建设更加美好的世界》的主旨讲话。这次史无前例的盛会，把中国特色政党外交提高到了新时代的新阶段，也提高了中联部的知名度。

我长期在中联部工作，亲历了中联部早期的一些政党外交往事，回想以往，感慨万千。

中联部的成立

中华人民共和国成立之后，作为执政党，中共的威望迅速上升，不少国家的共产党要求同中共建立联络和加强来往，同时中共也在积极开展对外联络工作。王稼祥担任中国驻苏联大使期间，毛泽东在致斯大林的信中指出："王稼祥同志到苏联的任务，除担任我国驻苏大使并以我国外交部副部长资格兼管对东欧各新民主国家的一般外交事务外，同时以中共中央代表的资格（他是我党中央委员）和你及联共中央接洽有关两党之间的事务。"此时王稼祥已与苏共、东欧国家共产党建立了联系，甚至与西欧的一些共产党都有一定的接触。一次，王稼祥回国，想找东南亚国家的一些材料，统战部里只有一个处室专门负责这类事宜。王稼祥感到，这已不适应新中国成立后的党际交往工作的需要，于是向时任统战部部长李维汉提出，苏共对外联络有专门的国际部，中共现在已经是执政党了，也应该设立一个国际部。李维汉很赞成。向中央汇报后，中央考虑到，苏共国际部经常干涉他国党的事务，决定我国这一机构名称要跟苏共有所区别，不称国际部，而叫做对外联络部。1951 年 1 月，中共中央对外联络部成立，王稼祥担任首任部长。早期，中联部、外交部的分工基本按照苏联的做法，即中联部负责对外政策、战略，外交部则负责具体外交事务。1956 年中共八大召开时，邀请了五十几个国家政党的代表团。由于当时通讯落后，接待工作非常繁重，中央决定以中联部为基础，专门成立一个接待委员会负责对外联络工作，王稼祥为主任，廖承志、杨尚昆、刘宁一等人为委员会成员。因为中联部当时在机构和人员编制上还没有落实，中共八大闭幕后，王稼祥便将接待委员会的工作班子大部分保留下来，形成了当时相对完整的机构设置。和外交部一样，分为苏联、东欧、中东、非洲、东南亚、西欧、美洲等部门，人员大为扩充。

中联部最初的办公地点在今民族文化宫后面，赵登禹路前京畿道 18 号。为了保密起见，1957 年，王稼祥将办公地点搬到了木樨地，这里当时较为偏僻，西边是农田，东边是昆玉河，符合保密要求。

我眼中的中联部

中联部当时是保密单位，很少有人知道。1960 年 6 月，我尚未从北京外国语学院毕业，便分配来到了中联部。此时正值社会主义国家共产党和工人党代表在布加勒斯特举行会谈，之后中苏论战开始公开化，为此要挑选一部分大学生到一些中央机关去工作。其中中联部的需求尤为迫切，所以我提前毕业，被调了过来。

得知这个消息时，我正在食堂吃饭。我们德西法系（德语、西班牙语、法语系）党总支书记老丁对我说：“你准备准备，三天之内就到中联部去。”我问：“中联部在哪儿？是做什么事的？”老丁也不知道：“你去问学生科吧，同时把手续办了。”学生科也不清楚中联部是做什么的，只告诉我去木樨地复兴大路 18 号报到，并嘱咐我说，中联部的名称和地址都不能跟别人讲，只能自己知道。

办完手续后，我带着一个箱子、一个铺盖卷，自己坐三轮车到了木樨地。当时那里不像现在这样繁华，周边还是很荒凉的，我问了好几个人都不知道这个地址在哪里，找了一个多小时也没找到。后来我在桥边碰到一个中年人，问他："复兴大路 18 号在哪儿？"他带着几分怀疑地看了看我，问："你干吗找这个地方？"我给他看了一下介绍信，解释说我被分配到这个单位来了，他这才为我指了路。原来"复兴大路"两边都是树，既没有路名，也没有门牌号，只有个小小的门。我走了进去，传达室出来一位老同志（后来得知这是一位参加过长征的老红军），叫我到路对面的干部处去报到。干部处的同志告诉我被分到了一处（即苏联东欧局），并对我讲："我们是非常重要的保密单位，你不能跟同学、家人说你在中联部工作，写信也不能写复兴大路 18 号，只能写'2470 信箱'。"我牢牢记住了这点，并严格遵守了纪律。

我来到中联部后，国际共运大论战已经开始。我的主要任务是收集有关这方面材料交给部领导。当时中共同社会主义国家还有政党往来，因此我也为这些往来及会谈准备材料。当时王稼祥有个工作方法，我们叫它"500 字方针"。他规定，凡外语干部、业务干部每天都要写 500 字材料，介绍我们所了解的各国共产党的情况，以及针对问题所提出的主张。写好后选一批送交王稼祥审阅、选出比较好的材料，反馈给报送中央的内部刊物《动向》编写组，不定期地向中央反映情况。除此之外我们还要写专题调研报告，当时叫"白皮"。王稼祥要求，文字上必须很精练，提出应对建议要有两种方案，并且必须有倾向性，表明态度。王稼祥还有一个特点，他有想交办的事情或者要布置下去的材料，并不是通过局长、处长层层去找，而是他自己直接找到具体负责的干部去谈，我们叫"一竿子插到底"。老同志中有一个说法，叫"天不怕，地不怕，就怕王部长打电话"，王部长总是直接给我们打电话："你来一下，来谈谈。"一打电话我们就很紧张。

有一次我也算是"接到了王部长的电话"。当时西柏林是处在东德领土包围中的飞地，这是根据《雅尔塔协定》划定的。美军开辟了西柏林三条空中走廊同西德保持联系，只有战胜国美、英、法、苏四大国有权管这条航线，飞机也是他们的。20 世纪 60 年代初，赫鲁晓夫突然宣布，苏联将把西柏林空中走廊的控制权交给东德，那等于是封锁了西柏林。美国、英国都很紧张，向赫鲁晓夫提出抗议，结果赫鲁晓夫又放弃了这一决定。当时国际共运大论战写作组要我们搞一个材料，说明赫鲁晓夫先是封锁，犯了冒险主义的错误，后来又犯了投降主义的错误。王稼祥对于这一问题则考虑得很细：这三条走廊怎么来的，有没有协议？赫鲁晓夫所讲的管辖权交给东德，是否违反协议？核实这项史实的任务交给了我。我找遍了欧洲和亚洲的有关档案，都找不到该协议，后来到图书馆在斯大林、罗斯福、丘吉尔的通讯录里找到了。原来开辟这三条走廊，由上述几位领导人通过信件的方式确认就行了，不必签订协议。王稼祥不要书面材料，一定要找我当面谈。他在部长南小楼办公，那是栋很小的两层楼房。我到他办公室，见里面堆满了英文、俄文的书报。他在房间里踱步，我向他报告了这一情况。他像一位大学教授，问得特别细，材料怎么找到的，里面内容是什么，等等。听完汇报，他对我的工作表示肯定，说我找到的材料很有价值。

王稼祥对于中联部的定位是党中央在国际问题上的参谋和助手。所谓参谋，是指要向中央提出政策性建议，要独立思考，有独到见解，各种不同意见都可以向中央反映，中央作出决定后，要按照中央的方针来坚决执行。所谓助手，是指中央会交付很多重要任务，中联部必须不折不扣地完成。当时由于大论战已经开始，我们在同苏东政党外围组织的国际会议上争论特别激烈。王稼祥同中联部干部讲，争论是不可避免的，但要摆事实、讲道理。你们讲得过分了，就失言失算了，被人家抓住辫子，授人以柄。

“文化大革命”期间，王稼祥因“三和一少”问题而“靠边站”了，康生来管中联部。康生提出“支左反修”，即“支持左派，反对修正主义”，断绝了同大多数共产党的联系。在这种严峻的形势下，周总理经过慎重考虑，于 1971 年初将耿飚调到了中联部。

当时，中联部大部分干部和工作人员都去了先在黑龙江后在河南的干校，只有 100 多人留了下来。我因负责联系德国和奥地利的一些左派政党和团体，所以没去干校，经常同耿飚有接触。一次，耿飚会见德国一个政党代表团外宾后，把我留下来，说：“中联部任务这么多，外语干部大部分还都下去了，怎么工作？通知他们统统回来。”我很为难地说这是组织要求，不能让他们回来。他说那把干校办到北京来。我说，老耿，你不了解情况，中央机关不能在北京办干校。他说那你帮我找一个离北京最近的地方办干校。后来同有关部门商量，选定了固安。他也比较认可，说固安离北京近，他随时可以调些干部回来工作，以保证中联部的日常工作。

我进部时，中联部还同社会主义国家大使馆经常保持联系，相互通报有关情况。记得我第一次为伍修权副部长和东德大使会见做翻译，比较紧张，翻译得比较慢。东德大使知道伍修权曾在苏联留过学，就说："这样吧，我们用俄语交谈。"结果我就听不懂了。会谈结束后，伍修权特意将我留下。他问我参加过多少次翻译工作，我回答说这是第一次。他说："第一次参加这样的工作，有点紧张是难免的，没关系，慢慢磨炼，做翻译需要一个过程。"我有点为难，说回去还要写简报，可是刚才的谈话都听不懂。伍修权说："不着急，我给你说几条你记住，报上去就行了。"

见证中联部对外政策的转变

几十年来，随着形势的发展，我国政党外交发生了历史性变化。"56、89、10、400"这四个数字代表了我国政党外交的变化。"56"是指1956年召开的中共八大，共有56个国家的共产党或工人党应邀派代表团或观察员参加会议，毛泽东、刘少奇、周恩来等中共领导人分别会见了出席会议的外国党代表团；"89"是指中共八大之后到"文革"前，同我们有联系的政党有89个；"10"指经过国际共运大论战和在"文革"期间，与我国有联系的"老党"仅有10个；"400"指中共目前同160多个国家和地区的400多个政党和政治组织保持着经常性联系。

中共十一届三中全会之后，我党对外交往发生了重大的转变。80年代中期，邓小平在深入分析了当时国际形势和格局的重大变化后，逐步形成了和平与发展是当代世界主题的思想。据此，我国政党外交的主导思想有了转变，明确中共与各政党间交往的目的不应当是搞世界革命，而应当是为了营造和平的国际环境。继而将对外政策作出调整，为我国改革开放和社会主义现代化建设服务。

首先，开启同欧洲“老党”恢复关系的进程。中苏论战期间，中共与大部分国家共产党（老党）关系中断了。70年代后期和80年代初，邓小平提出“过去的事情一风吹，一切向前看”的方针。1977年他在会见铁托时指出：过去我们两家吵架，主要是我们方面不对，但也不能说你们讲的、做的都正确。过去的事情一风吹，一切向前看。

20世纪80年代，中共中央书记处召开三次会议讨论中联部工作，这是历史上罕见的。会议上中联部汇报提出：“我党对外联络工作的基本任务，就是本着独立自主的方针，进行广泛接触，除个别特殊情况外，同世界上所有愿意和可能与我党来往的共产党、社会党、民族主义政党及其他进步政党和组织建立联系。”中联部的汇报得到了中央领导的肯定。

除与各国共产党关系的恢复外，中共与第三世界国家的政党建立关系也是很顺畅的。这些国家的政党本来就是中共的老朋友，在争取民族解放和独立斗争中，中共曾大力支持。这些国家独立后，我们党和政府同这些国家政党有密切联系。并且他们认识到，除了国家关系以外，加强政党关系对于自身发展更有利。早在60年代，他们便要求跟中共建立关系，但由于中共局限于政党关系只能在共产党之间进行，因而只能婉拒，但政党之间以民间形式来往很多，我们以对外友协的名义邀请他们来，实际上仍由中联部接待。因此建立与这部分政党的关系也很方便。

同一个国家里一般有好几个政党，我们主要同执政党建立联系，同时与在野党也建立联系。特别在欧美国家，执政党有轮换，加强与在野党的联系，等在野党上台后，国家、政府间的关系可以持续与改善。

我们同社会党有意识形态的分歧，那么与他们的关系是怎么打开局面的呢？最早与中共建立联系的是法国社会党。1981年2月，应中共中央总书记胡耀邦的邀请，时任法国社会党主席密特朗访华。密特朗有文学底子，对中国文学非常欣赏，所以能到中国来他非常高兴。来华后他游览了长城等许多名胜古迹，还串过北京的小胡同，对中国加深了了解。邓小平、胡耀邦和李先念等中央领导人同他会谈时分析了当时的国际形势，指出我们要联合起来维护世界和平，同时表示在自由平等交流中促进相互了解和友谊。他深表赞同。这就迈开了与社会党建立关系的第一步。

1984 年 5 月，德国社会民主党主席、社会党国际主席勃兰特访华，是社会党同我们发展关系的一个里程碑。我有幸亲历了这一重大事件。勃兰特很有远见，他推行了一个“新东方政策”，即社会党不能自我封闭起来不跟共产党联系。为了世界和平，社会党愿意与共产党共同合作。所以他首先跟苏联、东欧国家共产党发展关系，之后才同中共建立关系。用他的话说，是“先到红场再到长城”。华国锋早期访问德国的时候曾会见了勃兰特及其智囊团成员，但不是政党间的正式会面。

后来我在中国驻联邦德国（西德）使馆任职时，具体负责推进双方政党间的接触。我先邀请勃兰特的智囊、“新东方政策”设计者埃贡·巴尔来华访问。他是社民党主席团成员，相当于中共中央政治局委员，我方会见的最高级别领导人本应该是时任中联部部长姬鹏飞。不巧姬鹏飞病了，时任副部长钱李仁打电话向胡耀邦请示，胡耀邦决定接见巴尔。这样一来会见马上就升级了，双方见面时直接谈到了建立两党交流关系的问题。胡耀邦说：我们有意识形态上的分歧不要紧，相当于一个交响乐团，你是小提琴，我是大提琴，声音可以不一样，合起来是和平与和谐的，但是不要指挥棒。巴尔非常高兴，回国后主动到使馆向我提出建立两党间的对话关系，并主动提出勃兰特想访华。巴尔引用勃兰特的话说：“那年华国锋访问德国时，我们见了面。当时华国锋对我说，欢迎你到中国去看看。我还没有去过中国。华国锋邀请我去中国看看。”

1984 年 5 月，勃兰特应中国共产党的邀请访华。我参与了接待工作。当时有一幕特别有意思，让我记忆深刻：勃兰特带了两名随行人员，巴尔和维什涅夫斯基。他们从机场一到钓鱼台国宾馆，胡耀邦在钓鱼台一号楼接待大厅迎接他的时候，勃兰特向他介绍：“这位是巴尔，长得不是太高；这位是维什涅夫斯基，长得高高大大，像头大象。”胡耀邦很巧妙地说：“我听说欧洲有个说法，两只大象打架（暗喻美苏争霸），把草地都毁坏了。”维什涅夫斯基立刻心领神会地讲：我不是大象。勃兰特说他也不是大象，他们德国更不是大象。胡耀邦说：我们中国也不是大象，我们喜欢和平。在轻松的氛围里，双方表达了自己对于和平问题的理念和立场。后来他们的随行人员告诉我，没想到中国的领导人这么开放。

次日晚宴上，胡耀邦在《超越意识形态的差异，谋求相互了解和合作》的讲话中指出："为了共同维护世界和平，我们之间超越意识形态的差异，谋求相互了解与合作，应当成为开拓新的关系的唯一现实的抉择。"社会党也接受这个观点。5 月 30 日，邓小平在钓鱼台养源斋会见并宴请勃兰特一行。邓小平说，我喜欢打桥牌，但是政治上我不打牌，我们也不让人家把我们当牌打。勃兰特说，我不打牌，中国也远远不是一张牌的问题。

此后，中共以"超越意识形态的差异，谋求相互了解和合作"作为我们党同所有社会党发展关系的方针。现在我们党与所有的社会党、社会民主党、工党都建有联系。

中联部是中共进行对外活动的一个职能部门，有一定的特殊性。随着我国改革开放的逐步深入，为了适应新形势下的新要求，中联部逐步揭开了这层神秘的面纱。如今的中联部逐渐走入了公众的视野。近年来，中联部不断利用自身优势，在讲好中国故事的同时讲好中国共产党的故事。做人的工作是中联部的特色，因此对外交往时多采用交朋友的方式。此外，中联部还设立开放日，对民众开放；每逢党代会、重要的中共中央全会等，邀请外国大使、记者来中联部了解情况；制作专门介绍中国政党外交的纪录片；等等。中联部通过这些形式逐渐扩大了自身的影响范围，这也是一种新的发展方向。

2011 年 1 月，习近平同志来到中联部，出席"纪念党的对外工作 90 年暨中联部建部 60 年"大会并发表讲话。习近平在讲话中回顾了中国共产党对外工作的历史和各个不同时期的重要贡献。他指出，党的对外工作要"努力成为促进我国对外关系发展的重要途径，成为展示党的良好国际形象的重要窗口，成为党员领导干部观察和研究世界的重要平台，成为借鉴国外经验、为中央决策服务的重要渠道"。他强调，要紧密结合加强和改进新形势下党的建设要求推进党的对外工作，加强对外国政党治党治国经验的比较研究，冷静观察、深入思考世界政党兴衰成败的经验教训，深化对共产党执政规律的认识。

习近平在中国共产党与世界政党高层对话会上的主旨讲话，指引新时代中国特色政党外交进一步开拓新局面。

这次高层对话会，加强了各国政党在本国政治活动和全球治理中的重要作用的认识。世界绝大多数国家实行政党政治，虽然形式和做法各不相同，但仍是政党引领本国的国家方针政策的实施。通过这次对话会，许多与会者认识到，政党通过其在各自国家中发挥作用，谋求参与本国的公共政策治理和为世界和平及全球治理作出贡献。

各国政党交流与合作的共同基础是构建人类命运共同体。习近平总书记在对话会上说："世界各国人民应该秉持'天下一家'理念，张开怀抱，彼此理解，求同存异，共同为构建人类命运共同体而努力。"各类政党具有不同的意识形态，有"左"的、右的、中间的。因此，构建人类命运共同体，超越意识形态，是各国各类政党的理念，也是中共同各国政党对话与合作的基础。

会上提出了新时代的党际交往原则。1982 年 9 月，中共十二大提出党际关系的"独立自主、完全平等、互相尊重、互不干涉内部事务"的"四项原则"。当时指同共产党、工人党的关系。1992 年 10 月中共十四大将党际关系"四项原则"适用于中共同世界各国各类政党进行交流与合作，取得了卓有成效的成就。随着形势的发展，党际关系也应在"四项原则"的基础上进一步加以丰富和发展。习近平总书记在对话会上提出了建立新时代新型政党关系的重要原则："不同国家的政党应该增进互信、加强沟通、密切协作，探索在新型国际关系的基础上建立求同存异、相互尊重、互学互鉴的新型政党关系，搭建多种形式、多种层次的国际政党交流合作网络，汇聚构建人类命运共同体的强大力量。"

开拓新时代中国特色政党外交新局面，首先要深入学习习近平新时代中国特色社会主义思想的丰富内涵和世界意义，领会新时代赋予政党外交的重大担当和责任，为新时代中国特色社会主义建设和为新时代中国特色大国外交作出应有的贡献。

学习王稼祥的革命精神和崇高品格

2006 年 8 月 15 日是王稼祥同志诞辰 100 周年。中联部召开纪念王稼祥诞辰 100 周年的座谈会。我参加了这次座谈会，并作了发言。

王稼祥同志为中国人民革命事业、社会主义建设事业和新中国外交事业作出了卓越的贡献，不愧为忠诚的马克思主义者，杰出的无产阶级革命家，我党我军卓越的领导人和新中国优秀的外交家。我们今天纪念和缅怀王稼祥同志，重要的是要学习他的革命精神和崇高品格。

学习他坚定不移的革命信念。王稼祥同志对党和人民无限忠诚，立志革命是他的终生理想。特别是面对极端艰难困苦的革命斗争环境和复杂的党内斗争，他始终保持革命乐观主义精神，对革命前途充满信心。

学习他探索创新的科学精神。王稼祥是提出“毛泽东思想”概念的第一人，对毛泽东思想的产生、发展和成熟作出了重要贡献。他勤于思考，勇于创新，不断研究和解决国际和国内的新情况、新问题，对党的许多方针政策的形成和发展起了重要作用。

学习他实事求是的思想作风。实事求是作风贯穿于王稼祥的一生。他在各个时期和各个工作岗位上，总是尊重实践，认真注意调查研究，经过深思熟虑和科学分析，向中央提出自己的看法和建议。他的一贯的实事求是作风来源于他追求真理和无私无畏的精神品格。

学习他淡泊名利的人生态度。在王稼祥一生经历中曾在多个岗位上工作过，职务和地位有起有落，但他从不计较自己的名利得失，始终谦虚谨慎，光明磊落，严于律己，只讲过不讲功。当他提出对外政策的正确建议而被指责为“三和一少”错误并受到不公正对待时，他从无怨言，仍然一心考虑为党多做工作。

学习他勤奋严谨的工作作风。王稼祥对待工作从来就是勤勤恳恳，数十年如一日。他几乎没有自己的休息时间，一心为工作。他历来重视调查研究工作，提倡搞调研要有“甘于寂寞”和“坐冷板凳”的精神，不能有浮躁和急于求成的态度。他对干部要求十分严格，同时他率先垂范，以非凡的韧性和毅力专注调研工作。

学习他孜孜不倦的学习精神。王稼祥除了工作之外就是学习。他不断地学习和吸收新知识，并运用于实际工作中。他学习范围十分广泛，古今中外都涉及。他要求自己和各级干部都要订出学习和读书计划，定期检查。

学习他朴实无华的生活作风。王稼祥同志一生艰苦奋斗，朴素节俭，廉洁奉公。他从不搞特殊，生活十分简朴。他对家人要求也十分严格，从不以手中的权力谋取私利。

学习他团结协作的领导作风。王稼祥始终忠实执行党的“德才兼备”干部政策，十分注重培养干部的业务能力。他一身正气，从不搞吹吹拍拍和亲亲疏疏的一套。他要求工作中有团结协作的气氛。

1951 年初，党中央任命王稼祥为中联部首任部长。在任 15 年期间，他对我们党的政党外交进行了开创性工作，并参与了我国总体外交的重大决策。他提出了比较完整的关于党际交往准则的思想，为发展中共同外国政党的独立自主和完全平等的党际关系作出了重要贡献。他的实事求是的作风和潜心钻研的调研精神，为中联部带出了一个好的作风，一直延续至今。

我们为有王稼祥这样的老一辈无产阶级革命家作为首任部长而感到光荣和自豪。我们一定要认真学习王稼祥的革命精神和高尚品格，为出色做好政党外交工作而努力奋斗！

中联部新闻发言人制度的建立

新闻发言人不是一个“人”，而是一项制度。作为中国改革开放初期的主要领导人和组织者之一的胡耀邦同志，十分重视新闻发言人制度的建立、完善和发挥其应有的作用。中联部新闻发言人制度是胡耀邦提议建立的。他在当时还指出，党中央各部门，国务院各部委都要创造条件建立新闻发言人制度，这是政治开明的表现。

从 1984 年起，我任中联部新闻发言人长达十年。其中前两年多时间，我曾多次作为工作人员参加胡耀邦会见重要外宾。他的敏捷活跃思路、开放开明态度、平易近人作风、风趣幽默话语以及率直好动性格，都给人留下了难忘的印象。

1984 年 11 月 25 日至 29 日，朝鲜领导人金日成内部访华。胡耀邦、邓小平、陈云等中共领导人同金日成举行了多次会谈和会见。我作为中联部研究室的负责人参加了其中的一部分活动。在欢送晚宴之后，胡耀邦请钱李仁等中联部领导留了下来。胡耀邦说：这次同朝鲜领导人谈得很好，见到外界对这次访问有些猜测，已同朝鲜同志商量过，待金日成同志回朝鲜后正式发表访问消息。他说：我方可由中联部新闻发言人来发表；由此中联部建立起新闻发布会制度，你们带个头，党中央其他各部门也要搞新闻发布会；外交部已有定期新闻发布会，建议国务院其他部委也要有新闻发言人。这样做是改革开放的表现。他强调，金日成的访华消息，中联部要召开新闻发布会，不仅要宣读新闻稿，还要回答中外记者的提问；请中联部同朝方商定一个同时发表的时间，期限在一个月之内。

根据胡耀邦的指示精神，部领导多次召开部务会议，决定成立中联部新闻局，任命我为新闻发言人，并对第一次新闻发布会作了周详的筹划和布置。经过近一个月的紧张准备，在外交部和记协的积极帮助和配合下，中联部第一次新闻发布会如期召开。中外记者提问热烈，而且涉及的范围也很广泛。我们尽可能作了明确的回答，而不使用“无可奉告”这类生硬语言，努力达到胡耀邦提出的开放、开明的要求。

新闻发言人作为一种制度，除召开定期或不定期的新闻发布会外，还有其他职能性的重要任务。例如：为中央领导人会见重要外宾准备参考材料和谈话备用稿；中央领导人会见外宾后向主要媒体记者进行新闻吹风；接受中外记者的专题采访；做好中外记者的电话采访，一定要有人值班，一定要对记者提出的任何问题作出答复；同中外记者进行一些联谊活动，进行非正式的交流和交谈。

20世纪80年代初，党中央提出开创党的对外联络工作的新局面，以党际关系四项原则为指导，积极发展同各国各种类型政党的关系。独立自主、完全平等、互相尊重、互不干涉内部事务的党际关系四项原则，是胡耀邦从1980年到1982年期间分别同意共、西共、荷共和希共（国内派）等政党领导人会谈中逐步形成的。1982年9月中共十二大正式确定为中共发展同各国政党关系的原则。胡耀邦当时还指出：不仅要向外国政党和外国朋友，而且也要向国内各级机构宣传党的对外联络工作的方针和政策。因此，宣传开创党的对外联络工作的新局面和党际关系四项原则，成了当时中联部新闻发言人的一项主要工作。

过去，中央领导人会见外宾的消息，通常由外交部、中联部等主管部门向新华社提供新闻稿，由新华社向媒体发新闻通稿，内容十分简单和刻板。新闻发言人制度逐步建立和完善后，就由新闻发言人在领导人会见外宾后，向中央几家主要媒体记者进行“新闻吹风”。“新闻吹风”大大增加了领导人会见消息报道的内容，也成为民众了解中央政策的一个渠道。因而这项工作成了新闻发言人的重头戏。

1984、1985、1986年是中共政党外交转折和开创新局面的时期。各国政党和组织的领导人纷纷来华访问。胡耀邦强调：“无论是大党还是小党，凡他们的领导人来访，只要有时间都可以安排我来见。各党是一律平等的，意见不同也不要紧，相互交流有好处。”因而在这一时期，胡耀邦会见外宾是十分频繁的。

会见之前，我们照例要向领导提供会见参考材料和谈话备用稿。除正式会谈外，胡耀邦很少按照我们准备的备用稿来讲。他的谈话有自己的思路和风格。他多次向我们指出，同外宾谈话一定要有针对性，事先要摸清情况，谈话要有新的思路，不要千篇一律，不要老套套；你们准备的材料我都看了，你们是花了功夫的，对我很有帮助，但是你们一定要有新思路，或者提出一些新问题，不要把我上次讲过的东西还给我，也不要把报纸上公开发表的东西抄一遍给我。胡耀邦性格外向，谈锋很浓，不回避有争议性的问题，并鲜明地表明自己的看法和观点。他不仅语言生动，还配以各种手势和动作，兴奋激动时就手舞足蹈起来。

胡耀邦有个习惯，就是在会见外宾前半个小时就来到会见大厅，听取情况汇报和商讨同外宾谈话的主要内容。一般情况下他都十分准时。有时稍迟几分钟他也会说明缘由，并说声“让你们久等了”表示歉意。但有一次，当我们提前几分钟走进人民大会堂会见厅时，只见胡耀邦已经坐在那里了，而且看样子已经坐了有一会儿了。他见到我们进门即起身迎接，并同我们一一握手。这使我们很不好意思，连忙表示歉意。而他摇了摇手笑着说：“不必不必，不是你们迟到而是我早到了，我想在这里静一静，思考一些问题。”胡耀邦在我们面前既不摆架子，也不掩饰自己的情绪。通常情况下都是情绪饱满，积极乐观，谈笑风生。但有时也会沉默少言，眉头不展，不断抽烟。

“新闻吹风”对我来说既难又易。难点在于胡耀邦同外宾谈话内容广泛，语言新鲜，时常即兴发挥。我的面前放了两份稿纸，一份做记录，另一份草拟新闻稿。这就需要思想高度集中。既要迅速又要准确，因而难度很大。但也有容易之处，就是胡耀邦对新闻报道的开放态度。当胡耀邦同外宾握别，我送新闻稿请他审批。他说：“我不看了，除了谈话中有两点（他指出这两点的具体内容）现在不便发表外，其余的统统可以讲。”于是，我向等候在另一小厅里的新闻界的朋友们进行“新闻吹风”。遵照胡耀邦的指示精神，详尽地宣读了我记录的会见内容，并提供我草拟的新闻稿，至于具体如何报道请各位记者自定。这得到了记者朋友们十分热烈的反应。因此在这一时期各媒体发表的新闻稿可以有所不同，中新社不同于新华社，《中国日报》不同于《人民日报》。

胡耀邦的外交思想是一个大题目，需要探索和研究。这不是本文题目所能及。但如上文所述，胡耀邦在会见外宾前经常就各种题目同会见陪同人员交谈，也涉及我国总体外交和政党外交的一些问题。而当时有条规定，这种形式的谈话是不准做记录的，所以只能凭记忆将胡耀邦的谈话内容疏理出几条，也许可以作些参考。

（一）打破旧框框，发展新思路。几年来开创党的对外联络工作的新局面，政党交流有了很大的发展。关键的一条就是打破旧框框，发展新思路。我们的思想不要被旧框框老套套束缚住。

（二）什么样的政党都可以交往。世界上有许多各种各样的政党和组织，除少数法西斯性质的政党外，什么样的政党都可以交往。政党交往就是交朋友，交友越广越好，朋友越多越好，左中右、上中下都可以来往。

（三）各国政党应是独立自主的。独立自主地制定自己的纲领和政策。各政党由于处境不同，历史背景不同，必然会有不同看法和意见分歧，这是很自然的。重要的是不能把自己的看法和观点强加给别人，更不能任意指责。这在国际共运历史上已有许多教训。可以通过交流和交往达到相互了解的目的，还要做到相互谅解。

（四）政党交往形式可以多种多样。有正式的和非正式的，有政党所属的团体和机构的来往，还可以相互派考察团组。可以相互通信，用口头或书面方式通报情况，逢年过节发些祝贺卡，联络感情。总之要灵活多样。

（五）奉行独立自主的外交政策。我们的独立自主外交政策，就是根据国际事件的是非曲直作出我们自己的判断和提出我们自己的主张，不依附于任何大国或大国集团，也不怕任何压力。只有这样做了，才有我们自己的国际地位。

（六）坚决支持第三世界国家的正义斗争。许多第三世界国家的政党都有同我们党交往的强烈愿望，这是件好事情，要作为重点工作来做。我们同第三世界国家过去有过共同的遭遇，现在又面临相似的问题，在情感上是相通的。过去我们相互支持，现在在反对外国侵略、压迫、干涉方面和在国内经济建设方面都要相互支持。坚决支持第三世界国家的正义斗争是我国社会主义外交的立足点之一。

（七）同苏联和东欧国家的关系终究是要恢复的。研究和处理同苏联和东欧国家的关系要有长远观点和历史观点。要有三个区别：东欧国家与苏联相区别，恢复关系可以先易后难，先东欧国家后苏联；对苏联，要把对外搞霸权同国内社会制度相区别；把苏联领导人的政策同广大苏联人民相区别。

（八）要研究马克思主义的历史命运。马克思所处的时代同我们的时代已相距很远。现在的科技新发展，包括生活中的新发明，马克思是没有看到的。马克思主义基本原理要坚持，但马克思主义要不断发展。这种发展一要同本国实践相结合，二要同时代发展相符合。因而我们要研究马克思主义的历史命运。

李一氓和中联部

一、乔石尊他为“良师挚友”

《人民日报》1990年12月11日发表时任中共中央政治局常委乔石纪念李一氓的文章《一位令人崇敬的老共产党员》。这是一篇难得的纪念性的好文章，没有官气，没有浮躁之词，没有陈词，不落俗套。乔石当时已是党和国家重要领导人，而从这篇纪念文章中可以看到，他对李一氓完全怀有一个晚辈对前辈的尊敬之心。文章说：“他对于我这样一个新认识的革命经历和外交工作经验与他无法比拟的较年轻同志，能够经常平等地交换意见、商量问题、议论形势。”“他的意见总是完全从大局考虑，从工作出发，又能替较年轻同志着想，关切备至，每每使我深受教益和感动”，他是“我极尊敬的老领导”“一位相知颇深的良师挚友”。

李一氓和乔石相识相知是在中共中央对外联络部。李一氓是位革命阅历十分丰富的老一辈革命家，又是一位著名的文化人。先前没有写回忆录的打算，后在乔石、何方等一批老同志一再劝说下，才开始动笔。他把回忆录名定为《模糊的荧屏》，他说：“时过境迁，现在所能检查出来的东西，不过是一面模糊的荧屏。”乔石题写了书名。

李一氓在写回忆录时，认为回忆录“总不能写成一本自己夸耀自己的功劳簿”。他还提出“文革”中“专案组”要他写“供词”时提出的三个条件可用于写回忆录的三条原则，即不准“丑表功”，不准“攀领导”，不准“安钉子”。但他当时已是80多岁的人了，回忆录最后章节是在病床上口授完成的。

可惜的是李一氓回忆录只写到1946—1949年从山东到大连，没有涉及在中联部的工作。而他在中联部工作的 7 年（从 1975 年到 1982 年），正是他辉煌人生中最精彩的一章。但这同时也留下了给我们回顾他在中联部工作所作贡献的空间。

二、周恩来点将，上任中联部

“李一氓现在在哪里？”周恩来在一次外事工作领导小型会议上问。没有人回答，周恩来又问了一遍。

“李一氓从监狱出来后，现在在一家医院里，继续接受审查。”有人回答。

“现在还审查什么，他的情况我全知道，赶快让他出来工作！”周恩来接着对耿飚说：“老耿，让李一氓到你中联部去工作。”

“好的。”耿飚爽快地回答。

这段对话是我的第一个上级、时任中联部一处（相当于局）德国组（相当于处）组长王务安告诉我的。

王务安在上海务本女中上学时，同几位进步同学一起上山参加新四军，皖南事变后返回上海。后由她表姐（上海地下党员）介绍到重庆八路军办事处外事组，在龚澎手下工作，并由龚澎介绍加入中共。王务安在重庆期间结识了国际红十字会介绍来华支援抗战的奥地利医生、奥地利共产党员严斐德，并和他结了婚。新中国成立前夕，王务安随严斐德回奥地利探亲。新中国成立后，龚澎到维也纳参加国际会议，碰上了王务安，赞扬了王务安。王务安在国外为宣传新中国做了许多工作。之后，王务安和严斐德回到中国。

严斐德在华任奥共党报驻京记者。后作为参加万隆会议中国代表团的随行记者，因克什米尔公主号飞机爆炸而遇难。王务安后来同沈其震结婚。沈其震是我国著名医学专家，叶挺好友。叶挺任新四军军长后，动员沈其震带领一批医务人员去新四军军部负责医疗卫生工作。因当时新四军缺医少药，沈其震受命，代表叶挺，向在上海的宋庆龄求援。在宋庆龄协助下，沈其震来往于敌占区和新四军驻地，筹款、买药、送药，为救助新四军伤病员作出了杰出贡献。沈其震由刘少奇介绍加入中共，新中国成立后曾任农工民主党副主席。由于上述经历，王务安同李一氓十分熟悉。

李一氓于1974年年底，由组织安排恢复工作。1975年10月正式任命为中联部副部长。

李一氓到中联部上任，有两个历史性背景。

第一，李一氓参加过北伐战争和南昌起义，曾任新四军秘书长，在抗日战争和解放战争时期，从事文化工作和统战工作，新中国成立后主要从事外交工作，大部分时间都受周恩来领导。因而周恩来对他十分熟悉，他对周恩来也十分尊敬。李一氓在中联部7年时间职务仅为副部长。按照他的资历应安排更高职务。但周恩来深知，李一氓有宽阔胸怀，忠诚于党的事业，不计较自己的功和名。后来邓小平在一次会议上说："一氓对个人的进退，态度是很开明的。"

第二，中联部的工作，在部成立之后由刘少奇主管，中共八大之后由邓小平主管。"文革"开始后，刘邓被打倒，康生主管中联部，执行"支左反修"的"左倾"路线，政党外交工作遭到极大破坏。周恩来从未分管过中联部工作，但作为新中国外交的总管，十分关心中联部的工作。"文革"期间，周恩来对康生和四人帮推行的'极左'路线十分无奈，包括对中联部的工作。周恩来只能用调动中联部领导的办法，使政党外交工作免受更大的损失。因而，周恩来于1971年初调耿飚任中联部部长。耿飚一上任就鲜明地批"左"，因而受到康生和四人帮的忌恨。四人帮利用1974批林批孔"一·二五"大会策动公开点名批判耿飚。在这样的背景下，周恩来让李一氓来中联部协助耿飚工作。

三、理论勇气和胆识

李一氓上任中联部时，"文革"已临近结束，但斗争依然复杂。李一氓主要是协助耿飚，纠正政党外交的"左"的影响，恢复中联部的正常工作秩序。1976年10月打倒"四人帮"之后，耿飚主要负责中央宣传口工作，中联部日常工作由李一氓主持。1979 年 1 月，耿飚正式调任中央工作，由姬鹏飞继任中联部部长。当时，姬鹏飞任国务院副总理兼秘书长，主要精力放在国务院工作上，李一氓主持中联部的全面工作。

李一氓继承王稼祥的工作传统，充分发挥中联部作为党中央的参谋与助手的作用，大胆提出关于转变国际战略和政党外交的政策建议，为邓小平和党中央所采纳。

国际战略的确定，首先要明确对时代的认识。我们究竟处在什么时代？毛泽东坚持列宁的“战争与革命”的时代，认为只要帝国主义存在，就有战争。毛泽东提出的问题是：“是战争引起革命，还是革命阻止战争？”毛泽东在晚年提出“三个世界”的论断，以及“一条线”的战略，即把苏联作为主要战争策源地和主要敌人，要联合美国和欧洲、日本及第三世界国家结成国际统一战线，共同反对苏联。

党的十一届三中全会，在国内问题上改变了以阶级斗争为纲的战略，转变为发展经济为党的中心任务。但国际战略依然实行毛泽东的“三个世界”的论断和“一条线”的战略与政策。

“三个世界”划分是 1974 年 2 月毛泽东会见赞比亚总统卡翁达时提出的。同年 4 月，邓小平在联大特别会议上的讲话中简要地谈及“三个世界”的论点。1977 年春，邓小平找胡乔木，要他组织一个写作班子撰写一篇有分量的系统论述“三个世界”的文章。来自中联部、外交部、中宣部、人民日报、新华社和社科院的邓力群、于光远、宦乡、何方、钱李仁等参加这个班子。我也参加了这个写作班子。从当年 8 月到 10 月写作了三个月，于 1977 年 11 月 1 日以《人民日报》编辑部名义发表题为《毛主席关于三个世界划分的理论是对马克思列宁主义的重大贡献》的文章。

“战争与和平”问题是文章的重点。邓小平在政治局会议讨论该文初稿的讲话和同胡乔木多次讲话，都强调战争与和平问题。胡乔木在写作班子会上说：“在文章修改过程中，小平同志指示要把战争与和平问题专门讲一下，战争首先有现实性，其次是不可避免但可以推迟。”邓小平的战争“可以推迟论”在当时是对毛泽东的“战争与和平观”的一种突破。但也存在历史的局限性。突破这种局限性要有一个实践和认识过程。

1997年年初，李一氓提出，要认真研究国际共运和国际关系的重大理论和战略问题。他认为，我们党过去在这方面的一些提法，有的仍然正确，有的有时代局限性，要结合现今客观实际，得出符合实际的结论。

1980年3月至6月，李一氓召集吴学谦、乔石等中联部领导和研究室、业务局有关同志，对国际问题进行系统研究，分6个专题，上报中央。这6个专题是：当前世界经济状况、国际共运大论战、“战争与和平”问题、欧洲共产主义、“三个世界”划分问题、苏联问题。

其中“战争与和平”问题十分突出。在国际共运大论战和“三个世界”划分问题的专题中，都涉及这个问题。李一氓认为，过去我们把战争的危险夸大了，现在国际形势已经发生了根本变化，因此起码在相当长时期内不会发生世界大战，这样估计有利于我们集中力量进行现代化建设和进行改革开放。

李一氓这样提出问题是要有足够理论勇气和胆识的。因为当时我们仍囿于列宁的“帝国主义存在，战争不可避免”的论点，同时邓小平当时的观点是“战争不可避免但可以推迟”。

邓小平、胡耀邦接受了李一氓的看法，改变了中央关于“战争与和平”的传统观念。1982年胡耀邦在党的十二大报告中正式提出“世界和平是有可能维护的”。1985年，邓小平在军委扩大会议的讲话中正式提出了“和平与发展”是当今时代的两大主题，彻底转变了我们对时代的看法。

关于“三个世界”划分问题，也是李一氓提出的主要课题。“三个世界”划分问题也是6个专题报告之一。“三个世界”的划分问题，不仅涉及“战争与和平”问题，而且还涉及与此有密切关系的毛泽东提出的“一条线”战略思维。毛泽东在1973年会见美国国务卿基辛格和1974年会见日本外相大平正芳时提出：为应对苏联的威胁，要搞一条横线，就是纬度，美国、日本、中国、巴基斯坦、伊朗、土耳其、阿拉伯世界、欧洲、一大片第三世界要团结起来，共同对付一个坏蛋。

“三个世界”划分和“一条线”战略，是毛泽东提出的、邓小平肯定的。

然而，李一氓根据当时国际形势的实际情况，经过科学调研，提出："三个世界"划分并不科学，并不是客观世界的存在，而更多地带有以我划线、以苏划线的主观随意性。

1985 年 6 月，邓小平在中央军委扩大会议上讲话时说：十一届三中全会之后，我们对国际形势的判断和对外政策有两个转变，一是改变了战争不可避免，而且迫在眉睫的观点，第二个转变是改变了搞"一条线"战略，转变到奉行独立自主的正确的外交路线和对外政策。

这说明，邓小平和党中央采纳了由李一氓主持起草的中联部向中央提出的看法。后来，我们听到传达：今后中央正式文件和中央领导同志的正式报告和讲话，不再提"三个世界"划分的理论，但作为学术问题可以讨论。

四、对政党外交的开拓性贡献

首先，克服阻力，为中南两党恢复关系作出努力。从国际共运大论战开始，我党批判"南斯拉夫修正主义"的调门很高。《九评》中的三评，即《南斯拉夫是社会主义国家吗？》一文，指责"铁托集团"是美帝的附庸，是反革命的别动队。1977 年夏天，讨论铁托访华时是否恢复中南两党关系时，因国际共运大论战是毛泽东发动的，当时"文革"刚刚结束，因而阻力很大。当时，有人说，如果同南共联盟恢复关系，会模糊马列主义与修正主义的原则界限，损害毛主席的伟大旗帜。耿飚在中联部部务会议上说，从南斯拉夫战略地位、我国反对霸权主义斗争需要以及我党在国际共运中实际状况出发，应考虑恢复中南两党关系。李一氓在会上提出，中南两党在一些问题上观点不同，但这不妨碍建立和保持关系。根据耿飚和李一氓的意见，中联部写报告上送中央。华国锋等中央领导同志在政治局讨论铁托访华问题上说：中联部的意见好，在党的关系上不要缩手缩脚，但要有个转弯子的过程。

根据中央的精神，李一氓马上着手领导这个"转弯子"的过程。1977 年 8 月底 9 月初，铁托成功访华。铁托访华后，在李一氓主持下，中联部代中央草拟了两个关于中南两党关系的文件，中央审批后发至全国。这是做的第一个转弯子工作。第二个转弯子工作是1978年3月李一氓率领中共党的工作者代表团（乔石任副团长）对南斯拉夫进行了为期三周的考察。回国后撰写了考察报告及附件达10万字上报中央，使中央及有关部门全面了解南斯拉夫情况，去掉了“三评”扣在南斯拉夫头上的帽子。

第二，1979年年初，李一氓提出建议，经部务会议讨论，报送中央批准，派中联部副部长吴学谦赴罗马同在国际共运大论战中中断关系的意大利共产党进行内部会晤。接着吴学谦又率领中共代表团同西班牙共产党会晤。1980年春，中共同意共和西共先后恢复党的关系。

第三，李一氓提出，应打破中共只同外国共产党发展关系的旧框框，主张发展同各国社会党的关系。1980年7月，中联部向中央提出发展同外国社会党关系的请示，得到中央批准。1981年之后，中共先后同法国社会党、日本社会党和德国社会民主党进行党际交流。

第四，李一氓在中联部工作期间，特别重视同东南亚国家的关系。1974年和1975年，我国相继同马来西亚、菲律宾和泰国建交。1980年1月，中央批准了中联部对东南亚地区共产党的工作方针，开始调整同东南亚国家共产党的关系。

1980年9月，李一氓作为邓小平的特使访问缅甸，向缅甸总统奈温转达了邓小平希望缅甸各政党和平团结建国的真诚愿望。此举促进了我国同缅甸等东南亚国家在和平共处五项原则基础上的友好关系。

第五，倡议成立中国国际交流协会和中国人民争取和平与裁军协会。1953年4月，中央决定成立“国际活动指导委员会（国指委）”，指导全国总工会、共青团中央、全国妇联以及中国人民保卫世界和平委员会（简称工青妇和）的外事工作。国指委由王稼祥任主任委员。1957年国指委工作划归中联部。

党的十一届三中全会之后，党的对外活动不断扩大。为了适应新的情况，中联部向中央书记处提出，中联部需要有一个外围团体，以便扩大党的对外活动。

1981年4月16日，中联部向中央书记处上报成立“中国国际交流协会

（交协）”的请示，中央批准了这项请示，由李一氓担任中国国际交流协会会长。交流协会领导来自中共和各民主党派、学术界、新闻界、文化艺术界和宗教界等知名人士。各民主党派领导人任交流协会领导。李一氓要求通过交流协会这个平台，注意发挥民主党派和社会各界知名人士在国际活动中的作用。

1984 年 7 月 28 日交流协会在人民大会堂举行了维护世界和平座谈会，李一氓会长作主要发言。从 80 年代初开始，欧美和第三世界国家出现不同于 50 年代的新和平运动。李一氓的讲话阐述对新和平运动的方针政策是一个突破。为适应世界和平运动发展的新情况，1984 年 12 月，中联部和外交部联名向中央上报关于成立“中国人民争取和平与裁军协会（和裁会）”的请示，得到中央批准。1985 年 6 月 1 日和裁会正式成立，李一氓主持了成立大会。

第六，1981 年年底，李一氓主动辞去中联部常务副部长职务，退居二线，举荐当时较年轻的同志挑担子，由吴学谦接任中联部常务副部长，乔石任中联部副部长。他身体力行为推动中联部领导班子新老交替作出了贡献，在当时中央机关中是比较突出的。他的求实作风还深深影响了当时较年轻的中联部的局级干部，如后来任中联部部长的朱良、李淑铮同志。

我的恩师郁文

岁月流逝，在我人生 70 多年的路途上，幸运地遇到过几位对我人生有深远影响的恩师。郁文是其中最重要的一位。

从 20 世纪 80 年代中期到 90 年代后期，从中共中央对外联络部研究室到中国国际交流协会，总共 15 年时间，是我政治生涯和业务工作最重要和最有收获的时期。这 15 年中，前几年在郁文直接领导下工作。后来郁文去交流协会任总干事，我主持研究室工作。我们仍保持经常的工作联系。再后来，郁文任交流协会副会长，我去交流协会任总干事，仍在郁文领导下工作。

在这 15 年中，凡遇工作中的大事要事或者疑难之事我总是同她交流看法，征询她的意见。那些年，她工作繁忙，又要协助乔石的工作，时间特别宝贵，但她从不借故推托，总是耐心细致地分析我所提出的问题，使我受益颇多。特别是有时我还会从书生意气出发提出种种疑问与牢骚。她从不讲“大道理”，更不扣“大帽子”，而是帮我分析对与错以及如何正确对待。

2011 年 9 月，中国国际交流协会成立 30 周年庆典之后，在万寿宾馆自助餐厅就餐，我走到郁文旁边坐下。交谈中，我说：“许多领导同志都出了文集，我想乔石同志也可出文集。”郁文说：“已有编辑组编辑一本文集叫《乔石谈民主与法制》，已有样书。”她停顿一下说，“啊呀，怎么把你忘了呢，你来参加吧！”我说：“既然已出样书，就不参加了吧。”她抱歉地说：“这是我的疏忽，你一定要参加。”第二天她托人把样书送来，并约定 3 天之后去谈一次。3 天之后，我如约去她家，编辑组长陈群也在。郁文说，虽然出了样书，但还有许多工作要做。她要我对文集样书发表看法。我说，文集编得很好，书名也很好。民主与法制正是我国当前政治生活中的两件大事。出版乔石同志关于民主与法制的论述，结合当前实际情况，既能看到历史背景又具有深刻的现实意义。郁文很赞同我的看法，并要我在文集出版时写一篇文章发表。从那之后约一年半时间里，似乎回到从前，我可以同郁文经常探讨出版文集问题和谈论时政要闻。同时我们都有“职业病”，离不开谈论国际形势和对外政策。我看她，虽然高龄，身体尚好，依然那样从容与和善，十分欣喜。

2013 年 1 月中旬，接到陈群的电话，说郁文已住进医院并昏迷病危，又过了几天就逝世了。这真是晴天霹雳。起始我一直不敢相信这是真实的。因为在十几天之前，她还同我们编辑组成员一起吃饭，谈笑风生。我还简要地向她报告有关出版乔石第二部文集的编辑设想，她十分赞同。我在灵堂她的遗像前放声痛哭，我失去了一生中最好的也是最后一位恩师。我暗暗地发誓，一定完成好她的遗愿，继续努力编好乔石文集。

往事历历在目。往事不是飘忽的烟，也不是虚幻的梦，而是在脑海中一张张不断转换的底片。

20 世纪 80 年代中期，世界形势和国际共运形势酝酿着重大的转折性变化。郁文主持下的研究室任务十分繁重，在钱李仁、朱良、李淑铮等部领导的领导下，进行了深入的有成效的调研工作，向中央报送了大量具有重要参考价值的调研精品和方针政策建议。当时，中央提出开创党的对外工作的新局面。调研课题集中在世界形势和国际力量对比的变化，国际共运形势特别是苏联和东欧国家形势发展变化的预测，各国社会党及社会党国际的状况和同我党发展关系的动向，政党外交的新形势及新方针政策。由于中联部没有下属的研究所，因此研究室还承担了专题研究的任务，主要是对现代资本主义和现代社会主义的发展以及社会主义思潮的变化进行调研。钱李仁部长提出了长期、中期和短期调研规划。郁文对上述课题都花了大量心血，提出了许多创造性的前瞻性的观点。

1983—1984 年间，在乔石主持下，中联部综合研究国际共运大论战问题，起草了六个材料。郁文参加了这一项工作。她要我抓紧时间，提出修改意见。郁文对我说，“文革”十年中央作了决议，而“论战”十年，对我国政治生活和国际关系都有重要影响，我们应作研究和提出看法。这是我第一个重要任务。

起步好才能走得稳。我起步的“第一课”就是郁文对我提出过的需要有“吃亏”思想。我任副主任后，郁文让我承担主要报告的起草工作。这真是一件难办的工作，要求高、时间紧，无利又无名。给别人做嫁衣裳，做得好也可出名成为大师。这项工作连给人做嫁衣裳还不如，也不如到“写作班子”集体写作，写出来有成品，成绩也有我一份。现在这样工作，送上去后已不知是谁的作品。我写得很快，但从不自己修改，写好后赶紧送出去。而郁文对我的初稿作了精心修改，从结构、思路、分段到错别字和标点符号。修改别人文章实际比自己写还难。同时，我写了几篇之后就过于自信，不情愿听别人提出修改意见，在讨论我写的稿子时，对别人意见都要顶回去。翻来覆去讨论，复来反去修改，不胜其烦。一次在讨论修改稿子时我说：“稿子改来改去，部领导各位每人一种意见，捏不起来，我不是泥水匠。”郁文听出我有情绪，于是找我谈话，再次提到“吃亏”。她说：“不要怕吃亏。只要用心，几年下来就可能把自己培养成这方面的专家。”

要说“吃亏”，郁文几十年来是最为“吃亏”的，但她从不抱怨。郁文对我说：“同老乔和我一起参加革命斗争的同志，很多都牺牲了。想起他们，我们没有什么可抱怨的。”郁文出身书香门第，文字功底十分深厚。新中国成立前曾在上海地下党主办的报纸和刊物任记者和编辑，发表过文章。但新中国成立后主要从事调研工作，撰写内部文件。1963 年 4 月进入中联部后主要在研究室工作，撰写调研报告，而从未发表过自己的作品。不仅如此，她还把对外发表文章和参加调研讨论会的机会统统推荐给我，使我能够之后获得国务院职称委员会批准的“研究员”的称号以及 20 多年来陆续公开发表一些文章。

1986 年 12 月，郁文调任中国国际交流协会任总干事。1987 年年初，郁文同我商量，如何加强研究室同交流协会的合作，相互补充发挥优势。她说：“研究室研究工作是强项，但缺少对外交流；交流协会对外交往多，但欠缺研究。因此可以相互补充，共同做好工作。”她要我以交流协会“理事”的名义参加一些对外活动，特别是同国外学者的交流和参加专题研讨会。1988

年春，郁文告诉我，交流协会正在筹办于次年召开的“第三世界国家发展战略国际讨论会”。她邀我参加从筹备到开会再到总结的讨论会全过程。这使我获得组织大型研讨会的经验和交流协会工作流程的经验。

在这次讨论会之后，我同郁文商量，能否在研究室成立一个能对外的研究中心，以便可以同交流协会一起进行对内对外的学术性交流。郁文十分赞同。要我向部领导写报告。在部领导指示同意后，由中联部周士琴副秘书长具体筹建并成立了“当代世界研究中心”。

从 1988 年开始，苏联和东欧国家的政局发生重大变化。一年多之后，苏联解体、冷战结束，国际格局发生急剧变动。研究室根据部领导的部署，积极主动向中央提出调研报告和政策建议。如何看待苏联解体？主要原因何在？如何对待改变了社会主义政治体制的俄罗斯和东欧国家？如何看待美国和西方国家对社会主义的“和平演变”？如何对待社会主义思潮？对这些问题都议论纷纷。对此我多次同郁文交流看法。我的看法和意见都得到了她的肯定。因而使我能更坚定地提出后来事实证明是正确的观点。

1993 年年中，我又面临一次工作岗位的转变。部领导通知我任中国国际交流协会总干事。此时郁文已是交流协会的副会长。我到交流协会后，郁文交待我做好三件事：第一，交流协会要进行广泛的对外联系。当年李一氓提出建立交流协会，开初李一氓想叫“了解协会”，就是要同国外各界人士交往，相互了解。后来大家认为还是用“交流协会”名称好，但英文仍用“了解”（understanding）。对各国的左中右、上中下各方人都要接触，要广交朋友。第二，交流协会是各民主党派领导人对外活动的一个重要平台，也能体现我国的多党合作制。要尽可能多地安排民主党派领导人的对外活动，充分发挥他们的作用。郁文自己有好几次的出访机会，她都建议先考虑担任交流协会领导的民主党派领导人。她还向乔石推荐，请雷洁琼副委员长参加乔石委员长率领的访日代表团。第三，交流协会在对外活动中有不少鲜活材料，整理出来可以写成调研材料，对交流协会年轻干部也是一种锻炼。就此，我向吴学谦会长和张香山副会长作了汇报，他们都表示十分赞赏。郁文自己也以身作则，带头做好上述三点。她在出访日本、美国和俄罗斯等国中，都尽可能多地同各方人士交流。在访美期间她主动同美国国会中对我国有成见的议员交流，收到了很好的效果。她对我说，对右派和对被认为“反华”的人也要做工作，这是很重要的工作，不要求做几次工作就期望他们会转变立场，但可达到相互了解的目的。

郁文教我如何“做文章”。在这里，“做文章”既是文字写作，又是“为人处世”。“为人处世”也是一篇大文章。郁文言传身教，从不大篇“说教”，而是在关键时候点拨与开导。

她的平等待人和民主作风是大家公认的。她时时处处关心别人，关心她所接触的一切人，几十年如一日。她作为乔石委员长的夫人，从不摆“架子”，从不显示“高人一等”，而是一直保持谦虚谨慎的态度。这是非常不容易的，也是为大家所敬重的。

回忆无法间断。时间越过一年又一年，她那一点一滴的教诲，春雨润土细无声，她那特有的风范深深影响着我的为人处世和工作作风。她那老共产党人的政治敏感性和立场坚定性，又柔和着不急不躁和不走极端的政治态度。她那流畅秀美而又不刻意显露的文字底蕴，她的朴实、婉约、大方的温文尔雅的仪态，她那浓厚的东方传统的文化素养和亲和力，深深地影响着我和我的一批同事们。回顾以往，我和我的许多同事对郁文都怀有无以穷尽的尊敬、感激和思念。

中国国际交流协会同德国艾伯特基金会的初始交往

一、中国国际交流协会和德国艾伯特基金会的初期接触

中国国际交流协会（简称交协）和德国弗里特里希·艾伯特基金会（简称艾会）的最初接触是在 1982 年。两会经过 5 年的接触、了解和交流，决定设立艾会驻华项目协调人办公室，把两会关系推向了一个新的发展阶段。这 5 年的初期交流为两会之后的顺利合作和成为合作好伙伴打下了坚实的基础。作为两会初期接触和交流的见证人之一，做点回忆是件很有意思的事。

艾会是交协成立之后最早发展友好交往的外国组织之一。在中国，也在德国，有一种说法，就是：凡事开了个好头，事情就成功了一半。交协和艾会的开头接触是十分顺利的。

交协成立于 1981 年 9 月，李一氓为首任会长。当时我在我国驻联邦德国使馆工作。同年 11 月，我收到一封交协负责人王务安的信。信中详细介绍了交协成立经过和交协对外活动的宗旨与原则，希望我能找到德国相应的政治组织或民间团体，建立联系和发展友好交往。收到这封信之后，我首先想到去拜访艾会。这是因为我对艾会比较了解和熟悉。

我当时在使馆文化处工作，负责我国文化团体、体育团队和各类民间组织同德方相应组织和团体的交流，曾经陪同对外友协王炳南会长、全国总工会陈宇副主席和社科院宦乡副院长、全国青联胡启立主席访问过艾会总部。同时我对中西文化比较和社会民主主义理论研究感兴趣，因而也参加一些艾会举办的讨论会和同一些专家学者座谈。

艾会是德国社会民主党（简称社民党）影响下的政治基金会，其任务是

为同它密切联系的政党提供调研资料、培训干部、保管文献档案和进行国际联络等。这同交协的任务有某些近似的地方。

多年接触，我对艾会可以说已经熟门熟路。艾会国际部负责人班格特和凯尔布施博士已是我的老朋友了。我决定先去拜访艾会国际部长班格特。班格特在他的办公室十分热情地接待了我。当我说明来意后，他立即爽快地说："你来得正好，我这里有一张想去中国访问的申请者名单。艾会和交协的交流可否从人员互访开始？而且可否艾会先派人去中国，由交协发出邀请？"很快他请来了国际部副部长凯尔布施博士共同商量，决定先请德国社民党主席团成员、党的司库哈尔斯滕贝格应交协邀请访华。做决定后，班格特对我说："哈尔斯滕贝格是德国社民党领导人之一，先请他访华表示我们对同交协发展关系的重视。他的访华也应理解为艾会同交协开展友好交往的开端。"哈尔斯滕贝格的"搭桥之旅"成功之后，班格特又约我去他办公室。他说，哈尔斯滕贝格对这次访华非常满意，我们开了一个好头，现在是考虑社民党另一位重要成员埃贡·巴尔访华的时候了。

巴尔是社民党主席勃兰特的智囊，"新东方政策"的设计者。"新东方政策"开始于20世纪60年代中期勃兰特任德国外长时期。1973年初勃兰特任联邦政府总理，继续推行"新东方政策"。勃兰特由于推行"新东方政策"而获得诺贝尔和平奖。勃兰特的"新东方政策"是为缓和当时东西方紧张关系而设计的，其实施方案是他先去莫斯科红场然后才去北京长城。当时中德两国虽已建交，但社民党主要执政的联邦政府对发展同中国关系并不十分积极，而在野党大力推动对华关系的发展。同时在我们国内，"以苏划线"的影响还未消除，有人对"新东方政策"先苏后华的做法颇有异议。然而到了20世纪80年代初，勃兰特已去了莫斯科红场，该是去看看北京长城的时候了。巴尔正是在这种背景下提出访华要求的。巴尔访华前，我将对"新东方政策"的看法以及巴尔访华的背景和目的，整理成文报送国内。

1982年8月23日到9月5日，巴尔应交协邀请访华。时任中共中央主席的胡耀邦会见巴尔，谈及开展中共和德国社民党两党之间进行对话与交流的话题。

巴尔访华回国后，张彤大使宴请巴尔。在张大使的宴会上，巴尔表示，他此次访华实际上已经开始了德国社民党和中共两党之间的对话关系。他说，他回国后，社民党主席团会议上紧急讨论政府危机问题，许多议题被取消了，但同中共发展对话与交流这个议题被保留下来。他还说，他向党的主席团报告了其访华经过并提出了开展两党对话关系的建议，获得了主席团一致赞同。巴尔还向张大使透露了一个重要信息：勃兰特准备访华。为此，我拜访了德国社民党主席勃兰特的外交政策顾问林登贝格。

巴尔访华是又一次“搭桥之旅”。这次是为中共同德国社民党建立和发展对话关系而搭桥。

1984 年 5 月 28 日至 6 月 4 日，应中国共产党的邀请，德国社民党主席勃兰特和由他率领的代表团对中国进行正式友好访问，德国社民党主席团成员维什涅夫斯基和巴尔是主要随行人员。我当时已奉调回国，在中联部研究室工作，根据部领导的安排，我和曹松豪同志负责勃兰特随行记者的接待工作。

邓小平在钓鱼台养源斋会见并宴请勃兰特一行。谈话中，邓小平回忆起 20 年代曾在柏林的生活情景。他深情地说，他当时曾住在柏林的一位工人家中，主人十分热情，但可惜现在已想不起具体地址和这位主人的名字了。胡耀邦总书记在晚宴讲话中，提出将“超越意识形态分歧，谋求相互了解与合作”作为中共同各国社会党、社会民主党和工党发展友好关系的指导原则。在两党领导人的会谈中，还确认了发展交协同艾会的合作关系是中共和德国社民党交流内容之一。

1985 年春天，我作为交协理事，应艾会的邀请，到德国考察德国社民党纲领和社会民主主义理论。在两个月的时间里，我结识了一批社民党、艾会、研究机构和大学的著名教授和学者。他们中间的许多人后来被交协和艾会驻华项目协调人办公室请来参加各种课题的研讨会。

就在这次学术考察中，艾会国际部负责人同我探讨了艾会在北京设立代表处的问题，并向我介绍了艾会在国外设立代表处的情况。回国后我向交协领导和有关部门作了报告。两年之后，艾会驻华项目协调人办公室正式在北京建立。

二、丰富多彩和富有成果的交流活动

1987 年 2 月，德国艾伯特基金会驻华项目协调人办公室（简称艾会驻华办公室）在北京成立，把中国国际交流协会同德国艾伯特基金会的交流活动推向了一个新的阶段，使两会的交流与合作更加频繁与务实。由于艾会历任项目协调人的辛勤努力，两会的交流活动搞得扎扎实实，有声有色。我在 1993 年到 1999 年担任交协总干事期间，他们热情而认真的工作态度，互相配合与商讨的协作精神以及他们的知识和才干，使我很好地完成了我的工作任务，并且从中学习到了很多东西。

交协与艾会的合作与交流的深厚基础在于，我们双方都需要不断地深入了解对方，在相互了解的基础上借鉴与学习。中国的改革开放不断深入，中国经济迅速发展，中国积极地参与国际活动，德方需要了解和研究中国的政治、经济和社会发展的新情况与新政策。对中方来说，德国在市场经济发展以及在环保、就业、企业管理、社会保障体系等方面，都有中国可资借鉴之处。

30 多年来，交协与艾会的交流已经形成一个很好的传统，这就是相互尊重和相互学习。在世界文明多样性的前提下，中国同德国在文化（这里指的是广义上的文化）上既有共同性又有差异性。这种差异性表现在哲学观点、文化传统、伦理道德、思维方式和价值观念等方面。这种差异性会给我们带来对事物发展的看法上和认识上的不同。然而，有差异才有比较，也才有交流的必要。我们两会在各种形式的交流活动中，特别在研讨会中，可以看到有许多相同或相似观点，也有不同的看法。我们没有回避不同和差异，而是在相互尊重的基础上进行学术性的争论。在争议中使我们对对方的观点了解得更清楚，也有助于我们的认识更加全面。这使我们双方都获益。

交协和艾会领导人的相互访问是两会交流的一项重要内容。我们双方有个约定，为了使这种访问不流于形式，每次访问必定要有一两个专题考察的调研的题目。20 世纪 90 年代，吴学谦会长应艾会邀请访问德国，确定了“德国中小城市政府运行体制”和“德国现代化大企业管理体制”两个考察专题。钱李仁副会长访德，专题确定为“了解德国统一后经济与社会发展状况”。艾会主席伯尔纳访华时，考察专题为“中国经济改革的新发展和新政策”。无论是出访还是到访，艾会驻华办公室和交协办公室都在事前做好许多有关的准备工作，提供有关信息和资料。

举办各种专题的研讨会是两会交流的最经常和最重要的工作。我曾经多次参加或主持在北京和在波恩、柏林举办的研讨会。这类研讨会交流了各方的观点和看法。同时，通过研讨会可以结识不仅是德方而且也有其他国家的专家学者。研讨会的题目选择是十分重要的，每次都经过艾会驻华办公室和交协办公室的认真详细的商量。我想到的有下面一些专题。

1. 国际问题。中德双方在和平、裁军、南北对话、共同安全等国际问题上有很多共同语言。从 1988 年开始，中联部、交协和艾会定期分别在两国首都举办国际问题研讨会。国际问题研讨会随着国际形势的新变化来确定讨论的主题和重点。近年来特别关注世界多极化、经济全球化、国际共同安全、国际新秩序、文明多样性、核裁军、新安全观、大国国际战略、全球新兴力量以及中德两国各自外交战略等问题。议论之热烈往往嫌讨论时间不够，与会者有“言犹未尽”之感。国际问题研讨会的成效性还表现在与会者层次高，研讨中反映出来的各种观点可以各自上报有关部门。

2. 市场经济问题。德国实行社会市场经济，中国实施社会主义市场经济，有共同点，当然也有不同的地方。中国实行市场经济只有 20 多年的时间，体制尚不完备，需要借鉴外国特别是发达国家的经验。德国社民党关于“经济效率、社会团结、生态持久保持平衡的战略”，值得中国借鉴。关于市场经济问题也有过几次研讨，但尚待深入和结合实际。

3. 环境保护问题。两会都十分注意环保问题的研讨，共同举办过多次很有成效的研讨会，并且结合研讨，进行了一些考察活动。德国在环保方面有过教训，也积累了丰富的经验，从理念到实践都有中国可以借鉴的方面。中国虽然有古代“天人合一”的哲学思想，“可持续发展”已列入“21 世纪议程”。德国的环保已发展成为一种产业，环保技术和产品已经出口。交协和艾会在环保问题上还有许多工作可以深入地去做。

4. 社会保障体系。交协和艾会10多年来多次举办过以社会保障体系为主题的研讨会。我国现在实行的或准备实施的社会保障体系也参考了德国的经验与做法。当然中国国情不同，不能完全照搬，但国外的成功经验可以给我们以启发。德国实行社会保障体系已有100多年的历史，主要是战后60年积累的经验。但是现在，欧洲的“福利国家”受到了置疑。一方面是面对现实的问题，过度的社会福利使政府财务负担不起，也影响了经济效率的提高。另一方面，受到了现在世界流行的新自由主义思潮的冲击。德国将采取什么对应政策，德国社民党将作怎样的理论阐述，这些都是中国学者所关心的。

5. 人权问题。中国和德国，历史和文化背景不同，经济发展水平不同，在人权问题上有不同看法是不足为奇的。近年来，交协同有关单位和艾会开了几次关于人权问题的研讨会，是成功的。研讨会的目的不是要求在看法上达成完全一致,而是避免相互指责和谋求互相了解。研讨会达到了这个目的。

6. 理论问题。中国共产党和德国社民党都是十分注意理论建设的政党。理论随着时代发展而变化。艾会同中国有关单位举办过几次理论研讨，交协人员也参与其中。现在需要探讨的理论问题不少。如“第三条道路”、新自由主义、左翼思潮、反全球化运动等问题都需要研究。中国的理论工作者对德国社会民主主义发展和社民党党纲修改情况有兴趣并进行长期跟踪研究。德国学者也对中国的“中国特色社会主义”“社会主义市场经济”“科学发展观”“和谐社会”“和谐世界”等理论问题感兴趣。

7. 地区热点问题。冷战结束之后，旧的热点问题未解决，新的又产生了。新产生的热点问题具有复杂性，同单边主义、恐怖主义、民族矛盾、宗教冲突纠葛在一起。中联部和交协同艾会多次举办地区热点问题研讨会。与会者既有政界人士又有专家学者。双方对热点问题的形势进行了分析，并就政策性问题交换了看法。

架起一座绚丽多彩的中外交流之桥

中国国际交流协会（交协）已经成为国内外活跃的著名的民间组织。我国改革开放初始阶段架起的这座中外交流之桥，经过国内外社会各界人士的共同建造，已经绚丽夺目，成果丰硕。

成立于1981年9月的交协，是适应我国改革开放国内外形势需要的产物。改革与开放是相互联系、相辅相成、互相影响和相互推动的。在20世纪80年代初的国际环境和我国国内环境下，改革需要打开国门，“让世界了解中国，让中国了解世界”。也缘于此，交协从成立的第一天起，就把为我国改革开放服务、为我国社会主义现代化建设服务、为我国争取长期的和平国际环境服务作为自己的宗旨、目标和任务。

活跃于民间交流国际舞台30多年的交协，为增进我国人民同各国人民的相互了解与合作，作出了积极的贡献。有以下几个突出方面。

一、坚决贯彻周恩来的人民外交思想

外交原本指国家为实施其对外政策所进行的对外活动，也就是说，指官方的外事活动。周恩来在20世纪50年代，提出了人民外交的思想。这是外交学的一种理论创新。他把人民外交作为新中国外交的一个重要特征，从而把外交的概念扩大了。周恩来的人民外交思想有两层含义。其一是新中国外交是为中国人民服务的，同时也要团结世界各国人民。其二是指政府外交之外的各个领域的对外交往。

新中国在成立之初遭到西方国家封锁。人民外交，具体表现为民间外交，为打破封锁和同西方国家建立外交关系起了关键的作用。但是，交协成立之时，世界上大多数国家包括西方主要大国都已同我国建立了外交关系。还需要民间外交吗？交协 30 多年的对外交往回答了这个问题。交协的实践证明，民间外交同政府外交是相辅相成和互相促进的。中国人民同世界各国人民相互了解，增进感情是任何时候都需要的，是中国特色外交的一种体现。同时，民间外交也要与时代同步，与时俱进。交协应改革开放而诞生，因而也被赋予了新的任务，打开了同各国人民友好相处之门，并不断前进。

现在世界进入了一个新的发展时期。国际形势、中国的国际地位和影响发生了广泛而深刻的变化。同时，我们现在已进入了一个信息化的年代，互联网和社交媒体迅速发展。我国民间外交，当然也包括交协的对外交流，面临着新的机遇和挑战。交协又处在一个新的起跑线上。

二、求同存异，增进相互了解

积 30 多年交协工作的经验，交协的国际交流的深厚基础在于，我国同其他国家都需要不断地深入了解对方，并且在相互了解的基础上互相借鉴与学习。中国经济迅速发展，改革开放不断深入，国际活动日益频繁，国际社会需要了解中国不断发展的新情况与新政策，了解中国的国际战略意图。中方也要了解世界经济和国际格局的新变化，“了解”复杂多变的国际和地区形势的新变化，了解我们交往对象国家的政情、社情、民情和舆情，通过相互了解，增加相互信任。

交协广交朋友，国际社会各界朋友都交，得到国外民间组织高度赞赏，其中重要的一条就是平等交流、求同存异。在世界文明多样性的前提下，我国同世界各国特别是同西方国家，在文化上既有共同性也有差异性。这种差异性表现在哲学观点、文化传承、伦理道德、思维方式和价值观念等方面。这种差异性会给我们带来对事物发展的看法上和认识上的不同。然而，有差异就有比较，也才有交流的必要。交协在各种形式的交流活动中，可以看到这种差异性。我们没有回避不同和差异，而是在相互尊重的基础上进行讨论，坚持“求同存异”的方针。使我们双方都受益。

当前，由于我国国内外形势的新发展，国际社会对我疑虑有所增加。交协将根据形势的新发展，一如既往地坚持“求同存异、增进了解”的方针，做好解惑释疑的工作。

三、国际和地区形势的研讨是交协活动的重要课题

交协成立之初，就召开过维护世界和平的座谈会，向国际社会和各国民间组织充分说明中国的“和平发展”战略。交协同多个国家在我国和对方国家多次举行双边或多边的国际问题和地区问题研讨会。研讨会的题目十分广泛，随着国际形势的发展来确定讨论的主题和重点。讨论过和平、裁军与核裁军、南北对话、亚洲和平与安全、地区热点问题。近年来特别关注国际格局多极化、世界经济全球化、文化多元化和发展模式多样化的新发展，国际金融危机的发展趋势，国际政治经济新秩序、新安全观、大国国际战略、全球新兴力量崛起以及各自国家的外交战略等问题。参加研讨会的人员也十分广泛，有政界、议会领导人，研究机构负责人，知名专家学者等。

四、关于“市场经济”问题的交流与研讨

世界各大国，政治体制和经济体制各有不同，但都实行“市场经济”。但“市场经济”有不同做法和特点。中国实行的社会主义市场经济同其他国家的市场经济既有不同点也有共同点，外界希望了解中国社会主义市场经济的特点与实际做法。欧洲的“社会市场经济”等模式既有经验也有教训，值得我们有鉴别地借鉴。交协同德国等欧洲国家召开过几次关于市场经济的研讨会，研讨成果对完善我国社会主义市场经济体制有所启发。

交协领导出访，我们同对方有过约定，不使这种访问流于形式，每次都有一两个专题考察的调研题目。其中特别是同市场经济有关的课题。如现代企业管理体制、市场经济条件下的金融监管、大中小城市管理和运行机制等。

五、环境保护和可持续发展是长期关注的重点课题

可以说，交协是最早同国外交流环境保护和可持续发展课题的我国民间组织。交协同国外民间组织和社会组织、科研机构和基金会共同举办过多次很有成效的研讨会。我国国内的环保机构和企业也参与其中。讨论的题目十分广泛，包括经济发展战略和经济可持续发展、经济与生态及社会的协调发展、“21 世纪议程”、生态环境保护。交协还同国内环保部门一起进行了一些考察活动。如几次派考察团去德国北威州就经济转型、建设新型科技园区、太阳能发电站以及将过去的钢铁和煤矿企业转变为博物馆和文化设施及科技园区等进行考察。交协还同德国和日本的民间组织、基金会合作，为企业引进环保技术及产品以及植树造林等项目做了一些实际工作。

六、社会保障体系和职业培训也是经常性的交流项目

欧洲实施社会保障体系已有 100 多年的历史，有比较完备的法律和运行机制。当然也有过教训和目前存在的问题。我国社会保障体系起步较晚，无论是国外的成功经验还是存在的问题都值得我们借鉴。职业培训在欧洲国家和日本都有成熟的经验，这是这些国家产品质量过硬的根本性保证。社会保障体系和职业培训已列入交协工作的经常性项目。交流形式多种多样，有召开研讨会和专题座谈会、出访考察等。

七、积极参与文化、教育交流和扶贫工作

文化在当前国际关系和国家关系中越来越显重要。文化交流是心灵和情感的交流，是培育各国人民友好相处的基础。交协多年来重视文化交流工作。首任会长李一氓是我国著名的文化人，特别重视文化交流工作。交协一直承继着这种传统。我国文化界人士经常参与交协的国际活动。通过戏剧演

出、举办各种展览会以及文化联欢活动和参观文化设施，交协为中外文化交流作出了自己的贡献。

教育和语言学习的交流，特别是交换青年学生相互访问学习，既学习了对方语言，又是培养年轻一代友好感情的基础性工作。交协为开展这项工作做了开启性的牵线搭桥工作。

交协同国际扶贫组织以及日本、法国等国社会团体和组织密切联系与合作，以北京远郊区和陕西彬县等地为重点，为扶贫工作作出了自己的贡献。创办希望小学，为贫困地区学校添置教学和体育设施，给贫困学生发放助学金。为贫困地区添置重要医疗器材。为贫困地区打深水井及建造储水装置解决吃水难的问题。

八、积极发展同第三世界国家多方面的深入交流

近 40 多年来，交协已同亚洲、非洲和拉丁美洲的广大第三世界国家建立了全面广泛的交流和合作关系。交流对象有各国的政党和政治组织，民间组织和社会团体，国际和地区问题研究机构和社会各界知名人士。交流形式多种多样，交流领域也十分广泛。既有共同关注的国际问题和地区问题，也有各自国家的发展战略，能源资源问题，粮食问题和农业问题，解决贫困问题的方针与政策。既有高级别的政治对话，又涉及具体的实际合作交流项目。既讨论第三世界共同面临的机遇与挑战，加强国际合作，又讨论各自国家经济和社会发展的经验与教训，相互借鉴与学习。

交协近 40 多年来所取得的丰硕成果，是国内外合作伙伴和各界朋友共同努力的结果。展望未来，我们将继承传统，发扬“求真务实、开拓创新”的精神，广交天下朋友，促进友好交流合作，为建设一个持久和平、共同繁荣的和谐世界而努力奋斗！

当好党中央国际问题的参谋与助手

2011年1月17日，习近平同志在纪念党的对外工作90年暨中联部建部60年大会上的重要讲话，对中联部的调研工作提出了新的更高的要求。根据我的体会，概括起来可以说9个字：战略性、创新性、辩证法。中联部调研工作有优良传统。在学习习近平重要讲话时，将个人的过去对调研工作的一些回忆与思考写下来，供参考。

一、加强调研工作的战略性

加强政党外交战略性是很高的要求，是首任部长王稼祥提出来的，一直延续至今。加强调研的战略性，是当好党中央在国际问题上的参谋与助手的基础。

战略思维要求把政党外交同时代发展、同我们党的事业发展联系起来。面对国内国际新形势和新任务，习近平同志在重要讲话中指出："必须密切关注和把握世界格局的变化及其特点，正确估计在世界现实格局下国内的工作和发展可以利用的机遇及可能遇到的风险，切实增强战略谋划和运筹。"

近年来我国政党外交不断开拓创新，政党外交的广度与深度都有了新的发展，在为我国改革开放服务、为我国社会主义现代化建设服务和为我国总体外交服务方面取得了一个又一个成就，向党和祖国人民交出了满意的答卷。现在国际形势更加复杂多变，政党外交同样遇到难得的机遇和严峻的挑战。如何使政党外交科学发展和可持续发展，如何当好新形势下党中央在国际问题上的参谋与助手，如何加强政党外交的战略性，是摆在我们面前的课题。

就调研工作而言，从增强战略性出发，提出以下10个参考课题：

1. 研究国际格局多极化、世界经济全球化和世界文化及各国发展模式多元化的发展变化及其特点；2. 研究新形势下大国战略互动关系和“战略伙伴关系”机制化问题；3. 研究全球问题和全人类利益与本国利益平衡问题；4. 研究南北关系的新发展变化；5. 对外斗争中涉及我核心利益问题的战略思考；6. 研究 我国同新兴大国之间的既合作又竞争的战略关系；7. 分析研究当代社会主义社会发展规律和共产党执政规律；8. 研究“后金融危机时期”的当代资本主义发展变化、阶级及社会结构的变化、社会民主主义及新自由主义的变化；9. 根据国际形势、国内形势和我国同世界关系的广泛而深刻的变化，研究我国“战略机遇期”的新机遇与新挑战及可能遇到的风险；10. 研究世界政党政治的新变化，对外国政党党建和执政经验进行比较研究，分析世界政党兴衰成败原因及经验教训。

二、突出中联部调研工作的特色和优势

现在研究国际问题的机构和智库很多。造成研究资源分散，研究成果类同。我部研究工作向来强调突出特色。要有特色，需要有5个方面的努力：1. 选择好论述的角度；2. 要有理论思维；3. 要有创新思维；4. 要提出独到的看法；5. 要提出政策性建议。就我在调研工作中接触过的情况，举几例说明。

（一）对国际重大问题，特别是中央领导关心和提出的课题，要分析背景材料和发展趋势，在分析对我利弊的基础上提出对策性和政策性建议。仅以苏联解体东欧剧变前后的调研工作为例。

从1988年5月至1989年2月，匈牙利和波兰实行所谓的“多党制改革”。我们及时地也是第一个就东欧国家和苏联实行多党制倾向向党中央作出报告。报告说，匈波向西方议会多党制发展，以及苏联“公开性”“民主化”搞得过急，否定十月革命，否定苏联几十年社会主义建设成就，激化民族矛盾，这些发展趋向值得注意。这些都是触及党的领导地位和社会主义方向的问题，苏东国家党的领导如不能正确决断，局势有急转直下或失去控制

的可能。报告提出，东欧的这股思潮也会影响我国，国内也确有一些人想搬用西方议会式的多党制。报告建议，要密切关注和深入研究苏东发展变化动态。

戈尔巴乔夫1985年3月担任苏共中央总书记后，提出“新思维”和“人道的、民主的社会主义”。当时国内一些机构和学者对“新思维”大加赞扬。我们在进行全面分析之后，向中央提出看法。认为“新思维”虽然在某些方面有积极因素，但从总体上看是消极的，而且会对社会主义事业产生危害。

与此同时，戈尔巴乔夫于1986年7月28日在海参崴发表讲话，表示希望改善同中国的关系。并代表苏方首次同意遵照以主航道为中心划界的原则解决两国边界问题。我们经研究后，及时向中央提出抓住这一时机，采取相应对策改善中苏关系。

当苏联发生剧变时，要及时对苏东形势发展进行深入研究。我们从1985年开始就进行跟踪研究，因此及时分析了苏联剧变的内因与外因，提出外因通过内因起作用、内因是主因的看法。

与此同时，当苏东刚发生剧变时，我国国内有人强烈要求批判苏共领导人、批判社会民主主义。我们认为，我们不能搞意识形态的争论和“大批判”，因为这不符合和平共处五项原则，特别是不符合不干涉内政的原则。之后，又有人提出，要肯定“无产阶级专政下继续革命”的理论。我们认为，现在不能再搞“政治运动”；肯定“无产阶级专政下继续革命”的理论，只能造成思想混乱，不利于改革开放，也不利于我国国内安定团结。

针对20世纪80年代末90年代初国际形势发生新的变化情况，我们提出了对若干国际问题的明确看法：1. 对社会民主主义和社会党应有全面看法。我们的看法是：社会党的指导思想和价值观同共产党不同，我们同社会党存在意识形态分歧，但社会党在其国内及国际上是一支重要的政治力量，在国际问题上，我同社会党既有分歧也有共同点与相似点，在争取和平、裁军、援助第三世界等问题上有共同语言，我仍应同社会党在“超越意识形态分歧、谋求相互了解与合作”方针的基础上发展关系。2. 在对国际形势估计上，我们提出：国际发展趋势是“时而缓和时而紧张”“这一地区紧张那一地区缓和”的观点。3. 在对意识形态与国家关系上，我们提出的观点是：意识形态同国家利益相比较，国家利益始终是第一位的。但意识形态对国家关系的影响也要重视。

（二）动态研究是重点，但要选好角度。

国际形势动态大家都在写，写出来的材料类同化的现象可以说十分严重。这就需要我们在写这样的材料时，选好角度。所谓选好角度，就是要避免一般化，避免对大家知道的事实的重复叙述。而是第一要有独到的看法，新鲜的观点；第二要同我部工作特点相联系。

例如，对国际经济的研究不是中联部的强项。但国际金融危机影响世界全局，我们应及时提出自己的看法。我们的优势在于，政党交往特别是政党高层交往中，都会涉及国际金融危机问题，可以从中获取新的信息与思路。同时在论述这一专题时要选择同政党外交有关联的题目。如：金融危机对国际格局的影响；金融危机同全球化的关联；金融危机同新自由主义思潮的关系；发生国际金融危机后的当代资本主义的发展趋势；国际左翼力量面临的机遇与挑战；政党政治面临的挑战等。

要写好动态性调研材料，我的体会是：一是要及时迅速，二是要有鲜明的独特的观点，三是要有政策建议，四是调研文章要少而精和短而实。

三、要有独立思考和独特观点

我本人虽已退休多年，但研究国际问题仍是我的“爱好”。因为没有在职时的繁忙公务，而有更多时间对一些国际问题进行一些思索。几年来也不断地提出自己的一些看法，特别是某些有学术争议问题的看法。

（一）关于 G2。在中美建交 30 周年之际，美国布热津斯基和基辛格等人，把本来是学者的学术命题 G2，演化为战略思想。把 G2 解释为“美中两国集团”“共治世界”。美方提出之后，引起一些机构和学者的热捧。我写文章认为，G2 是一个“战略陷阱”，我们不能上当。

（二）“中国模式”和“北京共识”。近年来，特别是发生国际金融危机美国模式“华盛顿共识”受到质疑之后，有人提出把“中国模式”推广于世的议论。我认为，现在我们勿宜急于去宣扬“中国模式”，模仿“华盛顿共识”而提出“北京模式”更是不可取的。现在呈现在世上的是“发展模式多元化”，可以相互借鉴。

（三）大国战略互动关系。现代国际关系中，大国关系占核心地位。但应把握大国的战略互动关系。形成大小各种“三角关系”。有中美欧、中美俄、中美日等互动关系。这种“大三角关系”已经不同于冷战时期的如“中美苏”这种大三角关系。现在的“大三角关系”是变动的、灵活的、不寻求联合一方对付另一方。冷战之后，大国之间形成各种名称的“战略伙伴关系”，是稳定大国之间双边关系的基石，关键在于使这种“战略伙伴关系”机制化。

（四）中美关系。中美关系曲折向前，好好坏坏、起起伏伏是常态。关系顺利时不要期望太高，关系发生困难时不要一斗到底。不要对美国的承诺过于相信，听其言观其行。中美关系十分重要，从大国战略互动关系出发，我们同美国关系是既合作又竞争，但合作面是主要的。

（五）气候外交。气候外交已成为最近几年来的外交重要课题之一。气候问题已不是某几个部门的事。如何开好国际会议应听取多方意见，周密筹划。气候问题十分复杂，各种矛盾相互交错。我宜处理好全人类利益同本国利益关系，国内总体利益同集团利益的关系，长远利益同当前利益关系。

（六）研究当代资本主义与社会主义。国际金融危机表明，马克思论述的资本主义本质依然存在。但资本主义在经历危机后会有自我修复能力，进入新的发展阶段。发达资本主义社会存在并发展“社会主义因素”。资本主义与社会主义在保持其政治体制和基本价值观的基础上相互借鉴与学习，但不会融合，各自走向新的发展阶段。

（七）“新国际关系观”。我们已经有了新发展观和新安全观，建立“新国际关系观”也势在自然。建立“新国际关系观”需要去掉长期存在的“定式思维”，需要发展战略思维和创新思维及讲究辩证法。建立“新国际关系观”，需要发展有中国特色的国际政治学。在国际政治学领域，西方学术概念与理念长期占据统治地位。我们迫切需要共同努力改变这种状况。总结我国 60 多年来的丰富多彩的国际关系的实践经验，升华为理论，建立我国有中国特色的国际政治理论。

四、勤于思考，厚积薄发

（一）刻苦钻研，掌握第一手资料。调研是一项十分艰苦的工作。王稼祥对干部调研工作的要求十分严格，要求每个干部都精通业务，成为一个方面的专家。人是有惰性的，我们这批人在调研工作上有所成就，是当时王稼祥及我们前辈们逼出来的。王稼祥当时不仅要业务干部每人每天写出 500 字，而且要求有第一手材料，文字通顺。王稼祥还有一种“一竿子插到底”的工作方法，就是就某个问题直接打电话向研究人员询问，有时还叫到办公室询问。我来中联部工作时，正值国际共运大论战开始时，中联部是向钓鱼台写作班子提供有关材料的“基地”，而且要的材料都很急，限定时间送钓鱼台，有时还拿着材料直接到钓鱼台汇报。因此我们当时处于随时待命的“战略状态”。这就培养了我们的工作能力，首先要收集完整的资料，然后加以条理化，并提出观点。为了找准问题提供有用材料，首先需要阅读外文材料，从资料着手，掌握第一手材料，这为我们一批人之后的调研工作打下了扎实基础和正确的方法。

（二）广博知识和精于本业。广博知识与专业知识是矛盾统一。世界上的事物都是互有联系的，可以触类旁通。社科类的书都要读一点，包括国际政治、国际关系、国际战略、社会学、经济学等。对国外情况的了解，要避免一知半解，要了解对象国家的国情、人情、社情、文化、宗教等各个方面情况。研究日本的要了解美国和欧洲，研究欧洲的要了解美国和俄罗斯。只有在广博的知识基础上才能把握全局，对对象国的问题看得深一点。在专注研究特定课题的基础上，要广为涉猎书籍和报刊。现在互联网很发达，但纸质书籍和报刊是不可替代的。业精于勤，广博知识来源于坚持不懈地广泛阅读与思考。对自身担负的研究课题要精益求精。研究的广度与深度是无限的。

（三）材料翔实，观点明确。材料是文章的基础，如同建造房屋的砖瓦，但光有砖瓦是不能建造房屋的，因而一篇文章必须在丰富材料的基础上，经过周密的思考，精心的设计。一定要在材料基础上形成观点，之后由观点带材料，而不是材料的堆砌。现在大家共享的材料很多，因此中联部写的东西一定要选准角度，具备中联部的特色，避免类同化。总之，要有科学的态度，就是理性的思辨，独特的视角，深邃的思考，适度的争论。

（四）讲究文风与逻辑。一篇调研文章，除有翔实资料和独到见解外，就是表现方式，写作方式也是很重要的。首先要合乎逻辑。逻辑要求顺当、严密和经得起推敲。我参加“三个世界”文章的写作班子。胡乔木在会上作总结，专门谈写作方法，其中希望写文章的人都要学习逻辑学。文风是经常议论的问题。现在社科类书籍与文章大多比较枯燥乏味。李一氓和张香山是我们学习的榜样。他们的文章，不看署名也能知道是李一氓风格或张香山风格。他们都有很好的文字功底。正确的写作方法来源于正确的思想方法，正确的思想方法可以受用一生。

第三章

理论探索

中国特色政党外交与党的事业发展同行

一、中国特色政党外交理论

（一）中国特色政党外交理论是中国特色社会主义理论的一个重要组成部分。

中国特色社会主义理论是内容丰富、领域全面的科学体系。中国特色政党外交理论是这个理论体系的一个重要组成部分。我国实行总体外交，即以政府外交为主体，包括政党外交、议会外交、经济外交、文化外交、军事外交等。同官方外交相对应，又有民间外交。政党外交是我国总体外交中不可或缺的一个方面。我国总体外交的理论基础是中国特色外交理论。

中国特色政党外交理论，从理论体系的基本定位来看，是这样的一种次序：中国特色社会主义理论——中国特色外交理论——中国特色政党外交理论。因此，中国特色政党外交理论，既是中国特色社会主义理论的一个重要组成部分，又是中国特色外交理论的重要组成部分。把上述三者之间的关系搞清楚，就容易明确中国特色政党外交理论的基本定位。改革开放以来，我国外交战线以及政党外交方面的成就，是在中国特色社会主义理论指导下取得的。中国特色社会主义理论是政党外交战略调整和确立新型党际关系的前提条件和理论基础。

（二）邓小平的政党外交思想奠定了中国特色政党外交理论的基础。

邓小平亲自经历了国际共运许多重大事件，同外国政党领导人有过广泛的接触。在他任党的总书记期间，长期领导了政党外交的工作。党的十一届三中全会之后，邓小平根据国际国内形势的新变化，对政党外交的指导思想和党际关系原则进行了一系列论述，成为邓小平外交思想的一个重要组成部分，同时也为中国特色政党外交理论奠定了基础，其主要论点有：

1. 时代主题的转换是确定国际战略的关键，也是政党外交战略调整和开创新局面的理论依据。时代主题的分析、认识、判断和确定，是关系到党和国家统领全局的战略问题。80 年代中期邓小平明确提出“和平与发展”是当代世界的两大主题。时代主题的转换，为我国的改革开放和社会主义现代化建设指明了战略方向，也成为中国总体外交和政党外交的理论指导原则。

2. 政党外交要为改革开放和社会主义现代化建设服务。党的十一届三中全会之后，在邓小平理论指引和党中央的领导下，政党外交工作彻底摒弃了“文革”时期“支‘左’反修”和“支援世界革命”等思想，实现指导思想重大转变，明确了政党外交工作的根本任务是为我国改革开放和社会主义现代化建设服务。

3. 各党要相互尊重、相互了解，互不干涉内部事务。任何大党、中党、小党，都要相互尊重对方的选择和经验，各国都有自己特点，不要拿自己的观点或模式强加于人。各国党的国内方针路线是对还是错，应该由本党和本国人民去判断，这样就可把党与党之间的关系真正建立在相互尊重、相互了解甚至相互谅解的基础上。

4. 各党要求同存异，尊重对方利益，促进双方合作。世界上存在着社会制度和意识形态方面的差异，甚至分歧，但我们主张把着眼点放在寻求双方的共同点上，要尊重对方的利益，促进双方的合作。对存在的差异和由此引起的矛盾，要通过对话与谈判和平解决，有时要有必要的斗争，但不搞对抗，不搞争论。

5. 对各党之间的历史遗留问题，邓小平主张不纠缠历史旧账，过去问题一风吹，不计前嫌，一切向前看，结束过去，开辟未来。

6. 意识形态的差异不应成为新型政党关系的障碍。邓小平说考虑国与国、党与党之间的关系，主要应该从国家的自身利益出发，着眼于长远的战略利益，同时也尊重对方的利益，不去计较社会制度和意识形态的差别。

7. 提出党际关系的独立自主原则和同社会党交往的关系准则。邓小平总结国际共运正反两方面经验，强调政党之间关系应建立在独立自主、和平相处、互相尊重的基础之上。1982 年 9 月，中共十二大把“独立自主、完全平等、互相尊重、互不干涉内部事务”的党际关系的“四项原则”正式确定为我党发展同外国政党关系的准则。

（三）中国特色政党外交理论要与时代同行、与党的事业发展同行。

当今世界、当今中国、当今中国同世界的关系正在发生广泛而深刻的变化。中国特色政党外交理论要与时代同行、与党和国家的事业发展同行，并不断深化。

1. 中国特色政党外交理论的发展要同时代特征相结合。从邓小平提出“和平与发展”为时代主题已经过去 30 多年了。30 多年来，我们在国内和国际领域取得的伟大成就，都是在这个伟大思想指引下取得的。现在，时代主题没有变化，但同 30 多年前相比，无论是国内形势或者国际形势以及中国同世界的关系都发生了广泛而深刻的变化。这三个广泛而深刻的变化，必然会丰富和扩大“和平与发展”时代主题的内涵和外延。经济全球化经历金融危机之后将向更加健康的方向发展。国际格局多极化向广深方向发展。文化多元化的发展呈现多种价值观和多种发展模式，展现多种发展道路。这些时代特征的新发展必然会向中国特色政党外交理论提出新课题。

2. 中国特色政党外交理论的研究要紧紧围绕党和国家的中心任务，系统研究外国执政党的经济和社会发展战略和执政理念，深入研究新时期国际战略、外交战略与安全战略。

3. 中国特色政党外交理论要不断深化对中国特色政党外交的规律性认识，特别是要联系国内国际实践，将实践经验提升到理论高度。

二、新时代中国特色政党外交的历史使命

中国特色政党外交与时代同步，同党的事业发展同行，肩负着新的历史使命。

（一）在历史发展的新时代，党的对外工作顺应当今世界政党政治发展大势，要不断开拓中国特色政党外交新局面，要努力为推进改革开放和社会

主义现代化建设，促进国家关系的发展，树立党和国家良好的国际形象作出积极贡献。

（二）围绕推动构建“人类命运共同体”，扩展政党外交的内涵与外延。推动构建“人类命运共同体”是我国新世纪新时期外交工作的总纲。“人类命运共同体”作为总纲包含了我国长期坚持和丰富发展的基本对外方针政策。政党外交工作要结合实际，为具体贯彻推进构建“人类命运共同体”而努力。中国特色政党外交要以“人类命运共同体”为总纲，在政党外交深化内涵和拓展外延的基础上，同“政府外交”“议会外交”“经济外交”“文化外交”“民间外交”“公众外交”相互配合，再上一个新台阶。

（三）进一步深化与各国各类政党友好交流和合作。深入做好同社会主义国家执政党的工作，巩固发展同周边国家政党关系，拓展同发展中国家的政党交流与关系。广交与深交外国政党政要，实现与日、俄、印、澳等一些大国大党交往的机制化，拓展同政党国际组织的联系和交往。

（四）政党外交要为推动国家关系全面发展作出新贡献。外国政党普遍重视政党外交对巩固和发展国家关系的重要作用。外国政党和国家领导人强调政党交往是国家关系的政治基础，认为没有政党关系的国家关系是不全面的。政党外交要紧紧围绕党的中心任务，不断丰富政党外交中的政治、经济、文化的对外交往，为中国特色社会主义政治、经济、文化、社会建设及党的自身建设作出应有贡献。

三、发挥政党外交的特色与优势，推动党的外交事业不断发展

政党外交既有同政府外交的共通性，又有自己的独特性与优势。中国特色政党外交要在突出特色和优势的基础上发挥更大的作用，以推动党的外交事业不断发展。

（一）发挥突出战略思维交流的作用。当今世界，各大国都在调整内外战略，各国主流政党及政要是各国战略调整的主导者。政党外交较少参与具

体的外交事务，而着重在于同各国主流政党及政要交流有关国家特别是主要大国和大国集团内外战略调整的主要目标及思路，研究各主要大国特别是西方国家和新兴大国的现实政治文化语境的特点与变化。

（二）发挥做人的工作的作用。政党交流，一直把做人的工作放在第一位。政党外交由于形式多样，不过于拘泥一般外交礼仪，可以持续不断和长期地做政党、政府、议会、各社会团体的领导人和各阶层人士的工作，深入交流思想。既做执政党领导人，又做在野党领导人的工作。既同老朋友保持交往联系，又要着重做年轻一代领导人的工作。

（三）发挥"第二管道"的作用。党的对外工作在推动一些涉我敏感问题、国际热点问题和双边关系中的难点问题的解决中发挥独特的积极作用。我国同主要大国和周边国家的关系，起起伏伏是一种正常现象，因此加强沟通增加互信十分重要。政党外交要发挥预防性外交和"第二管道"的作用。特别是双边关系发生困难时，及时疏通"第二管道"可以起到特殊的作用。化解双边关系中一些消极因素，促进国家关系向正常健康方向发展。政党外交要为解决一些地区和国际热点问题积极发挥建设性作用。

（四）发挥政党外交广交朋友的作用，交流推动以合作共赢为核心的新型国际关系。习近平总书记高度重视党的对外工作，先后会见了许多外国政党领袖和政治家，就当前重大国际形势、时代潮流、新型国际关系和新型大国关系、构建"人类命运共同体"、倡导"一带一路"的共商共建共赢、推进全球治理体系变革，以及治国理政经验等重大战略性问题深入交换意见，共商应对之策和合作大局。

中国特色政党外交的理论思考

一、中国特色政党外交的形成

政党是社会历史发展的产物。在人类社会发展历史阶段中，原始社会、奴隶社会和封建社会都不存在科学意义上的政党。科学意义上的政党是欧洲资产阶级革命过程中逐渐产生和发展起来的。政党首先产生在资本主义发展最早的英国。17 世纪 70 年代英国出现辉格党和托利党。到 19 世纪 30 年代，这两个党逐渐演变为英国保守党和自由党。中国资产阶级政党的建立始于孙中山 1894 年建立的兴中会，之后改组为同盟会和中华革命党。1919 年 10 月中华革命党改组为中国国民党。马克思主义学说同工人运动相结合，产生了无产阶级政党，后于资产阶级政党的建立。马克思、恩格斯于 1847 年在伦敦建立的共产主义者同盟，是历史上第一个无产阶级政党。中国共产党则成立于 1921 年 7 月 1 日。

从广义上说，人类文明发展早在原始社会就有了外交的雏形。但真正科学意义上的外交则出现在有了国家之后。外交是国家权力的重要组成部分，目的是确保国家对外政策目标的实现。

政党外交不是政党与外交两个字的简单叠加，而是产生了新的内涵，成为中国特色外交的重要组成部分。

中国实行总体外交，包括政府外交、政党外交、议会外交、经济外交、军事外交和文化外交等。同“官方外交”相对应的还有人民外交或称民间外交。总体外交、政党外交和人民外交这几个概念本身就带有中国特色，因为“外交”从字义上严格地说，是指主权国家政府之间的关系。

周恩来把“外交”这个概念扩大了。1952 年 4 月，周恩来在一次谈话中指出，外交是国家之间的正式关系，但必须考虑到人民之间的关系。之后，周恩来还指出：“外交工作有党的、国家的、人民的三个方面，这三个方面有区别，又有结合，结合是主要的，应该目标统一，互相配合与协作。”周恩来把中国外交分为“党的、国家的、人民的”三个既有区别又有结合的有机组成。这是周恩来最重要的外交思想之一，也是中国特色总体外交和政党外交的理论依据。

中国共产党从建党开始就同外国政党有了联系和交往。90多年的党的对外工作可以分为两个时期，前28年和后69年。前28年，中共处于地下和艰苦革命斗争时期。这一时期的政党交往主要是同共产国际的联系。共产国际对中共建党和中国革命斗争是有帮助的，同时又有反方面的影响。回顾历史可以看出，这一时期，充满着“马克思主义教条化同马克思主义本土化”“国际主义思想同独立自主思想”的反复斗争。

中华人民共和国成立后，中国共产党作为执政党的外事活动，理所当然地可以称为政党外交。新中国成立后的政党外交如何分期，是一个可探讨的问题。依据现有材料和认识，大体可以分为4个时期。1. 从新中国成立到50年代末60年代初，是政党外交大发展时期；2. 国际共运大论战和“文化大革命”时期，国际共运分裂，政党外交陷入困境；3.“文革”结束至20世纪结束，政党外交开创了崭新的局面；4. 新世纪开始后的政党外交发展的新时期。党的十九大提出，中国特色社会主义进入新时代，政党外交在习近平新时代中国特色社会主义思想指导下，进入新阶段。

二、开拓中国特色政党外交新局面需要深化理论研究

研究政党外交理论，从学术角度出发，需要倡议建立政党外交学。政党外交学是一门崭新的学科。这门新学科需要系统总结和分析研究政党外交的实践经验，探索新时期政党外交的发展规律，上升为理论。现代社会科学不断分化，出现新的学科。学科之间交叉和相互渗透是必然的。作为一门新学科，政党外交学同政党学、外交学、国际政治学、世界社会主义运动史学有

着天然的密切联系。

政党外交的理论研究，要以马克思主义为指导，运用马克思主义的立场、观点和方法，理论密切联系实际，形成具有中国特色的政党外交学。使之成为中国特色社会主义理论的一个分科，成为中国特色外交理论的一个组成部分。

政党外交理论首先要研究的课题是政党政治。政党有着阶级属性。任何政党都是代表一定的阶级、阶层或社会集团，并为实现其所代表的阶级、阶层、社会集团的根本利益而进行活动，从而形成政党政治。政党政治是社会政治上层建筑的一个组成部分。政党有自己的纲领和明确的政治目标，因而不同于国家组织和一般带有政治倾向的社团组织。政党的一个政治目标就是获得对国家生活的统治权。成为执政党，政党通过不同形式组织政府，影响国家的政治方向和政治生活。

政党政治是现代世界大多数国家普遍存在的一种政治和社会现象。政党政治是社会历史发展的产物，有其产生和发展的过程，具有时代的特色。

虽然大多数国家都实行政党政治，但内容和形式互不相同，多种多样。政党政治是流动的，不是凝固的，随着时代及各自国家的形势变化而变化。政党政治同政党性质及各自国家的政治体制密切相关。不同政治体制有不同的政党政治。政党政治还同历史与文化传统、意识形态和价值观以及经济与社会发展水平密切相关。研究世界政党政治的类别与动态，必须考察其相同点与相异点、共性与特性。

三、政党外交理论要适应时代发展

世界正处于大发展大变革大调整时期，和平与发展仍然是时代主题。世界多极化、经济全球化、社会信息化、文化多样化深入发展。同时世界面临的不稳定性不确定性突出。世界政党政治也随之进入了一个新的历史时期，面临新的机遇与挑战。在全球化和新媒体时代，政党政治带有许多新的特色。各国政党政治面临严峻考验的新课题是如何应对世界如下的新变化：1.

世界政治与经济的一体化与多元化同时发展；2. 文明的世界性与民族性同步发展；3. 政党政治的理想性与现实性能否平衡发展；4. 对信息化特别是新媒体的适应性与引导性能否准确把握。

（一）政党外交理论要符合时代性。政党外交理论研究要分析、认识、判断时代主题的发展变化。“文革”结束后，邓小平对“战争与和平”问题做出了新的判断。从 20 世纪 70 年代开始，到 80 年代中期，邓小平明确提出“和平与发展”是当代世界的两大主题。时代主题的转换，为中国的改革开放和社会主义现代化建设指明了方向，也成为政党外交的理论指导原则。“和平与发展”时代主题提出之后，30 多年过去了，时代主题没有变化，但其内涵与外延发生了很大变化。政党外交理论需要分析和研究国际格局多极化、世界经济全球化和全球文化及发展模式多元化的新的发展特点，正确判断中国“战略机遇期”所面临的新的机遇与挑战以及可能遇到的风险。政党外交的理论研究，要分析依据符合时代主题的社会主义社会发展规律及共产党执政规律。

（二）政党外交理论要有战略性。积新中国成立以来，特别是改革开放以来中国政党外交之经验，最根本的一条，就是政党外交要为实现中国国内发展战略和国际战略服务。政党外交理论，要求把政党外交放在党和国家工作大局和全局中，放到国内和国际两个大局互动中，以及放到总体外交的战略部署中来研究。政党外交理论研究，要同“人类命运共同体”研究结合起来。推动构建“人类命运共同体”是中国新世纪新时期外交工作的战略总纲。

（三）政党外交理论研究需要创新性。理论的活力在于创新。近年来中国政党外交不断开拓创新，政党外交的广度与深度都有了新的发展，在为中国改革开放服务、为中国社会主义现代化建设服务和为中国总体外交实现中国国际战略服务方面取得了一个又一个成就。现在世界已进入“后金融危机时期”，国际形势更加复杂多变，政党外交同样遇到难得的机遇与严峻的挑战。如何使政党外交实现科学发展和可持续发展，是摆在当前政党外交理论研究面前的不可或缺的重大课题。面对层出不穷的新问题，我们特别需要加强对相对滞后的政党外交理论的研究。要发展理论，唯有创新一条路可走。

而要创新，就要打破旧框框，去掉“定式思维”。

（四）政党外交理论研究要讲究辩证法。马克思主义的哲学是思辨的哲学，核心是辩证法。辩证法是无所不在的。辩证法同唯物史观是密切联系在一起的。研究马克思主义历史命运、世界社会主义运动起伏历程以及战后国际关系重大事件要讲究辩证法。

辩证法要求有发展眼光。一切事物都是发展的。运用辩证法，就能使我们对待事物发展具有预见性和前瞻性，避免目光短浅和被动应对。

辩证法要求有大局观念。所谓大局也即主要矛盾。在纷繁复杂的矛盾中总有一个主要矛盾。事物总有主次之分。

辩证法要求有全面观念。因为事物总是相互联系的。在国际关系中和在党际关系中也是如此。掌握辩证法可以避免片面性。

辩证法要求有相对观念。事物都是相对而存在的。中国国内发展和国际环境中存在的机遇与挑战也是相对的。机遇中有挑战，挑战中有机遇。而且机遇和挑战是可以相互转化的。关键在于既要有机遇意识，也要有忧患意识，才能应对自如。掌握辩证法能增长我们的智慧和谋略。现实外交，特别需要有外交谋略。

政党政治的引领作用

一、把握政党政治引领国家走向的大势

我国政党外交的主要对象是各国各类政党，因此认识政党在现代国家中的作用，确认和把握政党政治引领国家走向的大势，是至关重要的。

世界上大多数国家实行政党政治。政党政治就是不同类型的国家，通过特定的选择形式，取得执政地位，组织政府实施以其政党纲领和主张为主导的政治活动。政党政治源于西方政治理念。但现代政党政治呈现多样性和国情适应性。我国的政党政治同走中国特色社会主义道路密切相关联。各国社会、政治体制不同，政党类型也不同，因而呈现政党政治的多样性。西方资本主义国家、世界社会主义国家和大多数发展中国家都实施政党政治，但各不相同。政党政治同时也随着时代特点的发展而发展，不是一成不变的。现代国家政党政治遇到了全球化和信息化的挑战，也在不断探索中，但引领国家的作用仍然没有改变。我们一方面要研究政党格局和政党政治的新变化，但另一方面也不要轻言政党及政党政治已经“衰败”的结论。如果说主要大国的主要政党都已“衰败”，那我们的政党外交就没有了主要对象与根基。

由于政党在国家政治生活中的重要地位和作用，因而我国的政党外交首要任务就是要同各国各类政党进行广泛的联系和交流，既让世界了解我们党的战略和政策主张，也使我们更深地了解世情和各国的党情与国情。

二、联系世界社会主义力量

世界社会主义力量是一个宽泛的概念。社会主义是一种思潮，也是一种

社会制度。世界社会主义力量既包括共产党执政的社会主义国家和各国共产党，也包括社会民主主义、民主社会主义和各国社会党，世界上各种社会主义流派，苏联解体东欧剧变后“转型国家”的社会主义政党和倾向社会主义的各种派别，还包括发展中国家奉行和倾向社会主义理想的政党及由这类政党主要执政的国家。

我国政党外交把同社会主义国家及其执政共产党发展友好关系作为一项重要任务。苏共解散、苏联东欧剧变，世界社会主义出现低潮。这是苏联模式的错，而不是社会主义理想和理论的错。中国特色社会主义建设欣欣向荣，令世人瞩目，有力地证明社会主义通过改革充满生命力，是人类社会发展的希望所在。随着国际形势和各国国内形势的新变化，社会主义国家之间的关系也发生了新的变化。社会主义国家之间既有共同点、相似点，也有相异点。社会主义国家都在各自探索符合自己国情的发展道路。发展同社会主义国家关系，要加强相互交流与了解，扩大和充实相同点，共同探讨国家发展战略和改革路径。发展同社会主义国家及其执政党的关系，要坚持政党关系的“独立自主、完全平等、互相尊重、互不干涉内部事务”的四项原则。我国同社会主义各国的关系也要以和平共处五项原则为基础。这一点我们党早在20世纪50年代后期就提出来了。

在一些发达的资本主义国家、发展中国家和苏联解体东欧剧变后转型国家中依然存在着一批共产党或共产主义组织，都在艰苦探索适合国情的革命道路,近年来力量和影响有了发展。我们党同这些政党保持经常的交流关系。

社会主义思潮依然在全世界普遍存在，并且有新的发展。当代社会主义同样呈现多样性，就是有各种各样的社会主义。我们信奉并坚持科学社会主义，但也应欢迎别的政党或政治组织探索适合自己国情的社会主义。对社会主义各种流派也应持宽容和欢迎的态度。不能像过去苏共那样，“只此一家，别无分店”。因此，对待社会主义各种流派，要在观念上去掉“概念化”和“定式思维”。“联系世界社会主义力量”是我国政党外交发展的应有之义。但“联系”并非“联合”。这一点是要明确的。

拉美是政党和政党政治比较活跃的地区。拉美国家是社会主义倾向的政党和民族主义政党相当活跃的地区。一些国家推翻军事独裁政权之后，普遍实行“民主化”。在“民主化”道路上，出现各种类型政党。“冷战”结束后，在美国的推动下，一些在拉美执政的保守政党推行“新自由主义”，导致某些国家经济和社会发展失调，相继发生严重的经济和金融危机，个别国家濒临“破产”。拉美“痛定思痛”，左翼政党举起“反对新自由主义”旗帜，探索符合本国国情的替代模式，赢得民众拥护，通过选举相继上台执政。近年来，拉美一些国家右翼势力重新抬头，但左翼力量依然存在。

非洲民族解放运动的政治组织，在取得国家独立后成为执政党。战后五六十年代，社会主义在全世界有很大影响力，非洲取得独立的国家，愿走“非资本主义道路”，有的还进行一些社会主义内容的改革，但因过于激进，并不适合非洲国家的国情而受到挫折。80年代中期之后，特别是苏联解体东欧剧变后，广大非洲国家受到西方“民主化”和“多党制”的冲击。一些信奉社会主义的执政党纷纷下台，各种各样政党在政治舞台上进行争斗，引发一片混乱。但仍有一些倾向于社会主义的传统政党以及左翼的或中间的民族主义政党站稳了脚跟。在多极化及全球化发展的新形势下，大多数国家的政党格局趋于稳定。这些政党奉行反对霸权主义、强权政治的对外政策，要求改革不合理的国际经济旧秩序，重视发展同我国的传统友好关系。这些国家的执政党同我们进行广泛交流，愿意了解和借鉴中国发展的经验。

以社会民主主义为指导思想建立的社会民主义党、社会党、工党（以下简称社会党），战后广泛存在于欧洲、拉美国家以及部分亚洲和非洲国家。苏联解体东欧剧变后，东欧国家执政的共产党改名为社会党。社会党在国际政治舞台上和本国国内政治生活中都有广泛的影响。在欧洲，社会党作为左翼政党同右翼党或保守党轮流交替执政。在“新自由主义”思潮的冲击下，社会党遇到了新的挑战，其影响虽然起起落落，执政党和在野党的地位也经常转换，但其基本力量和作用仍保持稳定不变。我们党同社会党特别是欧洲社会党在意识形态上有根本的分歧，但我们党按照“超越意识形态分歧，谋求相互了解与合作”的同社会党交流的方针，从80年代起同世界上几乎所有社会党都有政党对话与交流关系，已成为我国政党外交的一个重要方面，

40多年来取得了对双方都有利的显著成就。

三、政党外交的新发展

政党外交近年来有新发展，不仅表现在所联系的政党数量有增加，而且主要还有以下几点：

（一）进一步发展政党外交的广泛性、多样性与灵活性的特点。政党外交联系面十分广泛。各类政党，除恐怖组织和极端民族主义组织外，左翼政党、右翼政党、中间政党，进步的政党和保守的政党都可以交往。各种阶层的政治组织和民间团体，上中下阶层及左中右政治倾向的组织也都可以对话与交往。主要做执政党工作，同时也做在野党工作。主要做大国大党工作，同时也以平等态度同中小政党进行联系。主要同传统政党交往，同时也同新兴政党接触。

（二）中国正在走近世界舞台中心，引动世界瞩目，又议论纷纷。有西方国家少数的敌意与歪曲宣传，“中国威胁论”一拨又一拨。还有种种对我国内外政策的误读。通过政党联系，针对不同对象和情况，进行解惑释疑工作，收到了很好的成效。宣介我国的“和平、发展、合作、共赢”的战略和独立自主和平外交政策。宣介我国的根本政治体制，既不是过去苏联的苏维埃模式也不是西方多党制，而是共产党领导的多党合作与政治协商制度。

（三）发挥政党外交战略性和理论性的优势。政党交流，特别是政党高层互访交流，主谈的大多是战略与理论问题。世界局势复杂多变，并有许多不确定因素，各国国内走向以及国际上的双边及多边关系也有不少不确定性。这就需要从战略上把握和理论上阐述。因此政党交流重视并加强了战略与理论问题的交流。

（四）多边政党外交活跃。多边政党外交以区域性和国际性政党交流为平台。讨论的题目十分广泛，有发展模式、价值观问题，有建立国际政治经济新秩序问题，有克服国际金融危机和国际金融体制改革问题，有全球气候变化和贫富差距问题等。这种多边政党外交活动，我们遵循党际关系的四项原则，坚持“不扛旗”“不当头”，平等讨论，求同存异。

（五）政党交流的机制化发展。我们党已同俄、欧、美、印、日等大国政党建立形式多样的高层对话机制，就国际和地区形势、双边及多边关系等全局性问题进行交流沟通，扩大共识，增进互信。

（六）增强政党交流的务实性。政党交流既要谈战略和大局问题，近年来也特别加强了务实性。政党代表团互访，包括政党领导人高层交流，以及党中央各部门及地区党委领导人外访，都有一个或几个特定的考察题目，为改革开放，为经济、文化、社会、改革和生态建设服务，也为党的建设服务。

把中国特色政党外交推向一个新台阶

党的十一届三中全会开创了我国改革开放和社会主义现代化建设的伟大历史进程。40多年来，随着时代和国内形势的发展，政党外交取得了令人瞩目的成就，积累了丰富的经验。

今天我们更有必要在全面回顾和总结我国改革开放以来的政党外交实践的基础上，探索规律，升华为理论，构建中国特色的政党外交理论。

一、中国特色政党外交的新时期

邓小平提出“和平与发展”时代主题后，已经过去30多年了。30多年来，我们在国内和国际领域的伟大成就，都是在这个伟大思想指引下取得的。现在，时代主题没有变化，但同30多年前相比，无论是国内形势或者国际形势都发生了广泛而深刻的变化。这两个广泛而深刻的变化，必然会丰富和扩大“和平与发展”时代主题的内涵和外延。

积30多年来我国政党外交发展之经验，最根本的一条，就是政党外交要为实现我国国内发展战略和国际战略服务。政党外交既是我们党的事业的一部分，又是总体外交的一个方面军。

世界进入新世纪，维护和平制约战争的力量继续增长，世界多极化趋势在曲折中发展，经济全球化趋势在激烈竞争中向前发展，文明对话和文化交流呈现新的态势，国际安全形势在严峻挑战中保持总体稳定，国际合作在深刻复杂斗争中得到加强。国际形势总体稳定，但影响和平与发展的不稳定不确定因素增多。

政党外交既要同总体外交各个方面紧密协调与配合，更要从战略高度和政纲大略高度出发进行交流和研究。

二、拓宽政党外交交流领域，加强务实性

按照构建“人类命运共同体”的总的战略布局，政党外交要根据习近平新时代中国特色社会主义思想，进一步发展新局面，扩大政党交流领域：

1. 交流国际关系和我国外交战略，推动构建以合作共赢为核心的新型国际关系；2. 交流共同推动构建“人类命运共同体”，建立平等相待、互商互谅的伙伴关系，营造公道正义、共建共享的安全格局，谋求开放创新、包容互惠的发展前景；3. 交流推进各国经济全方位互联互通和良性互动，完善全球经济治理，减少全球发展不平等、不平衡现象，共同推动世界经济全球化朝着均衡、普惠、共赢方向发展；4. 交流促进不同文明、不同发展模式的对话，在竞争比较中取长补短，在交流互鉴中共同发展，以人和自然和谐相处为目标，实现世界的可持续发展和人的全面发展，共同促进人类文明繁荣进步；5. 交流共同推进“一带一路”倡议，积极促进“一带一路”国际合作，努力实现政策沟通、设施联通、贸易畅通、资金融通、民心相通，实现共商、共建、共享。

在这五个领域里还可以细分一些课题。政党外交还要从统筹国内国际两个大局出发，同政府外交紧密配合，服务于我国社会主义现代化建设和改革开放大业。

充实和深化同外国政党的交流与合作的内容，关键在于务实性。如交流治国理政方面可以包含：经济协调发展，宏观调控和政府职能，效率和公平问题，经济体制的改革与发展，各类市场经济模式比较，社会保障制度及公共服务体系等。又如在推动“一带一路”倡议中，政党外交在“民心相通”方面可以多做工作。交流时，根据课题，避免泛泛而论，而要具体而深入。

三、发挥政党外交的特色与优势

政党外交既有同政府外交和其他领域外交共通性，又有自己的独特性。其特色与优势集中在三个方面：普遍性、广泛性和灵活性。

普遍性在于世界上大多数国家实行政党政治。虽然各国政党在国家和政府决策的程度与形式上各不相同，但作用是不可忽视的。许多国家的议会里都有按照不同政党区分的议会党团，既有执政党也有在野党。西方国家重视议会工作，政党的议会党团有重要影响。议会党团还有其咨询机构，提供情况和建议。

广泛性在于许多国家各类政党拥有庞大的选民团体，包括上中下和左中右各阶层人群，从精英到普通劳动者。许多政党还有自己影响下的群众团体、社会组织、学术机构和基金会。这些组织和机构也是政党交流的重要对象。

灵活性在于政党外交亦官亦民，灵活多样。政党外交许多是官方来往，有的还是最高级别的官方往来，但也有民间性来往，“草根”交流。有的国家的一些政党，甚至执政党，他们愿意更多地把党的来往看作是一种带民间色彩的来往。这样考虑，可以使我们的工作范围和对象不断扩大，方式更加灵活多样。政党外交着重于做人的工作，同各国社会各界人士，可以就共同感兴趣的广泛题目进行自由讨论，增信释疑，增进各国人民之间的了解和友谊，推动国家关系的健康稳定发展。

建立政党外交学初探

政党外交是近40年来传播开来的一个新鲜词语，人们可能对它还不太熟悉。不过政党外交随新中国成立而开启，其实践已有近70年的历史了。只是过去把政党外交一般称为党的外事工作或党的对外联络工作。现在看来，用政党外交来表述，更能显示此项事业的确切性和重要性以及认同性和独特性。因为，政党外交同党的事业同行，是全党事业的一个重要组成部分。又因为，政党外交是我国总体外交的一支不可或缺的方面军。

70年来政党外交的实践，累积了十分丰富的经验。然而，与丰富多彩的实践相比，政党外交的理论尚未形成独立的学术学说。理论源于实践，同时高于实践。成熟的理论指导实践，因而政党外交的理论探索是一个崭新的课题。

政党外交理论研究，可称为政党外交学，是一门崭新的学科，是一个“系统工程”，同时又是同许多学科交叉的新学科。

政党外交理论是要将60多年的实践升华为理论，是一项巨大的工程，需要实践者与理论学者共同长期努力，本文只是一种初始的尝试。

一、政党与外交的联结

政党不是从天上掉下来的，也不是从石头缝里蹦出来的，而是社会历史发展的产物。在人类社会发展过程中的原始社会、奴隶社会，直至封建社会都不存在科学意义上的政党，因为没有政党产生的条件。封建社会统治阶级为了强化统治，实行君主制专制主义集权制度，被统治阶级没有结社及言论自由。“普天之下莫非王土。”统治阶级内部“结党营私”，进行残酷的争权夺利斗争。但这个“党”，并非我们现在所说的政党。中文的“党”，在历史上没有政党的含义。中国历史上的“朋党”“党羽”“同党”之称多有贬义。一般是指统治集团内部斗争的产物。或者是“秀才造反”的秘密组织。如唐代的“牛李党争”，历经六朝，延续近40年，是新旧两个统治阶层的争权夺利斗争的产物。斗争结束，“牛党”和“李党”也随之消失。北宋的“元祐党争”是王安石变法的“新法派”同司马光的“反新法派”之间的“党争”，苏轼的“蜀党”也参与其中，是不同政治派别的派系倾轧。这个“党争”延续8年后也就结束了。东林党是明朝末年的重要政治派别，因一些秀才在无锡东林书院讲学而得名。他们反对黑暗统治，主张“尊经重道”，广开言路，任用贤才，整肃吏治。同魏忠贤为首的“阉党”（这个名称是别人给加上去的）进行斗争，并遭受迫害。中国近代史上的会党，如天地会、洪门会、哥老会、大刀会和小刀会、青红帮等，一般都属于秘密民间团体，带有浓厚的封建迷信色彩，有的是具有反叛性质，有的则是统治阶级的工具。所以这些都不能称为现代意义上的“政党”。

现在的“政党”一词，中文是从外文中移植而来的。英文 Party，德文 Partei，法文 Parti，词源来自拉丁文 Pars，原义是指“一部分”，引申而为社会政治组织。因 Party 是多义词，如特指政党，有时以 Political Party 来表述。

外交在人类文明史的发展长河中发挥作用。“战争与和平”是久远而永恒的主题。外交产生于“战争与和平”不断交替的历史中，因而外交本意在于人类社会的和平相处。从广义上来说，人类早在原始社会时期，部落之间派遣使者进行交流，沟通和谈判是通常的做法，使者也会受到出使国的一定待遇。这就是外交的雏形。

真正的科学意义上的外交则出现在有了国家之后。外交是国家权力的重要组成部分，主要目的是确保国家对外政策目标的实现。国家是一个历史范畴，并不是从来就有的。国家有四种历史类型，即奴隶制的、封建制的、资本主义的和社会主义的。应当说，在古文明国家，中国、埃及、印度和巴比伦首先出现过外交活动，然后是在希腊和古罗马。但是从词源上考量的话，外交，diplomacy，词源来自希腊语，罗马字母拼写为diploma，原义指古希腊君主或元老院派遣使节的特许证书及其副本。这是对外交词汇的定义出发的理解，而真正外交活动应更早出现在上述世界四大文明古国中。认为外交源于词源，是外交学研究中的一个误区。

外交理论的研究大多以欧美国家的学说为背景。因而马基雅维利的《君主论》、让·博丹的《共和论》和格劳斯的《战争与和平法》作为外交学的开山鼻祖。我国春秋战国时期，文化繁荣，哲学思想活跃，也是外交活动频繁的时期。“合纵连横”则是这一时期外交的典籍。

二、政党外交的学术位置

深入研究政党外交理论，需要建立政党外交学。政党外交学是一门崭新的学科。从学术角度讲，这门新学科需要系统总结和研究政党外交的实践经验，同时需要吸取许多相关学科的成果，还有学科之间的相互渗透，必然使政党外交学同相近学科相互交叉。

同政党外交学相近的或交叉的学科，可以列举出外交学、政党学、国际政治学、国际共产主义运动学和世界社会主义运动学等。政党对外交往是“总体外交”的一部分，因而政党外交学同外交学有十分密切的关系。两个学科可以互为补充。即分辨各自的独特性，和寻找两者的同质性，外交学中的当代外交的基本准则及发展趋势，外交的方式及外交技巧，我国的国际战略和对外政策的基本原则，都应当渗透到政党外交的学术理论中去。

现代外交学的理论研究首先是由欧美学者开创的，后来加上前苏联外交官及学者的著作。如哈罗德·尼科松的《外交学》、萨道义的《外交实践指南》和维辛斯基及葛罗米柯先后主编的《外交辞典》。我国从 20 世纪 30 年代起也有外交学著作，但缺乏有影响的理论著作。新中国成立后出版的一些外交学专著，多为时事性和知识性读物。近年来，出版有《中国外交史》《中国当代外交史》《中国外交思想史》等有着深远影响和实践总结及理论分析的中国外交学的学术著作。

鉴于外交学理论多为欧美学者垄断，周恩来在新中国成立之初就提出了“外交学中国化”的任务。我国在外交学方面虽已取得了一些成就，但同周总理“外交学中国化”的要求相比，同新中国外交近70年的辉煌成就与丰富经验相比，还有很大差距。

政党外交学理论的深入研究，也定将会对我国“外交学中国化”作出应有的贡献。

政党外交是党的建设的重要组成部分，因而政党学同政党外交学有着密不可分的关系。“他山之石可以攻玉。”政党外交的一个重要任务，就是了解和研究世界各国各类政党的发展动态、基本纲领、理论思想、组织机构、内外政策，以及某些政党兴衰成败的经验教训，进行比较，为加强我党党建服务。

近年来，两个学术领域加强交流与协作，共同制定和完成案例的战略性研究课题。如各国政党的党建基本理论，执政党执政能力研究，外国党经济与社会发展战略等。党的形象建设工程也已列入政党学和政党外交学的共同研究的重要课题。

政党学同政党外交学相结合，紧密联系加强和改进新形势下党的建设要求，加强对外国政党治党治国理政经验的比较研究，冷静观察，深入思考世界政党兴衰成败的经验教训，深化对执政党的执政规律认识，在中共由革命党走向执政党的转变中，这项任务尤为重要。

国际政治学着重研究国际政治经济关系的发展进程及其规律。包括国际结构体系、基本特征、国际思潮和发展趋势。研究国际关系理论是这一学科的重点。

当今世界，世界局势、中国国内形势以及世界同中国的关系发生了广泛而深刻的变化，出现了一系列新情况和新问题。国际政治学和政党外交学的重要迫切任务是，密切关注和把握世界格局的变化及其特点，准确分析国际格局多极化、世界经济全球化和世界文化及发展模式多元化的新的特点。

发展具有中国特色的新国际关系理论是两门学科的共同责任与任务。对国际关系理论的新的研究与探索，对我国对外政策的决策与总体外交的实践，具有十分重要的意义。在理论研究与探索的基础上，确立我国“新国际关系观”已提上日程。我们已有了新安全观、新发展观，“新国际关系观”是不可缺位的。

国际关系理论源于欧美。有自由主义、理想主义、现实主义、新现实主义、新自由主义，等等。

国际共产主义运动学和世界社会主义运动学同政党外交学有密切关联，在我国有悠长的历史和丰厚的学术基础。

在这一学术领域，有广泛的研究课题。例如，马克思主义的历史命运和社会主义前途，马克思主义中国化和本土化，时代特征和国际格局变化，当代资本主义制度新变化和发展趋势，社会主义改革与中国发展道路，世界经济全球化与新科技革命，当代社会民主主义发展趋势，西方马克思主义研究，当代西方政治和社会思潮，新媒体的发展对政党政治的影响。

三、政党外交的理论研究

政党外交的理论研究，要以马克思主义为指导，运用马克思主义的立场、观点和方法，理论密切联系实际，形成具有中国特色的政党外交学。使之成为中国特色社会主义理论的一个分科，成为中国特色外交理论的一个组成部分。

政党外交理论首先要研究的课题是政党政治。政党有着阶级属性。任何政党都是代表一定的阶级、阶层或社会集团，并为实现其所代表的阶级、阶层社会集团的根本利益而进行活动，从而形成政党政治。政党政治是社会政治上层建筑的一个组成部分。政党有自己的纲领和明确的政治目标，因而不同于国家组织和一般带有政治倾向的社团组织。政党的一个政治目标就是获得对国家生活的统治权。一朝权在手，成为执政党，政党通过不同形式组织政府，影响国家的政治方向和政治生活。

政党政治是现代世界大多数国家普遍存在的一种政治和社会现象。政党政治是社会历史发展的产物，有其产生和发展的过程，具有时代的特色。

虽然大多数国家都实行政党政治，但内容和形式互不相同，多种多样。政党政治是流动的，不是凝固的，随着时代以及各自国家的形势变化而变化。政党政治同政党性质及各自国家的政治体制密切相关。不同的政治体制有不同的政党政治。政党政治还同历史与文化传统、意识形态和价值观，以及经济与社会发展水平密切相关。研究世界政党政治的类别与动态，必须考察其相同点与相异点，共性与特性。“他山之石可以攻玉。”我们可以将不同类型的政党政治相比较，进行鉴别、借鉴。

四、研究政党外交的特色与优势

我国是社会主义国家，中国共产党是中国特色社会主义事业的领导核心，又是执政党。积极发展党的外交事业，要紧紧围绕党的中心工作，发挥和增强特色与优势，努力为我国的改革开放和现代化建设争取有利的国际环境。

1. 增强政党外交的特色与优势，要求密切关注和把握国际格局、世界经济的发展变化及其特点，正确估计在世界现实形势下我国“战略机遇期”面临的新机遇与新挑战以及可能遇到的风险，提出增强战略谋划和运筹的方针建议。

2. 增强政党外交的特色与优势，要求围绕党的中心任务和我国全面建设小康社会的发展战略，找准自身工作的切入点和着力点，不断发展政党外交的内涵与外延，与时俱进，不断创新。

3. 习近平总书记在中国共产党与世界政党高层对话会上主旨讲话提出了的新时代建立新型政党关系的重要原则：“不同国家政党应该增进互信、加强沟通、密切合作，探索在新型国际关系的基础上建立求同存异、相互尊重、互学互鉴的新型政党关系。”遵循这一新型政党关系的原则，推动我们党同各国政党交流发展到一个新的阶段。

4. 增强政党外交的特色与优势，要求紧密结合统筹国内国际两个大局的战略思想，放到中国与世界变化中来把握，加强对外国政党的党建和执政经验的比较研究，分析世界政党兴衰成败的经验教训，深化对新的国际国内形势下的执政规律和执政地位的认识。

5. 增强政党外交的特色与优势，要求广泛介绍我们党以人民为中心的执政理念，展示我们党和平发展的成就，表明我们党维护世界和平、促进共同发展的真诚愿望，增进国际社会对我们党的了解、尊重和认同，不断提升我们党的国际形象。

6. 增强政党外交的特色与优势，要求把握外交与内政的辩证关系，加强理论研究。研究新形势下大国战略互动关系，南北关系的新发展，全人类利益与本国利益的平衡问题。研究当代社会主义和当代资本主义的新变化，研究国际思潮的新的变化特点。以战略思维、创新思维和辩证法，分析研究政党政治与政党外交理论的新发展。

政党外交既同政府外交有共通性，又有自己的独特性与优势。中国特色政党外交要在突出特色和优势的基础上，发挥更大的作用以推动党的外交事业不断发展。

1. 发挥政党外交具有普遍性的特色。普遍性在于世界上大多数国家实行政党政治。虽然各国政党在国家和政府决策的程度与形式上各不相同，但核心作用是不可忽视的。许多国家的议会里都有按照不同政党区分的议会党团，既有执政党也有在野党。各国各类政党都重视议会工作，政党的议会党团有重要影响。

2. 发挥政党外交具有广泛性的特色。广泛性在于许多国家各类政党拥有庞大的选民团体，包括上中下和左中右各阶层人群，从精英到普通民众。许多政党还有自己影响下的群众团体、社会组织、学术机构和基金会。这些组织和机构也是政党交流的重要对象。

3. 发挥突出战略思维交流的作用。进入新世纪以来，国际形势复杂多变，各大国都在调整内外战略。各国主流政党及政要是各国战略调整的主导者。政党外交较少参与具体的外交事务，而着重在于同各国主流政党及政要交流各自国家特别是主要大国和大国集团内外战略调整的主要目标及思路，研究各主要大国特别是西方国家和新兴大国的现实政治文化语境的特点与变化。

4. 发挥做人的工作的作用。政党交流时，一直把做人的工作放在第一位。政党外交由于形式多样，不拘泥于一般外交礼仪，可以持续不断和长期地做政党、政府、议会、各社会团体的领导人和各阶层人士的工作，深入交流思想。既做执政党领导人，又做在野党领导人的工作。既同老朋友保持交往联系，又要着重做年轻一代领导人的工作。

5. 发挥“第二管道”的作用。党的对外工作在推动一些涉我敏感问题、国际热点问题和双边关系中的难点问题的解决中发挥独特的积极作用。我国同主要大国和周边国家的关系，起起伏伏是一种正常现象。加强沟通增加互信十分重要。政党外交要发挥预防性外交和“第二管道”的作用。特别是双边关系发生困难时，及时疏通“第二管道”可以起到特殊的作用。化解双边关系中一些消极因素，促进国家关系向正常健康方向发展。政党外交为解决一些地区和国际热点问题积极发挥建设性作用。

6. 发挥注入经济因素的作用。在政党交往中注入经济因素为我国现代化建设作出了积极贡献。配合经济外交，党的对外工作着重同外国政党交流经济和社会的发展战略和方针政策。政党外交，特别是近年来高层交往，共同应对危机、共谋发展之策是一条贯穿始终的主线。我国党和国家领导人，高度重视党的对外工作，先后会见了许多来华访问的外国政党领袖和政治家，就全球性问题深入交换意见，共同探讨应对之策，共商合作大计。在中央领导和各省市自治区党政领导以政党交流形式的出访和接待外国代表团中，我们还有针对性地安排经贸活动，有效地促进了我国同有关国家经济领域的务实合作，特别是地区合作和大项目合作。

7. 发挥党中央国际问题参谋和助手作用。做好调研工作是政党外交的基础。政党外交工作要发挥作为国际问题智库的作用。从政党外交角度出发的调研工作的优势在于，既有中央的方针政策，又有独特的分析角度与思考，提出对国际形势、国际关系和外交政策的综合性看法。还可以对外国社会结构变化，政党政治变化和国际思潮进行深入研究。用宽广的世界眼光，科学判断国际形势，为中央决策提供信息和建议，是党的对外工作的重要职责。

第四章

思潮研究

从国际金融危机看当代资本主义的几个特点

一、当代资本主义是金融垄断资本主义

资本主义历经500多年，大致可分为五个阶段：1.资本主义孕育和初始阶段；2.资本主义自由竞争阶段；3.垄断资本主义阶段；4.国家垄断资本主义阶段；5.以新自由主义为标记的金融垄断资本主义阶段。美国这个“金融垄断资本主义”，又可称为“野蛮资本主义”或“赌场资本主义”，其金融体系与巨型赌场没有什么两样。在这个非理性的市场上，价格构成并不遵循供求规律。金融机构放弃了传统业务，致力于货币投机，追求越来越高的利润率。轻率地发放贷款和肆无忌惮地投机交易，而政府放松调控和放弃监管。在遇到困境时，却要公共机构和纳税人来保护债权人。这种“利润私有化、亏损社会化”，是社会不公正的最明显的体现。

二、美国的“金融帝国主义”

当代资本主义有别于传统资本主义的最大特征就是资本金融化。以“金融创新”为借口，发展虚拟经济，并把它与实体经济相隔离。而且，我们把美国称为“金融帝国主义”或“货币帝国主义”，就是其以美元霸权为基础，向世界输出大量美元，同时吸收外国物资，从而提高美国国内消费水平，并且控制外国资产的所有权。美国可以不受限制地向全球注入美元，美国从而享有巨大的金融和经济好处。美国利用美元本位制，将全球经济美元化，全球为美国经济的财政赤字、国际收支赤字融资。资本金融化是资本主义私有制发展的最高形式。

三、经济全球化负面影响显现，但积极面仍是主要的

美国次贷危机如此迅速地发展到全球金融危机是经济全球化发展的结果。金融危机的重要特征是以西方发达资本主义国家为主导的经济全球化造成全球经济不均衡、不可持续发展和全球性金融投机的负面作用的突出表现。因此，这次国际金融危机，是国际金融全球化造成的全球资本主义体制的危机。但我们对经济全球化不能由于发生金融危机而加以全面否定。在经济全球化过程中，新兴经济体和广大发展中国家的话语权正在增加，它们的经济利益诉求也日益被关注。经济全球化依然具有两面性，而且积极面是主要的。经济全球化是科技革命的结果，是世界经济发展的客观需要，是推动生产力发展的，并为世界创造财富。不仅发达国家得到好处，大多数发展中国家也得到了好处。通过这场危机，分析如何使全球化朝更加均衡、更加公正的健康方向发展，已成为广为关心的议题。

四、新自由主义是产生金融危机的根源

这场危机的根源，在于金融垄断资本主义的主导思想新自由主义。新自由主义有四面旗帜，即私有化、自由化、市场化、金融化。产生于20世纪70年代中期的新自由主义是对凯恩斯主义的否定。前10年，自由竞争及私有化和市场化推动生产力的发展和科技发展；接下来的10年，新自由主义向世界推广，被认为是唯一且最好的发展模式。苏联解体有诸多因素，其中新自由主义渗入与发展是原因之一。新自由主义在最近10年中逐步走向顶点。

新自由主义经济发展模式的“私有化、市场化、自由化、金融化”中，私有化是核心。战后西方国家全面私有化有一个过程。战后前期，西方国家特别是西欧处于经济恢复和调整时期。所有制多种形式并存，私人垄断所有制占统治地位，但国有经济有相当比重。这种以股份制形式出现的国有经济

涉及基础建设、公共建筑、对国民经济起决定作用的工业部门和工矿企业、公用事业、土地森林、金融机构。公用事业基本由国有经济掌控。国有经济在金融业中的比重：德国 54%、法国 60%、意大利 75%。私有化浪潮是 20 世纪 70 年代以新自由主义为主导的“撒切尔—里根革命”所兴起的。20 世纪 80 年代末 90 年代初，苏联模式失败，美国的放任自流资本主义发展模式被认为是唯一成功的模式，即所谓“华盛顿共识”。私有化全面深化，经济金融化，为危机种下了祸根，全面私有化伴随着彻底市场化，进入人们经济和社会生活的一切领域。

五、资本主义经济的结构性危机

这次经济危机从金融危机开始爆发，实质还是在于资本主义生产方式，在于这种生产方式产生的资本主义固有矛盾，因而也可称为结构性危机。战后发生过几次经济危机。如 1957—1958 年经济危机，1974—1975 年经济危机，1979—1982 年经济危机以及 1989—1990 年的东亚、拉美金融危机。本次危机同以往几次不同之处有两点：一是过去几次危机都比较温和，经济萧条阶段不太明显；二是这次危机发源地是美国，又是经济的核心金融领域。本次危机是战后资本主义 60 年来经济结构发生变化，生产、交换、分配、消费发生变化积累起来的。这种结构变化主要有以下几方面：

（一）产业结构变化。传统工业（如钢铁、纺织）急剧衰落，新兴工业迅速发展。要求对经济结构进行重大调整与转制。

（二）垄断组织形式发生变化。由单一垄断组织发展为经营多样化的联合公司。由混合联合公司发展为跨国公司。垄断资本核心为金融资本。发达资本主义国家的经济活动越来越依靠金融体系在资金和资本上进行融通和调节。垄断程度很高的跨国银行同跨国公司相互结合。虚拟经济空前膨胀。

（三）世界经济结构不平衡。表现为发达资本主义国家之间经济发展不平衡，以及发达资本主义国家同发展中国家之间的经济发展不平衡。

六、经过危机，资本主义经济发展将进入一个新阶段

这场危机，将是新自由主义的终结，但不是资本主义的终结，也不是市场经济的终结。在对资本主义发展过程的研究中，马克思主义经典作家发现了一条客观规律，就叫“扬弃”。资本主义是以生产资料私人占有为基础的，但在资本主义生产社会化的发展和提高过程中，出现了一种资本主义生产方式在其自身范围内自行扬弃的矛盾，首先表现为通向一种新的生产形式的过渡。因此，这种“扬弃”过程是资本主义生产关系为适应生产力的社会性要求而作出的自我调节。危机是一种“创造性破坏”，是对旧体系的破坏，也是对新体系的催生。当然它仍不可能全面突破资本主义生产方式。

文明多样性刍议

世界文明多样性现在成了国际政治和国际关系中的一个重要的热门话题。这同近十几年来国际形势深刻变化密切相关。文明多样性，同国际格局多极化、世界经济全球化一起，构成当前国际形势的“三大基本特征”。

一、文明多样性成为热门话题的缘由

文明多样性是人类社会的基本特征，从人类文明史开创以来就一直存在着。人类进化历史，从蛮荒走向文明，是在不同地域和不同自然条件下形成的，一开始就带有不同的特色。因此，无论是古代社会还是现代社会都存在着文明多样性。进一步说，人类正是在多样性的竞争和融合中取得文明进步，推动社会发展。从现实来说，正是有了文明多样性才使我们的世界如此绚丽多彩。

那么，既然文明多样性是最基本历史知识和世界现实，为什么还会发生激烈的争议呢？当然事出有因。

首先，苏联解体，柏林墙倒塌，冷战结束，美国“不战而胜”。第一功臣是里根，赖斯也有份。布什得出两个错误结论：其一，美国成了世界唯一超级大国，认为独霸世界和建立“美利坚帝国”的时机已到，实施“单边主义”的战略和政策。其二，以“民主、自由、人权”为旗帜的“美国文明”已经“战胜共产主义意识形态”，现在要“乘胜追击”，发动“世界民主化第二波”。布什对推广“美式民主”已经到了痴迷程度。以伊拉克为“样板”推广“大中东民主计划”，在乌克兰和中亚鼓动“颜色革命”，乘卡斯特罗生病住院之际，号召推翻古巴革命政权。布什也把矛头对准中国和俄罗斯。布什在访华前在日本发表讲话，竟然要中国大陆学习“台湾民主榜样”。在俄罗斯参加八国峰会，竟然当着普京的面，要俄罗斯仿效“伊拉克民主”，被普京当即顶了回去。

其次，世界经济全球化迅速发展，信息通讯空前发达，一方面，西方强势文明（包括价值观念和生活方式）越来越具进攻性。这引起了发展中国家保护本民族文化的防卫性要求与行动。但是另一方面，西方一些敏感的知识分子，基于对第二次世界大战后新兴力量崛起的分析和对未来世界发展的预测，认为现在处于强势的西方文化正在走向衰落，而挑战者正是尚处于劣势的非西方文化。因而产生了一种“西方文明危机感”。

第三，冷战时期过去，长期被美苏两个超级大国争夺世界霸权所掩盖的民族矛盾和宗教冲突激烈爆发出来。这些民族矛盾和宗教冲突都带有一定的文化背景。西方文化的入侵，加之民族矛盾和宗教冲突激化，成为滋养恐怖主义、极端民族主义和分离主义的温床。由于美国反恐政策和导向的错误，把世界上存在的一些矛盾和冲突归因于一种特定文明或特定宗教，并以反恐为名扩张军事势力，打击所谓“邪恶轴心”国家，推广“美式民主”。这就使世界处于越反恐越恐惧的气氛中。

二、文明多样性的本源

“文明”与“文化”的内涵和外延既有相同又有不同。就“文明”“文化”这两个词义而言，中外学者均有不同说法。比较普遍一种看法是：“文明”的含义要比“文化”更广，包括人类社会的一切活动；而“文化”也有狭义与广义之分，广义上的“文化”是指除政治经济之外的人类活动。“文明”对应于“野蛮”，“文化”对应于“愚昧”。这是比较多的学者的一种归纳，但也未必确切。其实，“文明”和广义上的“文化”在定义上和实际使用上确实很难区分，因此常常可以混用。这也是国际学术界的一种通用的做法。

人类文明发源于地球的多个地域。起源时间各异，起源地域各不相同。

人类经过蒙昧时代，野蛮时代，从铁矿的冶炼开始，并由文字的发明及其应用于文献记录而过渡到文明时代。由于各个文明发源地的地理和自然条件不同，特别是受气候的影响，生存条件各异，进入文明时期的不同地域的不同民族（部落），带有各不相同的特色。所以可以说，人类文明从开创时期起就是多元的，具有多样性，而不是单一的。

世界文明的发展历史就是人类社会发展史，文明发展同社会发展相伴而行。

在7000年的历史发展长河中，人类文明经过各种形式的冲突和交融，一步步走向新的更高的文明。这就形成了现今世界的既有共同性又有差异性的文明多样性。英国学者汤因比（Toynbee）归纳为23种文明。联合国教科文组织国际专家小组报告《多种文化的星球》（The Multicultural Planet）归为8种：欧洲文化、北美洲文化、拉丁美洲文化、阿拉伯文化、非洲文化、俄罗斯和东欧文化、印度和南亚文化、中国和东亚文化。从大的系统来说，有的中国学者把世界文化分为四大系统：中国文化、印度文化、伊斯兰文化和欧美文化。再往大的方面归纳则可分为东方文明（文化）和西方文明（文化）。

三、世界文明发展进程中的几个特点

（一）共同性和差异性

世界文明发展的共同性是十分明显的，和人类社会发展阶段大致相同。由于生产力的发展，人类从原始社会，经过奴隶社会和封建社会（农耕时期），到资本主义社会（工业化时期），再发展到社会主义社会，虽有前有后，每个阶段有长有短，发展程度也各不相同，但有共同规律可循。又如宗教，人类从原始崇拜到现代宗教形成走过大致相同的道路。世界三大宗教（基督教、佛教、伊斯兰教）的基本教旨也是类似的。再如，科学技术和认识论的发展历史也有同样情况。但是文明的差异性也是明显的。差异性主要表现在文化传统，价值观念、哲学观点、思维方式和伦理道德等方面，甚至也反映在生活方式和传统习俗方面。在现代，又往往同社会制度和发展道路联系在一起。同时要说明，共同性和差异性并非是绝对的，而是互为依存的，共同性中有差异性，差异性中有共同性。

（二）稳定性和变动性

文化差异性的存在，是在保持文化多样性的前提条件上。这是因为文化差异性是在长期历史过程中形成的。这种差异性已经发展成为一种特有的民族秉性，并且受到本民族的社会传统、经济、政治、军事、宗教、语言、文学、艺术、风俗、礼仪等多种因素的影响。文化差异性代表不同文化的民族性格，从总体上说不存在哪一个民族文化高贵，另一个低劣的问题。在每个民族文化内部都有先进因素和落后因素。因而民族文化具有相对的稳定性。同时文化同其他万物一样具有发展变化的性质。文化的相对稳定性不能作为文化封闭的借口。文化的比较、借鉴和交流是每一种民族文化发展的永不枯竭的源泉。但是发展中国家在西方强势文化进攻面前也存在着文化安全问题。因此把握文化的稳定性与变动性的辩证关系有十分重要的现实意义。

（三）排斥性和融合性

文化是长期历史形成的复杂现象。一方面文化深层次问题还涉及政治体制、经济活动和生活方式。因此民族文化对外来异质文化有天然的排斥性。但是另一方面，一种民族文化如果长期闭关自守，不接受外来的先进文化（不管接受方式是被动的还是主动的），就会从兴旺走向衰落甚至消亡。这已经为历史事例所证明。现今世界的各个民族文化，无不是通过同外来文化融合而成的。中华文化是一个例证。同样，在外来文化进入和渗透过程中存在着如何保持本民族文化特性和使本民族文化向更高层次发展的问题。弄得不好，也会使民族文化在强势文化渗透中逐渐消亡。这已经成为民族文化发展中的一个世界性难题。

四、尊重多样、平等交流、和谐发展

尊重文化多样性是构建“人类命运共同体”的一项重要内容。构建“人类命运共同体”，要求致力于实现不同文明和谐进步。倡导一种“新文明观”，坚持各国之间进行文明平等对话和文化交流，使不同文明在竞争比较中取长补短，在求同存异中共同发展，维护世界文明多样性和社会发展模式多样化。

尊重文化多样性的内容还包括：历史形成的文化传统、政治和社会体制、价值观念和发展道路的差异不应被用于干涉他国内政的借口，社会发展的具体模式不能成为“输出品”。

现在流行于世的“文明冲突论”和“文化全球化论”与尊重文明多样性的认识是相悖的。

“文明冲突论”是美国哈佛大学教授亨廷顿首先提出的。他认为，在冷战结束之后，资本主义和共产主义的意识形态之争已经结束，随之而来的是东西方“文明冲突”。他提出，冷战之后，西方世界最大的威胁来自儒教和伊斯兰教的东方文明；因此以天主教基督教为代表的西方文明要联合起来共同对付东方文明。这种观点客观上为新冷战提供理论依据。美国“9·11”事件之后，国际安全形势更加严峻和复杂。恐怖主义危及国际安全和普通民众的生命，需要坚决加以反对和清除。但是反恐斗争不能被看作是“文明冲突”，更不能将反恐矛头指向特定的宗教和特定的民族。反恐要标本兼治，这个“本”就是尊重文明多样性，各种文明之间进行平等的对话和交流。

随着经济全球化的迅速发展，带出了一个问题：文化是否也要全球化？有一种观点认为，文化随经济而动，经济全球化加上信息网络化，必然会产生文化全球化，这是不以人的意志为转移的。但是问题并没有如此简单。毫无疑问，经济全球化将给民族文化带来深刻的影响。但是从文化品格来说，文化不总是经济的同行者，更不是随行者，甚至还可能成为批判者。实际上，这几年来，我们对经济全球化期望过高。经济全球化的实现是一个漫长而不断变化的历史过程。经济全球化在促进世界经济发展的同时，其负面影响也逐渐显露出来了。已经提出了这样的问题：我们需要什么样的“全球化”？结论只能是：文化不能全球化。

五、对我国建设先进文化的启示

建设我国现代先进文化需要处理好继承和发扬中华民族优秀传统文化同借鉴和吸收世界先进文明成果之间的关系。盲目崇洋和提倡复古都是不可取的。

中华文明薪火传承五千多年，为世界文明史之奇迹。其秘诀在于：既留住了“根”又能“海纳百川”。历史上中外文化交流延续不断。最大的可以说有三次。第一次是魏晋南北朝到隋唐，佛教进入并本土化，吸收并融合异域及外来文化，造就盛唐文化。第二次是明清时期西方文化的进入。然而这种进入特别是在晚清时期伴随着西方列强“坚船利炮”的野蛮征服，但客观上对中华文化带来影响和冲击。第三次是“五四”新文化运动，以“民主”“科学”为旗帜，彻底地不妥协地反对帝国主义和封建主义，揭开了中国新民主主义革命的序幕。

当然文化交流与融合向来是双向的。例如，中国的古老文化特别是汉唐文化曾经对西方的启蒙运动产生过很大影响。

进入新时代，在讨论如何发展我国现代先进文化时，有两个问题引起广泛的认识论和探讨：即如何传承和发展传统文化？如何借鉴和学习西方文化？

在市场经济发展过程中，不断有人提出“全盘西化”的要求。视传统文化为落后，最多只是古董。一切以“美国标准”来衡量，从社会经济体制，到文化、教育和医疗卫生事业，再到大众娱乐和生活用品。

另一种倾向则是盲目推崇国学和儒学。办私塾，背《四书五经》，提倡“科举制度”，甚至要把“三纲六纪”作为建设“和谐社会”的纲领。他们认为，一百多年来，由于西方文化、理念和科技的进入，中华文化已经“断层”。他们甚至认为，现在“只有儒学才能救中国”，只有以儒学为核心的“东方文化才能拯救世界文明”。

从世界和中国文明发展历史的角度来考察，再从世界文明多样性的理念出发，上面两种倾向都是不科学的。

我们继承中华传统文化，必须研究其历史背景和特定历史条件下的社会作用，去其糟粕取其精华，舍弃不符合时代发展的因素，创造更高层次的文明。同样，在吸取西方文化时，也要有区分鉴别，要符合我国国情。

对传统文化来说，发扬和传播是最好的继承，使中华古老文化继续为世界文明作出贡献。例如，当今人类社会患上种种“生态病”“社会病”时，中国“天人合一”“和为贵”“和而不同”“协和万邦”等传统哲学思想不失为一剂良药。

“万物并育而不相害，道并行而不相悖。”这是在全球化潮流中保持人类多元共生的文化生态的原则。而在尊重文化多样性和文化融合中保持自己民族的文化传统和个性是十分重要的。建设既保持民族传统和特色又符合时代潮流的现代先进文化是我们的责任和任务。

文化能全球化吗？

世界处于全球化进程中，这是毫无疑义的。但是，文化能全球化吗，或者说有文化全球化吗？我以为，不能。为什么？道理十分简单。民族的特有文化，是一个民族之根，之源，之魂。

文化是多元的。人类自从有文明史以来，各自独立地发展了富有特色的文化为基础形成古老文明，如：中华文明、埃及文明、印度文明、巴比伦文明以及古希腊文明和玛雅文明等。现代文明产生于欧洲文艺复兴及启蒙运动。欧洲是现代文明的摇篮。无论是古代文明还是现代文明，都有黑暗与光明两面。无论是东方文明还是西方文明都有其积极面和消极面。

多元文化使世界绚丽多彩。如果世界只有单一文化，那这个世界会多么乏味。多元文化的相互激荡与融合，推动了世界文明历史的发展进程。

各种文化之间也会产生矛盾，甚至冲突。但我是不赞同“文明冲突论”的，因为这种论点是以一种所谓“优秀文明”消灭另一种所谓“落后文明”为前提的。这是一种新“冷战思维”。

欧洲现代文明发展过程，也产生过负面影响，这就是“欧洲中心主义”，认为只有欧洲文明才是先进的，而且强迫别的民族接受。20世纪后半期，“欧洲中心主义”逐渐淡化，但出现了美国“文化霸权主义”或“文化帝国主义”，就是要把美国的文化，包括美国的政治、经济、社会体制，美国的价值观甚至生活方式推广到全世界。“文化霸权主义”这顶帽子不是中国人而是欧洲人给美国扣上的。

价值观也包含在文化范围之内。自由、民主、人权是西方发达国家的核心价值观，是欧洲对世界文明的贡献。但是应该允许别的民族有不同的核心价值观。民主、自由、人权，在实施过程中，要观照各民族不同的历史和文化背景，经济发展水平和本民族的特有传统等等。

把价值观应用于外交上，称为“价值观外交”，也即“人权外交”，其理论是“人权高于主权”。这是美国十几年来一直在宣扬的一种理论，是为美国霸权主义服务的。

虽然不可能有文化全球化，但世界经济全球化以及科技与信息的飞速发展，必然会对民族文化带来巨大的冲击。拒绝外来文化是没有前途的。对中国来说，从文化角度看，应该找到既保持传统文化又大力吸收外来文化特别是西方文化的平衡点。全盘照搬西方文化是行不通的，而固守原来有几千年传统的农耕文化和封建等级文化也是没有出路的。文化问题是中国现在热烈议论的题目之一，特别在知识界。

习近平总书记在中共十九大报告中指出:“要尊重世界文明多样性，以文明交流超越文明隔阂、文化互鉴超越文明冲突、文明共存超越文明优越。”

无论是西方还是东方，我们都是新的世界现代文明的学习者和创造者。有不同看法和观点是很自然的，可以讨论，可以求同存异，而且我们双方都不要把自己的观点强加给别人。在尊重文化多样性前提下，相互借鉴，相互学习。

先进文化的核心在于平衡与和谐。文化多样性是我们批判新自由主义的重要理论武器。地缘政治变化和国际政治生态变化同文化多样性密切相关，以文化多样性为背景产生发展模式多样性。我们要反对“文化霸权主义”，即美国要把美国的价值观和发展模式推广到全世界。以新自由主义为理想模式的“华盛顿共识”是这种“文化霸权主义”的表现形式。从发展模式多样化出发，我也不同意西方学者提出的“北京共识”。文化及发展模式可以互相借鉴，但不能强加于人。我们应研究发展我国的“软力量”，这方面有很多文章可做。国际意识形态斗争依然存在，有时甚至会激化，或者触动我国的核心利益。但我们在处理国际关系时和处理国家关系时始终要把国家利益放在第一位。当国家关系特别是大国关系出现曲折和困难时，要从国家的战略利益出发，同时考虑对方国家利益，不要形成和渲染意识形态的对抗。国际思潮如潮水，潮起又潮落，所谓“30 年河西，30 年河东”。世界金融危机标志着新自由主义行将终结，用什么来替代？自由市场经济仍然具有活力，不会消失。可能是新凯恩斯主义或者其他什么主义。要加强对国际思潮的研究，尤其是动态的研究。要倾听国际左翼的声音，了解他们的诉求。左翼反对新自由主义立场坚决，他们提出的要西方国家维护基层民众特别是劳工大众利益的诉求是合理的。从现实情况出发，我们还要密切关注世界政党格局的变化。

对西方“全球治理”观念的置疑性解读

“全球治理”概念及思路提出于冷战结束时的那个大转折年代。1990 年，社会党国际前主席、国际发展委员会主席勃兰特在德国的柯尼希斯温特召集了一次会议。参加会议的有帕尔梅（裁军与安全委员会主席）、布伦特兰（环境与发展委员会主席）、尼雷尔（南方委员会主席）和卡尔松（瑞典前首相）等人。会议讨论了冷战结束后世界未来发展的前景。1991 年，又在瑞典召开了续会，发表了一份“关于全球安全与管理的斯德哥尔摩倡议”。在这两次会议的基础上，于 1992 年由 28 位国际知名人士发起成立了“全球治理委员会”（Commission on Global Governance）。由卡尔松和兰法尔（圭亚那）任主席。在 1995 年联合国成立 50 周年之际，发表了“全球治理委员会”的报告《天涯成比邻》（Our Global Neighborhood），阐明了“全球治理”的概念和价值以及“全球治理”同全球安全、经济全球化、改革联合国和加强全世界法治的关系。实际上，“全球治理委员会”除 1999 年再次发表一份报告外并无多大作为。

这样，“全球治理”理论的确立和讨论，主要交给了西方的政治学家和社会学家。他们对“全球治理”的价值、规则、主体、对象和可能带来的结果作了进一步的阐述，并且涉及全球化、国际秩序、建构主义、公民社会、国家地位与主权、国际干预、国际组织、非政府组织、跨国公司等广泛议题。

克林顿、布莱尔提出“第三条道路”后，将其同“全球治理”接轨。他们把“全球治理”作为主张“第三条道路”政党的国际战略，其目标是“运用人权武器使全球问题和与此相关联的国内问题得到治理和解决”。

一、经济全球化与全球治理

尽管西方学者对“全球治理”的论述存在诸多分歧意见，但有一点是共同的，就是全球化是提出“全球治理”的出发点和依据，“全球治理”是全球化的必然要求。全球化是一个众说纷纭的议题。但“全球治理”的主张者既然把全球化说成是“全球治理”的原动力，就必然会把全球化说得威力无穷，十分美妙。

他们的主要观点是：经济全球化可以分解为资本全球化、产品全球化和网络全球化。产品、资本和通讯在全球范围的自由流动形成全球市场。全球市场是与传统的国家领土观念相冲突的，于是要求冲破领土的束缚。结论是：一个世界性的全球市场，要求一个世界性的管理和协调机构。这里的“世界性管理和协调机构”首先是指跨国公司，其次是各种国际组织。因此，经济全球化是全球市场的形成和跨国公司、国际组织作用的增大。当国家的领土疆界与资本的全球要求相矛盾时，跨国公司和其他跨国组织就要设法使国家的领土要求从属于资本扩张的要求。于是，一种新型的国际公共事务管理的模式出现了，这就是西方理念的“全球治理”。在这个“没有国界的世界”，人们效忠于跨国公司往往要甚于效忠于国家和民族。他们第二个重要观点是：全球化已经超越了经济范畴，发展到社会各个领域。在经济全球化的基础上，发展政治全球化（即形成全球共同利益和全球共同价值观）和文化全球化。

这样，就需要回答第一个问题：“是这样吗？”

经济全球化在近十年来迅速发展，为全球经济带来长期增长。这是不争的事实。但是近年来我们正在学会全面观察和分析全球化，有以下几个观点：

1. 经济全球化的负面影响日益显露，特别是全球及国家间的贫富差距不断扩大，即使在西方发达国家也不例外。

2. 经济全球化的发展没有如20世纪90年代初期一些预言家所估测的那么乐观。经济全球化是一个复杂曲折的漫长过程。

3. 地区经济集团化不能看作是经济全球化的典范。它对经济全球化的作用有两面性，既有积极的一面又有消极的一面。

4. 近年来贸易保护主义重新抬头，同经济全球化逆向而动。

5. 跨国公司也有两面性。不能把跨国公司的发展看作是经济全球化的主导力量。如果这样，那么经济全球化就完全是全球资本主义化了。

6. 政治全球化和文化全球化是不现实的，也是不可能有的。经济全球化会对国际关系和世界文化发展产生影响,但不能统统戴上“全球化”的帽子。

以上六点说明，经济全球化并没有给西方理念的“全球治理”带来冲动和动力。由此，建立“全球公民社会”也是不可能做到的。

二、有“全球共同价值观”吗?

西方“全球治理”主张者认为，如果说全球化是“全球治理”的动力，那“全球共同价值观”就是“全球治理”的基石和理论基础。他们认为，在治理系统中，世界观和价值观是最重要的“建构力量”，如果没有公认的共同价值观作标准和约束，就很难建立有效的“全球治理”的方式。这似乎是显而易见的推论，但有“全球共同价值观”吗？西方“全球治理”主张者认为：有的，这就是自由、平等、民主、公平和正义的价值。

自由、民主、人权固然是人类文明的共同财富，但社会制度、发展水平不同的国家和民族，价值标准各不相同。从西方“全球治理”主张者对人权、民主、自由的论述来看，则完全是西方标准。这就是说：“全球治理”的论述者要把西方式的民主、自由和人权价值观作为“全球共同价值观”。

于是，就产生了第二个疑问：“行得通吗？”就是说，把西方价值观推广到全球行得通吗?

关于人权、民主与自由，又是一个国内外学者很有争议的题目。避开这些理论性争论，就现实国际政治而言，有两点是必须明确的。这两点就是：“要人权，但不要‘人权国际干预’”；“要民主，但不要美式‘全球民主化’”。

第一条是“要人权，但不要‘人权国际干预’”。西方“全球治理”主张者提出，人权全球化的规范正在穿透国界，重塑传统的主权概念，这种规范正在使制止严重侵犯人权的国际干预具有合法性。也就是说，“人权国际干预”是“全球治理”的重要内容。这同中国对外政策基本原则是相矛盾的。中国主张发展人权，也可就人权问题同西方国家进行对话。但在国际事务中绝对不能以人权为借口干涉别国内政，别国也不能以人权为借口干涉中国内政。中国一直坚守这条原则。不干涉别国内政也是《联合国宪章》规定的一条重要原则。

第二条是“要民主，但不要美式‘全球民主化’”。西方“全球治理”主张者所论述的民主价值观，实际上出于西方国际政治学者的“民主和平论”。这种论点认为，民主国家的战争倾向性明显弱于非民主国家，随着民主国家的增多，战争也会相应减少。这种在西方大行其道和在中国学界也有影响的论点，歪曲战争发生的根源，实质上为霸权主义用武力干涉别国内政和发动战争开脱和寻找“理论根据”。美国发起的“全球民主化第二波”对世界和平及地区稳定造成危害已是明显的事实。这也是需要高度警惕的。

三、国家主权可以弱化和出让吗?

西方“全球治理”主张者提出，全球化对民族国家主权提出了严重的挑战。这种挑战主要来自两个方面。首先是对最能体现主权的国家政治经济制度提出挑战。“全球治理”提出者的论据是，全球性经济活动要求有关民族国家有一个相应的政治环境，但各国政治经济体制千差万别，难以适应外来资本对制度的要求，这就要求民族国家的原有政治经济制度发生变化，以适应跨国投资的国际资本的需要。其次是要使民族国家国内问题国际化。他们认为，全球性问题仅靠民族国家的主权政府很难有效解决，这就需要国际合作，而这种国际合作会削弱传统的国家主权。

这里，就出现了第三个疑问：“对谁有利？”

西方“全球治理”支持者主张弱化和出让主权，即改变有关国家（主要是社会主义国家和广大第三世界国家）现行的政治经济制度，以适应全球性经济活动需要。各国的确需要对不适应经济全球化的体制进行不断改革，但这种改革首先是一个国家内部经济发展的需要，并根据本国实际情况来进行，而并不是要完全按照西方政治经济体制模式演变，更不需要以削弱和出让主权为前提和代价。国际合作应以平等互利为前提。如果国际合作要以削弱国家主权为条件，那这种国际合作必然会有利于西方国家、跨国公司和以西方为主导的国际资本。

四、是“新乌托邦”还是“现实政治”？

原本“全球治理”主张者出于在历史转折关头对人类前途的关心，为了给世界提供更和平、更公正的远景，提出了一系列有利于和平与发展的倡议。但是这些倡议被西方学者涂上了浓厚的西方意识形态的色彩。有的倡议和理论虽好，但离现实政治相去甚远。有的西方学者已经指出“全球治理”理论太庞杂，几乎无所不包，是“现代乌托邦”。

“全球治理”论述者观点各异。少数西方学者提出建立“世界政府”，或者将联合国重组成“世界政府”的建议。这是完全不现实的，遭到多数学者的反对。

西方学者认为，构建“全球治理”需要 5 个要素，即政府、跨国公司、各种各样国际组织、各种各样非政府组织（NGO）和网络。但在对待民族国家的作用上又分为两种意见。一种意见认为，民族国家仍会起核心作用，虽然这种作用在不断削弱。而主流派的意见是，不能把民族国家的作用看做是第一位的，我们正处在“以边界迁移、权威重构、民族国家衰落和非政府组织（NGO）在地区、国家、国际和全球等诸层次上的激增为特征和标志的时代”。

跨国公司、国际组织、非政府组织和网络对国际事务起着一定的影响是大家公认的事实。问题在于，上述 4 个因素的作用能替代或部分替代民族国家（或政府）的作用吗？这符合“现实政治”的实际状况吗？看一看这 4 个因素的实际情况。跨国公司是各种各样的，世界上还没有一个一统天下的跨国公司。各个跨国公司毫无例外地以“利益最大化”为自己的目标，它们之间的明争暗斗层出不穷。它们自己都没有治理顺了，怎能主导“全球治理”。国际组织，如世界银行、世界贸易组织和国际货币基金组织，是不公正和不均衡的国际经济旧秩序的产物，虽然发展中国家在其中的力量和声音在不断增强，但毕竟是以发达国家为主导的。网络只能视作一种通讯工具，背后代表着各种不同的看法和利益，是无法整合的。这样，这 4 种因素加在一起也是无法发挥“治理”作用的。有位西方学者指出，如果把这几种无法统合的力量加在一起来“治理”全球的话，那一定会出现无政府状态。

五、“和”与“治”的不同哲学思想背景

从世界角度来看，从国际关系和国家之间关系来看，“和”与“治”反映了不同的哲学思想。世界很混乱，问题很多，怎么办？西方哲学说要“治”，而东方哲学提出要“和”。

“治”，就产生“谁来治”的问题。说可以有“共同责任”“共同治理”。那都是空话，落不到实处。“治”还有个“怎样治理”的问题。说可以有一个“国际规制”。但这个“国际规制”由谁制定？又代表谁的利益？空论容易，一讲到实处就犯难了。

“和”却不同。“和”是平等参与，相互协商，没有“谁治理谁”的问题，也没有主体客体之分，大小、强弱都一律平等，体现了国际政治民主化。

“和而不同”，承认并尊重世界的多样性和多元化，承认并尊重政治制度和经济体制的多样性，承认并尊重文化和价值取向的多样性。在承认多样性的基础上，平等对话，相互协商，互相借鉴，取长补短。

在国际关系领域里，把“和”的内容扩展开来，就会有以下几个重点：

1. 在国际格局向多极化发展的前提下，实现和谐共处。

2. 在世界经济全球化发展的前提下，以平等互利共赢为指导，谋求全球经济的和谐发展。

3. 在尊重文明多样性的前提下，实现不同文明的和谐进步。

六、为完善全球治理贡献中国智慧

西方的“全球治理”观念是从西方价值观出发的，我们需要“扬弃”。中国是现行国际体系的参与者、建设者、贡献者，是国际合作的倡导者和国际多边主义的积极参与者。推动全球治理朝着更加公正合理方向发展，符合世界各国普遍需求。

习近平总书记在中共十九大报告中指出：“中国秉持共商共建共享的全球治理观，倡导国际关系民主化，坚持国家不分大小、强弱、贫富一律平等，支持联合国发挥积极作用，支持扩大发展中国家在国际事务中的代表性和发言权。中国将继续发挥负责任大国作用，积极参与全球治理体系改革和建设，不断贡献中国智慧和力量。”

习近平总书记深刻的论述，为推进全球治理变革指明了方向。

“发展模式”多样化和“中国模式”的讨论

近年来，“发展模式”和“中国模式”成为全球热议的课题之一。讨论“发展模式”问题，需要有世界眼光，就是联系国际形势的变化，从当前国际形势特点出发，结合历史与现实，得出如实的结论。

世界已进入新世纪第二个十年。综观当前国际形势，可以概括为以“三大三化一深”。“三大”即大发展、大变革、大调整。“三化”就是国际格局多极化、世界经济全球化和世界文化和发展模式的多样化。“一深”就是国际权力结构深化发展。

如果能以国际政治全局发展为基准，讨论和探索世界“发展模式”的历史与现状及是否存在“中国模式”的问题，就可以得出符合实际的准确的认识。

一、苏美欧“模式”的变迁历程

（一）苏联模式的失败。

世界上第一个社会主义国家的出现，打破了百年来西方资本主义发展模式的一统天下。但是随着20年前苏联的解体，苏联模式也就宣告失败了。从历史唯物主义的观点看，社会主义制度的苏联模式曾经有过辉煌。二战前，苏联集中力量发展工业，打下了卫国战争胜利的坚实基础，成为反法西斯战争的主力，为人类作出巨大贡献。二战后，依靠自己的力量，建成世界上经济第二强国，科技和教育发展水平列入世界最先进行列。苏联的成就，使当时社会主义在全世界享有很高的威望。然而苏联在达到成就的顶峰之后，迅速走向衰落，最后导致解体。这其中有着十分复杂的内外原因，但内因是主导的，主要有以下几条：

1. 高度集中僵化的计划经济体制严重阻碍了生产力的发展。

2.“两个平行市场”的理论脱离世界经济与科技发展的潮流。

3. 经济建设没有搞好，经济片面发展，经济效益下降，社会危机因素增加。

4. 实行大俄罗斯主义，民族问题日益严重。

5. 对外实行大国沙文主义和霸权主义。

除上述原因外，同时也要认识到，苏联模式的失败并不等于社会主义制度的失败。因为苏联模式的中晚期是对社会主义制度的异化与歪曲。中国改革开放30多年取得的成就，是社会主义生命力的表现。

（二）“华盛顿共识”受到质疑。

“华盛顿共识”是美国向全世界推广“新自由主义”美国模式的代名词。“新自由主义”有四面旗帜，即私有化、自由化、市场化、金融化。这也就是现代美国模式的核心价值观。产生于20世纪70年代中期的“新自由主义”是对“凯恩斯主义”的否定。“新自由主义”前10年推动经济自由竞争、推动并实施私有化和市场化，促进了生产力的发展和科技发展，也给美国带来了10年繁荣。随后的10年，美国将“新自由主义”向世界推广，使之被普遍认为是最好的发展模式。但事实上，起源于向拉美推广“新自由主义”发展模式的“华盛顿共识”，使拉美一些国家濒临破产。美国为推广“新自由主义”发展模式，无所不用其极，包括发动战争，颠覆合法政府，以“人权高于主权”的理论，粗暴干涉别国内政。美国在全世界推广“民主化第二波”，把伊拉克作为在中东推广民主的样板，在一些国家搞“颜色革命”，千方百计要将“新自由主义”思想渗透到中国和俄罗斯。并且“华盛顿共识”也蔓延至美国的传统盟友西欧国家。克林顿、布莱尔倡导的所谓“第三条道路”，实质上是要把欧洲传统的社会民主主义同“新自由主义”结合起来，并以“新自由主义”为主导。欧洲近年来的政治生态变化说明，这条道路走不通。“华盛顿共识”在源于美国的全球金融危机蔓延的情势下遭到广泛质疑是理所当然的。人们再一次认识到，不能把一国的发展模式推广为世界各国的唯一繁荣之路。同时也要看到，包括“新自由主义”的美国模式在内的资本主义发展模式仍然具有自我调节和修复的能力。因此，“新自由主义”的美国模式只是被质疑，而不是终结。虽然美国模式打上了“新自由主义”烙印，但美国模式事实上是一个更为广泛的概念和实践，其固有的科技和制度创新，灵活应变能力和实用主义精神依然未变。

（三）欧洲模式在困境中寻求出路。

欧洲模式又称莱茵模式，是同美国模式并列的两大资本主义发展模式。两者有共同价值观，但各有特色。欧洲既是资本主义发祥地，又是社会主义发祥地。因此，欧洲模式以资本主义为基础，包含社会主义因素。欧洲模式奉行社会市场经济，是自由主义、民主社会主义、天主教和基督教伦理的混合。以自由竞争为基础，同时平衡竞争与垄断；以凯恩斯的政府适度调节为基础，平衡效率与公平的关系；以社会稳定原则为基础，调节经济发展与社会福利的关系。20 世纪 50 年代至 70 年代，战后西欧国家以凯恩斯的国家干预理论和宏观经济调控为主导，赢得了经济的繁荣发展。20 世纪 90 年代之后，受到美国“新自由主义”思潮的干预，欧洲模式受到私有化和市场自由化的影响。同时，欧洲模式又受到经济全球化的压力和新科技革命的冲击，欧洲国家财政困难，社会公共开支增长超过经济发展的速度，产品价格缺乏国际竞争力，经济发展面临重重困难。2008 年之后，美国次贷危机迅速蔓延到欧洲，使虚拟资本规模不断扩大和日益国际化的欧洲金融业陷入危机。国际金融危机对欧洲的打击甚至超过美国，这也暴露了欧洲模式的弱点。但欧洲模式的社会公正、社会福利、经济与生态平衡发展的理念与基础并未消失。欧洲模式正在困境中寻求出路。为了应对危机和探索可持续发展，欧洲国家提出了以 21 世纪经济和社会变革为方向的“新欧洲模式”，或称“欧洲模式现代化”。

二、新兴大国群体性崛起形成发展模式多样化

新兴大国群体性崛起是我们时代最重大的历史事件。新兴大国的崛起，

正在由新兴经济力量演化为经济、政治综合力量而登上现代国际政治舞台，正在冲击现有的国际权力结构和经济秩序，并改变世界的“西方中心主义”，由“西方中心”向“西方—新兴中心”转移。

新兴大国群体性崛起，使世界发展模式呈现多样化，有以下几个基本特征。

第一，“模式”概念的演化。“模式”一词有多种含义和不同的解读。但一般的理解是，“模式”是一种经过历史长期检验的、独特的，以及可以推广和可以模仿的成功经验。“模式”这个词来源于手工业器皿制造的一种模具，不能“复制”即不能成为“模式”。反之亦然。

历史地看，最乐于宣扬自己“模式”并推广于世的现代国家，是苏联和美国。苏联把高度集中的计划经济，当成“社会主义样板”，形成“苏联模式”，强迫“兄弟党”“兄弟国家”接受。谁不接受就是“离经叛道”，就要“革出教门”。中国、南斯拉夫和东欧国家都是典型例证。最后苏联解体，“苏联模式”破灭。美国则以“新自由主义”为旗号，漠视文化和发展道路的多样性，以美国的硬、软实力为后盾，在世界推广“美国模式”，形成所谓的“华盛顿共识”。美国次贷危机导致全球金融危机后，“华盛顿共识”遭到置疑。欧洲模式也意欲向外推广，但不具有美国的强势，非其不为，实力不足。

由于新兴大国不愿意接受外来强制性的发展模式，坚持走结合本国特色的发展道路。由此，新兴大国的发展模式具有内向性，即不主动向外推广自己的发展模式。这种模式准确地说可以称作“发展道路”。印度模式、巴西模式、韩国模式、南非模式，也可以称为“印度道路”“巴西道路”……理解“中国模式”也可以此为基准。各有特色才形成模式的多样性。

第二，新兴大国模式的普遍性与特殊性。普遍性在于新兴大国的发展都是以市场经济为主导的“混合经济”。特殊性在于新兴大国之间的历史、社会与经济发展水平、文化传统、宗教影响各不相同。虽然有相似的历史与现实境遇及共同发展经济的需求，但发展路径各不相同。中国走的是中国特色的社会主义市场经济的道路；印度、巴西等新兴大国选择了既非传统西方资本主义亦非社会主义的道路；俄罗斯则是转型国家，走了自己的强国之路。

新兴大国特别是中国、巴西、印度、俄罗斯和南非“金砖五国”正在加强经济合作，也在探索发展模式方面交流彼此经验。新兴大国就发展模式正在形成一个共同的认识，就是相互交流发展战略思考和共享发展的经验与教训，而不把自己的模式强加或推广给别的国家。这种认识可能成为世界经济发展模式的一个定律。

第三，新兴大国的发展模式在探索之中。新兴大国的崛起，得益于经济全球化的迅速发展，以及采取应对全球化的正确措施。但经济全球化是双刃剑，对新兴大国有颇多负面影响。在经济全球化过程中，西方发达国家凭借经济与技术优势，损害新兴大国和其他发展中国家的利益，并企图控制这些国家的经济主权。新兴大国存在着经济转型及可持续发展问题，还有转型时期社会稳定的问题。因此,包括中国在内的新兴大国并没有定型的模式可言。

三、以“中国道路”“中国经验”替代“中国模式”

“中国模式”的提出已有好几年，发生国际金融危机以来对“中国模式”的议论更加热烈。但究竟什么是“中国模式”，宣扬“中国模式”有什么好处和坏处，仍不太清楚。问题在于，对“中国模式”如何界定与定位，能否有一个科学的准确的分析。因此不宜宣扬“中国模式”，更不宜宣扬有特定含义的“北京共识”。

“中国模式”也可以理解为“中国特色社会主义道路”，对“中国特色社会主义”也在实践与探索之中。从深层次思考出发，应清醒认识到，中国仍长期处于社会主义初级阶段，仍在摸着石头过河，仍要十分谦虚地学习别人的好的经验。中国是一个“学习国家”，就市场经济和社会发展而言，也在不断探索中。因而，现在就对中国经验提出具有完整系统的科学总结和理论，并提升为“中国模式”，为时尚早。

在论证和宣扬“中国模式”的一系列文章中，普遍突出了两点。首先是中国的发展速度世界第一。10 年来乃至 40 年来持续的高速发展创造了“世界奇迹”，对世界经济作出了贡献，也改变了世界经济格局。其次是把社会主义同市场经济结合起来并取得成功为世界唯一。

仔细推究起来，中国作为世界上最大的社会主义发展中国家，其发展本身，就是对世界的贡献。但是“贡献”和“模式”是两个不同的概念。

习近平总书记在中国共产党与世界政党高层对话会上的主旨讲话中提出：“我们也要通过推动中国发展给世界创造更多机遇，通过深化自身实践探索人类社会发展规律并同世界各国分享。我们不‘输入’外国模式，也不‘输出’中国模式，不会要求别国‘复制’中国的做法。”

中国的发展奇迹令世界震惊。但一种“模式”是由综合因素合成的，并非仅是经济总量的发展。而且，在中国经济快速发展中还存在不少负面问题，如经济转型有待时日，经济社会发展不平衡，贫富差距扩大，社会保障体制刚刚起步，市场经济还在摸索阶段，贪污腐败严重，等等。

近年来有一种“模式之争”。这是西方国家挑起来的，目的是歪曲、贬低和阻挠中国的发展。我们在选择我国定位性和战略性用词上要特别慎重。

就理论和制度而言，中国特色社会主义道路无疑是正确的，但尚在摸索之中。社会主义制度在创新发展过程中，资本主义发展模式也在不断探索中。两种社会制度是可以相互借鉴的，并非绝对对立。由于市场经济有共通性，两种社会制度在各自坚持核心价值观的前提下，可以相互学习。

“模式”比较与“中国模式”辨析

一、对“中国模式”要有界定和定位

有没有“中国模式”，是否要宣扬“中国模式”，是目前学术界讨论的一个问题。我认为，对“中国模式”既可以说有，也可以说没有。问题在于，对“中国模式”如何界定与定位，能否有一个科学的准确的分析。

“模式”一词有多种含义和不同的解读。但一般的理解是，“模式”是一种经过长期历史检验的、独特的，以及可以推广和可以模仿的成功经验。不能“复制”即不能成为“模式”。反之亦然。“模式”应具有普遍性、国际性和世界性。“模式”不等同于“发展道路”和“发展经验”，而应是一种成功“经验”的总结和升华以及作出理论上的归纳。“模式”可以作广义和狭义来理解。现在更多倾向于将“模式”狭义化，即有别于别种“经验”和“案例”即可称为“模式”，已经失去了“模式”原来的本意。地方的“发展经验”也可称为“模式”，如“浙江模式”“苏南模式”等。从这个意义上讲，“中国模式”已经存在。但是当“模式”冠以国名时，要特别谨慎。因为有历史教训，一说“中国模式”往往会使人联想“苏联模式”和“华盛顿共识”，往往认为中国要把自己的一套推广于世，同现有“模式”进行竞争，产生不必要的误解。

从历史上看，最愿意宣扬自己“模式”并推广于世的，是苏联和美国，但都没有取得好的结果。冷战时期，同美苏争霸世界相适应，主要是西方的“资本主义模式”和苏联的“社会主义模式”。但两种“模式”之下也有国别的“模式”。苏联把高度集中的政治体制和计划经济，作为“社会主义样板”，形成“苏联模式”，强迫“兄弟党”“兄弟国家”接受。谁不接受就是“离经叛道”，就要“革出教门”。中国、南斯拉夫和东欧国家都是吃了苦头的。最后苏联解体，“苏联模式”破灭。美国以“新自由主义”为旗号，漠视文化和发展道路的多样性，以美国的硬软实力为后盾，在世界推广“美国模式”，形成所谓的“华盛顿共识”。源于美国“新自由主义”的金融危机的发生，“华盛顿共识”被质疑。但不能得出现在有人提出的这样的结论：“苏联模式”失败了，“美国模式”失灵了，现在是把“中国模式”推广于发展中国家乃至全世界的时候了。

二、发展模式的多样化是当前世界的一个重要特点

谈论“模式”时，应有世界眼光。以全球视角来看，应注意到经济全球化和文化多样性的时代特点。经济全球化使各国经济相互依存性增加，各国发展道路也随之有一定的共同性。而文化多样性形成世界各国“发展模式多样性”。如果把“模式”理解为本国独特道路的话，各国有各国互不相同的发展模式。除“美国模式”“欧洲模式”外，还有“日本模式”“中国模式”“印度模式”“俄罗斯模式”“巴西模式”“韩国模式”“南非模式”等。除美国和作为整体的欧洲外，很少有人把自己国家发展道路说成是“模式”和“共识”，更没有一种“模式”可以享有“唯我独尊”的地位。

在分析发达资本主义发展案例时，为了相比较和相区别，中外学者都普遍使用“美国自由市场经济模式”和“欧洲社会市场经济模式”等用语。对东亚的迅速发展，也使用过“东亚模式”，但很少使用以一个国家冠名的“模式”，如：“德国模式”“法国模式”或“日本模式”等。新兴大国也很少宣扬自己国家的“模式”，如“印度模式”或“巴西模式”。在此种情况下，如果我们一味宣扬“中国模式”，只会引起别的国家的反感，孤立我们自己。我们更不要被某些学者言论所误导，以为全世界都在赞美“中国模式”。

各国发展模式都有长处和短处。对“模式”，我们要采取一分为二的分析方法，不能绝对肯定和绝对否定。各国“模式”可以相互学习和相互借鉴，而不能强行推广。在同外国朋友谈论“中国模式”，要谦虚谨慎，贯彻中国

是一个“学习国家”的思想。新闻媒体在报道和评论“中国模式”时，要客观反映各方不同看法，不以个人好恶而取舍，避免授人以柄。“中国模式”也可以理解为“中国特色社会主义道路”。我们对“中国特色社会主义”也在实践与探索之中。

三、“美国模式”不等于新自由主义模式

国际金融危机起源于金融帝国美国，风行30年的“新自由主义”受到广泛质疑，美国衰落论和资本主义制度走向失败论也随之而起。有人甚至把金融危机比附为20世纪80年代末90年代初的苏联解体。那时苏联失败了，现在美国失败了。这场金融危机根子在“新自由主义”是没有错的，危机充分暴露了“新自由主义”的金融资本主义的贪婪性、投机性和腐朽性。“美国模式”确实打上了“新自由主义”的烙印。但“美国模式”是一个更为广泛的概念和实践。“美国模式”中固有的科技和制度创新，灵活应变能力和实用主义精神依然未变。美国依然占据着高科技的制高点，美国的“金融创新”也不能完全被否定。“美国模式”是最现代化的资本主义发展模式，依然具有活力。危机之后，经过“扬弃”，将会进一步发展。

四、“欧洲模式”的若干特征

同“美国模式”并列，“欧洲模式”是当今世界最重要的发展模式。“欧洲模式”也可称为“社会市场经济模式”或“莱茵模式”。“欧洲模式”之下也有国别的发展模式，如“瑞典模式”。但具有共同的若干特征。

（一）以民主自由平等人权为核心的多元价值观。同时，欧洲也是马克思主义和科学社会主义以及社会民主主义的发祥地。

（二）以左右两翼为主轴的多党民主选举的议会制。政党纲领和组织系统有长期的历史传统而比较完备。形成一种既竞争又合作的政党关系和政党格局。一个政党在大选中落选后当然成为积极的建设性的在野党，对执政党

采取有选择的赞成或反对的态度。

（三）实行社会市场经济。市场经济也是法制经济，有比较完备的经济法律体系，依法办事，执法为严。讲究效率与公平的平衡，竞争与垄断的平衡。强调经济与社会的协调，经济与生态的协调。税收成为调节的杠杆，避免贫富差距恶性发展。

（四）比较完备的社会福利保障制度。特别是涉及医疗、失业和养老的社会保障。社保体制成为社会稳定的一种保证。

（五）不断协调的政府、企业、社会三者关系。明确政府、企业和社会的互有联系又各不相同的责任。20 多年来，社会组织和 NGO 发展很快，虽然鱼龙混杂，但对推动社会进步是有好处的。

（六）比较完善的现代企业制度。早已完成了从“家族企业”到“现代企业”的过度。现代化大企业成为“混合经济”和“混合所有制”的基础。科学的企业管理和企业文化有利于调节劳资关系，改善生产关系。

（七）政府作用和市场运作相结合的教育与文化体制。重视职业教育和职业培训。进行市场运作，但不搞完全市场化。

（八）国际政策是“模式”的延伸。欧洲奉行“均衡战略”，实行国际团结，同情第三世界。在热点问题上，充当“调解人”角色。

“欧洲模式”已经老了，存在许多难解的问题。主要有：1. 不能很快适应经济全球化的发展；2. 福利过分，政府负担过重；3. 变革与创新动力不足；4. 受“新自由主义”思潮影响；5. 存在“欧洲中心主义”残余思想。

五、“模式之争”和发展模式多样化

文化多样化形成世界发展模式多样化，而世界大变革，特别是新兴大国群体性崛起使发展模式多样化带有许多新的特点。发展模式多样化的新发展是当前世界的一个重要特点。

国际金融危机暴露了“美国模式”和“欧洲模式”的弱点和负面影响。但“美国模式”不等于“新自由主义”模式，“美国模式”中固有的科技和制度创新，灵活应变能力和实用主义精神依然未变。“欧洲模式”也不是“没落贵族”，它的社会市场经济，比较完备的社会福利保障制度和比较完善的现代企业制度仍发挥着积极作用。危机之后，这两种发展模式，经过“扬弃”和“修复”将会有新的发展。欧洲一些国家已提出“新资本主义”发展模式。

六、在选择定位性用词上要特别慎重

现在宣扬“中国模式”会产生一些负面影响。首先是增加国外对我的疑虑。其次是增加我们对经济发展的浮躁情绪，继续崇拜 GDP 主义。第三是不能正视和反思我国经济和社会发展中存在的严重矛盾和问题。近年来有一种“模式之争”。这是西方国家挑起来的，目的是歪曲、贬低和阻挠中国的发展。以此为借口，推行“人权外交”，强化意识形态在对外关系中的作用。但实际上，这是做不到的，国家关系始终是以国家民族利益为第一位的。但我们如果过多过早宣扬“中国模式”，会给西方某些政界人士和学者以借口。

“北京共识”更是要不得的。“北京共识”翻版于“华盛顿共识”。所谓“共识”，就是将自己的发展“模式”和价值观推广到全世界。美国这样做了，我们千万不要去步美国的后尘。宣扬“北京共识”只会孤立我们自己。“北京共识”是美国人提出来的，如同美国人提出的 G2 和“中美国”一样，是一个战略陷阱。

中国作为社会主义大国的迅速发展，必然引起世人惊叹，同时也必然会使别的国家产生种种疑虑。这是不足为奇的。在这样的情势下，我们要避免锋芒毕露，长期坚持韬光养晦的战略思想。

我们在选择我国定位性和战略性用词上要特别慎重。近几年弄得沸沸扬扬的“中国崛起”的提法，也有效果和影响的问题。后来以“实现中华民族伟大复兴”替代“中国崛起”，获得了很好的反响。因此建议，现在不宜宣扬“中国模式”，以“中国道路”“中国经验”代之。

“世界主义”是“颜色革命”的一种思想源流

近年来，在学术界的一定范围内，存在对“世界主义”的讨论，赞成者有，反对者也有。作为学术问题讨论，各说各的，见仁见智，无可非议，并且有活跃思想的好处。但是不能把“世界主义”扣在我国的独立自主对外政策头上，更不能把我国领导人的国际新战略说成是“具有世界主义情怀”和“世界主义思想”。

“世界主义”是西方在国际政治学上的一种学术思想，同西方的“自由、民主、平等”价值观联系在一起的，而同我国的“和平共处”“和谐世界”“利益共同体”“命运共同体”并不是一回事。在意识领域里，我们应该分清是非。

“世界主义”有一个发展的过程。“世界主义”起源于古希腊的斯多葛派（斯多葛，希腊文 Stoikoi，意为“柱廊”），主张以世界理性为主宰的世界一体化，认为既然人类是一个整体，就应该只有一个国家，即世界国家。斯多葛学派复杂多变，前期有唯物主义倾向，后期为唯心主义，宣扬宗教神秘主义和宿命论，即所谓“新斯多葛主义”。它在当时的帝王、大臣等奴隶主上层人物中有相当影响。恩格斯在《路德维希·费尔巴赫和德国古典哲学的终结》一文中批判说：罗马帝国“企图清楚地表现了一种世界宗教来充当世界帝国的需要。但是一种新的世界宗教是不能这样用皇帝的敕令创造出来的。新的世界宗教，即基督教，已经从普遍化了的东方神学和庸俗化了的希腊哲学，特别是斯多葛派哲学的混合中悄悄地产生了”。

恩格斯的批判说明，“世界主义”老祖宗斯多葛派一开始就“充当世界帝国的需要”。

近代“世界主义”者康德为他们的旗帜。康德确实提出过“永久和平”及“世界联盟”的主张。但康德同斯多葛派是有区别的，康德的“世界联盟”并非斯多葛派的“世界国家”。康德是德国古典唯心主义哲学的创始人，他的哲学思维具有辩证法因素。但康德是矛盾的，康德的哲学思想企图调和唯物主义和唯心主义。他的“自在之物不可知”论给宗教信仰留下地盘。但他主张自由、平等、共和，反对贵族世袭制度，同情法国革命。康德在社会政治学说中提出“公民自由”“永久和平”“世界联盟”等主张，但同时，他又认为所有这些都是不能达到的。康德只是以此表达“善良意志”而已。因此，不能把康德视作为“世界主义”者。

19 世纪末 20 世纪初，资本主义进入帝国主义（或称“垄断资本主义”）阶段。侵略和掠夺殖民地和半殖民地、附属国成为帝国主义特征之一。此时兴起的“世界主义”，成为西方发达国家对广大殖民地进行侵略扩张的思想工具。

第二次世界大战结束之后的冷战初期，“世界主义”成为西方反对世界大规模民族解放和民族独立运动的工具，也成为在意识形态上反对共产党领导的社会主义国家的工具（作为无产阶级国际主义的对立物）。在 20 世纪五六十年代，许多殖民地国家纷纷独立，“世界主义”也就消沉下去了。

最近十多年来，有些西方学者，也有我国学者，依据国际形势发生的巨大变化，试图重新评估“世界主义”，把“世界主义”混同于“世界大同”“全球治理”和“全球化”加以推崇。我们从中看到了“世界主义”复活的影子。

“世界主义”的核心思想是，超越民族国家边界，放弃国家主权，组成所谓“世界政府”。

有的学者在论述经济全球化时，想方设法把全球化往“世界主义”方向拉。宣扬全球化带来“人类利益高于国家和民族利益”“人权高于主权”“国家主权已经过时”“全球化为世界政府奠定了深厚的现实基础”“一切都要服从于全球的世界政府的主权”“超越国家和民族的普世价值奠定了全人类趋向一体化的‘世界社会’和‘世界模式’的现实基础”，主张“没有政府治理的全球共治”。我们可以从上述言论中领悟什么呢？就是古希腊和近代“世界主义”的现代翻版。

几十年来国际现实说明，“全球化”是一把双刃剑，既促进了世界经济的发展，也带来了更多的风险与挑战。

“全球化”，从准确含义来说，是“世界经济全球化”。当然，“经济全球化”也会对世界政治和文化带来影响，但绝对不会带来“政治全球化”和“文化全球化”。欧洲委员会里斯本小组在20世纪90年代的一份关于研究全球化的报告中指出，全球化并不意味着世界“在政治上已经实现了统一”“经济上已经完成了一体化”“文化上已经实现了同质化”，全球化其实是一个“十分矛盾的过程”，并且有“多种多样的结果”。

美国在世界经济全球化和国际格局多极化的国际形势下，实力相对削弱，推行“新霸权主义”战略，主要有两个方面：第一，经济上推行“新自由主义”，第二，政治上对发展中国家、转型国家和社会主义国家推行以“人权高于主权”为旗帜的“颜色革命”。无论是“新自由主义”还是“颜色革命”，追根溯源，根子都在西方核心价值观的“世界主义”。

我国奉行“和平共处五项原则”，其第一项就是相互尊重国家主权和领土完整。而“世界主义”同“和平共处五项原则”是背道而驰的。

在建设有中国特色社会主义伟大事业和实现中华民族伟大复兴中，我们要始终强调维护国家主权和领土完整，防范“颜色革命”。因此，我们不仅要同“世界主义”等形形色色西方核心价值观划清界限，而且要对这些思想的侵蚀提高警惕。

欧洲经济转型时期的文化冲突

20世纪60年代，西欧经济正处于转型时期，这一次转型带来了一场激烈的文化冲突。1968年发生了形成当时遍及西方发达国家的青年学生运动。这场文化冲突最大的影响是，起因于反对资本主义当时体制，却把资本主义发展推向了一个新的时期。经过对当代资本主义的社会和文化的激烈批判，资本主义在自我调节中，寻求一种新的发展模式，向着一种经济发展同社会公正相平衡和市场机制同个性自由相平衡方向转承。社会和文化变革激发了资本主义经济和社会发展的新活力，使西方国家进入了“后现代社会”的新时期。

这场文化冲突对西方发达国家的政治格局变动、政党力量消长、各种思潮和社会运动的起伏都有着影响。我们今天研究社会民主党、社会党和工党的变革及政策主张、绿党的兴起与发展，研究“西方马克思主义”“生态社会主义”“女权主义”以及反战和平运动和反全球化运动等“新社会运动”，都可以从中找到源头。

被人称为“微型文艺复兴”的这场运动，催生了现代社会新的文化艺术，包括音乐、绘画、戏剧、电影、小说等。这种文艺变革一直延续至今。中国改革开放之后，也引进了这种“后现代主义”的文化艺术。除此之外，这场运动甚至对现代社会的思维方式和社会生活也产生普遍影响。

一、60年代西方处于社会转折时期

20世纪50年代，战后西欧国家经济从战争破坏中恢复过来，国民生产总值普遍达到战前水平。美国由于未在本土作战，战后迎来了空前发展的大好时机。到了60年代，西欧经济在此基础上开始起飞，联邦德国还出现了“经济奇迹”。

60年代西欧经济得以快速发展，其主要因素有以下几个方面：

（一）对自由放任的资本主义经济模式进行反思。古典自由主义的经济发展模式，导致了1929—1933年席卷整个资本主义世界的经济大危机，引发了第二次世界大战。战后西欧国家都面临艰难的经济重建。以摈弃“自由放任主义”为原则的“凯恩斯主义”有了从理论到实践的大好机会。当时西欧各国政府在经济政策上普遍采用以政府干预和宏观调控为主导的“凯恩斯主义”，美国则实施“罗斯福新政”。同时，战后西欧社会主义和社会民主主义思潮也有所发展，在经济政策上也采用某些计划经济和国有化的方针。

（二）对战前民主体制的反思。战前德国的议会民主体制是比较完备的，左翼政党在议会中占很大优势。然而，法西斯玩弄阴谋上台执政，说明了这种民主力量在貌似强大的民主体制下显示的脆弱性。这是一个十分沉痛的历史教训。因此，战后西欧国家普遍致力于建设更加成熟的、力量相互制衡的民主体制，以适应社会市场经济的发展。

（三）科技革命带来经济的突飞猛进。战后，电子信息、原子能、医疗化学、航空航天技术的发展以及新兴产业的兴起，促使产业结构发生变化，资本主义经济获得新的发展活力。

但是经济飞速发展并没有化解社会矛盾，相反还带来了新的问题，自然环境遭到破坏、贫富差距扩大、过分市场化摧毁了人文精神、过分机制化抹煞了创造力、消费主义和文化商品化引起了厌恶和反感，这就使60年代前期西方社会处于转折时期，即从工业社会向发达工业社会转承。

二、反对战争和对“现代病”的批判

20世纪60年代是一个历史上十分特殊的年代。一方面，西方国家经济发展、社会富裕、生活安定、物质丰富；另一方面，却在这样从未有过的和平富裕、社会安定的环境下爆发了席卷整个西方国家的、有千百万人参加的群众运动。这场运动骤起，蔓延之快，范围之大，是当时西欧各国执政者、传统政党甚至运动的领导者所始料不及的。这场风暴有人称为“革命”，有人称为“运动”，也有人称为“虚伪革命”。无论如何称呼，皆是因“生活富裕、精神空虚”而发生。

年轻一代是敏感的，他们首先感觉到了“经济发展同社会发展脱节”“物质生活同精神生活脱节”的“现代病”。先知先觉的年轻知识分子由厌倦、困惑躁动而走向叛逆；在享受经济发展的成果的同时，感受市场化和商品化带来的困惑和压抑；他们不反对制度本身，而要求变革机制，发展从商品化枷锁中解放出来的个性自由；他们反对呆板学校体制，反对权威，他们采用议会外和非暴力斗争方式。

1965 年美国学生发起反对越战运动，声势遍及全国。1966 年西欧国家出现反对越战运动，1967 年在联邦德国达到高潮。西欧学生运动同美国学生运动有所区别。美国学生运动局限于批判学校体制和反对越战，而西欧学生运动已经发展到批判现行资本主义体制。

1968 年 2 月，德国社会主义学生联合会发起并组织反对越南战争国际大会，欧美及一些第三世界国家学生组织应邀出席大会。大会表达了同越南人民团结一致，并就把反对越南战争同反对帝国主义和资本主义联系起来的议题引发了热烈的讨论。同年 4 月，德国学生运动的一位领导人鲁迪・杜切克被右翼暴徒行刺受重伤。德国社会主义学生联合会立即号召把学生运动发展成为广泛的群众运动，并派人到西欧各国去宣讲。不久，在纽约、巴黎、伦敦、多伦多、罗马、米兰、贝尔格莱德和布拉格，都爆发了支持德国学生运动的示威游行，进而形成全球性的抗议浪潮。

法国“五月风暴”是这场学生造反运动的高潮。法国与德国不同，有各种政治色彩的学生组织，思想活跃，辩论激烈，行为也趋向激进。1968 年 5 月 3 日，学生组织领袖们在索邦大学集会。“法国学生全国联盟”号召在 5 月 6 日举行游行，并号召教师罢课。当天在巴黎有 8000 多名学生举行游行，2000 多名学生举行集会，并同警察发生冲突，有 400 多人被捕，700 多人受伤。巴黎还出现第一座与警察对抗的街垒。巴黎的示威迅速扩展到全国各大城市。与此同时，学生组织发行报纸和散发传单，号召工人举行罢工。5月22日，参加罢工人数近1000万人，整个法国迅速陷入瘫痪。戴高乐政府出现危机。但学生运动后期，暴力倾向发展，引起了民众反感。戴高乐对此事件一直在冷静观察。5月30日，戴高乐认为时机已到，在电台发表讲话进行反击。当晚右翼组织30万人游行，拥护戴高乐对学生运动的反击。同年6月下旬进行了法国国民议会选举，戴高乐派获胜，至此，学生造反运动也落下帷幕。

三、“新左派”和无政府主义成为指导思想

对此次学生运动影响较大的是当时国际上发生的重大事件。越南人民反对美国侵略的斗争精神，古巴领导人格瓦拉在革命胜利后放弃高官职位而去拉美国家丛林打游击的无私牺牲精神，激励了西欧具有叛逆精神的年轻一代。在成千上万学生参加的游行队伍中，高喊的口号是“胡——胡——胡志明，切——切——格瓦拉！”苏联侵略捷克斯洛伐克和中国“文化大革命”改变了他们对传统的共产主义、社会主义和马克思主义的看法，容易接受“新左派”和“西方马克思主义”的理论观点。对现行体制感到厌烦和压抑，又使他们很容易接受反对权威、打倒一切和追求绝对自由的无政府主义思想。“新左派”和无政府主义成为学生运动的主导思想。在游行队伍中，可以看到红旗与代表无政府主义的黑旗同时飘扬。

作为学生运动的指导思想，当时虽有3M（Marx、Mao、Marcuse）之说，但起主导作用的都是“青年造反者之父”马尔库塞（Marcuse）的思想与理论。作为“法兰克福学派”的主将，他是“西方马克思主义”的代表人物。

马尔库塞从理论上对现代资本主义进行批判。他的最重要代表作是《单向度的人》，被学生造反运动奉为“标准教科书”。他用“单向度”（One-Dimensionality）一词概括现代资本主义社会病根。“单向度”意指“一体化”，自由竞争被国家垄断一体化，个人被资本主义社会同化，人与人之间关系成为社会大机器中零件之间的关系，人已失去自己的个性，成为机器人。他认

为现代西方社会推行"消费主义"，人们"为了商品而生活"，把"商品作为自己生活的灵魂"，带来了人与物之间关系的颠倒，"物质文明的发展伴随着人的精神遭到压抑"，人们在"精神痛苦中安乐地生活"。他认为，在现代资本主义社会里，工人阶级的标志并未消失，但已同资本主义制度一体化了，已被资本家同化，失去了革命的欲望，因此革命的历史责任就落到了年轻知识分子的身上。马尔库塞的这些理论被造反学生奉为"圣经"。另一位是被称为"对我们时代产生深远影响的思想家"萨特，他不仅在反对越战的集会上演讲，而且在"五月风暴"中不断发表声明和演讲，坚决支持学生的造反行动。

四、沉寂、分化和回归

学运退潮之后，大多数学生回到学校继续求学，然后进入社会，求职于各行各业，加入具有不同政治色彩与倾向的政党，大多数还是参加了左翼政党或坚持左翼理论观点。

绿色和平运动、生态社会主义和绿党直接产生于这场运动，西欧国家绿党领导人和活动分子也大多参加过当年的学生运动。世界上第一个全国性绿党是1972年成立的新西兰价值党。欧洲绿党最早诞生在英国。1980年成立的德国绿党发展最快，政治影响最大，第一个进入全国议会。菲舍尔作为绿党领袖曾任德国联邦政府外交部长。法国绿党吸纳了"五月风暴"的领袖人物和活跃分子。学生运动领袖科恩·邦迪是欧洲议会绿党议员。之后，绿党遍及欧美各国。

"女权主义"是"68学运"中一股活跃的政治力量。经过这次洗礼，女权运动迎来了"第二次浪潮"，或称"妇女解放运动"。20世纪70年代后，女权运动进入反思阶段变得温和与现实。与此同时，西方国家妇女的政治和社会地位有很大提高，妇女权利得到社会承认，并有法律保障。

西欧社会党和共产党对这场学生运动采取观望和不支持的态度。学运退潮之后，法国社会党人密特朗因势利导，提出"法国式社会主义"。法国社会党提出，社会主义最根本的目标是“解放人”，是在实践中消除“社会不公正现象”，因此“法国式的社会主义”既不同于传统的社会民主主义，也不同于苏联模式。从中可以看到“五月风暴”对法国社会党变革的影响。德国“青年社会民主党人”是思想上倾向德国社民党的青年组织，是领导德国学运的德国社会主义学生联合会的骨干组织。十多年之后，这个组织的这批青年进入了德国社民党的领导层，其中就有后来任德国联邦政府总理的施罗德。

“68 学运”退潮之后，少数极端分子开始组织团伙，进行恐吓、绑架、暗杀、爆炸等恐怖活动。其中有意大利的“红色旅”、德国的“巴德尔—迈因霍夫集团”等。直到 1978 年之后才销声匿迹。

“新左派”和“西方马克思主义”对这场运动也进行反思和辩论。他们坚持从哲学、政治经济学和文化领域批判现代和当代资本主义，特别关注文化对社会的影响，批判“消费文化”。他们积极参加两极格局解体后的“新社会运动”。

随着岁月的推移，这场学生运动已经成为远去的历史，50 多年来世界也已发生巨大的变化。但是，发生在 20 世纪 60 年代西方社会转折时期的这场运动至今仍可以给我们一些启示：1. 在经济快速发展时期，一定要注意经济发展同社会发展的协调，同自然环境的协调；2. 在发展市场经济时要特别注意发扬“人本主义”精神，抓好精神文明建设；3. 切莫把文化放到“商品拜物教”的祭台上。文化对经济和社会发展既有推动作用也有破坏作用。可见，抵制和批判“消费文化”和“庸俗文化”，区别真善美和假丑恶，培养年轻一代成为有高尚情操和脱离低级趣味的人，仍然是摆在我们面前的迫切任务。

“民主社会主义”评析

“民主社会主义”既是一股思潮，又代表一支很重要的社会政治力量。它是社会党、社会民主党和工党（以下简称社会党）思想体系的总称。据不完全统计，现在全世界属这一类型的政党有200多个。从地域上讲，社会党原本集中在欧洲，但20世纪70年代中期以来逐步向亚、非、拉扩展，“民主社会主义”思想还渗入一些共产党中，形成一种共产党“社会党化”的倾向。不仅西欧的一些共产党在“革新”的口号下逐渐向社会党思想体系靠拢，而且东欧国家的一些共产党也陆续宣布拥护“民主社会主义”，有的已经改名为“社会党”。

评析“民主社会主义”的目的，在于弄清其“面目”，划清同科学社会主义的区别，坚定我们走中国特色社会主义的道路。

一、历史沿革

这里需要说明一下有关的几个概念的历史演变及其相互关系：

（一）在19世纪中期，马克思恩格斯有意使用“共产主义”这个名词，以便同当时各种非科学的“社会主义”相区别。《共产党宣言》诞生的年代，社会主义是“有教养的”“有身份的”阶级的运动，而共产主义是主张“根本改造全部社会”的工人阶级的运动。因此当时马克思和恩格斯没把这个《宣言》叫做社会主义宣言，而称为《共产党宣言》（真实于原文的话，应翻译为《共产主义宣言》）。他们后来建立的第一个国际工人组织也叫“共产主义者同盟”。

（二）19世纪后期，“社会民主主义”一度成为“共产主义”“科学社会主义”的同义语。由于当时的一些欧洲国家还在进行反对封建专制争取民主的斗争，工人政党只能参加和领导这一斗争，进而为实现社会主义而奋斗。因此当时在欧洲工人运动基础上建立起来的工人阶级政党，大多叫“社会民主党”。对此，恩格斯曾解释说：马克思和我有过一个很好的科学上很确切的党的名称（指“共产党”），可是当时没有一个真正的政党，即群众性的无产阶级政党。现在（19 世纪末）真正的政党是有了，可是它的名称在科学上是“不正确的”“不确切的”。但是，恩格斯“容忍了”使用这个名称。他说：只要党在发展，只要它意识到它的名称在科学上是不确切的，不让这个名称妨碍它朝着正确的方向发展，社会民主党这个名称“也许还可以过得去”。由于当时“社会民主主义”这个名词包含着马克思主义的革命内容，因此实际上被当成“共产主义”“科学社会主义”的同义语看待。

（三）20 世纪初随着第二国际的瓦解，“共产主义”与“社会民主主义”走向公开对立。恩格斯逝世之后，各国社会民主党中的右翼势力，提出用和平的、渐进的方式过渡到社会主义，反对暴力革命，提倡社会民主，反对无产阶级专政。鉴于社会民主主义原来包含的革命内容已被篡改，十月革命胜利后，列宁提出将社会民主党左翼改名为“共产党”，并以此作为加入第三国际（即共产国际）的条件，以此同社会民主党的右翼划清界限。从此，社会民主主义与共产主义（或科学社会主义）从思想体系到组织形式都分道扬镳而公开对立起来了。

（四）俄国十月革命后至第二次世界大战后，社会民主主义反对共产主义和科学社会主义。第二国际瓦解之后，社会党的右翼和“中间派”，先后成立了“伯尔尼国际”（1919 年）和“维也纳国际”（1921 年），1923 年两者又合并成立了“社会主义工人国际”，与共产国际对立。他们攻击共产主义是“建立在军事官僚与警察恐怖之上的专制统治”，宣称他们的社会主义“同共产主义没有共同之处”“我们相信民主，他们不相信民主。我们相信人权，他们则嘲弄人权”。社会民主主义者除了在二战中一度同共产党建立反法西斯统一战线外，长期拒绝同共产党交往和合作。战后初期他们排斥和打击本国共产党，反对和敌视社会主义国家。

（五）20世纪50年代以来，“民主社会主义”逐渐取代了“社会民主主义”的提法。1951年社会党国际成立时发表了《法兰克福宣言》，为与现实社会主义相区别，该宣言提出了“民主社会主义”的纲领口号，并对此作了系统阐述。虽然“民主社会主义”，这个提法早就有了，但此后社会民主主义一词才正式被“民主社会主义”一词所代替。然而，由于两者在原则上是基本一致的，只是由于时代不同，“民主社会主义”在某些内容上发展了“社会民主主义”，因此这两个概念有时又相互替代。社会党人也不回避历史，为争当国际工人运动的“正统”，也竭力把自己的历史追溯到19世纪。

二、基本理论

民主社会主义是以民主、自由、人权为核心的混杂而极不统一的“理论体系”。各国社会党对它的解释和强调点也不尽一致。现就普遍承认、比较一致的方面作出概述，以便了解其基本理论的轮廓。

（一）基本价值

民主社会主义不是根据资本主义固有的矛盾来论证社会主义必然胜利的规律性，而是认为它违背了人类共同追求的“基本价值”原则。他们所主张的社会主义，就是要实现这些价值原则，使所有的人能生活和工作在一个享有充分自由、相互关心和平等权利的社会里。对这些基本价值原则不同的党有着不同的表述。大体上说它包括“自由、公正和互助”。有的党则把它们笼统地称为“人的解放”。他们认为，自由意味着精神、物质、民主和经济生活中的个性发展。公正意味着实现法律和政治平等，承认人人生来平等，进而要消除社会的各种不平等。互助意味着从人与人相互依存的关系出发，通过亲密的相处，调整人与人之间的相互关系。他们承认，这些价值原则具有浓厚的人道主义和基督教伦理学色彩。可见，他们的价值原则是一些“永恒的”法权和道德原则，是以法国大革命时的“自由、平等、博爱”等原则为渊源的。

（二）国家观

民主社会主义否定马克思主义关于国家是阶级斗争的产物和阶级压迫的工具的学说，认为在现代社会中，国家的镇压职能正在不断地减弱，它对各个利益集团的协调作用以及对社会生活的管理职能在不断加强。现代国家尽管还不是超越所有阶级利益之上的管理机构，但不同的利益集团可以通过在国家各个管理部门中的力量对整个社会施加自己的影响，国家已经成为不同利益集团相互追逐、扩大影响的阵地。

因此，民主社会主义反对通过暴力革命和建立无产阶级专政的途径来实现社会主义，主张在民主制条件下，不摧毁旧的国家机器，通过和平渐进的方式逐步实现社会主义。这实际上是宣扬多党制和在此基础上的西方议会民主和议会道路。

（三）第三条道路

民主社会主义既批判垄断资本主义，也批判现实社会主义，认为资本主义社会就是资本的统治，生产仅仅是为了追逐利润，造成了依附、剥削、贫困、失业、分配不公和特权者的存在，使阶级间的矛盾尖锐化。同时攻击现实社会主义歪曲了社会主义的传统。

民主社会主义标榜自己要在资本主义和现实社会主义之间寻找出“第三条道路”，强调依据上述基本价值观念，建立起一个既否定资本主义又不同于现实社会主义的新社会。他们所说的社会主义是“一个永不完结的过程”，而不强调建立一种“制度”，其实质是主张在资本主义范围内进行一些改良。

（四）多元性渊源

民主社会主义强调各个方面、各个层次的多元性。首先是世界观方面的多元性。其次是理论来源的多元性。还有国家政治制度上的多元性、多党制等。在对待马克思主义的态度上，他们承认其思想渊源和马克思主义有着直接的联系，并尊重马克思、恩格斯本人，承认他们的历史功绩，还表示愿把马克思主义作为“分析社会的方法”，甚至承认马克思主义是其思想体系的“组成部分之一”，但不把马克思主义作为“指导思想”，对列宁主义则是根本反对的。他们从意识形态的多元主义出发，把马克思主义、人道主义哲学、基督教信仰、工人运动的经验称为其思想的四个主要来源。

综上所述，民主社会主义虽然在口头上仍把马克思主义作为其思想来源之一，但在实质上是一种改良主义思潮。

三、纲领主张

“民主”是社会党人的口头禅。他们说“民主是社会主义的最本质的要求”“民主作为社会主义所追求的最高目标永远不能穷尽”。他们把“民主”定为总的纲领目标，并规定了“民主”在不同领域、不同方面的具体目标，如“政治民主”“经济民主”“社会民主”和“国际民主”等。他们认为，这些不同范畴的民主目标包括了社会党人政治主张的基本原则：人民群众对社会生活的广泛参与；多党自由活动的议会民主；混合经济；人人公平享有的分配；全面的社会保障；以及在世界范围内实现自由与和平等。

他们认为社会主义的第一个重要的前提和“必要的基础”就是确立“政治民主”。没有民主就不可能有社会主义，必须保障人民的政治权利和自由。他们政治民主的核心就是主张实行多党制并以此为基础的西方议会制民主。

他们认为，确立经济民主就是要消灭少数人在经济上的统治，建立一种受社会监督并为社会服务的经济制度。其核心是主张限制垄断，实行以私有制为基础的“混合经济”“共同参与”。通过增加“社会成分”，对资本主义经济进行改良。

他们认为，社会民主意味着人的基本的社会权利得到实现，实行公平分配，推行社会福利和全面的社会保障，核心是主张搞“福利国家”来缓和劳资矛盾和社会矛盾。

“国际民主”简单说来就是在世界范围实现自由与和平。他们认为民主社会主义是一个国际性的运动，必须关心人类的共同利益，为建立一个自由、和平的世界而努力。1989 年 6 月，社会党国际十八大通过的《原则宣言》中直言不讳地说：“社会党国际支持旨在通过自由化和民主化改造共产党社会的一切努力。”同时有的社会党借口人权、人道、民主等问题干涉我国内政。

四、力量及影响

战后资本主义国家的阶级结构发生了变化，社会党不断调整其组织政策，大量吸收非传统工人入党，使社会党逐渐从“工人党”向“人民党”或“全民党”方向发展。现在社会党的党员中除产业工人、农民外，职员及中间阶层所占的比例日益增加，社会党除加强其在工会的原有基础外，还努力在其他群众组织中扩大影响，使其成为社会党的重要社会支柱。

世界各国的社会党已建立起一个国际性联合组织即社会党国际，该国际目前有成员党 80 多个。第二次世界大战后，社会党先后在多个国家执政。西欧发达资本主义国家的社会党几乎都有过执政或参政的经历。

五、同我党的关系

社会党中的左派早在新中国成立之初便同我党开始了接触和联系，但当时绝大多数的社会党对我党的态度明显地受到冷战影响。

从 80 年代初期开始，社会党和我党之间的关系有了较大的发展。社会党赞赏我国的改革开放政策，承认我国在维护世界和平中的重要作用。我党认为社会党是一支不可忽视的政治力量。在国际事务中，在反对霸权、反对战争、维护和平、促进发展、南北合作等问题上双方有着共同或相近的立场。本着求同存异、谋求理解与合作的方针，我同他们发展关系。截止 1988 年底，世界上几乎所有社会党同我党有了不同程度的接触和交往。

六、在苏联东欧的蔓延

“民主社会主义”思想在苏联东欧国家迅速蔓延。苏联东欧形势剧变之后，东欧国家执政党表示拥护“民主社会主义”，而且有的已经改名为“社会党”。戈尔巴乔夫早就宣称，社会主义的本质特征是“人道主义”“一切为了人”，并表示要在苏联搞“人道的、民主的社会主义”。1989 年 11 月 26 日在马耳他会议前夕，戈又发表《社会主义思想与革命性改革》一文，进一步发展了他的“新思维”。戈全面批判“斯大林模式”，进一步否定科学社会主义的基本原则；认为首先必须排除“现代两大社会体系的对抗性”，强调“共产主义并不是理想，而是社会本身逐渐失去其原先状况的一种实际运动”，列宁根本没有提出过“一个完整的在我国建设社会主义的纲领”。

“民主社会主义”模式不是中国前途的选择

我国现在处于社会转型时期，随着经济体制改革深入发展，政治文明建设也提上日程，早已明确了的中国道路和前途问题不时被某些人提出来，引起一番议论。是继续走有中国特色社会主义道路，还是有别的前途选择？事关国家前途命运，是一个十分严肃的议题。近来有人热衷于推荐两种模式的选择：其一是按照“新自由主义”的理念走“全盘西化”之路；其二是把“民主社会主义模式”确定为中国发展的唯一前途。本文仅从历史事实和现实状况出发，对“民主社会主义模式”作一评析。

一、“只有民主社会主义才能救中国”吗？

我国发展社会主义市场经济和建设民主政治过程中可以借鉴人类一切文明成果是应有的题中之义。但是这种借鉴要有几个前提和原则：第一，对西方文明和经验要有鉴别，取其精华，不能完全照搬；第二，拿西方文明比照我国现实情况和发展道路时，不能否定我们自己；第三，汲取和消化西方文明成果，坚持走有我们自己特色的道路。

鼓吹“民主社会主义模式”者说，“民主社会主义既演变了资本主义，又演变了共产主义，正在改革世界”；“发达资本主义国家都已成为新资本主义，不同程度地民主社会主义化了”；“把美国‘赤化’了”；“民主社会主义是马克思主义的正统”，正“改变人类历史的方向”“寄托着人类的希望”。现实状况果真如此吗？如果把这些话原原本本地告诉社会党人，他们也会觉得脸红的。世上没有一个社会党会对自己作出这样的评断，也从来不认为它们是“马克思主义的正统”。

这里还存在“民主社会主义”和“社会民主主义”的概念问题。事实上，作为社会党的基本理论，“民主社会主义”只有在战后社会党国际成立之后被普遍使用，而在这之前一直沿用“社会民主主义”。这两者既有联系又有区别。以德文为例：社会民主主义 Sozialdomokratie，词根是“民主主义”；民主社会主义 Demckratischer Sozialismus，“民主”是形容词，主体是“社会主义”。把马克思和恩格斯晚年说成是“民主社会主义者”，有犯常识性错误之嫌。同样，把美国罗斯福新政说成是“引进了民主社会主义政策”和把美国民主党议员说成是“美国民主社会主义”的会员，也是常识性错误。

“民主社会主义模式”的支持者故意抬高民主社会主义是有其目的的。目的就是拿“民主社会主义”的神丹妙药“救国救党”。按照该推荐者的说法，中国“曾经走上暴力社会主义道路”，如果不按“民主社会主义模式”进行政治体制改革，如果中国共产党没有“向民主社会主义转变”，就要“重蹈蒋介石国民党在大陆走向灭亡的官僚资本主义道路”。出路只有一条：“只有民主社会主义才能救中国。”

我们党领导中国人民在发展经济和改革开放事业中取得了伟大成就。这已经为世界公认。许多国家社会党人也认为中国走了一条正确的道路。他们从不认为“只有民主社会主义才能救中国”，也不把自己的模式强加在中国头上。我国也出现了发展中的困难和问题，但提到“救国救党”程度未免言过其实。

集中国革命和建设经验，最重要和最宝贵的一条就是，把马克思主义的基本原理同中国实际相结合，走我们自己的路。邓小平一再强调，“中国只能走社会主义道路”“这条道路叫做建设有中国特色的社会主义的道路”。

二、社会民主主义还是科学社会主义？

源于资本主义国家工人运动的社会民主主义是历史最悠久和在欧洲国家影响最广泛的社会主义思潮和派别。在近 200 年的历史中，社会民主主义经历了多种变化和曲折发展。

“社会民主主义”一词在1848年欧洲革命运动时形成，包含当时所有反对资本主义的学说、团体和力量。19世纪60年代和70年代，欧洲国家的工人阶级政党一般都称为社会民主党。马克思和恩格斯当时也使用过“社会民主主义”这个概念。后来，马克思和恩格斯为了同各式各样的社会主义流派相区别，就不再使用“社会民主主义”这个概念，而把他们的理论和学说称为“科学社会主义”。恩格斯1880年在《社会主义从空想到科学的发展》一书中指出，科学社会主义提出了唯物主义历史观和剩余价值理论，因而同空想社会主义和其他社会主义流派相区别。恩格斯在书中还指出，社会化生产和资本主义占有之间的矛盾表现为无产阶级和资产阶级的对立，无产阶级将取得政权，并且首先把生产资料变为国家财产（在书中另一处说：无产阶级将取得社会权力，并且利用这个权力把脱离资产阶级掌握的社会化生产资料变为公共财产）。恩格斯逝世后，伯恩斯坦发表一系列文章，全面“修正”马克思主义。他提出“回到康德去”的口号，否定马克思的辩证唯物主义。他称剩余价值论不过是“基于假想的公式”，否定马克思的经济理论。他用“最终目的是微不足道的，运动就是一切”这句“名言”否定马克思的国家学说。

1889年成立第二国际。第二国际具有历史性功绩。恩格斯参加了第二国际三大，发表演说，号召各国无产阶级团结战斗。恩格斯逝世后，第二国际分为左中右三派。列宁参加了第二国际七大和八大。这两次大会的主题都是反对帝国主义和战争。由于世界战争的临近，第二国际九大通过了著名的《反战巴塞尔宣言》。宣言指出正在酝酿的战争具有帝国主义的掠夺性质，呼吁各国无产者和社会党人利用一切手段开展斗争，坚决保卫世界和平。宣言警告各国政府，如他们胆敢发动战争，整个欧洲无产阶级要采取极端行动，利用帝国主义战争来加速资产阶级统治的崩溃。但第一次世界大战爆发后，第二国际各国社会党的大多数领导人却背叛了《反战巴塞尔宣言》，支持本国政府的战争政策，从而导致第二国际的破产。作为德国国会议员的伯恩斯坦也成为了社会沙文主义者。现在仍然有人重拾伯恩斯坦的旧话，攻击“列宁主义是布朗基主义的继承和发展”。这是对历史知识无知的表现。

1951年6月，34个社会党在联邦德国的法兰克福召开国际社会党代表会议，宣布成立社会党国际，正式把社会党的理论基础称为“民主社会主义”。20世纪50年代，社会党顺应西欧国家战后经济发展和阶级状况的变化，适时调整其纲领和政策，力量迅速扩大，并将其影响扩展到第三世界国家和东欧国家。

20世纪60年代之后，西欧国家逐渐形成以社会党为代表的左翼政党同保守政党轮流执政的政治格局。有些拉美国家的社会党也上台执政。1989年之后，东欧国家原来执政的共产党、工人党演变为社会党，在大选中时而上台执政、时而下台为议会中的在野党，是这些国家政治舞台上的一支重要力量。特别是20世纪80年代之后，西欧国家保守党政府纷纷下台，社会党取而代之，形成社会党在西欧国家执政高潮，20世纪90年代中后期至本世纪初欧盟15国中有13个国家由以社会党为主导的中左翼政党执政。

但是在冷战结束后，在经济全球化和“新自由主义”思潮冲击下，“民主社会主义”面临新的挑战。

三、“第三条道路”进入困境

从20世纪90年代中期以来，面临新挑战的民主社会主义改弦更张，走“第三条道路”，回归“社会民主主义”，也就是向“新自由主义”靠拢，走向右倾化。具有右倾化象征意义的是，首先提出“第三条道路”的不是西欧社会党，而是美国民主党总统克林顿。而美国民主党从来不属于社会党类型的党，更谈不上代表“美国民主社会主义”。继而英国工党领袖布莱尔随后响应，既写书又写文章，阐述了“第三条道路”的基本价值观念。德国社会民主党领导人施罗德上台执政后也加入了“第三条道路”的行列。

“第三条道路”是社会党革新求变，面对全球化挑战而提出的新理念和新政策，具有一定的积极意义。从10多年来的实践看，“第三条道路”虽然轰动一时但并未取得成功，相反正在走下坡路。“第三条道路”宣称，它要把社会民主主义同“新自由主义”相结合。这实质上是为了迎合“新自由主义”而修改甚至抛弃“民主社会主义”的基本价值观，造成社会党内部的矛盾和分歧。法国社会党明显地表示不同意，认为“第三条道路”“带有浓厚的自由主义特点”。以德国社会民主党前主席拉方丹为代表的欧洲社会党左翼，提出“心放在左边”的告示。“第三条道路”提出“超越左右”，集中精力靠拢新中产阶级，目的在于争取选民。但“超越左右”这样的空洞和模糊的概念，使社会党疏远了社会中下层选民，同时一些中间选民也把选票投向有明确务实政策的保守政党。

随着社会党执政国家对外推行新干涉主义，积极参与科索沃战争，克林顿下台，英国和德国在伊拉克战争问题上发生深刻分歧，布莱尔首相地位动摇，德国社会民主党在全国大选中失利和联邦政府总理施罗德下台，“第三条道路”实际上已进入困境。

四、借鉴与鉴别，走有中国特色的社会主义道路

20世纪80年代中期以来，中国共产党同世界上几乎所有的社会党、社会民主党和工党建立和发展了党际交流关系。在交流中，社会党在治国理政方面有许多值得我们借鉴的地方。

例如市场经济问题，社会党实行的市场经济“莱茵模式”，主张经济与社会、经济与自然的协调发展，主张效率与公平并重。再如环境保护问题，欧洲国家都把可持续发展放在政府工作重要位置，并且有严格的法律保障和实施规则。又如社会保障体系，欧洲国家积累了很多的经验与做法。其他还有企业管理体制、教育体制、就业机制、城市规划和管理等等。在有分歧的问题方面如人权问题等，本着“求同存异”的精神，通过交流达到相互了解。中国共产党同欧洲社会党在和平、裁军、南北对话、共同安全和用谈判方式解决地区热点问题等方面有许多共同语言。通过交流谋求相互了解与合作。

但是我们同社会党在意识形态和基本价值观方面是有原则分歧的。我们同社会党发展党际关系时，有一条原则，就是“超越意识形态分歧，谋求相

互了解与合作”。遵循这一原则表明双方不以意识形态的异同来决定关系的好坏。这一原则还表明，意识形态分歧是客观存在的，当发生分歧时，可以相互交谈和交流，但双方都不能把自己的价值观念强加给对方。

我国走中国特色社会主义道路并不是偶然的。30 多年前，中国共产党根据国际形势的新变化和“和平与发展”的时代主题，总结国内外社会主义的实践经验和教训，同改革开放实践相联系，确立了建设有中国特色社会主义的理论。邓小平对此作出了杰出的贡献。中国特色社会主义理论是中国共产党对社会主义的新探索，是马克思主义基本原理同时代主题与中国现实国情相结合的产物。我国改革开放 40 多年来取得举世公认的伟大成就，无可辩驳地说明走建设有中国特色社会主义道路是正确的选择，也是中国的前途与希望之所在。

“瑞典模式”
——可资借鉴，但不要神化和照搬

一、如何看待“瑞典模式”

对“瑞典模式”（“民主社会主义”道路的一个典范）的研究，并非从今日始，已有30多年的历史了。特别是20世纪90年代初，中国实行社会主义市场经济之后，中国共产党同欧洲各国社会党、社会民主党和工党（以下简称为社会党）进行频繁的政党交流。交流的课题，除国际问题外，集中在各自国家的治国理政经验方面，如国家发展战略和目标、经济同社会和自然的协调发展、宏观调控和政府职能、社会福利和保障制度、效率和公平问题、经济体制、市场模式、金融体制、环境保护、职业培训、公共服务体系、城市管理、企业管理和企业文化等等。中国的工会、共青团和妇联等人民团体、民间组织以及协会和学会等机构也在这方面做了大量工作。北京和上海等地的社会科学单位和大学研究机构，对包括“瑞典模式”在内的社会民主主义的历史和现状进行了多次考察访问和深入研究,发表了大量有关文章和专著。

我们国内某些人在讨论“瑞典模式”时，认为中国学者“一向对西欧民主社会主义运动的成见颇深”“直至苏联解体为止，从未客观地如实地介绍过西欧民主社会主义运动的真实情况（包括西欧共产党和社会民主党的关系），‘不是否定的多肯定的少’，而是一概加以否定”。这句话未免太武断，把许多学者几十年的研究成果一笔抹煞掉了。

有的文章还神化“瑞典模式”。认为“瑞典模式”是“以马克思主义为理论指导”“高扬社会主义旗帜”“普遍福利形成社会和谐”。以瑞典等北欧国家为例，说明“民主社会主义国家真正做到了经济繁荣，政治民主，自由充分、福利完备，社会稳定、道德良好、人人平等，消灭了等级和特权，基本上消灭了三大差别，做到了普遍富裕，所实行的代议制民主是人民管理和监督政府的好形式”。文章还据此得出结论说：20 世纪两种社会主义模式进行竞赛和比较，结果是“社会民主主义国家基本上是胜利的、成功的”“共产党执政的国家（包括改革开放前的中国）则是错误的、失败的，其中没有一个国家获得成功”。又是一个武断的结论。社会是多样性的，各个国家的国情各不相同。国内有的学者在鼓吹“瑞典模式”时，否定中国特色社会主义道路。

据了解，社会党人一般比较讲究实际。他们在介绍“瑞典模式”或“德国模式”时，总是在讲到经验和成就之后，指出存在的教训、不足和困难。他们即使上台执政，也不说社会党执政的国家是“社会主义国家”或“民主社会主义国家”。他们从不说 21 世纪是人类“逐步向人道、民主社会主义过渡的世纪”。20 世纪 90 年代之后，社会民主主义遇到了一些困难。而有的国内学者文章作者却不断引用 20 世纪 80 年代社会党执政顶峰时期的材料。社会党也谈论“模式”，但他们所说的“模式”，无论是“瑞典模式”还是“德国模式”，一般是指他们按照社会民主主义的理念，在自己国家或本地区所作的实践，包括经验和教训，并不简单地把自己的“模式”确定为“统一标准”，要套用到其他国家中去。国内有学者所以把“瑞典模式”说得神乎其神，目的是想得出这样的结论：过去的苏联和现今的中国并非真正社会主义，瑞典是世上真正社会主义国家，而且 21 世纪将是世界向民主社会主义过渡的世纪。

为了澄清事实，本文将从“瑞典模式”出发但超越“瑞典模式”，简要介绍和分析中国共产党同社会党的交流历程，社会党可资我们借鉴的治国理政经验，同社会党的意识形态分歧和超越分歧寻求相互了解与合作的方针。

二、中国共产党同外国社会党交往的历程

中国共产党同外国社会党的政党交流大致可分为三个阶段：

第一阶段：从新中国成立到20世纪70年代中期。新中国成立之初，一些国家社会党就开始同中国共产党接触和联系，特别是日本社会党。日本社会党一直坚持对华友好，主张日本同中国建立友好关系。日本社会党委员长浅沼稻次郎曾于1957年和1959年两次访华。意大利社会党左翼领导人也曾访华。1954年8月，由英国前首相艾德礼率领的英国工党代表团访华。毛泽东主席和其他中共领导人都十分重视这种交流，通过接触和交谈达到了相互了解的目的。但是当时的这种交流并不认为是政党之间的关系。这有两方面原因。首先，当时中共只同各国共产党有党际关系。同时，当时社会党国际不允许其成员党同共产党有党的联系。

第二阶段：从20世纪70年代后期到90年代初期，社会党同中共发展党际交流关系。社会党赞赏中国改革开放，认为中国在维护世界和平中发挥了重要作用。中共认为，社会党无论在其国内还是国际舞台上已成为一支重要的政治力量。在国际事务方面，双方在反对战争和维护世界和平、反对霸权，促进裁军、开展南北对话与合作等方面存在着相同和近似的立场。社会党执政时期在发展本国国内经济方面也有我国值得借鉴的地方。到80年代晚期，中共同世界上所有社会党都有了政党交流关系，并同社会党国际建立了接触和来往。

第三阶段：20世纪90年代初期至今，这一时期交流的特点是来往更加频繁和交流内容更加务实。交流内容非常全面，在国际问题方面涉及世界两大主题和平与发展，包括南北对话、国际格局多极化、经济全球化、国际新秩序、新安全观、核裁军、人权问题、地区热点问题等。国内问题几乎涉及我国经济建设和改革开放的所有方面。通过交流达到相互了解的目的。

三、借鉴与合作

20多年来，我们同社会党在治国理政方面相互借鉴的内容不断扩展和深入。特别是我国提出发展社会主义市场经济以来的10多年期间，这种交流和借鉴不断向务实方向发展。这种交流和借鉴是双向道的，是相互受益的。欧盟有一个“新亚洲政策”，十分重视发展同中国和亚洲其他国家的政治、经济和文化各方面的交流与合作。无论政界、经济界还是其他社会各界都希望了解和发展同中国各方面的关系。政党交流就是为此服务的。

从我们方面来说，从20世纪90年代以来提出发展社会主义市场经济。市场经济尽管模式不同，但总有一些共同规律可循。除了我们自身不断总结经验和不断探索外，借鉴别国特别是西方发达国家的经验就显得十分重要。

从宏观上来讲，西方发达国家市场经济大体上有三种模式，即“美国模式”（自由市场经济）、“莱茵模式”（社会市场经济）和“日本模式”（带有东方特色）。发展中国家市场经济有“东亚模式”“拉美模式”和“非洲模式”等。从西方发达国家三种市场经济模式来说，都有我们可借鉴的地方。如“美国模式”中激励企业竞争和搞活市场的机制。又如“日本模式”中某些带有东方人文关怀的特色。但是“莱茵模式”的社会市场经济可资我们借鉴的东西更多。理论上说，欧洲既是资本主义又是社会主义的发祥地。就是说“莱茵模式”中在许多方面存在着社会主义因素。但要说明，社会市场经济模式在欧洲国家是超越党派的，不是社会党所特有的，当然深深地打上了社会民主主义的思想烙印。因此，把社会市场经济模式同社会民主主义思想完全等同起来是片面的。同时还要说明，“瑞典模式”在“莱茵模式”的社会市场经济范畴之内，而“莱茵模式”又属于资本主义市场经济三大模式的范畴之内。因此，把“瑞典模式”放在三个层面（“瑞典模式”—“莱茵模式”—资本主义市场经济模式之一）来分析，是否可以把问题看得更清楚些。就瑞典来谈“瑞典模式”实在太有局限了。因为瑞典情况实在太特殊了。英国学者萨缪尔森在《从列强到福利国家：瑞典社会发展三百年》一书中写道："人们常把瑞典看成异乎寻常的国度。因为她有很高的生活水平，发达的福利政策，劳动市场的安稳与和谐，和平政策，一致与妥协。这是一个'田园诗'般的国家。"美国经济学家熊彼德在《资本主义、社会主义和民主主义》一书中写道："瑞典国家制度是由特殊材料和例外匀称的阶级结构形成，任何企图抄袭的打算都是荒谬的。"这还需要多加解释吗？

回过头来说，"莱茵模式"的社会市场经济确实有我们许多可资借鉴的方面。而且20多年来我们在这方面做了大量的工作。举例来说：

1. 市场经济。"莱茵模式"强调，在社会市场经济运行中要有"平衡与协调战略"，要在"经济效率、社会团结、生态持久三个目标之间，保持平衡"。同时强调有序的市场经济是同法律和秩序联系起来的。在社会市场经济实施过程中，要制定并贯彻必要的游戏规则以确保公正的法律和经济秩序。新的发展有时需要新的游戏规则，以取得新的协调与平衡。要利用一种新的迅猛发展带来的机遇，但要对其进行规范并限制其负面的附带作用。

2. 环境保护。欧洲国家具体做法有：

（1）环保意识。欧洲国家经过20世纪60年代高速发展之后，环境受到严重污染。之后展开了一场"经济—生态"大讨论。得到的共识是：如果只关注经济效率，那么在破坏生态稳定的同时，也损害了经济本身的社会前提和自然前提。

（2）实施全面的生态结构转变和提高资源利用的效能。除工业生产企业外，对基础设施建设和交通运输等领域也要提出减轻生态负担的要求。同时要改变高度消耗能源和资源的消费结构和生活方式。

（3）通过税收政策使经济增长同环境消耗脱钩。

（4）把环保发展为一种产业，使绿色产业在国民经济中比重不断增长。

（5）实现有效的国际协调与合作。

3. 宏观调控。三种现代市场经济模式无不包含宏观调控的内容，但程度、范围和手段各不相同。社会市场经济有比较完整的宏观调控机制。基本思路是"经济""社会"和"市场"有机的结合，达到效率与公平的统一。政府干预主要依靠经济手段，包括财政政策、货币政策、税收政策、工资政策以及物价控制和投资政策等。经济研究机构作出经济趋势分析报告，供政府部门做宏观调控科学决策的依据。

4. 社会保障。社会市场经济的一个最大特点是全面社会保障制度。政府通过立法，实施覆盖全社会的社会保险和社会福利措施。这对缩小贫富差别和缓和社会矛盾起了重要作用。但高福利政策使政府财政和企业负担过重，阻碍了企业创新的积极性，产品在全球化大潮中弱化了竞争力。现在正在调整这种“高福利高税收”的政策。

5. 企业管理。大型企业实施现代企业制度，即股份制，有一套比较完善的企业管理法规。

6. 金融体制。确立以银行为主导的金融体制。银行与大企业集团相互参股。这种金融体制有利于银行向企业提供有效金融服务，有利于政府进行宏观调控，也有利于在某种程度上规避金融风险。

但是，应该看到，所谓社会市场经济，只是资本体制下的改良，并没有改变资本主义的根本体制和基本矛盾。同我国的社会主义市场经济有着根本性的区别。因而借鉴中首先要鉴别，不能照搬。

四、“模式”不能套用

“模式”本出于工艺用词，意指制造器物之模型。后来含意扩大为“某种事物的标准形式或使人可以照着做的标准模式”。“模式”这个词用在社会科学上实在是不太合适。但是大家都用了也就不必废弃。同时，“模式”字义也在发生变化，其含义更接近于“类别”或“类型”。因此“模式”是指某一个国家的一种特有做法，并不一定要形成一个“统一标准”，让大家照抄照搬。在世界多样化的现今更是如此。这似乎已成为共识：德国不能照搬“瑞典模式”，法国也不能照抄“德国模式”。

对于包含“瑞典模式”在内的“民主社会主义”的经济发展某些具体方针政策可以借鉴和学习，但不能套用。原因很简单也很明确。民主社会主义和科学社会主义是两种不同的意识形态和价值理念。社会党和共产党是两种不同类型的政党。社会党和共产党作为“左翼政党”大范畴来说，有某些相同或相似的观点，但并不能说已经“趋同”。区别不同类型政党“界别”在于：政党的指导思想和理论基础，政党建设的组织原则，政党所领导或执政的国家政治体制以及政党主要依靠的社会力量和政党确定的最终奋斗目标。可以相互借鉴，但不可模糊这个“界别”。不仅社会党和共产党两种类型政党可以“界别”，就是在欧洲国家中的社会党同保守党和右翼政党也是可以“界别”的。

“借鉴人类的一切文明成果”和“走我们自己的路”，恐怕可以作为本文的结语。

从历史视角谈一战教训和二战成因

“一战教训”是一个陈旧的话题。现在热议起来是由于2014年是一战爆发的100周年。

一、一战的时代背景

一战和一战后的大时代背景，正如列宁所说，是“战争与革命”的时代，战争与革命交织在一起。一战性质是十分明确的，是帝国主义国家之间的战争，不是英德战争。1914年8月6日，奥匈帝国对俄国宣战，第一次世界大战爆发（有学者把当年6月28日奥地利皇储费迪南大公在萨拉热窝被刺杀作为一战爆发的日子）。列宁提出把帝国主义战争转为国内战争，领导俄国十月革命取得胜利。1918年3月3日苏俄与德国签订著名的《布列斯特和约》。1918年11月德国发生“十一月革命”，德国威廉二世被迫退位，接着奥匈帝国皇帝退位，第一次世界大战结束。现在有的西方学者，把中国比作当时的英国，把现在的中日矛盾比作一战时的英德矛盾，这是对历史的误读。第一次世界大战的帝国主义战争性质是公认的，因而不能同当前的中日关系类比。而且二战后的时代背景同一战前后完全不同，所以不能把二战后的日本同一战后的德国进行类比。

在新中国成立后的中日交流的半个多世纪里，在日本，无论在政界、经济界和文化界，还是在广大民众中，有一批知华和愿同中国发展友好关系的人士。把二战后的日本同一战后的德国进行对比，不利于中日友好关系的发展。

二、《凡尔赛和约》的实质

《凡尔赛和约》实质是巩固帝国主义国家利益，维持战胜国的优势。

一战结束，1919年6月28日签订《凡尔赛和约》。有国内学者写文章称，巴黎和会和《凡尔赛和约》“为日后德国法西斯的重新崛起和日本军国主义的进一步侵略扩展创造了条件”。这并不符合事实。一战前及一战期间并不存在法西斯，一战之后，怎么会有“德国法西斯的重新崛起”？实际上，在巴黎和会上战胜国都有各自不同的利益。就是说都想从中“捞一把”。《凡尔赛和约》由15部分组成，共440条，重点是“割地、赔款”。《凡尔赛和约》给德国带上了沉重的枷锁。与战前相比，德国领土丧失了13%，人口减少了10%，耕地减少了15%，矿藏减少了75%，生铁、钢、煤的生产能力分别下降了44%、38%和26%。德国殖民地全部被剥夺，军事力量被大量缩减和严格限制。莱茵河东岸50公里以内的地区为非军事区，莱茵河左岸被协约国占领，萨尔地区被割让给法国15年。战胜国设立的“赔款委员会”于1921年4月提出德国赔款数应为1320亿金马克，这只是法国提出赔款数的一半。围绕赔款问题，各战胜国展开了激烈的斗争。《凡尔赛和约》之后，德国建立的并不是法西斯政府，而是由德国1918年“十一月革命”之后建立的魏玛共和国。1922年德国发生经济危机，表示无法继续缴纳赔款。英美表示支持，建议将赔款总额减为500亿金马克。这引起法国强烈反对。1923年1月，法国伙同比利时，以德国不履行赔款义务为借口，出动10万军队，武装占领德国最大工业区鲁尔区，被称为“鲁尔危机”。“鲁尔危机”给德国带来严重后果。德国为对付经济危机，滥发纸币，导致极为严重的通货膨胀。法国占领鲁尔前，马克与英镑之比为20∶1，一年之后为22300000000∶1。德国居民的多年积蓄在几个月之内只能吃一餐饭。

1929年爆发了世界经济危机，德国更深陷危机之中。巴黎和会使日本得到好处，中国却受到极不公正的对待。历史学家的共识是，《凡尔赛和约》是在相互矛盾与牺牲战败国和被压迫民族利益的基础上签订的。《凡尔赛和约》实质在于巩固帝国主义的既得利益，维持战胜国的优势，巩固了法国在欧洲的地位，保证了英国在地中海的霸权，加强了日本在亚洲的地位，扩大了美国的经济势力范围，因而称为“凡尔赛体系”。“凡尔赛体系”是一战之后帝国主义列强对世界的重新瓜分。同时，俄国十月革命胜利后，帝国主义国家千方百计地集中力量想扼杀社会主义苏俄。列宁认为《凡尔赛和约》是“骇人听闻、掠夺性的和约”。列宁反对战胜国对战败国的“割地、赔款”。斯大林违背了列宁的这一原则。二战之后，根据协议，东德地区需向苏联赔款 100 亿美元，苏联将东德的工业机械和设备几乎全部拉到苏联，作为赔偿款。西德地区本需向美英法赔款 100 亿美元。西方国家不仅没有索要赔款，反而实行“马歇尔计划”，向西德地区注入巨额资金以恢复经济。之后的历史发展已得出明确的结论。

三、深刻探讨二战爆发原因

有的学者文章把一战教训同二战爆发根源联系起来，认为一战“最深刻的教训是没有从政治上、思想上和制度上彻底清除发动战争的根源以及英法等国采取绥靖主义政策”。文章从总结一战教训，生硬地拉到二战成因。这是不科学的。一战之后，德国在俄国十月革命的影响下，发生了德国“十一月革命”。“十一月革命”是德国工人阶级试图将革命转向社会主义革命，但没有成功。革命过程中，1918 年 12 月底，独立社会民主党左翼宣布在组织上脱离独立社会民主党，成立德国共产党。革命虽然没有成功，但毕竟促使德皇威廉二世退位，取消君主制度，成立共和体制国家。德国共产党和德国社会民主党等左翼力量以及反战和平力量有较大发展。但与此同时，右翼及纳粹势力以《凡尔赛和约》为口实，利用民众贫困和民族屈辱感煽动狂热的民族主义和法西斯主义。

同时，对“绥靖政策”也要作历史事实的分析。英法对希特勒德国采取“绥靖政策”，目的是要德国将其矛头指向苏联，促进了战争爆发，但并不是战争的根本原因。1938 年 3 月德国吞并奥地利。英法为维护它们在欧洲利益，由英国首相张伯伦、法国总理达拉弟同德国的希特勒和意大利的墨索里尼于1938年9月30日签订了《慕尼黑协定》，满足希特勒的要求，把捷克斯洛伐克的苏台德区割让给德国。这使希特勒侵略胃口更大。有的文章作者试图把当年英法对德的“绥靖政策”，同当前的美国对日政策联系起来。但这是不相同的两回事。历史学者的共识是，第二次世界大战爆发的根本原因是资本主义的1929—1933年的世界经济大危机。

四、德国法西斯取消《魏玛宪法》和靠阴谋暴力上台

魏玛共和国成立，通过了《魏玛宪法》。魏玛共和国的中后期，化解了《凡尔赛和约》对德国的苛刻限制，特别是取消了赔款，德国摆脱了在欧洲的孤立地位。魏玛共和国的悲剧在于过分相信政权由议会的力量对比决定。在魏玛共和国时期，左翼和法西斯力量进行反复较量。到1927年3月，德共人数达到30万，分布在2200个企业小组中。在1928年5月的国会选举中，德共获得330万张选票，比1924年选举增加30万张。在1929年世界经济危机沉重打击下，德国社会和阶级矛盾日趋尖锐，纳粹党展开蛊惑宣传，煽动民族沙文主义情绪，在1930年9月的国会选举中获得多数。但在1932年11月的国会选举中，共产党和社会民主党人在国会中又获多数，为221席，纳粹党下降至196席。然而在1933年1月总统兴登堡任命希特勒为总理后，纳粹党很快解散了国会。1933年2月纳粹党策划了“国会纵火案”，取消了《魏玛宪法》。大批德共和德国社民党领导人及议员被迅速逮捕和杀害。1933年，魏玛共和国解体，希特勒靠阴谋暴力上台。

从“战争与革命”时代背景出发总结一战教训和魏玛悲剧

2014 年是第一次世界大战爆发一百周年。总结一战的教训是十分必要的，可以进行深入的学术讨论，以得出准确的、符合历史事实的结论。

一、总结一战教训要从时代背景的高度出发

1914 年 6 月，奥匈帝国皇位继承人斐迪南大公被塞尔维亚青年枪杀，奥匈帝国向塞尔维亚宣战，成为一战爆发的导火索。奥匈帝国在德国支持下决定吞并塞尔维亚。俄、法支持塞尔维亚，英国暗中支持俄、法。1914 年 7 月 28 日，奥匈帝国对塞尔维亚宣战。之后，德、俄、法、英相继投入战争。战争很快超出欧洲范围，并给全人类带来巨大灾难。一战持续四年零三个月，参战国达 30 多个，15 亿人被卷入战争。战死军人达 900 万，2000 多万人受伤。战争期间平民伤亡达 1000 万人。

总结一战教训要从时代背景出发。一战是资本主义进入帝国主义阶段后，帝国主义国家由于发展不平衡，要求重新瓜分世界而引发的。因此，帝国主义是一战爆发的根源。大战期间，列宁发展了马克思主义，通过分析资本主义经济政治发展不平衡规律，提出社会主义可能在少数甚至单独一个资本主义国家首先获得胜利的理论。1917 年 11 月 7 日（俄历 10 月 25 日）在列宁领导下，俄国取得了十月革命的胜利。十月革命胜利后，德国、奥地利、匈牙利相继爆发苏维埃革命，东方殖民地、半殖民地国家掀起了民族解放运动。因此，列宁将这一时代的特征归结为“战争与革命”。

一战结束使 20 世纪初帝国主义列强统治世界的政治格局（即“维也纳

体系”）再也无法维系下去了。战争使帝国主义各大国的力量对比和组合发生重大变化。德、奥、俄帝国没落，英、法实力被削弱，美国和日本兴起。美国大发战争财，经济实力增强。帝国主义国家之间的矛盾和斗争在新的基础上展开。因此，总结一战教训，不能仅从德国一国的政治和经济出发，而要从帝国主义重新瓜分世界的角度出发。

二、“凡尔赛体系”是在错综复杂的矛盾和斗争中建立起来的

1919 年 1 月 18 日，一战战胜国召开大国分赃会议——“巴黎和会”，会上通过的《凡尔赛和约》则是各大国经过争斗达成分赃妥协的产物。各大国都有各自的打算与计划：美国作为新兴大国先声夺人，提出所谓的“寻求世界和平的计划”，以作出有利于美国实施霸权的安排，但遭到老牌帝国主义国家的拒绝；法国主张肢解德国，以确立其在欧洲的霸主地位；英国反对肢解德国，制止法国在欧洲称霸；意大利试图独霸亚得里亚海；日本企图乘机进一步侵占中国领土。各大国在处置德国问题上发生激烈争斗。关于德国疆界问题，法国要求收回阿尔萨斯和洛林，夺取鲁尔工业区，并要求以莱茵河为法德边界，在莱茵河左岸建立一个依附法国的莱茵共和国。英美坚决反对。在美英强大压力下，法国作出妥协。

关于赔款问题。“巴黎和会”设置的专门委员会提出赔款总额为 4800 亿金马克。法国要求 8000 亿金马克。英美反对过分削弱德国，提出赔款数为 2280 亿金马克。在赔款分配方面，法国提出赔款的 58% 归它所有。由于达不成一致意见，最后提交赔款委员会研究决定。

关于苏俄问题。“巴黎和会”讨论了武装干涉苏俄问题，决定对苏俄进行经济封锁，并决定由波罗的海沿岸国家组成“隔离地带”，防止俄国十月革命影响。会议还多次讨论和策划武装干涉苏维埃共和国问题。

关于中国山东问题。日本要求把德国在山东的“权益”全部交给日本。英法美同意日本的要求，并写入《凡尔赛和约》。

经过几个月的争吵，战胜国最终达成妥协，签订了《凡尔赛和约》。主

要内容包括重新确定德国边界，德国因此丧失了八分之一的领土和十分之一的人口；瓜分德国的殖民地；限制德国军备；协约国要在1924年5月1日前确定德国赔款总额，但应先支付200亿金马克。

这就是一战后确立的“凡尔赛体系”。这个体系加深了战胜国与战败国之间的矛盾、帝国主义国家与苏维埃共和国的矛盾，以及帝国主义国家同殖民地被压迫民族的矛盾。

三、美日争斗的华盛顿会议

美国在“巴黎和会”上未能达到其预想的目标，于是就另寻出路，把目标放在远东和太平洋地区。日本在“巴黎和会”上取得了德国和太平洋地区的权益，极大地威胁了美国的“门户开放”政策。1921年11月12日，美国邀集英、日、中、法、意、比、荷、葡等国召开华盛顿会议。美国居主导地位，美、英、日在会上进行讨价还价。经过近三个月的争斗与妥协，华盛顿会议于1922年2月6日闭幕。此次会议缔结了限制海军军备的《五国海军协定》，美、英、法、日对远东和太平洋的殖民地和势力范围进行分割的《四国条约》，以及《九国公约》和中日《解决山东问题悬案条约》等决议案。

在华盛顿会议上，中国政府代表提出了取消《凡尔赛和约》中关于山东的条款以及要日本放弃“二十一条”等正当要求。由于美日矛盾激化，美国支持中国政府的上述要求。1922年2月4日，中日签订了《解决山东悬案条约》，规定恢复中国对山东的主权，日本撤出山东，归还胶济铁路，但中国要以铁路产值偿还日本。九国共同签署的《九国公约》中有关中国的内容称：尊重中国的独立和领土完整，遵守在中国的“门户开放”和各国商务实业机会均等。《九国公约》打破了日本对中国的独占，又使中国恢复到被几个帝国主义国家共同统治的地位。

四、希特勒血腥暴力上台

1923年年初，法国以德国不履行赔款义务为由，出兵占领德国鲁尔工业地区，称为“鲁尔危机”。“鲁尔危机”给已十分脆弱的德国战后经济带来十分沉重的打击。德国出现疯狂的通货膨胀，引发了社会动荡。“鲁尔危机”严重打击了矛盾重重的魏玛共和国政府，各种反动势力乘机进行蛊惑煽动。1923年11月6—9日，希特勒带领冲锋队员，在慕尼黑发动武装暴动。暴动被镇压后，希特勒被捕入狱，判刑5年，但8个月后被释放。

1933年1月30日，德国总统兴登堡改变了几天之前绝不任命希特勒为总理的誓言，任命纳粹首领希特勒为德国总理。希特勒和纳粹党治下的德国被称之为“第三帝国”。希特勒上台之初，在国会和内阁中，共产党和社会民主党占有多数，纳粹党处于少数地位。于是纳粹党在当年2月27日，阴谋策划“国会纵火案”，希特勒宣布全国实行紧急状态，取消宪法中公民的基本权利，大肆搜捕共产党人和左翼人士，并宣布取缔共产党和社会民主党，解散纳粹党之外的一切政党，包括曾支持希特勒上台的中央党。1934年夏，兴登堡病死，希特勒宣布自己为“第三帝国”的元首。纳粹政权在德国各地建造集中营，由冲锋队、党卫军和盖世太保（秘密警察）组成恐怖网，并对犹太人进行大屠杀。希特勒上台，德国淹没在恐怖血泊之中。“第三帝国”的目标是征服欧洲和世界，进行扩军和重新武装。英法为了达到“祸水东引”的目的，于1938年9月29—30日同德、意签订《慕尼黑协定》，对希特勒“第三帝国”实行“绥靖政策”，助长了纳粹德国对外侵略的气焰。预示着第二次世界大战即将来临。

五、魏玛悲剧及其文化遗产

魏玛共和国是德国历史上第一个民主共和政体，是1918年德国左翼“十一月革命”的产物。在德国历史上，公元962年德意志国王奥托一世建立神圣罗马帝国，史称第一帝国。1806年，拿破仑迫使奥地利皇帝放弃神圣罗马帝国。1871年1月，普鲁士国王威廉一世在法国凡尔赛宫宣布成立德意志帝国，史称第二帝国。1918年11月，德国在一战战败投降之际，国内爆发了一场革命，帝制被推翻。

1918年11月9日，魏玛共和国由社会民主党的沙伊德曼宣布正式成立。到1933年1月纳粹上台，共和国终结，共存在十四年零三个月。社会民主党领导人艾伯特曾一度担任魏玛共和国总统。魏玛共和国的历史大致可分五个阶段：第一阶段为奠基时期（1918年11月至1919年7月）；第二阶段为持续纷乱时期（1919年8月至1923年12月）；第三阶段为经济恢复和发展的黄金时期（1923年12月至1929年10月）；第四阶段为终结的开端（1929年10月至1932年5月）；第五阶段为共和国走向终结（1932年6月至1933年1月）。

产生魏玛悲剧的原因多种多样，归纳起来有以下几点。

第一，魏玛共和国是“战争与革命”时代的产物，也是这个时代的缩影。它承担着旧帝国遗留下来的沉疴痼疾，同时又受到革命的新思想和新文化的冲击。各种矛盾错综复杂，各种势力盘根错节。新生的共和体制处于脆弱与动荡之中。

第二，左派犯了幼稚病。在俄国十月革命影响下，在共产国际的推动下，德国左翼没有对形势作出准确估计，贸然发动苏维埃式的革命。1918年12月，德国共产党成立，成为共产国际的一个支部。德共成立后，特别是在魏玛共和国建立初期，力量发展很快。到20世纪20年代，德共已拥有30万党员。但德共过于相信议会多数，过早提出建立苏维埃政权的目标，同时没有注意做深入的群众工作和在武装力量人员中的工作，而热衷于“飞行集会”和街头鼓动宣传，最终导致了革命的失败。

第三，左翼力量的分裂。德国社会民主党（社民党）在一战爆发后，奉行沙文主义政策，导致党内分裂。魏玛共和国时期，社民党排斥德共，同资产阶级政党联合执政。社民党反对十月革命后建立的苏俄，因而也害怕德共搞苏维埃式革命。社民党内部也四分五裂，争权夺利。而德共也没有同社民党组成统一战线共同对付反动势力的意图，反而指责社民党为“社会法西斯”。两个左翼党相互攻击，相互斗争。这就使反动势力有机可乘，联合起来对付左翼力量。

第四，外部因素。一是《凡尔赛和约》。被列宁称为“骇人听闻的、掠夺性的”《凡尔赛和约》，使战败的德国在政治上、经济上不堪重负，造成战后德国国穷民困。巨额赔款重担压在德国身上，最直接遭殃的是老百姓。这就给纳粹党煽动民众以口实，并以此迷惑民众，扩展其法西斯势力。二是世界经济大危机。1929—1933年席卷整个资本主义国家的经济大危机，是一场空前的世界性大危机。一战结束后至危机爆发前，各主要资本主义国家相继在生产领域广泛使用新技术，使汽车、电气、化工、人造纤维等新兴产业得到迅速发展。特别是美国，经济进入相对稳定时期。德国也进入了恢复和发展经济的黄金时期。工商企业以史无前例的方式进行合并，同时推行“产业合理化”，增加工人劳动强度和提高劳动生产率。德国历史上最大的几家企业都建立于魏玛共和国时期。一战之后，大英帝国衰落，美国经济前所未有地增长，经济实力在世界经济中的比重不断上升，成为世界经济、贸易和金融中心。但是繁荣背后却隐藏着由于资本主义固有矛盾造成的危机。贫富差距扩大，社会购买力跟不上生产发展导致产能过剩。工业部门开工不足，大批工人失业。同时，金融投机活动猖獗，导致货币与信贷危机。美国首当其冲，陷入严重危机中。依赖美国资金的德国企业随之陷入困境，数以千计的企业倒闭，数百万工人失业，国民生产总值下降40%，德国脆弱的经济基础濒临崩溃。社会矛盾空前尖锐，罢工和游行示威此起彼伏。德国纳粹党借机进行煽动，开始扩军备战，对内暴力镇压左翼及和平人士，对外发动侵略。

魏玛共和国是战争、革命和民主共和的综合产物，魏玛的理想与文化包含新与旧两个方面。在政治上，魏玛是矛盾、混乱和动荡的代名词。在文化上，却对德意志民族产生了不可磨灭的影响。魏玛共和国采用黑红黄三色国旗，这是德国1848年革命时期的旗帜。黑色代表过去，红色代表革命，黄色代表光明的前景。魏玛共和国时期，虽然充满混乱和动荡，但德国却产生了具有世界影响的政治学派（法兰克福学派）、文学家（托马斯·曼）、哲学家（海德格尔）、科学家（爱因斯坦）、剧作家（布莱希特）、绘画大师（康定斯基）、音乐家（勋伯格）、建筑学（包浩斯学院）。

六、从“战争与革命”到“和平与发展”

过去一百年，人类经历了两次世界大战的浩劫，又经过了近半个世纪的冷战。“战争与革命”的时代已经过去，“和平与发展”已经成为世界主要潮流。世之潮流，浩浩荡荡，这不是某些个人或政治集团所能阻挡的，这是世界多极化、全球化、国际关系民主化发展的结果。当然，和平与发展两大问题都没有解决，但和平与发展的趋势仍在发展与增强。从邓小平 20 世纪 80 年代中期提出“和平与发展”为时代主题之后，已经过去 30 多年了。随着时代的发展，我们提出了“和平、发展、合作、共赢”的理念，近几年来又提出了“利益共同体”和“命运共同体”的国际战略思维。

试论社会主义和左翼力量的多样性

从现实出发，以宽广的视角，我们可以看到世界上除中国等社会主义国家之外，还存在着多种多样的社会主义和左翼力量。我们实践并坚持科学社会主义，但我们也应欢迎其他社会主义各种流派和左翼力量的探索和实践。依据世界多样性和社会主义多样性的现实，我们要团结全世界各种社会主义流派和左翼力量，共同为构建“人类命运共同体”而奋斗。

一、社会党：从“阶级党”到“人民党”再到“轮流执政党”的转变

1951 年，西欧社会党和社会民主党在德国法兰克福组建了社会党国际，提出走“第三条道路”，表示既反对资本主义又反对现实社会主义，主张实施民主社会主义。

1959 年，德国社民党“哥德斯堡纲领”提出，德国社民党“已经从一个工人阶级政党变成了一个人民党”，其基本价值是“自由、公正、相助”。

社会党国际的“第三条道路”和德国社民党的“哥德斯堡纲领”对西欧国家社会党产生巨大影响，为这些党在之后上台执政和参政成为“轮流执政党”作了准备。

从 20 世纪 50 年代末、60 年代初开始，随着西方资本主义国家经济结构变化所带来的社会结构和阶级构成的变动，传统工人阶级人数减少，“中间阶层”迅速发展。西欧以及日本、澳大利亚社会党和工党都强调已转变为“人民党”，向一切人开放，特别是向“中间阶层”开放。德国社民党通过转型为“人民党”，选票不断上升。到 1972 年，德国社民党获得 46% 选票，

成为议会第一大党。

社会党在其执政和参政期间，将其改良主义理论运用于实践。主张民众对社会生活进行广泛的参与，建立混合经济体制，完善多党自由活动的议会民主，推行全面的社会保障政策，制定并执行一整套福利政策。60年代后期，社会民主主义政党积极参与国际事务，反对霸权主义，主张东西方缓和与裁军，推动南南合作和南北对话。这些政策的实施对于加速西方国家的经济发展，提高工人生活水平，维护工人权益以及保卫世界和平起到过一定的积极作用。

战后资本主义的发展基本上是两大模式，即欧洲社会市场经济的莱茵模式和完全自由主义的美国模式。社会党的改良主义理论和实践是莱茵模式的基础之一，对现代资本主义的发展和改革产生了一定的影响。

战后70年间，民主社会主义逐渐由西欧向世界各地发展。战后的最初10年间，社会党的影响仅局限于西欧资本主义国家。20世纪60年代后期，开始成为拉美、非洲以及亚洲的一些民族主义国家中一股流行思潮。

20世纪70年代初期，以德国社会民主党的“新东方政策”为标志，社会党和共产党的关系出现了缓和，双方有一定程度的合作。

苏联解体东欧剧变、冷战结束，世界保守右翼势力攻击社会主义，认为资本主义已可一统天下，欧洲社会党也受到“牵连”，声势下降。英国工党领袖布莱尔，联合美国民主党领导人克林顿，提出“新第三条道路”，得到德国社民党领导人施罗德的响应，企图以此挽回下降趋势。所谓“新第三条道路”，实质是要同社会党传统的“社会民主主义”划清界限，向“新自由主义”靠拢。但“新第三条道路”，模糊了社会党的传统左翼立场，失去了偏佣劳动者和“中间阶层”的信任，选票不增反减。2008年国际金融危机发生之后，“新自由主义”受到质疑，社会党对“新第三条道路”开始反思。社会党左翼主张回归“民主社会主义”。

与此同时，西欧国家共产党和东欧国家原执政的共产党，有的易帜改名为社会党，有的也经历社会民主党化，因而增强了欧洲社会党的力量。

在欧洲，几十年来，社会党作为左翼同右翼保守党轮流执政。执政期间，包括在地方上执政，都积累对现代工业国家的治国理政的经验。即使落选成为建设性在野党，社会党对右翼保守政策有一定的牵制，在国际上也会对改革旧的不公正和不平等的国际经济秩序作出贡献。

二、新社会运动和新左翼的兴起

西方新社会运动的高潮形成于 20 世纪 70 年代中期，以反战和平运动和生态运动为主体，形成“绿色和平运动”，进而成立绿党。到 20 世纪 90 年代之后，同“反全球化运动”相结合，绿党成为西方社会一股重要的左翼政治力量。

新社会运动的产生与发展，有西方国家当时的国内经济和社会因素以及冷战时期的国际背景。

西方发达国家经过战后 20 年的经济高速发展，造成“经济奇迹”和“高度繁荣”。到 20 世纪 60 年代末和 70 年代初，高速工业化和现代化带来一系列重大社会问题，带来生产力要素、产业结构、劳动力结构变化（白领工人超过蓝领工人）。在科技推进社会发展的同时，负面影响骤增，如能源危机、环境污染和资源枯竭。特别是西方国家经济繁荣的一个重要基础是取得第三世界国家的廉价石油。石油危机给西方发达国家带来经济危机。如何对待发展与环保之间的平衡成为问题的焦点。加之，里根—撒切尔夫人倡导的“新自由主义”造成富者越富，普通民众社会生活条件恶化。

与此同时，美苏争夺世界霸权加剧，美国为对付苏联而在联邦德国（西德）部署巡航和潘星Ⅱ型导弹，成为声势浩大的反战和平运动的导火线。

70 年代中期兴起的新社会运动，从思想渊源来说，可以追溯到 1968 年激进的学生运动。不管人们几十年来对这场反叛运动有不同的评论和争议，但“创造新世界尝试”的思想遗产是无可否认的。一位当年学生运动积极参加者曾说：“我们在那个年代向这个世界投石头，它所激起的涟漪，现在仍在拍打着我们。”

“68 学生运动”的思想导师是“3M+G”。“3M”指马克思、毛泽东、马尔库塞。“G”指格瓦拉。马尔库塞是新左翼理论家，学生运动的主要思想鼓舞者。他的理论是，发达国家的工人阶级已经被资产阶级收买，青年学生是改变资本主义的革命的主要动力，资产阶级媒体以谎言蒙蔽了工人阶级，要以革命行动唤醒工人和广大民众。新左翼还提出，传统政党和议会已沦为资产阶级的工具，要进行“议会外”的革命斗争，成为“议会外反对派”。“68学运”沉寂后，一批激进分子后来成为新社会运动和绿党的骨干。

新社会运动区别于传统的社会运动有以下几个特点：1. 新社会运动着眼于全社会当前最集中关心的生态与和平问题，而传统的工人运动中游行示威和罢工只局限于经济问题，而且罢工受到工会的严格控制；2. 新社会运动不受任何政党包括左翼社会党的控制和指导；3. 新社会运动包含各种社会思潮，如分析的马克思主义、欧洲共产主义、生态社会主义、女权主义，等等；4. 新社会运动刚兴起时，着力于议会外的斗争和街头的示威游行，后来逐渐发展为议会内与议会外斗争相结合，特别是绿党参加欧洲议会和德国等国内议会之后；5. 新社会运动只有短期和目前目标，没有长远目标，新社会运动中，有信仰社会主义的，也有不信的。

三、第三世界的社会主义思潮

战后，亚非拉民族解放和独立运动高涨，广大殖民地国家取得独立，第三世界成为国际舞台上一支重要力量。20世纪50年代大多数取得独立的民族国家宣布实行社会主义或以社会主义为方向。有以下几方面原因：1. 这些民族国家痛恨长期实行殖民主义的西方国家；2. 苏联在世界反法西斯斗争中作为主力取得的胜利以及苏联战后的经济建设成就；3. 中国作为半殖民地半封建国家获得解放的巨大影响；4. 中国和苏联等社会主义国家对这些国家的反帝反殖的民族解放和独立斗争的支持以及独立后的经济等方面的援助。

亚非拉独立后的民族国家的社会主义，带有浓重的民族主义色彩，带有地域特色和强烈的宗教色彩。20世纪60年代初以来，亚非拉社会主义还深受民主社会主义政治思潮的影响。

亚非拉国家社会主义的试验是不平衡的，有的取得某些成果，有的则失败了。特别在非洲，由于经济和社会客观条件没有搞社会主义的基础，加之一些国家的过激措施（如全面实施国有化），大多归于失败。但这种社会主义尝试毕竟在人们思想中种下了社会主义种子，而且这种社会主义的追求和因素也成为中共同这些国家发展持久良好的政党关系和平等互利国家关系的思想基础。

20 世纪 80 年代中期之后，美国依仗经济 10 年繁荣，在全世界推行“新自由主义”，掀起全球民主化浪潮，对社会主义搞“和平演变”，对第三世界民族主义国家推行美国模式的多党民主制，引起了这些国家的政局混乱。

苏联解体东欧剧变，世界社会主义运动走向低潮，亚非拉的社会主义思潮也受到打压，“新自由主义”乘势渗入第三世界国家。然而，“新自由主义”不仅在这些国家“水土不服”，而且造成贫富差距加大，国家破败，民众生活水平大幅度下降。“新自由主义”的负面影响，促使第三世界国家重新探索 21 世纪的新社会主义。

四、左翼思潮在拉美的崛起

在世界社会主义运动低潮时期，左翼在拉美国家群体性崛起，十分瞩目，也增强了民众对社会主义的期望与信心。拉美左翼也是一个宽泛的概念，包括左翼政党、新社会运动以及所有期待变革的政治力量和社会组织。

拉美左翼崛起的主要旗帜是反对“新自由主义”及其带来的祸害。20 世纪 80 年代，拉美国家接受西方国家的安排，借新债还旧债，结果引发债务危机。拉美国家寻找摆脱危机的出路。美国及世界银行、国际货币基金组织、美洲开发银行等在华盛顿召开一次研讨会，开出一个解救拉美债务危机的药方，即以新自由主义为基础的“华盛顿共识”。“华盛顿共识”要求拉美国家实行“经济市场化”“贸易自由化”和“国企私有化”。“华盛顿共识”还要求拉美国家出让某些经济主权，按照西方的设计进行经济改革和结构调整。但“华盛顿共识”不仅没有解救危机，而且加深了这些国家经济衰退和金融危机，一些国家濒临破产。

以此为契机，拉美左翼提出社会主义是资本主义的“替代方案”。20世纪末21世纪初以来，拉美左翼政党相继在委内瑞拉、巴西、厄瓜多尔、阿根廷、玻利维亚、智利、乌拉圭等国上台执政。10多年来虽有起伏，但左翼力量依然存在。

委内瑞拉查韦斯的“21世纪社会主义”是拉美现代左翼思潮的代表。查韦斯从2005年年初以来，阐述和坚持“21世纪社会主义”。查韦斯认为，这不是传统意义上的社会主义，“不是苏联模式社会主义，也不追随古巴模式，而是崭新的有委内瑞拉特色的社会主义”“是印第安人的、基督教教义和玻利瓦尔的社会主义”。很显然，查韦斯的“21世纪社会主义”并不是科学社会主义，而是基督教教义、玻利瓦尔主义和马克思主义等各种思想的混合体。然而，“21世纪社会主义”在经济领域主张国有和集体所有制，在政治领域主张人民民主、参与民主和以人民为主角的民主，同时主张团结、平等、公正，社会福利和共同发展，因而具有进步意义。“21世纪社会主义”正在实践与探索中。

近年来拉美右翼势力上升，左翼力量受到打击，左翼正在曲折中总结经验教训。

五、非洲探索具有民族主义和社会主义因素相结合的独特道路

冷战结束后，非洲国家受到美国发起的全世界民主化浪潮的冲击，引发政局一片混乱。进入新世纪之后，在多极化和全球化发展的新形势下，随着新兴国家的崛起，一些非洲国家政党开始思想革新。对内稳定政局，逐步摆脱西方发展模式，重视经济发展和改善民生。对外加强同其他发展中国家的合作，拓宽合作伙伴。中国从2009年起成为非洲第一大贸易伙伴，2013年南非加入金砖国家，带动一些国家同中俄等国加强联系。

2013年4月成立非洲政党理事会，加强非洲各国政党之间的联系以及同亚洲和拉美政党之间的交流。非洲大多数国家处在工业化初期，它们十分

迫切希望发展同中国以及其他发展中国家之间的经济合作和交流治国理政的经验。

现在，非洲一些政党正在探索理论革新，基本理论主张是走一条具有非洲特色的民族发展道路，既不是资本主义模式，也不是传统的社会主义模式以及民主社会主义模式。他们将民族主义同一些社会主义因素相糅合，而以现代民族主义为旗号，特别希望同我党进行各方面交流，包括理论方面的交流，对中国特色社会主义理论表示赞赏。他们在国内政策方面主张缩小贫富差距，实行社会公正和可持续发展。在国际问题上，非洲国家不断批判旧的不合理、不公正的国际政治经济现有秩序，不断提出建立国际经济新秩序和全球治理的合理化建议。

有的政党确定社会主义或类似社会主义的方向。如南非执政党非洲人国民大会（非国大），主张经济社会转型，实现社会公平和社会变革。又如坦桑尼亚执政党坦桑尼亚革命党，确定政府的指导思想是社会主义政策和自力更生原则，目标是让人民成为经济的主人，增强生产能力，提高国民经济水平，实现这些目标时要考虑当前现实。

六、“新马克思主义”的理论探索

“新马克思主义”主要是战后西方发达国家的左翼知识分子批判资本主义和探讨社会主义未来前景的一种社会思潮和理论探索。前苏联东欧以及第三世界知识分子也参与其中。他们中间有一批国际上著名的学者和教授。他们的论述往往成为新社会运动的指导思想。

“新马克思主义”没有固定的组织系统或统一的理论体系。它包含生态社会主义、女权社会主义、市场社会主义、分析的马克思主义，等等。他们对资本主义和社会主义的看法也互不相同。

近年来，“新马克思主义”着重论述全球化同资本主义与社会主义的关系。“新马克思主义”的一批学者认为，现在的全球化是西方发达国家垄断资本主导的全球化，导致资本主义基本矛盾向全球扩散，引发地区性或全球性的矛盾和危机。另有一些学者认为，全球化的发展使西方发达资本主义内部的“新社会因素”不断增长，为以后的社会主义做了物质准备。

“新马克思主义”在思想理论界属于左翼。他们在苏联解体东欧剧变之后，批评苏联社会主义模式，特别是对高度集中的经济体制进行了批判。在2008年发生国际金融危机之后，激烈批判“新自由主义”和“资本主义主导的全球化”。他们认为，金融资本主义、虚拟经济和消费主义是产生当代资本主义经济危机的原因。他们同时提出了各种社会主义的改革方案。

民粹主义的前世今生

世界掀起“民粹主义浪潮”，给世界发展带来“不确定性”。民粹主义反建制、反精英政治、反全球化。全球化有正能量和负影响，对全球化要有准确的认识。全球面临政治、经济、文化、社会各种问题，主要祸根在于“新自由主义”。美国要把全球化变为“新自由主义”全球化。中国是现代国际秩序的创建者、贡献者和改革者。中国提出构建包容联动的全球发展格局，得到国际社会广泛赞赏。

从英国公投脱欧到特朗普当选美国总统，在全世界掀起“民粹主义浪潮”。现代民粹主义的崛起给世界发展带来“不确定性”，涉及各大国政治生态的变化，国际格局和国际关系的变化，甚至可以说涉及世界向何处去，人类命运如何发展等重大课题。

民粹主义是一个含糊和宽泛的概念，包含不同的政治倾向，不同的流派，不同的治国执政理念，不同的产生根源。而且，民粹主义既是思潮、理论，现在又是一些政党的政纲和一些国家的执政理念。因而需要全方位地对民粹主义进行分析和研究。

一、民粹主义的起源

民粹主义作为思潮、理论和社会运动，最早起源于19世纪六七十年代的俄罗斯。当时俄国资本主义已经开始发展，但小生产仍占优势。一些要求革命的知识分子，以“人民的精粹”自居，提出“到民间去”的口号，身穿农民服装，到农民中间去宣传他们的革命思想，企图发动农民起来推翻沙皇统治。他们认为，革命的主要力量是农民而不是无产阶级，只有发动农民组织“村社”才是社会主义发展的基础。他们认为历史是英雄人物创造的，“群氓”只能追随英雄人物。他们主张采用个人恐怖手段取得政权。“民粹派”在当时反对封建统治的斗争中起过一定的进步作用。但他们的理论观点是错误的，阻碍了马克思主义的传播和工人运动的发展。“民粹派”在遭受沙皇政府镇压后，蜕化为富农利益的代表，同沙皇政府妥协。

列宁揭露了“民粹派”的“人民之友”的伪装，从思想理论上深刻地批判了民粹主义的世界观、政治纲领、经济观点和斗争策略。列宁领导的无产阶级革命兴起后民粹主义就销声匿迹了。

19 世纪六七十年代，在工业发达的欧洲国家，民粹主义影响微乎其微。这一时期欧洲流行的思潮是带有某些民粹主义色彩的无政府主义。一个典型例子是巴枯宁。巴枯宁最早是俄国民粹主义思想家。后来在德、英、法、意等国进行社会活动，成为无政府主义的主要代表人物之一。他的一套理论观点被称为“巴枯宁主义”。“巴枯宁主义”反映了当时资本主义社会中陷于破产的小私有者的恐慌心理和流氓无产者的思想意识。马克思主义同无政府主义进行了长期的斗争。

现代民粹主义从思想体系上来说，同古典民粹主义有传承关系。但现代民粹主义的特征是同现代社会发展紧密相联的。因而同古典民粹主义又有原则区别。

现代民粹主义的主要特征是“三反”：反建制、反精英政治、反全球化。民粹主义反建制，就是要改变或颠覆现行政治体制，改变现行国际秩序的规则。但民粹主义的反建制，并不是要推翻西方民主制度，只是“在制度内造反”。

现代民粹主义另一特征是反全球化，把西方国家制度上产生的弊端，和国际上的贫富差距等统统归咎于全球化。民粹主义利用“信息化”，用网络直接诉诸民众，对其兴起起了重要作用。民粹主义提出的弱势群体的民生问题，确系现实问题，有一定的进步意义。由精英集团组成的传统政党，以“政治正确”自居，热衷于政治斗争和党派斗争。所谓“轮流执政”也是“你方唱罢我登场”，换汤不换药，全然不顾民众的死活。民粹主义的出现，政党格局发生变化，应引起传统政党的反思，正视现实问题，调整其战略和政策。

二、全球化的正能量和负影响

民粹主义以反全球化为旗帜。他们把经济危机、债务危机，产业空心化、失业增加、贫富差距扩大、中产阶层收入下降、发生难民潮，都一股脑儿归咎于全球化。因此准确认识全球化就十分必要。

（一）对全球化的“界定”。

全球化的范围应确定在经济领域，即“世界经济全球化”，而不能扩展为“政治全球化”和“文化全球化”。

经济全球化应定义为：经济活动和资本超越民族国家的界限，形成相互依存的世界性市场，资源在全球范围内配置。

经济全球化对政治和文化当然会有影响，但不能任意扩展到政治和文化领域。西方政界和学者把经济全球化扩展到“政治全球化”和“文化全球化”是包藏祸心的。

所谓“政治全球化”，就是西方国家企图将“全球西方化”，在“新自由主义”的旗号下，在全世界推广西方的价值观、政治和经济模式以至生活方式。这就是对全球进行“民主冲击波”，就是对转型国家和第三世界国家进行“颜色革命”。“政治全球化”理论依据之一是“世界主义”。“世界主义”的推行者提出“国家主权过时论”“人权高于主权论”，主张“取消国家”，组织所谓“世界政府”。目的是把世界上一切民族和国家统统置于西方统治之下。“文化全球化”被西方和第三世界左翼学者批判为“文化帝国主义”。“文化帝国主义”概念出现于20世纪60年代，冷战结束后成为左翼学者的热议课题。例如，佩查斯（James Petras）在1993年的《20世纪末的文化帝国主义》一文中指出：“西方统治阶级对它的人民的文化生活的系统的渗透和控制，以达到让被压迫人民的价值观、行为方式、社会制度和身份，服从帝国主义阶级的利益和目的。”

右翼民粹主义有种族主义色彩，拒绝多元文化。而多元文化是客观存在的，文化多元性是基本历史知识和世界现实。

人类文明发源于地球的多个地域。起源时间各异，起源地域各不相同。人类经过蒙昧时代，野蛮时代，从铁矿的冶炼开始，并由文字的发明及其应用于文献记录而过渡到文明时代。由于各个文明发源地的地理和自然条件不同，特别是受气候的影响，生存条件各异，进入文明时期的不同地域的不同民族（部落），带有各不相同的特色。所以可以说，人类文明从开创时期起就是多元的，具有多样性，而不是单一的。

世界文明的发展历史就是人类社会的发展史，文明发展同社会发展相伴而行。

（二）对全球化的正能量和负影响的评判。

经济全球化是一把“双刃剑”。经济全球化是科技革命和世界经济发展的产物，顺应了时代之潮流。经济全球化出现负面影响是西方推行“新自由主义”在作怪。不能否定全球化，同时也要正视出现的问题，把全球化推向更有活力、更加包容和可持续发展，使各国人民共享全球化的成果。民粹主义指出全球化产生的问题是值得深思的,但由此而全盘否定全球化是不对的。

经济全球化在最近20年内，特别是2008年国际金融危机发生之前的10年，推动了全球科技和经济的前所未有的发展，创造史无前例的巨大财富，不仅发达国家得利，广大发展中国家也得利。新兴经济体的群体性崛起也是在这个时期。

但是，与此同时，由于经济全球化是由西方发达国家为主导的，而西方发达资本主义国家本性就是自私和贪婪，全球化所获得的成果和财富大量流向发达国家以及发达国家内部的少数人手中，造成收入分配不均，社会分化。加之大搞虚拟经济，实体经济破产，大量工人失业。同时，发达国家将某些产业转移到成本较低的发展中国家，从发展中国家赚取利润的大头。而西方国家的统治者把本国的就业问题归咎于发展中国家“抢了饭碗”。

经济全球化的健康发展，发展中国家是作出贡献的。中国等新兴经济体参与全球化进程，对西方资本主义主导的全球化不公正和不平等进行了制约，并提出了使全球化向健康和公正方向发展的方案。G20 就起了这个作用。

（三）民粹主义风潮同反全球化运动。

民粹主义风潮同反全球化运动既有联系又有原则区别。两者从思潮上来说有相似点，但在两者所要达到的目标上是有区别的。

反全球化运动是伴随着全球化发展而生成的，被认为是“新社会运动”，所谓“新社会运动”就是指不同于传统的劳工运动和先进政党领导的群众运动。这种“新社会运动”最早和最典型的是 20 世纪中期发生在西欧的学生运动。有人认为，反全球化运动承继了“68 学生运动”。

1999 年 12 月美国西雅图风暴拉开了反全球化运动的序幕。之后，反全球化运动成为新兴的国际抗议示威运动，年年发生，斗争矛头指向推进全球化或地区一体化的大型国际经济组织和国际性会议。2000 年 5 月 1 日国际劳动节，全球 75 个国家都发生了反全球化抗议活动。反全球化运动起始时采取大规模示威游行，街头斗争，并以暴力对抗为主。

2001 年 7 月意大利热那亚的抗议活动，将反全球化运动推向高潮。抗议活动主要针对在热那亚举行的八国首脑会议。7 月 20 日，八国首脑会议开幕当天，12 万示威者举行了声势浩大的游行。八国首脑会议三天时间，示威活动毁坏汽车 83 辆、打劫商店 41 家、银行 34 家。

热那亚高潮之后，反全球化运动进入低潮，内部发生分化。主要分为激进派和改良派。改良派主张“非暴力”，参加社会论坛讨论，认为“新自由主义”是“全球化综合症”的病因，表示要“为全球社会正义、经济公平、民主、消除外债等目标而奋斗”。改良派占了优势。

反全球化运动反对精英政治，对议会政治、政府机构、政治家采取不信任的态度，认为西方国家的“民主”产生种种问题，存在“民主赤字”现象，而且这既存在于国家层面也存在于国际层面。反全球化运动议题还包含失业、人权、环境污染、贫富差距、争取和平等，要求全球公正和民主参与。这些同现代民粹主义有相同和相似点。

现代民粹主义同反全球化运动有很大区别。反全球化运动参与者有左翼、右翼、民主运动、社会运动、妇女运动、和平运动的各派各系，但左翼力量占优势。而民粹主义虽然也有左翼参与，但右翼甚至极右势力占有优势。特别是欧洲一些民粹主义政党，有明显的种族主义倾向，对外来移民采取排斥和仇视的态度，反对社会多元化，反对多元文化，反对欧洲一体化，鼓吹极端民族主义。

三、罪魁祸首是“新自由主义”

美国推进经济全球化是以“新自由主义”为设定的政治目标，大力输出西方核心价值观和制度模式，因而产生全球化的种种弊端。可以说，经济全球化的负面影响主要应归咎于“新自由主义”。

（一）“新自由主义”的四面旗帜：自由化、私有化、市场化、金融化。战后，西方大国为了恢复经济，普遍采用“凯恩斯主义”。“凯恩斯主义”目的是避免资本主义经济危机，主张政府干预经济，放弃对市场的“自由放任”。“凯恩斯主义”要求由政府进行“需求管理”，解决需求不足和投资不足的问题，用适度的通货膨胀政策来刺激消费从而带动投资，实现充分就业。“凯恩斯主义”在战后30年取得了显著成就。欧洲、美国和日本实现了新的经济飞跃。资本主义进入了一个新的发展阶段。

与此同时，战后德国实行了“社会市场经济”，这是“凯恩斯主义”的发展。这种市场经济除主张政府对市场经济进行宏观调控外，还强调经济与社会协调发展，以“公平公正”为发展目标，实施“福利国家”政策，缓和社会矛盾；在所有制问题上主张股份公司相互控股；在企业管理上实行“共同决定权”，出资者同职工代表进行共同管理。“社会市场经济”虽在阿登纳任联邦德国总理时推行，但也深深地打上了社会民主主义的烙印，因而为西欧国家所普遍采用，称为有别于美英模式市场经济的“莱茵模式”。20世纪70年代中期，西方国家由石油危机引发经济危机，人们重新审视“凯恩斯主义”和“福利国家”政策，代之以“新自由主义”。20世纪80年代初，撒切尔和里根把“新自由主义”引为国策。“新自由主义”有各种派别，但自由化、私有化、市场化、金融化是其基本特征和理论。

1. 自由化：主张经济上“自由放任”，反对政府对经济与社会生活的干预，反对“福利国家”政策。控制货币发行，抵制通货膨胀。经济自由同政治自由有必然的联系，经济自由是达到政治自由的一个不可缺少的手段。计划是同民主对立的，政府作用要尽可能地缩小。工会影响资本家投资的积极性，是自由市场经济的障碍。

2. 私有化：认为自由市场经济的基础是私有制。只有实行私有制才能使经济活动得到充分自由。市场机制的调节作用也是以私人企业制度为前提的。只有以私有制为基础的自由竞争才能提高经济效率，并逐步形成市场规模和市场调节机制。私有制还能保证政治自由的实现，因而是人类历史上最完善的制度。

3. 市场化：经济自由主义的核心思想是“经济人”和“看不见的手”。“经济人”就是指“以牟取利润为唯一目的”的从事经济活动的个人或利益集团。一只“看不见的手”就是人们利己本能和天性。“经济人”在利己本性的指导下，受着一只“看不见的手”的指导，会“自然均衡”地形成“市场机制”。市场本身具有足够的竞争性，来有效地解决生产什么和如何生产的问题，而不需要政府那只看得见的手。只有市场的自愿交易占支配地位的经济、才具有促进经济繁荣和人类自由的潜力。市场的作用除在经济领域外，还应将其作用范围扩大到所有社会领域。

4. 金融化：在“新自由主义”的催动下，美国经济在20世纪末期和21世纪初期发生了结构性变化。美国虚拟经济膨胀，实体经济萎缩。美国金融产业在20世纪90年代中期超过了制造业，之后差距越来越大。20世纪末期，金融、保险和房地产在美国经济中占了20%的份额，而制造业为14.5%。到2004年，金融公司的利润在全美国占了接近40%。美国金融大佬特别贪婪敛财，以“钱赚钱”方式，疯狂投机。而另一方面，一批批工厂倒闭，实体产业不振，使千百万劳动者陷入失业和贫困的深渊之中。如果从现代资本主义发展进程来看，可以说，美国已发展为金融资本主义阶段，或称金融帝国主义。

（二）美国要把经济全球化变为“新自由主义”全球化。冷战之后，美国霸权主义有了新的发展，这种新发展的最本质特征就在于要在全世界推广“新自由主义”。美国的国际战略就是在这一基础上形成的。美国的国际活动也是围绕着这个主旋律进行的。美国使用政治、经济、文化，特别是思想渗透的方式来达到这一目的。这就使我们看到“美国因素”在全球各地普遍存在。美国推行的“华盛顿共识”，就是从拉美开始进行全球的“民主化”“自由化”。

“新自由主义”向苏联和东欧国家推行。苏联解体、东欧改制是在内因和外因相互作用下发生的。内因是主要的，外因是通过内因起作用的。作为外因，就是从美国吹过来的这股“新自由主义”之风。戈尔巴乔夫主政苏联时期，邀请美国的“新自由主义”经济学家设计“改革方案”，于是搞了一个“休克疗法”，即全面私有化。发起这场“全球民主化第一战役”的，正是同英国首相撒切尔夫人齐名的“新自由主义”倡导者和实施者美国总统里根。美国“不战而胜”，里根立第一大功。因而，美国“全球民主化第二战役”的发起者布什要盛赞里根。作为苏联和俄罗斯问题研究的专家赖斯也有功劳，于是当上了国务卿。

这股风也吹向西欧。西欧是“凯恩斯主义”和“福利国家”的发源地。在当时，西欧国家的重要经济领域都有国有企业或者政府控股企业，“新自由主义”之风一吹来就全部私有化了。1998年2月，在美国（民主党）总统克林顿的推动下，英国（工党）首相布莱尔提出“第三条道路”的政策主张。德国（社民党）总理施罗德是积极支持者，发表了“施罗德—布莱尔文件”，把“第三条道路”推向西欧。“第三条道路”是想在社会民主主义与“新自由主义”之间搞折中，实际上是向“新自由主义”靠拢。因而也可以说盎格鲁—撒克逊模式冲击“莱茵模式”，“资本主义反对资本主义”。但是“第三条道路”并未成功。随着克林顿、布莱尔和施罗德的下台，“第三条道路”实际上已破产。

布什以“先发制人”和“单边主义”的国际战略，发起“全球民主化的第二战役”。发动伊拉克战争，除石油利益外，主要是要把伊拉克作为“推翻独裁政权，建立民主政权”的样板，在整个中东地区推行“大中东民主化”

计划，向伊斯兰地区推行美国式的政治体制和价值观念。与此同时，美国在中亚发起“颜色革命”，扶植反政府的“民主派”，进行舆论宣传和“街头革命”，推销“新自由主义”的药方。

四、现代民粹主义和国际秩序

现代国际秩序是战后建立起来的，以联合国为主体，同时还有世界贸易组织（WTO）、世界银行和国际货币基金组织（IMF）。战后设置的国际机制机构，为世界和平与发展提供保障，是同世界经济全球化同步发展的。

特朗普从反全球化出发，对现代国际秩序的机构设置，特别是对WTO采取怀疑甚至否定态度，为他实施全球贸易保护主义开道。

现代的国际秩序确实有缺陷，主要是不公平、不平等和不可持续的问题。但问题的产生恰恰在于美国。特别是在苏联解体、冷战结束之后，美国提出它的“世界新秩序”，就是企图实施一种美国单极霸权体系，组建西方意识形态化的“民主联盟”。美国还一度试图以G7来代替联合国，结果未成。美国的“世界秩序”遭到中国及广大第三世界国家的反对。中国是现代国际秩序的创建者、贡献者，同时也主张进行改革，但不是推倒重来。

同国际秩序相联系的，就是全球治理问题。全球治理并不是“政治全球化”，而是人类面临共同的经济与生态等问题，通过平等协商，协调合作进行治理。但现实是，这种全球治理已经缺失。

全球治理提出于冷战刚结束、国际形势激烈变动、国际力量重新组合之时。最早是由国际发展委员会主席、德国政治家勃兰特，连同帕尔梅、布伦特兰、尼雷尔和卡尔松等，经过几次开会讨论，于1991年发表一份“关于全球安全与管理的斯德哥尔摩倡议”。1992年，由28位国际知名人士发起成立“全球治理委员会”。在1995年联合国成立50周年之际，发表了全球治理委员会的报告《天涯成比邻》，阐明了全球治理的概念和价值。此后，对“全球治理”基本处于理论学术讨论阶段，在国际金融危机发生之后，又被热议起来。

对“全球治理”众说纷纭，西方政界和学者要把“全球治理”往“政治全球化”和“西方核心价值观”方向上拉。

中国提出的全球经济治理，以和平、开放、公正、合作和共赢、共享为目标，共同构建开放透明的全球贸易和全球金融治理体系，构建包容联动的全球发展治理格局。中国的主张得国际社会广泛的赞誉。

第五章 世界大势

国际格局多极化和世界经济全球化进入新阶段

（一）近20年来，多极化和全球化发生很多变化，进入了新阶段。国际权力结构由以发达国家的一个中心，向多中心转移。新兴经济体由经济实力向政治力量演化。国际权力结构逐渐同国际格局多极化相适应。原有的国际权力结构已经动摇，新的相对平衡尚未形成，势必造成两种结果。首先是权力结构走向相对均衡，有利于国际关系民主化的发展。同时，在此新旧交替时期，必然产生一定程度的混乱，各国特别是大国之间互不适应和互不信任，矛盾与摩擦随之增加。大国关系处于敏感的战略调适期。原来处于中心位置的发达国家，不情愿失去“一个中心”主导世界的地位。而新兴国家同发达国家的关系也有一个磨合的过程。

（二）多极化内涵发生深刻变化。多极化是两极结束后对国际形势和格局的准确判断，并由此而确定我国同其他大国的战略互动关系，即多边主义。美国宣扬的“无极主义”和“单极主义”是站不住脚的。美国宣扬“单极和平论”和“多极混乱论”，其目的十分明显，就是为了实施“单极独霸”的战略意图。欧盟、俄罗斯和广大发展中国家都赞同“多极主义”。奥巴马上台后，实施“巧实力”外交，改变小布什的“单边主义”，但始终没有赞同多极化。当然多极化本身已经历20多年，其内涵发生深刻变化。“多极化”最早从20世纪中期尼克松提出世界五大力量（美苏欧日中）演化而来。冷战结束后，国际格局是“单极”还是“多极”曾有过一段争论。大多数国家的政界和学术界都赞同两极结束之后世界进入了“多极化格局”。然而美国是唯一超级大国，因而又有“一超多强”之说，补充“多极化”理念。当时依据“五大力量”把“多极化”说成是美欧俄日中“五极”。邓小平也赞同这一说法。我国多年来也一直把“多极主义”作为对外战略和政策的重要依据。多极之间相互合作与制衡，有利于世界和平与发展。20 年过去了，“多极化”内涵已发生很深刻的变化，早已不是“五极”所能涵盖。美国相对衰落，中国 GDP 成世界第二，日本经济停滞不前，欧盟经济不景气，现又陷入主权债务危机，俄罗斯仍以重振大国地位为目标。特别是新兴经济体群体性崛起，正在改变世界经济结构。因而现在我们认识的“多极化”并不局限于过去“五极”，也并不一定要数清到底有多少极和哪几极。“极数”模糊，并未改变“多极化”的国际格局这个事实。

（三）经济全球化负面影响显现。苏联解体，冷战结束，两个超级大国争夺世界霸权和世界上两个相互排斥的平行的市场也随之结束。世界经济全球化依此得以迅速发展。近 20 年来，在经济全球化迅速发展的前提下，世界经济得到前所未有的发展。新兴经济体群体性崛起也是在这一时期出现的。但是，经济全球化具有两面性，近 10 年来，其负面影响越来越显著地表现出来。首先，经济全球化是由西方发达国家主导的。西方发达国家为了自身私利，不惜牺牲发展中国家利益，西方财团控制的跨国公司肆意在发展中国家扩张，捞取高额利润和财富。其次，西方国家凭借经济实力和“软实力”的优势，利用经济全球化，竭力推行西方价值观和“新自由主义”，造成一些地区局势动荡。第三，2008 年起源于美国的国际金融危机，其主因不能归咎于经济全球化，而应归咎于“新自由主义”的金融帝国主义，但经济全球化对危机的发展起到了推波助澜的作用。美国利用经济全球化和自由化转嫁危机。美国和西方国家还利用经济全球化推行政治全球化、文化全球化和西方价值观全球化。经济全球化负面影响导致现在全球的一个十分特殊现象，就是一方面由于经济全球化而使各国经济相互依存度增加，而另一方面许多国家民族意识、主权意识反而明显加强。民族和主权意识增加同经济全球化逆向而动。这是一个值得重视的很有意思的研究课题。

（四）全球经济格局发生重大改变。“新兴经济体”的参与和实力显示，世界经济美日欧三足鼎立的格局正在被打破。现在的“新兴经济体”的经济总量同发达经济体相比尚有较大差距，但从发展趋势看，有的国际经济研究机构预测，“新兴经济体”作为一个整体，经济规模估计将在2030—2035年之前超过发达经济体。

（五）从“模仿者”逐渐发展成为“创新者”。“新兴经济体”是一个模糊的概念，不是一个国际性或地区性的经济联盟，也没有一个固定的国家数和序列。近10年来，“新兴经济体”中大多数国家都走过从“模仿者”到“创新者”的过程。现在，“新兴经济体”同发达经济体之间的经济关系、科技创新、人才流动以及经营投资方面已经不是单行道，而是双行道，是一种互动、互促和互利的关系。“新兴经济体”进入全球经济“引领者”行列，推动经济全球化进入新阶段。

（六）“合作共赢”已经成为共识。经济全球化初始阶段，西方发达国家往往以“恩赐者”和“指导者”姿态对待发展中国家。现在不同了，“新兴经济体”已经发展成为同发达经济体形成“你中有我，我中有你”的相互依存的关系。最新一项值得关注的动态是，“新兴经济体”中大国迅速增长的投资基金（主权基金）进入发达经济体国家的企业公司和金融机构进行投资，使它们的股份多样化。面对激烈的竞争，西方大国重新拾起“贸易保护主义”，但世界主流是“合作共赢”，也只有贯穿“合作共赢”理念才能使经济全球化健康向前发展。

（七）革新和健全国际经济“游戏规则”提上日程。“新兴经济体”的发展已经显示以西方发达国家为主导的现行国际经济体制和“游戏规则”已不能完全适应世界经济格局的新变化。这并不是说要把旧的国际经济秩序推倒重来或另起炉灶，而是要求平等参与，把现有的国际经济秩序和“游戏规则”推向更加均衡、更加合理和更加平等的方向发展。特别在WTO、IMF和世界银行三大国际经济组织中，“新兴经济体”国家应有更多的发言权和参与权。

国际形势新特点和应对思考

一、国际形势新特点

（一）变革之风吹遍全球，以国际金融危机为标记，世界处于大转折时期。国际力量对比和国际格局正进行冷战后的“第二次洗牌”。变革成为时代潮流。G20在变革声浪中诞生。欧盟也在变革大势下进入“困境”和“变革”的新阶段。

（二）“和平与发展”的时代主题没有改变，而其内涵有新的发展。“和平与发展”作为时代主题要管很长的历史时期，而这个历史时期又可划分为各个阶段。20年来走过了第一阶段，现在已进入第二阶段。20世纪80年代初中期，邓小平提出“和平与发展”为时代主题，当时冷战并未结束。因此，他提出，和平问题是东西问题，发展问题是南北问题。现在东西关系和南北关系已有了很大改变。东西界限和南北界限已不再如以前那样明显。就国际关系而言，甚至可以说已经有某种超越。

（三）全球问题突显。金融和经济危机在全球化形势下已不分社会制度和发展程度而蔓延全球，没有国家可以独善其身。恐怖主义威胁各国安全。资源和能源及水资源问题日益严重。核扩散问题长期得不到解决。生态环境恶化、气候变暖成为全球迫切议题。贫困和粮食短缺问题仍未解决。跨国犯罪，严重自然灾害，大规模流行性疾病日益严重。各国的安全与发展已同全球问题紧密相连。

（四）大国关系呈现多面性与复杂性。由于国际格局多极化深化发展，大国在国际格局中的位置进行重新客观调整。大国之间力量较量将会加强。但由于相互依存度增加，伤害别人也必损害自身，大国之间寻求妥协与合作成为主导面。大国之间政治、经济、文化各领域既竞争又合作的多面性与复杂性将长期存在。

（五）大国之间的战略互动关系加强。奥巴马任美国总统时期，作为冷战后唯一超级大国的美国，“单边主义”难以为继，虽然霸权主义战略并未根本改变，但“独霸天下”已无能为力，开始寻求“多边合作”的路子。但特朗普任美国总统后又奉行“美国优先”和“单边主义”政策。然而，国际格局多极化的发展是世界潮流，势必客观推动大国之间相互协作又相互制衡的战略互动关系。

（六）“战略伙伴关系”走向机制化。各种名称的“战略伙伴关系”是冷战后维护大国关系良好互动的基础。但“战略伙伴关系”可虚可实，缺乏约束性。近年来，大国之间在增加政治互信基础上，使“战略伙伴关系”逐步走向机制化。

（七）新兴大国群体崛起。以“金砖国家”为代表的新兴大国群体崛起已势不可挡。由于力量对比发生变化，新兴国家在国际事务中发挥越来越大的作用。进一步提出改革旧的国际政治经济秩序的要求。发达国家同发展中国家特别是同新兴大国之间的矛盾和摩擦会增加。但另一方面，多极化和全球化，使发展中国家同发达国家利益“相互密切相连”。发展中国家同发达国家“既斗争与竞争又妥协与合作、以合作为主”的新型关系正在形成。那种认为发达国家同新兴大国必然发生激烈冲突的论点是站不住脚的。

（八）国际思潮：中右翼乘机占优势。国际金融危机的发生，使“新自由主义”思潮在风行 40 多年之后受到质疑。同时，金融危机使国际左翼有东山再起的期望。但一年多之后，这种期望并未实现，左翼思潮没有起色。欧洲各种思潮竞争更为复杂，但也显现中右势力呈上升趋势。这种思潮的变化，使西方国家政党格局更显复杂。

（九）各种“发展模式”在比较中竞争与借鉴。在观察国际形势特点时，除国际格局多极化和世界经济全球化外，还有一条就是文化多样性越来越明显，源于文化多样性而形成“发展模式”多样性。以全球视角来看，谈论所谓“模式”时，应注意到经济全球化和文化多样性的时代特点。经济全球化使各国经济相互依存性增加，各国发展道路也随之有一定的共同性。而文化多样性形成世界各国“发展模式多样性”。如果把“模式”理解为本国独特道路的话，各国有互不相同的“发展模式”。除美国模式、欧洲模式外，还有日本模式、中国模式、印度模式、俄罗斯模式、巴西模式、韩国模式、南非模式等等。各种模式都有长处和短处，可以相互比较而借鉴与相互学习。当今时代，“模式之争”日趋激烈，这是西方国家挑起来的，目的是歪曲、贬低和阻挠中国的发展，并以此为借口，推行“人权外交”，强化意识形态在对外关系中的作用。但实际上，这是做不到的，国家关系始终是以国家民族利益为第一位的。

（十）社资两种制度都将在“制度创新”中向前推进。就理论和制度而言，中国特色社会主义的伟大实践，是世界社会主义理论的宝贵财富。中国特色社会主义理论尚在探索和发展中，随着中国国情和时代变化而发展。在经济建设取得世界瞩目成就的同时，中国特色社会主义制度也在创新过程中。遍及全球的金融危机，充分暴露了金融资本主义的贪婪性、腐朽性和危害性，但资本主义制度并未因此而走向没落。它仍具有修复力和活力。但资本主义的特性及根本矛盾并未发生变化。

二、应对思考

（一）我国仍属于“发展中国家”。在中国实力和国际影响不断上升的情况下，我国的综合国力、科技、文化和军事影响力同发达国家还有相当大的距离。我国仍将处于社会主义初级阶段。至于中国是否属于“第三世界”，不仅从经济发展水平出发，还含有政治含义。邓小平曾反复强调，中国永远属于第三世界，现在属于第三世界，将来发展富强起来，仍然属于第三世界。这是邓小平的一个重要的国际战略思想。习近平总书记在党的十九大报告中指出：“中国发展不对任何国家构成威胁。中国无论发展到什么程度，永远不称霸，永远不搞扩张。”

（二）不扛旗，不出头，不卷入国际斗争中心的旋涡。中国发展强大起来理所当然地要承担相应的“国际责任”。新兴大国群体崛起，要求改革旧的国际金融和经济体制的呼声很高。但改革是一个漫长的历史过程。改革又会涉及各方利益，十分复杂。我们在提出改革方案时，要本着不扛旗不出头的原则，提出“中国方案”，供各方讨论。

（三）在大国战略互动中纵横捭阖。国际力量对比发生变化，大国战略地位处于调整之中。大国关系处于敏感期和调适期。在大国战略协调与合作加强的同时，战略利益的矛盾和摩擦也随之扩大和深化。中美关系仍应是我对外关系中最重要关系之一。但在新的国际格局变动情况下，我宜在发展同美国关系的同时，加强对欧、对日、对俄以及对发展中国家特别是新兴大国的关系，充分利用战略互动关系，运用外交谋略，纵横捭阖，灵活回旋，为我所用。

（四）面对贸易保护主义的增大压力，我要据理力争。美国挑起贸易战，中国首当其冲，深受其害。近年来，西方大国和新兴大国同我国的经济和贸易摩擦不断增加。对于歧视的反倾销我一定要据理力争，或采取相当的反制措施。但是大国之间贸易战是常有的事，包括西方盟国之间，一般都按现有国际通用规则通过协商谈判而加以缓和及解决。我们要熟悉这一套“游戏规则”，就事论事地协商解决贸易摩擦和纠纷，同时要坚决维护我们的国家的核心利益。

（五）积极主动应对和化解气候变暖的国际压力。我国已成为世界最大的二氧化碳排放国，已受到越来越大的国际压力。气候变暖问题已成为国际舞台上最重要议题之一，也成为我国对外关系的重要议题。奥巴马改变了布什在这个问题上的政策，主动抓住“绿色经济”的旗帜。在欧盟率先提出发达国家 2020 年在 1990 年基础上减排 30% 的目标的推动下，2009 年时任美国总统的奥巴马承诺，计划至 2020 年把美国的碳排放量减至相当于 1990 年 4% 的水平。可以看出，美国同欧盟在减排目标上差距仍很大，同时美国能否实现这一计划尚有诸多疑问。现在特朗普政府要退出《巴黎协定》，我宜同欧洲国家一起维护《巴黎协定》对各国的承诺。

（六）研究和熟悉西方和新兴大国政治生态的新变化。根据国际形势的变化，我们要充分认识和熟悉西方和新兴大国政治生态的新变化。在西方国家政治体制中，对西方国家选举上台执政的政党和政府领导人来说，选举、议会和舆论是他们政治生涯的重要支柱。随着世情、国情和民情的变化，为维护执政地位或争取上台执政，西方政治家往往随机应变，甚至出尔反尔是常有的事。大国关系处于战略调整期和敏感期，对我国同西方大国和新兴大国的关系，要作全面战略考量，既维护自身的战略利益，也要考虑对方的利益和关切点。近年来，西方一些大国新一代领导人上台执政，他们带有一个时代的风格与特征，对他们要作全面客观的分析。

大变革：国际形势新发展的一个特点

发端于美国的国际金融危机已经超出了金融和经济的范围，涉及国际格局、经济全球化、国际秩序、国际机制、国际思潮、新兴经济体、大国关系、发展模式、文化多样性、当代资本主义和当代社会主义等方方面面。当前国际形势最显著的特点就是大变革。在大变革中，国际格局多极化、世界经济全球化和文化及发展模式多样化向广深方向发展。

一、变革之风吹遍全球，引动国际格局“第二次洗牌”

40 年前柏林墙倒塌，之后苏联解体，两极格局终结。国际力量对比进行“第一次洗牌”。美国成为冷战后唯一超级大国，但世界并未走向“单极世界”。冷战结束并没有意味着“历史的终结”，也不是“共产主义大失败”，更没有进入美国“单极独霸”时代。冷战结束的最重大意义恰恰在于，以强权政治和分割势力范围为核心的雅尔塔国际体系的垮台，从而促使国际力量分化、调整和组合，国际格局走向多极化。国际格局多极化发展的原动力，是由世界客观形势发展所形成，而不以人们主观意志为转移。多极化是一种客观现实，也是一种对客观历史进程的国际认识。

大危机必然催动国际格局大变动。以危机为动因，国际力量对比和格局正进行“第二次洗牌”。多极化在冷战结束近 40 年的发展，大致可分为前 10 年和后 30 年两个阶段。后 30 年，国际力量对比发生比前 10 年更大的变化。

在 30 年中，多极化内涵发生变化。多极化提出和初始阶段，主要指世界上五大力量，即美国、日本、欧盟、俄罗斯和中国。现在情况不一样了，不仅五大力量之间发生变化，而且新兴国家群体性崛起和发展中国家力量加强，成为国际格局多极化中的重要因素，国际格局多极化的内涵更加丰富了。

二、时代主题没有改变，但“东西”界限和“南北”界限开始模糊

现在称为百年未遇的这场危机，有其深刻成因和影响，但不同于20世纪发生的大危机。主要是时代不同了，世界经济总量大大增加了，国际合作共同应对危机成为主导思想和政策。因此，危机引起的变革不是一场激烈的冲突与革命，而是一场缓慢的改良，需要经历很长的历史进程。

“和平与发展”作为时代主题要管很长的历史时期，而这个历史时期又可划分为各个阶段。20年走过了第一阶段，现在已进入第二阶段。20世纪80年代中期，邓小平提出“和平与发展”为时代主题，当时冷战并未结束。因此，他提出，和平问题是“东西问题”，发展问题是“南北问题”。

所谓“东西问题”不是一个地理概念，而是政治概念，即资本主义和社会主义的对抗。所谓“南北问题”也不是一个地理概念，也是政治概念，指发达国家和发展中国家的对立。现代国际关系中这两个问题依然存在。

然而，随着国际形势和国际力量对比发生变化，现在的“东西关系”和“南北关系”已经有了很大改变。也就是说，“和平与发展”时代主题没有改变，而“和平与发展”的内涵有新的发展，已经超越了“东西关系”和“南北关系”的界限。由于多极化和全球化的发展，在观察“和平与发展”时，既要考虑“东西”和“南北”的因素和影响，又要不局限于“东西”和“南北”的概念，其中一个考量因素就是全球问题突出起来了。

三、全球问题日显，国际合作共同应对全球挑战

世界进入新世纪以来，全球问题日显突出。全球问题突破“东西”与“南北”界限，涉及全人类共同关切的国际课题，同全球和各国和平、安全

和发展紧密相连。全球问题的单子越拉越长，有些问题还十分迫切，正成为各种形式的国际会议和国际活动的重要议题。这些问题包括：国际金融和经济危机，恐怖主义威胁，核武器和大规模杀伤性武器扩散，生态环境恶化和气候变暖，矿物资源、能源和水资源短缺，贫困问题和粮食短缺，跨国犯罪和毒品泛滥，严重自然灾害，大规模流行性疾病等。

全球气候变暖日益威胁全球生态平衡和人类生存。在凝聚这一共识的基础上，气候变暖问题已成为国际政治活动的最重要议题之一，也成为各国对外关系的重要议题。这一议题还涉及气候变化对能源、粮食安全的影响，以及对贸易、金融和国家安全的影响。

欧洲有“绿色”传统，有比较发达的“绿党”和“绿色”NGO，有起步较早和形成规模的“绿色”产业。出于政治和经济原因，欧盟抓住“绿色”大旗，乘《京都议定书》即将到期之际，提出以“减排”为核心的应对气候变化措施。欧盟率先提出“减排”目标：到2020年相比1990年将减排20%–30%，以此显示其在气候问题上的“领导作用”，并向其他国家施压。发展中国家特别是新兴大国尚处在工业化过程中，无法承担同发达国家同等的责任。因此，发展中国家坚持“共同而有区别”的原则，并要求发达国家在资金和技术方面给予支持。美国奥巴马政府改变布什政府拒绝签署《京都议定书》的立场，承诺2020年美国温室气体排放量在2005年基础上减少17%（为1990年的4%左右），美欧在减排目标上差距仍很大。同时其他大国也纷纷提出具体减排目标。中国正采取相应措施变压力为动力，加快转变我国经济发展方式，推动产业化结构优化升级。中国将以此为目标，对世界经济发展作出自己的贡献。

四、金融危机的发生同世界经济全球化既有关联又有区别

美国次贷危机本是影响有限的局部性问题，能如此迅速地发展为全球金融危机，是经济全球化发展的后果。金融危机是以发达国家为主导的经济全球化，造成全球经济不均衡、不可持续发展和全球性金融投机的负面作用的

突出表现。

但我们对经济全球化不能由于发生金融危机而加以全面否定。经济全球化依然具有两面性，而且积极面是主要的。经济全球化是科技革命的结果，是世界经济发展的客观需要，它是推动了生产力发展的，为世界创造了财富。危机之前，世界经济在全球化推动下，有连续6年的前所未有的增长。不仅发达国家得到好处，大多数发展中国家也得到了好处。新兴经济体就是在全球化条件下发展起来的。大多数发展中国家在全球化发展过程中，顺应世界潮流，转变经济发展方式，同时维护自身的经济权益和经济主权。发达国家和发展中国家的经济合作有了很大加强。全球化使各国之间经济依存度增加，提供了共同克服危机的客观需要和物质基础。

分析这场危机的根源，可以从两方面着手，即从马克思《资本论》中分析资本主义制度本质着手，也可以从分析“新自由主义”着手。两者并不矛盾。“新自由主义”是产生金融危机的根源。“新自由主义”有四面旗帜，即私有化、自由化、市场化、金融化。产生于20世纪70年代中期的“新自由主义”是对“凯恩斯主义”的否定。前10年，自由竞争及私有化和市场化推动生产力的发展和科技发展。中期10年，“新自由主义”由美国向世界推广，被认为是唯一且最好的发展模式。苏联解体有诸多因素，其中“新自由主义”渗入与发展是原因之一。“新自由主义”在最近10年中逐步走向顶点，资本金融化使“新自由主义”走向极点。正所谓“物极必反”，产生这一危机就是必然的了。前几年有人把美国资本主义称为“野蛮资本主义”和“赌场资本主义”。确实如此，金融危机充分显现美国金融垄断资本主义的投机性、寄生性和腐朽性。

危机提高了人们的觉悟和认识。通过这场危机，“新自由主义”和“华盛顿共识”受到普遍的质疑。人们期待世界经济全球化将朝着更加健康、更加均衡和更加公正的方向发展。

五、建立“国际新秩序”重新提上国际政治议程

国际金融危机后，国际社会对建立国际新秩序产生强烈愿望。要求改革现行的国际金融和经济秩序，已成为G20等国际会议的最重要议题。美国的“金融帝国主义”就是以美元霸权为基础，向世界输出大量美元，同时吸收外国物资，从而提高美国国内消费水平，控制外国资产的所有权。美国可以不受限制地向全球注入美元，美国从而享有巨大的金融和经济好处。美国利用美元本位制，将全球经济美元化，全球为美国经济的财政赤字、国际收支赤字融资。这种状况不能再继续下去了。

国际新秩序的建立涉及各方利益，因而是一个循序渐进和不断协调的过程。尽管现存的国际秩序是以西方发达国家为主导的，存在着不合理和不公正的方面，并不能完全适应国际格局多极化和世界经济全球化的发展需要，但这一体制仍对世界和地区安全及世界经济的发展起着一定的重要作用，因而不是推倒重来和另起炉灶，而是积极参与，促进改革。发展中国家当前首先需要在塑造国际新秩序中争取话语权和决策参与权。

六、新兴大国的群体性崛起，对本世纪世界进程发展具有重大影响

以“金砖国家”为代表的新兴大国十多年来经济持续快速增长，在世界经济中的地位显著上升。新兴大国群体性崛起，是同美国这个唯一超级大国的经济地位和国际影响力相对削弱同时发生的。新兴大国实力增强使其国际地位和影响相应增强。就是说，国际事务已经不能由几个发达工业国家说了算，它们要求平等参与世界事务讨论和决策的权利，G7、G8的没落和G20的兴起就是这种变化的标记。这将对国际关系民主化的进程发生重要影响。

新兴大国的群体性崛起，也给现有国际关系提出了一个新问题：如何处理和协调新兴国家同西方大国的关系。由于力量对比发生变化，新兴国家在

国际事务中发挥越来越大的作用，也必然会提出改革旧的国际政治经济秩序的要求，冲击着发达国家掌控的国际机制。发达国家同发展中国家特别是同新兴大国之间的矛盾和摩擦会增加。但另一方面，多极化和全球化，使发展中国家同发达国家利益“相互密切相连”。发展中国家同发达国家“既斗争竞争又妥协合作、以协作为主”的新型关系正在形成。那种认为发达国家同新兴大国必然发生激烈冲突的论点是站不住脚的。

七、“战略伙伴关系”走向机制化，大国之间战略互动关系加强

由于国际格局多极化深化发展，大国在国际格局中的位置进行重新调整，大国关系呈现多面性与复杂性。既是“竞争对手”又是“合作伙伴”已为大国关系的常态，将长期存在，涉及政治、经济、文化和军事等各领域。

各种名称的“战略伙伴关系”是冷战后维护大国关系良好互动的基础。但“战略伙伴关系”可虚可实，缺乏约束性。近年来，大国之间形成在增加政治互信基础上，使“战略伙伴关系”逐步走向机制化。

作为冷战后唯一超级大国的美国，“单边主义”难以为继，虽然其霸权主义战略并未根本改变，但“独霸天下”已无能为力了，已在寻求“多边合作”的路子。国际格局多极化的发展，势必客观需要发展大国之间形成相互协作又相互制衡的战略互动关系。大国战略地位的变动调整时期，也是大国关系敏感期和调适期。在新的国际格局变动情况下，正在形成新的“三角互动关系”，如美欧中、美中日、中日韩、美欧俄、中日印等关系。还有新的地区性关系，如亚欧关系、东亚关系、亚太关系等。新兴大国同西方发达国家以及新兴大国之间的关系也发生新的变化，各国都在充分利用这种战略互动关系。

英国“脱欧”震动世界

英国举行全民公投，以微弱多数，决定“脱离欧盟”。“一脱”激起千层浪。而在一周之内，英国“一脱再脱”。足球欧洲劲旅英格兰队在欧锦赛中，以1∶2败给足球场上无名次的冰岛队。英国人怎么了？向来谨慎持重、有绅士风度的英国人究竟怎么了？

这个世界够乱的了，恐怖袭击、自然灾害、经济低迷，英国还要再加一乱。英国“脱欧”对国际格局、经济全球化究竟产生何种关联，是我们值得思考和研究的问题。

一、是否会产生“多米诺效应”

一旦英国“脱欧”，“多米诺效应”不可避免。这种“多米诺效应”可分为两个方面：一是英国内部，二是对欧盟。

就英国内部而言，也会仿效而进行脱离“大不列颠与北爱尔兰联合王国”（The United Kingdom）。还有人说伦敦也要宣布独立。如果这样，英国真的成为“英格兰”（England）了。而“联合王国”的解体，有人把卡梅伦比作戈尔巴乔夫。

其次是对欧盟。欧盟内部矛盾重重。西班牙、法国、比利时等国脱欧派受到鼓舞，要求就是否脱欧进行全民公投的呼声增强。欧盟以德法为核心，英国与欧洲大陆国家一向若即若离，因此如果法国退出，欧盟就会解体，或者名存实亡。

二、英国“脱欧”的深层原因

不管英国“脱欧”是否成功，需要研究的是“脱欧”的动机与深层原因。主要原因有三点。

首先是经济问题。欧债危机爆发以来的十几年里，欧盟国家经济一直低迷，受希腊债务危机的拖累，救希腊得付出巨大代价，不救又怕发生连锁反应。问题还在于体制性的问题，有了“银行和欧元却没有财政部”，富国负担加重，引起本国人民不满，穷国只要求得到却不愿付出。

其次是难民潮。中东难民汹涌进入欧洲，以人道主义为旗帜的欧盟国家，不仅增加经济负担，还缺乏安全感，恐怖袭击频发。这是英国脱欧派宣传的重点。

第三,一体化步伐太快，欧盟过度扩展。南下地中海，东扩到东欧国家和波罗的海三国,还试图扩到俄罗斯大门口乌克兰。这是产生“乌克兰危机”的根本原因。欧盟内部贫富差距扩大。

三、影响深远

第一，对世界经济产生负面影响。2008 年国际金融危机以来，加之欧盟债务危机，新兴经济体也受影响，世界经济一直低迷不振。英国脱欧将造成全球经济重大的不确定性，抑制全球经济增长，市场更加混乱，从而给实体经济带来负面影响，可能造成更多企业破产。欧洲小国将陷入债务违约，西班牙等国可能陷入破产风险。英国同欧盟经济关系更加复杂。欧盟购买了近一半的英国出口货物。

第二，欧洲一体化进程受阻。虽然英国不属于欧洲大陆，但没有英国，自戴高乐以来的“欧洲梦”难以实现。欧盟内德国实力最强，但德、法、英相互牵制。如果德国独大成为盟主，由于历史原因，会引起欧洲其他国家顾忌。由此，二战后启动的欧洲一体化将失去动力。

第三，大国关系重新洗牌。大英帝国虽然已经衰落，但英国毕竟是世界上重要的经济、政治和军事大国。没有了英国的欧盟将面临其如何处理同英国的关系，俄罗斯、印度、中国等大国如何将处理同欧盟及英国的关系等问题。就美国而言，欧盟的强大形成对美国霸权的冲击，但一个变弱了的欧盟对美国未必有利。美国主导的《跨大西洋贸易与投资伙伴关系协定》（TTIP）的谈判会更加困难。由于美英的“特殊关系”，美国一直把英国看作是美国在欧盟的“代言人”，而英国脱欧就失去了这个作用，没有一个其他欧洲国家能替代此种作用。英国脱欧，对俄罗斯和中国都是既有利也有弊，问题是如何处理好同英国和欧盟的“双重关系”。

第四，引发民粹主义蔓延。近年来，欧洲的民族主义和民粹主义加紧发展，形成逆全球化之潮流。这种民粹主义也会深刻地影响西方国家政党格局的变化，极右倾向政党借经济低迷和难民潮之机势力不断发展，应引起高度关注。美国唐纳德·特朗普作为共和党总统候选人当选美国总统。“特朗普现象”也是民粹主义泛起的一种折射。法国大选，中间派候选人埃马纽埃尔·马克龙胜出。而民粹主义思潮在几乎所有欧洲国家重新抬头，使战后建立起来的欧洲统一思想发生危机。经济全球化和一体化也在发生逆转。欧洲曾经经历两次可怕的世界战争，建设一个和平繁荣的欧洲有利于世界和平与发展的潮流。欧洲需要良知，重新积聚欧洲统一的积极力量。

第五，质疑“公投民主”。“公投民主”是西方民主体制的一种设计，古已有之。从古到今，这种“公投民主”或称“直接民主”都是失败的。西方有识之士早就指出，这种古老的民主形式是“多数人的暴政”。这次英国全民公投作出脱欧决定，完全出于英国人、欧洲人及世界许多人的意料之外，问题在于英国首相卡梅伦在没有充分进行政党、议会的讨论下作出这样草率的决定。卡梅伦在 G7 峰会上还满怀信心地说，公投不会脱离欧盟。他失算了。其实，西方民主实施的是代议制民主，是相互制衡的有序民主。英国脱欧公投之后，欧洲社会对“公投民主”进行质疑。

四、筑牢中欧、中英关系

近年来，中欧关系有了很大发展，包括西欧东欧北欧和南欧，“战略伙伴关系”提升到了一个新的阶段。中英关系也有很大发展，特别在贸易和金融方面。今年在中欧关系上出现两个问题，一是欧盟拒绝承认中国的市场地位；二是欧盟在南海问题上附和美国和日本的立场。欧洲是我国国际战略支撑点之一。在英国脱欧比较混乱的情况下，正是发挥政党外交灵活多样的优势的时候。

世界处于“不确定性”和“大变革”的态势之中

2016年留下全球瞩目的两大“遗产”，即英国公投脱欧和特朗普当选美国总统。这两大问题，吹起了一股全球“反全球化”和“民粹主义”之风。从出人意料的吹皱“一池秋水”，到风雨交加越过大洋，到大洋彼岸狂风暴雨，有人称为“民粹主义革命”，批判“经济全球化”，攻击“政治正确”的精英政治，试图推翻现有的政党格局和国际体系。英国脱欧是民粹主义思潮的“试水”，而特朗普当选美国总统则是把这一思潮改变为世界唯一超级大国的执政理念。

一、特郎普让全世界处于“不确定”状态中

特朗普在竞选中以“美国优先”和“让美国重新强大”的口号和让美国企业从国外搬回来的承诺赢得大选。根据以往经验，美国总统在竞选时可以任意放言和任意承诺，而一旦当选就会面对现实，变得比较谨慎，而特朗普非要打破这种“传统”。当选而未上任就抛出“美国优先”的政纲，对国际事务包括对华关系直言不讳地采取十分强硬态度。特朗普在贸易、汇率、南海、台湾等问题上一再攻击中国，破坏了中美关系的顺利发展，特别在“一个中国”的问题上，特朗普违背了中美建交以来几十年的美方承诺，在“台湾问题”上踩了红线，将对中美关系产生严重影响。同时，他的执政班底和智囊核心大多奉行新保守主义，有的媒体称为“铁血鹰派团队”。当前这种“不确定”的国际形势，可以说是一种苏联解体之后重新出现的“大动荡、大分化、大改组”的态势。

二、世界经济全球化极大地推进了全球经济的融合与发展

几十年来，世界经济已经初步形成“你中有我、我中有你”的相互依存关系。特别是2008年国际金融危机前的十几年中，全球经济加速发展，不仅有利于发达国家，也形成第三世界国家群体性崛起的新兴经济体。这种显著的成就是不可能被轻易否定的。然而，经济全球化是把“双刃剑”，它的弊端在近十年中也都显著暴露出来了。发达国家同发展中国家差距拉大。有的国家由于种种原因而“被边缘化”，经济不发展，社会和政局动乱。这不能全怪经济全球化，主要是美国乘机搞“颜色革命”，推行美式“民主化”，把某些地区的形势搞得很乱。在发达国家内部，精英阶层同普通民众的差距也在扩大。这就为“反全球化”重新发展起来提供了土壤，“反全球化运动”伴随着经济全球化一开始就有。“反全球化”从一种思潮发展为一种“新社会运动”，始于1999年11月世贸组织西雅图会议期间。早期的“反全球化运动”主要是游行示威、“街头斗争”，甚至伴有暴力。2002年12月意大利佛罗伦萨的“反全球化”百万人示威游行使“反全球化运动”发展到顶点。但随着经济全球化取得成就而受到欢迎，“反全球化运动”走向理智，在一度冷清之后，现在又有抬头之势。“反全球化运动”认为现在的经济全球化是“资本主义全球化”，要求一个“健康、公正、公平的全球化”。这也有其合理的因素。这种观点在西方学者特别是左翼学者中间也有影响。欧盟的欧洲一体化、让度主权是经济全球化的“模范生”，英国“脱欧”必然对经济全球化产生负面影响，也会引动新的“反全球化运动”。有的学者认为，英国“脱欧”开始了“去全球化”进程。现在有“反全球化”“去全球化”和“逆全球化”三个概念，应加以区别。我认为，“经济全球化”是“去”不掉的，也是“反”不掉的，因而称为“逆全球化”比较合适。“逆全球化”主要指发达国家特别是美国在特朗普当总统之后会大刀阔斧地借故实行“贸易保护主义”。但经济全球化毕竟是世之时代潮流，经过曲折之后会继续健康地向前发展。

三、民粹主义蔓延，引动欧美国家政治生态变化

民粹主义是一种社会思潮，最早出现在19世纪六七十年代的俄罗斯。他们以人民的精粹自居，提出“到民间去”，冒充“人民之友”。近年来在西方发达国家发展起来的民粹主义，是反全球化和反对精英政治的主要力量，其思潮十分混杂，既有右翼也有左翼，甚至包括极右势力，右翼势力占优势。他们利用经济低迷，失业率增加以及难民潮，煽动反主流政党和排外极端民族主义。英国全民公投“脱欧”，民粹主义煽动是重要因素。近年来，各类民粹主义政党在欧洲一些国家的大选或地方选举中异军突起，对欧洲主流政党形成挑战，引动欧洲不少国家政治生态的变化。法国国民阵线是老牌极右政党，因极端民族主义言论被广泛谴责后一度消沉，现在改头换面后回归而获得高支持率。英国独立党是“脱欧”主要煽动者，2014年已成为欧洲议会选举中的第一大党。有民粹主义倾向的德国选择党、意大利五星运动党、奥地利自由党、西班牙“我们能”党，都在地方选举中取得好的成绩。2017年，荷兰、法国、德国等国将举行全国大选，将对现有的主流政党形成极大的挑战。2017年是欧洲的“考验年”。国际思潮具有传导性，从欧洲到亚洲、美洲，民粹主义已成为一种“时髦”的社会思潮，但主流在欧美发达国家。美国唐纳德·特朗普作为美国总统上台执政，“特朗普现象”将引领全球民粹主义运动。民粹主义思潮在几乎所有欧洲国家重新抬头，使战后建立起来的欧洲统一思想发生危机。经济全球化和一体化也发生逆转。欧盟处于生死存亡关头，形势十分严峻。欧洲曾经经历两次可怕的世界战争，建设一个和平繁荣的欧洲有利于世界和平与发展的潮流。欧洲需要良知，需要重新积聚欧洲统一积极力量。

四、2008年是一个拐点

2008年爆发的由美国开始的国际金融危机，导致全球发达资本主义国

家经济危机，接着是欧债危机，从而使美国和欧盟经济陷入长期衰退。2008年国际金融危机的根源是以私有化、自由化、商品化为旗帜的“新自由主义”。“新自由主义”从20世纪70年代开始，以否定战后西方国家实施的“凯恩斯主义”，而实施撒切尔—里根的供应学派的经济发展政策。“新自由主义”借助于美国主导的全球化，由美国扩展到欧洲发达国家、转型国家以及发展中国家。到20世纪90年代，美国的“新自由主义”除私有化、自由化和商品化之外，加上了金融化，形成新的金融资本主义，实施虚拟经济，打击实体经济。国际金融危机的发生，说明“新自由主义”的破产。当时国际社会曾热烈讨论克服危机的出路，提出“替代模式”。一度曾有左翼学者提出“回到马克思”和采用某些倾向社会主义的政策和措施，但这并不现实。还有一种意见是回到凯恩斯主义，这也不现实。而美国和欧盟的统治集团却用“转移危机”的办法来解决危机。这有两个方面。一方面，在美国和欧盟国家将危机转嫁给草根民众，甚至中产阶层，而大资产阶级特别是金融大资本家不但丝毫未损反而大获其利。这样就造成社会阶层贫富差距加大，社会严重分裂。而标榜“政治正确”的执政的精英集团无视于这种社会分化现象，却热衷于政治斗争和党派斗争。另一方面，美国和欧盟发达国家，利用资本金融优势，特别是美国的美元特殊地位，将危机转嫁给第三世界国家，包括新兴国家和转型国家。因此，这场危机根源在于“新自由主义”，也可以说是资本主义发展到金融资本主义所暴露出来的痼疾所致。再加上美国在全球推行“自由化”和“颜色革命”，造成中东地区局势混乱，出现涌向欧洲国家的“难民潮”。这是造成当今“反全球化”和民粹主义的根本原因。然而现今的民粹主义风潮及其领军人物并不是真反对资本主义制度，而是利用了这种局势，打着“人民之友”的名义，搞极端民族主义和排外主义，欧洲极右翼政党相机崛起，是一种十分危险的倾向。

五、发挥我国的战略定力，积极应对各种挑战，同时首先把我国国内事情办好

我们所面对的世界发生了很大的变化，而且在不断地迅速发生变化，提出许多必须面对的新问题。经济全球化是世界经济发展的必然趋势，民粹主义的“反全球化”思潮只能逞一时之能，大趋势是不可改变的。但我们用全球眼光，认真分析全球化过程中出现的种种弊端，提出解决问题的“中国方案”。同时，国际国内是两大相互影响的关系。我们要从两个大局思路出发，研究国际形势复杂动荡对我国带来的影响。国际形势风云变幻，我国国内改革进入深水区，出现社会多元化和信息化。我们要弘扬以爱国主义为核心的民族精神，推进积淀着中华民族最深层的精神追求，要把爱国主义同推动建设“人类命运共同体”结合起来。和平发展是当今之潮流，和平发展、合作共赢是我们党和国家的国际战略。我们要积极面对世界多样化、经济全球化、文化多样化和社会信息化的世界潮流。我们要面对现在出现的是“逆全球化”，即贸易保护主义，主张自由贸易，主张推动经济全球化向健康方向发展。我们主张深入参与经济全球化进程，支持多边贸易体制，推进亚太自由贸易区建设，推动全面经济伙伴关系协定（RCEP）。我们生活在同一地球村，各国相互合作、相互依存、相互促进，国际社会正在向你中有我、我中有你的“命运共同体”推进。推进建设“人类命运共同体”，既适应时代发展潮流，又深深植根于中华民族传统文化之中，这就是和为贵，和而不同、求同存异、协和万邦、天下大同。把我们自己国内事情办好，是最大的爱国主义，也是中华民族对世界的最大贡献。

在复杂动荡的世界大势中的德国困局

2016 年英国公投脱欧，接着美国大选，特朗普当选总统。这两件事都十分出乎意料，形成一股强烈的民粹主义之风，反全球化，反建制思潮盛行。

2017 年是欧洲“大选年”。主要是法国和德国的两国大选，直接影响到欧盟的生死存亡，令世人瞩目。法国大选，马克龙以“中间派”身份出奇制胜，涉险过关。2017 年 9 月轮到德国大选。大选结果，传统主流政党选举得票率大幅下降，而民粹主义政党“德国选择党”成为第三大党，默克尔组建第四届政府困难重重。组阁谈判经历了近半年时间，这是联邦德国历史上从未有过的。在强烈的民粹主义风潮下，德国政坛出现困局。虽然默克尔已经同社会民主党组建新一届政府，但前景困难重重。

一、令人担忧的“政治地震”

晒一晒德国大选结果的“成绩单”。主要执政党：基督教民主联盟及其盟友基督教社会联盟（联盟党）得票率为 33%，低于 4 年前的 41.5%。联合执政党：社会民主党得票率为 20.5%，低于 4 年前的 25.7%。德国选择党获得 12.6% 的选票。自由民主党（自民党）得票率为 10.7%，左翼党为 9.2%，绿党为 8.9%。

对于这份“成绩单”，德国的一些政界和媒体认为是一次“政治地震”。此话怎讲?

第一，传统主流政党，联盟党和社民党得票率大幅下降，为联邦德国历史上最糟糕的结果。传统主流政党不适应现代社会的变化，存在严重的危机。

第二，反欧盟的排外主义的极右翼政党“德国选择党”以高得票率成为联盟党和社民党之后的第三党，首次进入联邦议院。联盟党和社民党联合组阁后，该党将成为最大的反对党。极右政党进入联邦议会，也是联邦德国历史上的首次，鉴于德国历史上纳粹上台的教训，引发德国国内和欧盟的普遍担忧。

第三，值得庆幸的是，虽然马克龙涉险过关和默克尔“惨胜”，但没有让“法国特朗普”和“德国特朗普”上台执政，说明了“欧洲智慧”。特朗普的混乱改革和英国脱欧面临困难，从反面教育了欧洲民众。但马克龙和默克尔任重道远。

第四，欧盟仍然面临种种困难。唯有发挥“德法轴心”作用和欧盟各国加强团结，才能战胜困难，将欧洲一体化推向前进。

二、“稳定之锚”遭遇“不确定性”风暴

德国为世界继美中日之后的世界第四大经济体，虽然经历了近十年的欧债危机，但德国经济还是在世界经济全球化中稳定向前发展的。

但是为什么会出现上述的困局呢？原因是极其复杂的。有德国国内原因，也有外部世界的原因。

英国公投脱欧和特朗普当选美国总统之后，在全世界特别在西方国家中掀起一股民粹主义风潮，全世界处于“不确定性”之中。德国当然也难以独善其身，免受其难。

民粹主义思潮引导的反全球化、反建制、反移民和排外主义的主张和论调风靡全球，“以人民的名义”进行煽动，拉拢基层穷苦民众以及没落的中产阶层，很容易取得民心。而传统主流政党严重脱离民众，不了解民情，加之媒体和所谓“民意测验”的误导，无形中将民众推向民粹主义政党和政治组织。

特朗普以“推特执政”，直诉民众，极具煽动性。他的一系列“反全球化”、反自由贸易、反多边主义的言行，让世界感到强烈的“不确定性”。他以“美国优先”为战略，质疑全球治理，反对世界贸易组织（WTO），退出

全球气候变化的《巴黎协定》。由于美国是唯一超级大国，又是西方国家的盟主，他的这些言行必然会给全球带来深刻的负面影响。

特朗普公开支持英国脱欧，并煽动欧盟其他国家仿效英国脱欧，他公开支持欧盟国家内部民粹主义政党和组织上台执政。这造成欧洲政坛上的混乱，引发欧盟及德国政坛的震荡。

三、德国受到三方面的强烈冲击

（一）“逆全球化”的冲击。

全球化问题现已成为国际社会最广泛的热议问题之一。因为它涉及世界经济今后走向、国际政治经济秩序和全球治理等今天人类共同关切的问题，也可以说，涉及今后世界发展方向。对于全球化的起始时间，学界有三种不同看法。第一种看法，认为应从17、18世纪各国通商开始。第二种看法，认为应从二战结束后开始。第三种看法，认为应从20世纪90年代开始。关键问题在于，对“化”字的理解。“化”者，彻头彻尾之意也。当然没有一种事是绝对彻头彻尾的。但世界通商，仅是商务往来，不能理解为全球化开始。二战结束后，冷战开始把世界分为两个阵营，也难以理解为全球化始点。而20世纪90年代，冷战结束，转型国家实行市场经济，大多数发展中国家也实施多种的市场经济，中国起步社会主义市场经济。可以说全球化是在世界大多数国家实施市场经济的基础上发展起来的。

从20世纪90年代算起，至今已有30多年。这30多年可分为两个阶段，前20年为第一阶段，后10年为第二阶段。第二阶段的10年，被学者称为世界经济“失去的10年”。理由很简单。在全球化的前20多年尽管是美国主导，但新兴国家的集体性崛起，动摇了以美欧日为主导的世界经济支柱。这是世界经济发展史上的重大事件。新兴国家参与全球化的进程，也在某些方面改变了全球化某些错误偏向。

前20多年全球化发展，给世界经济带来空前的繁荣。但是，2007年美国发生次贷危机，进而成为国际金融危机，加之接着发生欧债危机，成为全球化转折的标杆性事件。这将一片“繁荣”掩饰下的种种“弊病”完全暴露出来了。

“弊病”之一是，发生国际金融危机的根源在于美国推行市场原教旨主义的“新自由主义”和将“新自由主义”推广到全世界的“华盛顿共识”。当然，由于全球化主要是美国为主导的，因此在全球化推动全球经济发展的同时，也导致了一些国家的经济泡沫。西方舆论把国际金融危机归咎于全球化，是错误的，混淆了现象与本质的区别。

“弊病”之二是，美国长期以来搞虚拟经济，实体经济难以维系，甚至破产，大量工人失业，甚至影响中间阶层。分配不均，贫富差距扩大。

“弊病”之三是，美国利用其主导的全球化，把“危机”转嫁给新兴市场经济国家和欧洲国家，使这些国家经济发展随着国际金融危机而连续下降。美国还把产业工业破落、劳工失业归咎于在全球化发展中别的国家抢了美国人的“饭碗”。

“弊病”之四是，在苏联解体东欧剧变之后，美国借全球化发展之势，行“新霸权主义”，在全世界推行“全球民主化第二波”（“第一波是指冲击苏东国家”），在中东和北非搞“颜色革命”和“民主化进程”，使中东和非洲一些国家动乱不止，造成“难民潮”，特别是使这些发展中国家在全球化进程中被“边缘化”，造成全球贫富差距扩大。

“弊病”之五是，以上四种叠加起来，使全球化背负本不应有的“罪名”，并由此而掀起“反全球化”和“逆全球化”的思潮，成为现代民粹主义大行其道的源流和温床，造成英国公投脱欧和特朗普竞选成功在唯一超级大国执政。现代民粹主义在美欧发达国家的崛起，给国际政治和经济发展带来极大的“不确定性”。

（二）难民影响及恐袭问题。

欧洲难民潮的形成，从根源上来说，同美国的中东战略有密切关系。

从2003年美国发动伊拉克战争到2015年之后要搞垮叙利亚巴沙尔政权，中东地区的局势动乱不止，滋生了恐怖主义“伊斯兰国”，形成强大的难民潮冲击欧洲国家。美国的政策造成难民潮，但美国不承担任何责任，使欧洲特别是德国深受其害。

德国以人道主义的传统为旗帜，特别是默克尔总理本人无限制地大量吸纳难民，这些难民中又混杂一些恐怖分子和流氓分子，不仅增加了德国的经济负担，也使广大民众生活缺乏安全感。这些外来移民严重挤占了福利住房、医疗和教育资源，引起基层民众的强烈不满。

在这次联邦大选中，难民问题成为焦点问题之一。默克尔领导的联盟党由于默克尔在难民问题上的失误而失去大量选票。而“德国选择党”以反移民政策为旗号而获得前所未有的选票。

（三）欧盟内部的结构性问题的冲击。

欧盟建立60多年来，经过多次曲折，在欧洲一体化上取得了许多成就，也成为世界经济全球化的范例和优等生。

但欧盟在取得前所未有的成就的同时,欧盟内部的结构性问题日益显现。

首先是体制性问题，成立了欧洲银行和统一了货币欧元。但没有“欧洲财政部”，使银行与货币同各国财政政策相分离，这是产生欧债危机的重要原因之一。德国对欧盟的经济负担加重，引起本国人民的不满。受希腊债务危机的拖累，救希腊得付出巨大代价，不救又将发生连锁反应。

同时，更为严重的问题是欧盟过度扩展，一体化步伐过快。南下地中海，东扩到东欧国家和波罗的海三国，还试图扩大到俄罗斯大门口乌克兰。这是产生“乌克兰危机”的重要原因，也使欧盟同俄罗斯的关系发生问题。

1999年1月1日，欧元正式投入使用，欧盟通过了《里斯本战略》，提出把欧盟打造成世界上最具活力、竞争力和可持续发展的经济体，并着手起草《欧盟宪法条约》。之后，欧盟进行了大规模东扩，接纳10个中东欧国家以及塞浦路斯和马耳他成为会员国，启动了土耳其的入盟谈判。欧盟东扩的同时，还急于提出要求欧盟国家的过分主权让渡。这一系列的不当改革举措，造成疑欧派声势上升，同民粹主义思潮相融合。

在这三重冲击下，德国是否能摆脱政局困境，对欧洲一体化关系重大。马克龙在法国大选中获胜，组建“左中右”政府，对德国和欧盟是件大好事。德国虽然受到上述三重冲击，但德国传统政党仍然能掌握大势，虽然联盟党与社民党组成联合政府，在政府政策方向上会产生分歧，但是德国主流政党对欧盟的信心很坚定。

在法德两国大选结果稍稍遏制欧洲民粹主义气焰、期望加强欧盟团结之际，欧盟内部又引发一场更大的“政治地震”。2018 年 3 月 6 日意大利大选结果，再次令欧洲及整个西方世界惊恐。大选结果是，才刚刚成立两年的“反移民 + 反欧盟”的极右政党“五星运动”是大选中得票最多的政党，前总理贝卢斯科尼领导的强烈“反移民”的极右翼“联盟党”也获得大量选票。不同政治派别的极右翼政治派别总共获得了 2 / 3 的选票。而“中左翼”政党仅获得不到 1 / 3 的选票。如果极右翼势力联合组成新政府，必然会实施脱欧的“全民公决”，而这项“全民公决”极可能被通过。这就会使欧盟分裂。由于意大利是欧洲大国，又是欧盟创始国之一，法德将难撑欧盟。西方媒体还指出，意大利极右势力还包含新法西斯因素。这将使整个欧洲“雪上加霜”。

四、传统主流政党面临挑战和革新

欧洲是政党和政党政治的发源地。近年来，西方政党政治陷入深层次危机。传统主流政党未能适应世界经济全球化和社会信息化的历史潮流，缺乏新时期的执政理念，普遍将广大人民利益置之脑后，热衷于党争、政争，靠打击对手以争取选民，以上台执政为首选策略。

首先是全球化使政府、市场和社会三者之间权力结构发生变化。经济、市场和社会力量的影响扩大，传统的政治运作缩小，使传统政党，特别是执政党的政治选择空间缩小，治国理政的理念和政策未能跟上由全球化产生的权利结构的变化。在野党为了执政需要在大选中空喊口号，使民众厌烦。

社会信息化的迅速发展，削弱了传统主流政党的影响力和领导力。随着社会信息化的发展，西方逐渐显现灵活性、分散性和非标准性的“信息社会”的特征。

社会信息化打破了西方传统政党的信息传播模式，党员和选民获取信息渠道多种多样，获取信息的速度也大大提高。选民的信息往往直接从手机与电脑中的微信和微博中获取。

由于现代社会阶级和阶层的利益诉求日趋多样化，特定政党的纲领与政策不一定能达到广大选民和支持者的目的，从而引发政党传统支持者和选民的流失。

在本次大选中“百年老店”社会民主党得票率如此之低，有人认为该党正在衰落之中。现在政府内阁中，联盟党与社民党联合执政，社民党实际是政府中的“小伙伴”。在这次默克尔同社民党谈判联合执政时，社民党不少人反对同联盟党联合执政成为“小伙伴”，认为如此下去会失去社民党原有的本色，造成严重后果。问题还要追溯到施罗德奉行的新“第三条道路”。1998 年 2 月，在美国（民主党）总统克林顿的推动下，英国（工党）首相布莱克尔提出新“第三条道路”的政策主张。德国（社民党）总理施罗德是积极支持者，发表了《施罗德—布莱尔文件》，把“第三条道路”推向西欧和拉美。新“第三条道路”是想在社会民主主义与“新自由主义”之间搞折衷，实际上是向“新自由主义”靠拢。这使社民党失去了左翼政党的特色，因而也失去了民众基础。

五、中欧关系在曲折中前进

特朗普 2017 年上台后在联大讲话，宣扬“美国优先”和“美国再次强大”。最近美国政府又陆续发布了《美国国家安全战略报告》和《美国国防战略报告》直接把中国列为美国的战略竞争对手，甚至超越恐怖主义，与俄罗斯一起并列为美国国家安全的主要威胁，这标志着美国对华政策转向全面围攻战略。美国联邦调查局局长克里斯托弗·雷称，中国间谍布满了全美，这是整个美国社会所面临的威胁。

针对我国综合实力不断增强和“一带一路”倡议在一些国家的落实，美国政界和智库专门为中国创造了一个词叫“锐实力”。说中国运用“锐实力”，不仅对西方国家的经济、军事而且也对西方的民主价值观进行了“威胁”。

掀起了新一轮的“中国威胁论”。

这新一轮的“中国威胁论”，也影响到欧盟国家。在 2018 年 2 月的德国慕尼黑安全会议上，德国外长加布里尔抨击中国“一带一路”不利于民主自由，说中国日益增长的地缘政治自信给西方带来挑战，并称中国正试图破坏西方自由主义的世界秩序。德国总理默克尔称，一些地方同中国的经济关系与政治挂钩，而这不符合自由贸易精神。她还说，中国不要通过向巴尔干地区投资对该地区实施政治影响。

这无疑给中德关系蒙上一层阴影。我们应义正词严地反驳这种对华的不友好言论。

但是从总体上看，中德两国的共同点大于分歧点。近年来，中德两国的政治、经济、人文交流不断发展，特别是经济贸易关系日益密切，有利于两国和两国人民的福祉。

中德两国都主张推进世界经济全球化向更加健康的方向发展，推进全球治理向公平、公正、合理的方向发展，中德两国都主张贸易自由化，反对贸易保护主义。

中德两国都主张关切对方的核心利益，用政治协商和谈判方式解决地区冲突，反对武力威胁。中德双方都努力加强同所有发展中国家合作，创建共同实施同第三方合作的方式。因此，我们主张进一步加强双方在政治、经济和人文等方面的全面交流与合作，消除分歧，增加共识。

欧盟“改革”：路漫漫

欧盟（包含其前身欧共体）已走过了60余年的历史进程，为欧洲一体化作出了贡献。现在，欧盟内外交困，危机重重，其根源在于制度性设计错误和扩张过快。出路在于改革，但改革路途艰难，方向不明。“多速欧洲”的设想，由于内部矛盾重重难以实现。跨大西洋联盟出现严重裂痕，但美欧都愿意舒缓双方关系。

作为国际格局多极化的重要一极和世界经济全球化重要支柱之一，欧盟何去何从，确实令人关心和忧虑。欧盟各国，特别是法德两国都在讨论和探索欧盟的“改革”之道，但要找到“改革”途径，必先了解和搞清造成欧盟危机的内外因素。

一、欧盟危机的成因

欧盟的建立是时势造就的。把欧洲各国组成统一的“欧洲联邦”或“欧洲合众国”的政治主张，在欧洲历史上曾经出现多次，但欧洲是两次世界大战的发源地，这种理想根本无法想象。第二次世界大战结束后，德国分裂，欧洲分裂，世界进入美苏争霸的冷战时期，欧洲这个西方文明的发源地当然很不情愿地受制于美苏两个超级大国。“超级大国”这个词，是阿登纳在其回忆录里首先使用的。两个阵营对峙，两个军事集团对峙，欧洲成为“冷战前线”。北约总部在欧洲，但是是美国人指挥的。跨大西洋联盟也是由美国人主导的。战后欧洲（当时指西欧）当团结、自主、自强。20世纪50年代后期，世界科技发展、生产和资本走向国际化，而西欧是一个狭小地区，难以适应当时的科技和经济发展的要求，因而欧洲共同体与欧洲一体化呼之欲出。

1957年3月，法国、联邦德国、意大利、荷兰、比利时和卢森堡六国政府首脑在意大利首都罗马签署了《欧洲经济共同体条约》(又称《罗马条约》)，条约经六国议会批准，于1958年1月1日生效，欧洲经济共同体（欧共体）正式成立。

欧共体成立之初，乘着科技和经济发展之势，如朝曦初露，有所进取，呈现生机。

《罗马条约》的主旨是，取消欧共体各成员国之间的贸易壁垒。到1968年7月所有欧共体内部的关税壁垒都已取消。因而在1958年到1968年期间，欧共体成员国之间的贸易额增至4倍。欧共体还在1962年确定了一项共同的农业政策，确定对农产品的共同担保价格体制，防止从欧共体外部低廉市场进口农产品。由于欧共体发展初期的经济发展的吸引力，从1973年开始，英国、丹麦、爱尔兰、希腊、葡萄牙、西班牙相继加入。

20世纪90年代初，世界局势大变动，苏联解体，东欧剧变，两极格局结束，经济全球化发展，为欧共体的新发展提供了历史机遇。两极格局结束，国际格局走向多极化，欧共体作为多极化中重要一极，提高了其国际地位和在国际政治舞台上的作用。世界经济全球化给世界经济带来前所未有的繁荣。20世纪90年代初，世界贸易额超出6万亿美元，大约相当于1980年的两倍。经济全球化以取消关税壁垒、发展自由贸易和建立各种形式的“自贸区”为基础，而在这方面，欧共体起了示范作用。

欧共体领导人因势而为，雄心勃勃。1991年12月欧共体首脑会议通过了建立欧洲经济货币联盟和欧洲政治联盟的《欧洲联盟条约》(又称《马斯特里赫特条约》)。1992年2月7日，欧共体各国外长正式签署该条约。条约于1993年1月1日生效，欧共体华丽转身为欧洲联盟，即欧盟（European Union）。

欧盟确定，通过建立无内部边界的空间，最终实现统一货币的经济货币联盟，实行包括共同防务政策的共同外交和安全政策，在国际舞台上弘扬联盟的个性。

建立欧盟行政机构：欧洲理事会（即欧盟首脑会议）、欧盟理事会（即部长理事会）、欧盟委员会（欧委会）和欧洲议会。1993 年 1 月统一大市场正式启动。2002 年欧元启动。

如此雄才大略，似乎“欧洲合众国”已近在眼前。但是，如此过急地试图几年之内实现欧洲一体化的理想方案和实践，为之后的欧盟危机埋下了祸根。

首先，目标“高、大、全”，严重脱离现实。经济、政治、军事、安全一体化乃至建立“欧洲合众国”是美好愿景，但需几代人的努力才能逐步实现。欧盟领导人犯了“急性病”的错误，既没有“摸着石头过河”，又有错误的“顶层设计”。

其次，扩张过快。同上述意图和思路相联系，从 20 世纪 80 年代开始，欧共体以及此后的欧盟扩张过快，南下地中海、巴尔干，东扩至波罗的海沿岸，包含原东欧地区，直至俄罗斯家门口的乌克兰。一下子扩至 28 个成员（英国脱欧后为 27 个成员），打破了原来制订的严格入盟条件，造成联盟内部东西矛盾与南北矛盾。

第三，货币政策与财政政策分离。成立了欧洲中央银行，使用统一货币欧元，但财政政策没有统一，也没有财政政策的协调机构。

第四，2008 年国际金融危机是个拐点。接着发生了欧债危机。欧债危机主要是欧盟国家内部政策失误造成的，但同美国“转嫁危机”和美国向欧洲推行“新自由主义”经济政策有关。近 10 年来欧盟国家经济长期低迷，失业率居高不下，难民潮冲击，经济复苏难以预期。欧盟各国都存在严重的贫富差距问题，甚至影响中产阶层收入，引发劳工和弱势群体的不满。

二、欧盟的艰难“改革”之路

欧盟领导人惊呼，欧盟已经到了“生死存亡的关头”，如不实行改革，必将四分五裂。但是“改革”路在何方？并不明确。

2017 年 3 月，欧委会主席容克在《欧盟未来的白皮书》中，对欧盟未来提出五种设想。但“设想”只是老生常谈，并未有新意，而且也未指明“改革”的方向。“设想”提出之后，引起欧盟内部激烈的争论。其中，最主要的是提出“多速欧洲”的设想。这个设想已经争论多年，没有形成共识。如果以此实施的话，必然造成欧盟的分裂。

（一）方向不明，路径不清。

欧洲一体化进程由盛到危，转折点在1992年签订的《马斯特里赫特条约》。欧盟领导人对冷战结束后欧洲形势判断失误。当时，欧洲经济在全球化推动下实现了难得的繁荣。苏联解体，东欧剧变，冷战结束，欧盟国家领导人又错误地认为这是西方的全面胜利，因而作出加速欧洲经济、政治、军事、安全一体化的安排。这是一种制度性、结构性安排的错误，是产生现在弊端的根源。修修补补已无济于事，推倒重来也不能做到，因而“改革”出路究竟何在，谁也说不清楚。

（二）进不了退不得，两难境地。

从《欧洲联盟条约》1993年1月1日批准生效以来，欧盟至今经历了25年的时间。这25年可以分为前15年的第一阶段和后10年的第二阶段。在第一阶段，欧盟兴旺发达，欧元坚挺，有取代美元之势。由于“顶层设计”的错误，欧盟发展过快，欲速则不达，一体化再向前推进已不可能。但现在也不能退回去，难以退到《欧洲联盟条约》之前。实际上，“多速欧洲”的提出，是有退半步之意，但由于内部分歧严重而实行不了。“多速欧洲”的设想是，“核心国家”法国、德国、意大利、比利时、荷兰等国，在一体化方面先走一步。但东欧国家匈牙利、波兰、捷克、斯洛伐克等国强烈反对“多速欧洲”设想，认为这样做会使这些国家沦为欧盟二等国家。这是当年欧盟过度扩张结下的“苦果”。

（三）马克龙气贯如虹，默克尔稳住阵脚。

欧盟德法英“三驾马车”在英国公投脱欧之后，德国和法国自然成为欧盟“核心国家”和欧洲一体化的“发动机”。法国总统马克龙年轻气盛，一上台就提出“重振欧洲”的口号，建议欧盟在各个重大领域做出政策调整和改革。提出建立欧盟统一防务体系，在2020年前拥有一支共同干预部队。

建议欧元区建立统一预算，设立欧元区财政部。德国在欧盟中经济实力最强，为缓解欧债危机作出了许多贡献。德国总理默克尔认为，应从欧盟现实情况出发，先稳住阵脚。如果按照马克龙建议实施改革方案，就要得到欧盟27个成员国的一致同意。这就成为无解的难题。在德法两国对改革意见相左的情况下，欧洲一体化“发动机”运转失误，改革难以启动。

（四）欧盟国家政局不稳，是欧盟改革的最大障碍。

被称为欧洲“大选年”的2017年，荷兰、法国、德国、奥地利、捷克等国先后举行大选。虽然没有出现如英国“脱欧”这样的“黑天鹅”事件，但民粹主义、极右势力崛起，迅速走上政治舞台，反欧盟力量骤增，这些都是摆在欧盟面前的现实。2018年3月的意大利大选结果，更加令人担忧。持疑欧、反欧立场的反建制政党和极端政党已成为政坛的主流力量。意大利是欧盟创始国之一，也是欧盟中继法德之后的大国。这将给风雨飘摇的欧盟以重重的一击。问题的严重性还在于，在欧盟成立60周年之际，欧洲多个城市发生反欧盟、反一体化和支持欧盟的相对立的大规模游行，说明民粹主义风潮在欧盟已有相当的社会基础和出现社会分裂现象。

（五）恐袭问题和难民问题造成欧洲国家社会不安定。

社会安定也是改革的重要前提。恐袭问题和难民问题严重影响欧盟国家的经济与社会的稳定与发展。难民潮汹涌而来，难民大多来自由美国造成的中东、北非战乱地区，而美国不负责任，大量难民涌入欧盟国家。由于德国总理默克尔在难民问题上的失误，备受其他欧盟国家的责难。难民潮使欧盟国家发生分歧，难以达成一致意见，已造成欧盟各国严重的国内社会安全问题。国际恐怖组织把欧盟国家作为恐袭重点，而欧盟国家在反恐袭问题上缺乏有效措施，没有形成共同反恐体系。

（六）受同英国进行脱欧谈判的拖累。

2016年6月，英国经过公民投票决定退出欧盟。2017年3月，根据欧盟《里斯本条约》第50条关于退出欧盟的条件，英欧启动了谈判程序。英欧“脱欧”谈判应在两年内，即到2019年3月29日结束谈判。英欧谈判，先谈“分手费”问题，即指英国“脱欧”前的年代里，英国应承担欧盟的相关财政义务。经过 5 个月的艰苦谈判，双方基本取得一致。接着，是从 2017 年 12 月开始的关于英欧未来贸易关系框架的谈判。这项谈判至今尚未达成协议。英国加入欧盟已经 40 年，同欧盟国家的经济贸易联系已经密不可分。谈判的核心问题是，英欧签订一项“新的自由贸易协议”。英方希望，英国虽然“脱欧”，但以“新自由贸易协议”为依据继续得到欧盟内的主要好处。而欧盟认为，英国既然脱欧，就得“净身出门”。如果英国脱欧后继续得到欧盟内部的好处，那会引起其他欧洲国家仿效，造成连锁反应。这是欧盟需要坚守的原则。当然英欧关系特别是经贸关系十分复杂，如果欧盟完全切断同英国的经贸关系，对欧盟也没有什么好处。问题是要找到平衡点。这是一场十分艰难的谈判，并会拖累欧盟自身的经济发展。

（七）特朗普两面三刀，欧盟难以应付。

特朗普当上美国总统后，跨大西洋联盟发生裂痕。特朗普甚至把中、俄连同欧盟都说成是美国的“敌人”。2018 年 5 月 8 日，美国执意退出由大国（包括欧盟大国）参加签署的伊朗核问题协议。5 月 31 日，美国宣布从 6 月 1 日起对产自欧盟的钢铝加征关税，欧盟采取反措施。在 2018 年的 G7 峰会和北约峰会上，美欧在贸易问题和安全问题上出现严重裂痕。特朗普一再挑战现行国际秩序和全球治理体系，也令欧盟国家十分不安。特朗普在伊核问题和巴以冲突问题上的作为，使中东陷入更大的动荡之中。中东乱局直接影响欧盟的战略与安全利益。欧盟为了寻求“出路”，于 2018 年 7 月 17 日，同日本签署关税自由贸易协定。特朗普有点着急，立即采取了一项人们意想不到的举动。7 月 25 日，特朗普在同欧盟委员会负责人容克会谈后，公开发表了美欧联合声明称：美欧之间将启动“一种为实现双方共赢的有力的经贸合作”，共同致力于“零关税、零壁垒、零补贴的共同市场”。特朗普连续发推文称，“这是自由公平贸易伟大的一天”，美国与欧盟关系重回正轨，同时“欧盟会立即购买美国的大豆”。真是异想天开，事先没有仔细详尽的协商，如此重大问题就在几小时内被敲定。欧盟国家特别是法国对此提出强烈质疑。法国制造业相对较弱，又是农业大国，市场一旦向美国全面放开，必将冲击法国经济。特朗普心里也清楚“零关税、零壁垒、零补贴”是不可能一下子做到的。欧洲国家舆论认为：美欧共有 8.3 亿多公民，占全球 GDP50% 以上，美欧已经拥有一万多亿美元的双边贸易关系，为全球最大贸易伙伴；特朗普这一举动，意味着在双方向对方发起贸易战之时，美欧双方都希望紧张的贸易关系得到舒缓。

（八）没有“统一战线”，只有“战略伙伴关系”。

前一段时间，美国要同中国打贸易战，也要同欧盟国家打贸易战，中国和欧盟国家都采取了反制措施，同时都表明反对美国的贸易保护主义。于是，有的学者就提出应同欧盟国家在自由贸易问题上建立反对美国贸易保护主义的“统一战线”。而当特朗普同容克宣布美欧准备建立“零关税、零壁垒、零补贴的共同市场”，再加欧日零关税自由贸易协定时，有的学者就认为：大事不好了，美欧日等于构建全世界最大的自由贸易市场，世界最大的经济共同体，美欧日强强联合，实际上宣布 WTO 已经破产；由此，美欧日已经形成在贸易问题上针对中国的“统一战线”。笔者认为，国际“统一战线”早已是过时的概念，已经不会再有了。现在各国之间，特别是大国之间都已建立“战略伙伴关系”。发展和落实大国间的“战略伙伴关系”，世界和平安全才有保障。

第六章
国际战略

构建“新型国际关系”要同“务实合作”相结合

习近平主席从倡导构建“新型大国关系”，到“新型国际关系”，再到“人类命运共同体”，已成为我国重要的国际战略思想。

习近平主席把理想主义与现实主义紧密地结合起来，他在联合国大会的演讲中说：“中华民族注重‘和’的理念，主张和平、和谐、和而不同，联合国193个会员国要相互尊敬、团结和睦、同舟共济，携手努力构建以合作共赢为核心的新型大国关系。”习近平主席2016年在G20和APEC会议上的讲话，2017年在达沃斯世界经济论坛开幕式演讲和在“一带一路”国际合作高峰论坛的演讲，主旨也是倡导“以和为贵、务实合作”。习近平主席近年来的一系列出访都提出同访问的对象国、对象地区的具体合作设想和项目。因而习近平主席的讲话基调就是务实合作。在党中央统一领导下，我国外交走向更加务实合作。

一、国际形势动荡，全球问题突出

近年来国际形势动荡、复杂、多变。主要包含三个方面：1. 世界经济形势低迷不振，美国经济稍好，但美联储加息，不利于世界经济特别是新兴经济体的经济稳定；2. 恐怖活动全球化，没有一个国家特别是大国可以独善其身；3. 气候变化已关乎“地球村”的生存，不仅涉及每一个国家，不管是发达国家还是发展中国家，不管是大国还是小国，而且几乎关系到每个人的生活环境和子孙后代。

二、认知“新型大国关系”，稳定中美关系

“新型大国关系”首先是针对中美关系提出的。旧的西方国际政治学有个理论，认为新兴大国（老二）必然要挑战守成大国（老大），而且已被某些历史事实所证实。面对中国的综合国力迅速提升，作为老大的美国于是患上了“战略焦虑症”，美国怕失去“老大”地位，被“老二”所替代。因而美国领导人一再给自己打气，说美国要领导世界一百年，美国只做“老大”不做“老二”。不仅如此，还付诸实际行动，从政治上、军事上、经济上试图“遏制”中国的发展。而且对我在东海、南海维护主权的行动，对“一带一路”和建立“亚投行”进行“战略误判”。

针对美国“战略焦虑症”病态，最好的“药方”就是中美构建“新型大国关系”。其定义十分明确，即中美“不冲突、不对抗、相互尊重、合作共赢”。美国对此并不相信，但美国也认识到，中国的综合国力迅速提升是无法阻挡的，一个迅速发展的中国对美国也有利，并且在国际问题上也不能排除同中国的合作。美国智库 2015 年下半年起展开广泛的对华战略和政策的辩论。强硬派认为，奥巴马对华太软弱，对华仍然是“接触加遏制”，但要把“遏制”放在前面。斗争是不可避免的，但我们斗争仍要坚持“有理、有利、有节”“斗而不破”“不冲突、不对抗”的原则。经济关系已经“你中有我、我中有你”，仍然是中美关系的“压舱石”。用好中美战略与经济对话等多领域合作平台，继续已经开启的军事交流与合作。

三、稳定大周边，需要发挥战略定力和耐心

搞好同周边国家的关系，是我国外交的一贯重点。所谓“周边”，可以分几个层次：1.“美国因素”，美国不算我周边国家，但是太平洋国家，美国作为唯一超级大国，在亚太仍起主导作用；2. 日本、菲律宾、越南，即同我在东海和南海有主权争议的国家；3. 东盟国家，希望美国不要退出亚洲，以

同中国起平衡作用，同时经济上靠中国，军事上靠美国；4. 朝鲜半岛，涉及东北亚的和平与稳定；5. 从大周边概念出发，还有俄罗斯、蒙古、哈萨克斯坦、阿富汗、巴基斯坦、印度和澳大利亚等国，印度和澳大利亚也想插足南海。

美国一再挑衅，把东海和南海的水搅混，加大介入东海、南海争端力度，既当“导演”又当“演员”，拉拢一些国家，对我国领土主权和安全构成威胁。

面对这种复杂多变的严峻形势，我要发挥战略定力和耐心。在东海问题和南海问题上要多谋善断，谋定而后动。对美国，我宜推进中美在亚太地区的务实合作，实现良性战略互动，努力避免中美海上摩擦冲突升级。对日本，中日关系中的钓鱼岛问题和历史认识问题不是一时能解决的。问题是日方挑起的，我应予以正当有力回击，但同时不要影响国家之间的正常的政治、经济、文化、军事和民间的交流。我宜利用现在中日关系开始“回暖”的势头，坚持中日“四点共识”，积极发展政党、经济、民间往来，落实“管控”措施，推动建立中日韩自贸区。

南海问题主要涉及同美国关系问题。同时也涉及同某些东南亚国家的关系。对东南亚国家应以协商、和解的精神改善和发展同东南亚各国的睦邻友好合作关系。我宜加紧与东盟国家共同加快南海行为准则磋商进程，以建立南海地区安全机制和危机管控机制。国家领土主权要坚决维护，但也要看到这些争议难以在短期内解决，要有长期的谋划。

四、积极参加全球联合反恐

反恐已成国际社会的头号议题。我们提出反恐“不能有双重标准”“要标本兼治”“要由联合国来领导”，无疑是正确的，但在现今形势下还要有进一步行动。国际社会也在观察我国是否有实际行动。当然军事介入要十分慎重，但在做好国内反恐基础上，可以做的事也还有很多，如同各国交流反恐形势及具体措施，加强反恐演习，情报交流，经济与后勤支持，支持各国反对 IS 的行动，协调各方协商解决叙利亚问题，特别要推动亚洲地区联合反恐，等等。

五、积极参加气候全球治理

全球气候变暖是全球性问题，也是我国迫切需要解决的问题。习近平主席出席巴黎气候大会并讲话，受到各国的热烈欢迎。这表明中国已将 2009 年哥本哈根气候大会上对发达国家“批判斗争”态度转变为“共商合作”。但我国面对全球气候变暖有三重身份：一是世界第二大经济体；二是全球碳排第一，占全球二氧化碳排放近 24%，超过美国和欧盟排放的总和（2009 年哥本哈根气候大会时全球碳排放美国第一中国第二）；三是发展中国家。2015 年 12 月 12 日通过的《巴黎协定》是一份真正意义上的全球气候协议，因为发达国家和发展中国家都需要采取气候保护的行动。《巴黎协定》将促使世界各国转变各自的发展方式和生活方式。中国已作出承诺，但作为碳排放全球第一的国家要摆脱过度依赖化石能源的发展，任务十分艰巨。落实起来还会涉及地方利益和利益集团问题。

六、把发展我国经济始终放在第一位

国际国内两个大局是相互联系和互动的，外交要始终为国内大局服务。我们要重新明确这样一种观念，就是中国发展了是对世界的最大贡献。这就要求我们把发展对外关系同国内问题联系起来。

一心一意、专心致志地把我国经济搞上去，到本世纪中叶达到中等发达国家水平，是邓小平理论，也是习近平主席系列讲话的精髓所在。还有一个我们已讲了多年的观念也要重新提起，就是我国正处在 100 多年未遇的战略机遇期，机不可失，时不我待。

一心一意把我国经济搞上去，按照邓小平的说法就是：只要不打世界大战，我们就一心一意地搞建设，发展社会生产力，改善人民生活；就是打起世界大战，只要不打到中国领土上，没有大规模的外敌入侵，我们还是要集中力量搞建设；如果有外敌入侵，当然要集中力量反抗侵略，但是战争结束了，我们还要集中力量搞建设。

习近平总书记在党的十九大报告中提出“新时代中国特色社会主义思想和基本方略”和“决胜全面建成小康社会，开启全面建设社会主义现代化国家新征程”。他指出：“今天，我们比历史上任何时期都更接近、更有信心和能力实现中华民族伟大复兴的目标。”

七、台湾问题成为我维护国家主权和领土完整的重中之重

台湾问题是我国内政，同时又是中美关系中的重大问题，也会影响我国同日本和东南亚国家的关系。2016 年 1 月，台湾进行“选举”，民进党上台执政，蔡英文采取“模糊策略”，拒不承认两岸和平发展基础的“九二共识”，也不修改民进党的“台独”党纲。10 多年来，台湾的“隐形台独”暗流涌动。“台独大佬”李登辉一再跳出来发表“台独言论”。蔡英文同李登辉有密切关系。台湾的所谓“新生代”缺乏对祖国和民族的认知和认同。马英九在一定程度上承接了两蒋的反“台独”的立场，执政 8 年来是两岸和平发展的最好时期。

台湾问题也一直是中美关系中的一个重大障碍。美国虽承诺“不支持台湾独立”，但美国利用台湾问题“遏制”我的立场没有改变，插手台湾事务的立场也没有改变。特朗普上台后频频在“台湾问题”上踩了“红线”，涉及我最重要的核心利益。

面对台海形势在今后几年的不稳定和不确定性，我有坚定明确的立场和有力的对策，以维护我国主权和领土完整，坚决遏制“台独”势力，要坚决反对和遏制美国同台湾发展“官方关系”。

八、深入了解和研究各国的国情、政情和民情

我们的公众外交对于宣介中国，让世界了解中国做得很成功。但另一方面我们对别国的国情、政情和民情了解和研究得还不够深入。现在国际形势发展很快，各种矛盾错综复杂多变，在全球化影响下，各国情况变化也很大。但我们对别国情况的了解仍是粗线条的，甚至用过去过时的、僵化的定式思维去套。我国外交要务实，首先是要对别国，特别是有影响的大国和大国集团如美国、俄罗斯、日本、欧盟、中东、拉美有深入的了解和实事求是的判断与认识。对西方国家的政治生态（多党制、议会政治、民意和舆论的多元化）要有现实的认识。在对外交往中，包括企业走出去，先要了解当地当时的情况，做好可能发生的问题的预案，这样就有针对性，减少盲目性。

九、扩展和深化政党外交“办实事”的内容

近年来，政党外交在“办实事”方面取得很好的成就。我们要根据国际国内形势的新发展，深化其内容。面对不断出现的新形势和新问题，政党外交要有“三个结合”，即同国际国内形势变化相结合，不断向中央提出对外政策性方针性的建议，供中央决策参考；要同各国特别是各大国政党情势及格局变化相结合，提出深入发展同各国政党交往的新方针；同时要同“治国理政”（或“治党治国”）相结合，特别是要同我国经济发展和改革开放中的主要课题相连接，如金融体制改革、现代企业制度、混合经济、股份制、企业管理和企业文化、职业教育、城镇化、环境治理、精准扶贫、社会保障体系、文化交流与互鉴、市场经济法规等。可以列出一个单子来，进行深入地探讨与研究。经过鉴别，好的拿过来，为我所用。当前国际形势动荡复杂多变，不确定性和突发事件增多，宜发挥我国“总体外交”的优势，在党中央的集中统一领导下，协调合作、相互配合。

世界未来10年走向和我国对外战略调整

世界正处在大发展、大变革、大调整时期。未来10年国际关系发展趋势的主要特点是：国际权力结构处于新旧交替期；世界秩序和国际体系处于转折关键期；全球利益和本国利益复杂交错；文化多元化呈现多种价值观和多样发展模式；南北关系和南南合作将有新的发展；新型“战略伙伴关系”成为大国关系的稳定器。面对这一时期出现的错综复杂的世界形势和国际关系，各大国都在调整本国的国际战略。调整我国对外战略，对我国未来10年用好“战略机遇期”十分重要。

在2008年国际金融危机过去之后，世界正在进入“后危机时期”，或称“后金融危机时期”。这表明我国发展的外部环境特别是周边环境变得复杂了，同时，也可理解为，如果我内外政策运行得当，也不失为对我国发展的一种“机遇”。“沧海横流，方显出英雄本色。”和平与发展仍然是时代主题。

“大变革”的国际形势的出现有着深层的原因。各大国或大国集团都在寻求自己未来的战略地位或战略制高点。美、俄、日、欧盟国家等都在不同程度上调整本国的内外战略。科学预测未来10年的国际形势发展趋势，对我国的对外战略调整提出有价值的意见，是我国国际问题智库的当然责任。

一、国际权力配置和结构处于新旧交替时期

冷战终结之后的30年，可分为前10年与后20年两个阶段。前10年，虽然世界走向多极化，但冷战痕迹尚未消失。而且，西方鼓吹“历史终结”论，要让社会主义完全消失，而使资本主义永世长存。美国则抛出“单极独霸”的战略，奉行“单边主义”和“先发制人”的对外政策和安全政策。后

20 年，世界力量对比发生重大变化，形成冷战后的“第二次洗牌”，国际格局多极化向广深方向发展。经济全球化持续发展，新兴经济体群体性崛起，动摇了世界经济美欧日三足鼎立的格局。在此基础上，未来 10 年，国际权力结构将进入深入调整时期。

国际权力结构由以发达国家的一个中心，向多中心转移。新兴经济体由经济实力向政治力量演化。国际权力结构逐渐同国际格局多极化相适应。原有的国际权力结构已经动摇，新的相对平衡尚未形成，势必造成两种结果。首先是权力结构走向相对均衡与平等，有利于国际关系民主化的发展。同时，在此新旧交替时期，必然产生一定程度的混乱，各国特别是大国之间互不适应和互不信任，矛盾与摩擦随之增加。大国关系处于敏感的战略调适期。原来处于中心位置的美国和西方发达国家，不情愿失去主导世界的地位。而新兴国家同发达国家的关系也有一个磨合的过程。

二、未来 10 年是世界秩序和国际体系转折的关键期

这种大转折大致有以下几个方面。第一，国际秩序在改革中重塑。提出建立国际政治经济新秩序已有数十年时间，中国等发展中国家为此不断作出积极努力，但收效不大。究其原因是时机尚未成熟。冷战结束，虽然国际格局走向多极化，但国际体系依然是以美国为首的西方发达国家为主导。20 年来，这种西方主导地位开始动摇，改革国际旧秩序呼声增强，开始进入国际社会议程。当前最为迫切的是国际货币和金融体制改革，包括 IMF 的改革。可以预见，未来 10 年，由于国际力量对比发生重大变化，改革国际旧秩序将进入关键时期。这种改革当然不是全部推倒重来，但也不是小打小闹，仅仅停留在话语权及参与权的阶段，而是在改革中重塑国际秩序，建设相互尊重、公平正义、合作共赢的新型国际关系。

三、全球利益和本国利益复杂交错

全球问题议程复杂而多面，20 年来全球性问题突显，也给国际社会以及大国之间提供一个新的加强交流与合作的领域与机会。但是，经济危机、全球生态恶化、资源缺乏、粮食短缺、核扩散、恐怖活动、大规模自然灾害及流行性疾病等一系列全球性问题，既关乎全人类生存及长远利益，也涉及各方自身的主权安全、发展权利和经济利益问题，因而十分复杂和多面。全球问题需要平衡本国利益和全球利益，以及当前经济利益和长远的可持续发展。最近几年，全球性问题集中在五个方面。1. 国际金融危机之后的全球经济复苏乏力；2. 气候和环境问题；3. 核扩散和核裁军；4. 恐怖主义袭击；5. 能源和粮食问题。这些问题已提上各种国际会议、地区会议以及多边和双边合作的议程。达成一般性共识容易，但落实具体措施就很难；表态宣示多，行动步骤少。原因是都侧重于自身利益诉求的考量。如何协调和平衡各方利益是当前国际社会的一个难点，也是各国对外政策面临的一个现实问题。这也是我国外交的一个新课题。要做到既独立自主，符合我国发展利益，又要符合国际社会主流。

四、文化多元化呈现多种价值观和发展模式

文化多元化显著，呈现多种价值观和发展模式，未来 10 年“模式之争”将更加复杂和深刻。大国关系的合作与摩擦扩展到政治、经济、军事、安全、文化和社会各个领域。各国之间依存性增强，合作领域扩展，矛盾和摩擦也随之深化。无论合作还是摩擦都出现了新的特点。社会发展形态将发生重大变革。社会发展形态是建立在生产力之上的经济基础和上层建筑的统一，是历史的、具体的和发展的。

五、关注“南北关系”和“南南合作”的新变化

当今南北关系已有了新的变化，虽然南北关系发展不平衡问题依然存在。经济全球化使个别不发达国家边缘化了，但从总体上看，经济全球化也使发展中国家得益了，新兴经济体就是例证。但是以美国为主导的经济全球化，使南北差距扩大了。同时，南北之间固有矛盾依然存在，但合作已成为主要趋势。第三世界明显分化已是不争的事实。发达国家与发展中国家之间，新兴大国同其他发展中国家之间，诸多矛盾呈现更加错综复杂的状态。团结第三世界是我国外交基石之一。但在外交实践中，需要根据第三世界新的发展变化情况，制定更加具体和灵活的政策。特别要注意在发达国家与发展中国家之间取得利益平衡，我宜从中起两者协调作用。还要根据新的发展情况，处理好我同新兴大国既合作又竞争的新型关系。

六、从总体战略出发处理中美关系

观察和处理中美关系，要贯彻我国总体战略思想。大国战略互动关系是一种相互制衡的关系，我宜充分利用。在全球，存在中美欧和中美俄战略互动关系。在亚太地区，存在中美日、中美韩、中美朝、中美东盟战略互动关系。把握大国战略互动关系，需要平衡对美、对欧、对日和对俄关系。我宜积极发展同欧、同日、同俄以及同东盟和周边国家的关系，以制衡美国，而且这样做也有利于中美关系健康稳定发展。我宜利用各种矛盾，纵横捭阖。

在我国对外关系中，对美关系无疑是最重要的，但也是最复杂的。从战略高度认识美国是我国发展和安全的最大威胁，科学分析美国对华战略意图，准确把握中美关系健康稳定发展，对我国未来10年的和平发展和用好“战略机遇期”具有十分重要的意义。

我国外交的“战略思维”

一、“战略思维”的提出及其内涵

“战略”的内涵及外延在不断扩展，在社会生活和国际环境越来越复杂的现今，用“战略眼光”和“战略高度”来看待和处理政治、经济各领域的事务也越发重要了。然而，“战略思维”似乎还是一个比较新的概念，还基本停留在学术讨论范围之内。

“战略”这个概念，最早源于战争，主要指作战双方统帅部的关于作战的长远目标、规划和部署，也包括战争谋略。但战争并非单纯的军事行动，还包含有政治、经济、外交、心理和道义等各种因素。因此，战略家为了使战争向有利于本方的方向发展，必须把上述各种因素都考虑进去，做出综合判断与决策。这就形成了所谓“大战略”。“大战略”概念的延伸，包容了“战争”与“和平”两个方面。因为在人类历史发展的长河中，“战争”与“和平”总是相互交替和相互渗透的。“战争”中有“和平”因素，“和平”中则有“战争”因素。因此，所谓战略性问题，实质上就是战争与和平的问题。党的十九大对国际形势作出战略性的分析和判断，是我国外交战略思维的理论基础和行动指南。

第二次世界大战之后，人类已经赢得了70多年难得的“和平时期”。世界大多数国家利用这个时期发展本国经济，使世界经济和科技有了重大进展，开创了世界现代文明历史的新的一页。早在20世纪80年代，邓小平站在历史的战略高度，得出了“和平与发展”是我们时代主题的科学结论。

随着人类社会活动的扩大，特别是我们这个以“和平与发展”为主题的当今时代，战略就广泛应用于政治、经济、军事、外交、国家安全、社会发展以及文化、科技、教育、环保和能源等诸多领域。

但是，“战略思维”这个特定概念最近才被普遍关注。我们通常所说的“站在战略高度”和“用战略眼光”来看待、分析和解决问题，大致上就是“战略思维”所包含的内容。

事实上，“战略思维”作为战略的一个组成部分和战略的灵魂，早就存在了，只是有没有自觉运用这样一个概念而已。然而在这里，自觉还是不自觉，所产生的作用和效果是不一样的。因此，现在提倡在各领域和各部门，用“战略思维”来分析形势和应对新出现的问题，已经是十分必要了。

“战略思维”是一个大题目。本文只涉及外交领域的“战略思维”，而且这里所说的外交是指我国“总体外交”，包括政府外交、政党外交、议会外交、军事外交、经济外交、文化外交、民间外交等。就我国总体外交的“战略思维”而言，也是一个很宽泛的议题。一篇短文和本人学识的局限是难以承载这样一个题目的。本文只是笔者从学者角度和从一个侧面对这个新的课题提出一些个人见解，以供讨论。

二、我国外交“战略思维”的几个“基本要素”

（一）高举和平、发展、合作、共赢的旗帜。“战略思维”第一个基本要素就是审时度势，观察世界发展的“大势”和“大局”。从本世纪头20年国际形势发展的“大势”来看，维护和平，促进发展，推动合作已经成为历史潮流。尽管国际形势发展还有很多曲折，也存在着诸多对和平与发展的不利因素，但总的来看，世界大战打不起来，总趋势是朝着有利于世界的和平、发展、合作、共赢的方向发展的。基于这样的分析与判断，确定我国的国际战略的首要任务是高举和平、发展、合作、共赢的旗帜，积极发展同各国的友好合作关系，积极参与国际多边外交活动，在国际和地区组织中做出建设性努力。

（二）一如既往地奉行独立自主的和平外交政策。独立自主是我国外交“战略思维”的基石。这里所说的“政策”，实际上可以理解为一种“战略”。从毛泽东到邓小平都坚持独立自主。但由于时代背景不同，邓小平的独立自主“战略思维”内涵更加全面和丰富。我国外交独立自主“战略思维”的核心内容是：在国际事务中，我国从中国人民的利益和各国人民的共同利益出发，根据事情本身的是非曲直确定自己的立场。我们建立和发展同一些国家的伙伴关系或战略伙伴关系，但这种伙伴关系的含义是：在独立自主和平等互利基础上的合作，是不结盟，不搞对抗，也不针对第三者。

（三）在和平共处五项原则基础上与世界各国友好相处。中国是和平共处五项原则的创始者之一。多少年来，国际上在国家关系和国际关系的指导原则上有过许许多多主张，但历史的经验已经证明，和平共处五项原则最经得住考验，最有效。和平共处五项原则适用于一切国家关系，不管社会制度和意识形态的相异与相同，也不管国家的大小、强弱。中国在和平共处五项原则基础上发展同各国的关系。我国不断深化同发展中国家的互利合作，维护与发展中国家的共同利益。我国进一步发展同发达国家的关系，妥善处理政治、经济各方面的矛盾与分歧，努力扩大共同利益的汇合点，加强在经济、科技以及国际事务中的合作。

（四）积极倡导多边主义和新安全观，反对霸权主义和一切形式的恐怖主义。我国根据国际形势的发展，早就提出“国际格局向多极趋势发展”的看法。这是对国际“大势”发展的一种客观描绘。我们现在提出“积极倡导多边主义”，是我国外交“战略思维”的新发展。多极化是一种客观现实，而“多边主义”是一种主观战略。单边主义同多边主义的斗争已构成世界基本矛盾之一。积极倡导多边主义，推动多极化趋势的发展，保持国际社会的稳定。霸权主义和恐怖主义是对世界和平、安全与发展的最大威胁。中国坚持反对新霸权主义；重视反对恐怖主义，主张防范与打击相结合，主张国际合作。中国的“新安全观”也是在这样的背景下提出的。

（五）促进经济全球化朝着有利于各国共同繁荣的方向发展。经济全球化是世界经济发展的客观趋势，但也是一把“双刃剑”，既带来机遇又提出挑战，特别是给发展中国家带来许多负面影响。从全球角度看，经济全球化发展过程中也有一个协调与和谐发展的问题。从长远眼光看，对发展中国家的负面影响最终也会不利于发达国家的发展。因此，经济全球化也给南北关系提出了新的问题。我国主张积极参与全球化进程，同时主张发达国家与发展中国家加强经济与科技合作，发达国家要承担更多的责任，促使经济全球化朝着健康的方向发展。

（六）促进国际关系民主化和发展模式多样化。我们倡导国际关系民主化，主张国家不分大小、强弱都一律平等。主张世界上的问题由各国共同讨论解决，国际关系中和各国相互关系中的问题，包括矛盾、分歧和冲突，都应平等协商，和平解决。世界本来就是多姿多彩的，各国的政治制度、经济体制、历史背景、文化传统、价值观念、宗教信仰、发展水平都各不相同。基于各国有权选择适合自己国情的发展道路的理念，我们提出发展模式多样性，反对把一个国家的发展模式强加给其他国家。

（七）坚持“按照亲诚惠容理念和与邻为善、以邻为伴周边外交方针深化同周边国家关系”的方针，加强同周边国家的友好合作关系，深化区域合作。这个方针是党的十九大提出的，也是外交“战略思维”的新发展。我国一向重视发展同邻国及周边国家的友好合作关系。但是应当承认，我国同邻国及周边国家之间，由于种种原因，也存在着矛盾、问题及发展双边关系中的障碍。世界各地区，邻国关系都比较难以搞好。我国的“亲诚惠容理念”和“与邻为善和与邻为伴”的方针，以新的“战略思维”，突出“善意”“伙伴”和“合作”，已得到邻国和周边国家的赞赏。

（八）党的十九大提出，推动建设相互尊重、公平正义、合作共赢的“新型国际关系”，共同推动构建“人类命运共同体”、尊重“世界文明多样性”和秉持创新、协调、绿色、开放、共享的发展观，践行共同、综合、合作、可持续的安全观，倡导开放、融通、互利、共赢的合作观，树立平等、互鉴、对话、包容的文明观，坚持共商、共建、共享的全球治理观，应成为我国外交战略的理论基础和行动指南。

三、处理好几个方面的关系

“战略思维”的指导思想是马克思列宁主义、毛泽东思想、邓小平理论、

“三个代表”重要思想、科学发展观，特别是习近平新时代中国特色社会主义思想。在这一理论指导下，除了研究国际形势外，还要分析各方面的“关系”。

（一）国家利益和国际利益的关系。“中国人民和世界人民的根本利益的一致性”是我国外交的“战略思维”的原则，也是我国走和平发展道路的依据。中国的现代化建设道路就是，利用世界和平的有利时机实现自身发展，又以自身发展更好地维护和促进世界和平。

（二）国内发展同国际战略的关系。维护长期和平国际环境和良好的周边环境是我国总体外交的基础。外交活动服务于国内发展，就是创造条件使我们能聚精会神搞建设，一心一意谋发展。我们的国际活动还应配合国内的发展战略，如科学发展观、和谐社会，构建人类命运共同体。

（三）整体利益与局部利益的关系。“战略思维”着眼于整体利益。从原则上讲，整体利益同局部利益是一致的。但实际上，局部利益经常会同整体利益发生矛盾。“战略思维”要求局部利益服从整体利益。“战略思维”还着眼于长远利益，但同眼前利益会发生矛盾。“战略思维”要求眼前利益服从于长远利益。

（四）国家利益与意识形态的关系。过去曾经有过一段时间，我们以意识形态来为国家关系划线。邓小平改变了这一做法。他强调国家关系发展不计较社会制度和意识形态的不同。国家关系中国家利益是第一位的，但不可否认，意识形态也会对国家关系产生影响。

四、当前国际形势的几点动向性特点

“战略思维”要求不断地研究新问题、新情况。在研究我国外交“战略思维”时，我们应当关注当前国际形势的一些动向性特点。

（一）多边主义同单边主义的斗争将会持续相当长的一段时间。单边主义是美国冷战后的国际战略，是美国霸权主义的一种表象。它以美国的超强经济军事实力为后盾，以“新自由主义”为旗帜，以“先发制人”为军事战略，以“霸权和平论”为外交理念，达到建立美国统治下的“单极世界”目标。因而美国的单边主义不会轻易改变。但国际格局多极化毕竟是总趋势，中国、俄罗斯和欧洲一些大国从这个大势出发都奉行多边主义。

（二）相互依存又激烈竞争的世界经济格局已经形成。在经济全球化浪潮的冲击下，各国经济既相互依存又相互竞争的格局已经形成。在这种总体格局下，世界经济近年来有如下关注点：1. 科技发展以及经济相互依存与渗透，世界经济总体上保持了增长势头；2. 经济结构调整遍及全球，重点是科技成果尽快应用于生产和生活领域以及寻求新的增长方式（绿色国民生产总值）；3. 地区和集团经济合作加快；4.“没有硝烟”的经济贸易战在各大国之间展开，还牵动着国际关系和大国之间的政治关系。

（三）传统的和非传统的安全威胁都在增加。恐怖主义活动猖狂，全球都注意到非传统的安全威胁增加，这种带有隐蔽性和分散性特点的安全威胁更难预防。但同时以军事实力为后盾的传统安全威胁也在增加。美国实施“先发制人”军事战略，大幅度增加军费，降低核门槛，大规模调整海外军事部署。美国的新霸权主义成为世界和平与安全的主要威胁。

（四）大国都在注意发展“软实力”。在新世纪，各大国在国际上的地位取决于综合国力的竞争。综合国力包括内容很多，但主要是“硬实力”和“软实力”两项。物质是基础，发展经济、军事实力应当放在首要地位，但文化力量也不可忽视。“软实力”包括政策、精神、文化、教育等因素。发展“软实力”能增加国家和社会发展的凝聚力和推动力。

（五）美国发起“民主化第二波”。“第一波”是对苏联和东欧进行“和平演变”，美国已经得手。美国推行“民主化第二波”，从南斯拉夫开始，发展到中亚地区的“天鹅绒革命”和“橙色革命”。现在是中东伊斯兰国家（特别是伊朗）和朝鲜。“第二波”对象国还包括俄罗斯、中国以及拉美和非洲的一些国家。美国已经毫不隐讳地宣示，在全世界强行推行美国式的政治制度和价值观念。

国际问题研究的若干课题

一、课题问题的提出

国际金融危机已经过去10年了，但它对国际格局、国际秩序、全球化、新兴经济体、国际思潮、发展模式、文化多样性有着深远的影响。从国际形势来说，金融危机使世界陷入冷战后最复杂的动荡之中。这种动荡甚至乱局，为国际问题研究提供了契机，可以提出一系列国际问题研究的新课题。国际问题研究要与时俱进，解放思想，去掉旧的条条框框，形成新思维。

研究课题可以分为两个层次。第一个层次是研究金融危机及其之后的发展趋势与特点，提出准确的分析。第二个层次就是深层次的研究，也可以说是战略性前瞻性的研究。这两个层次的研究既有联系又有区别，要作出研究课题的规划。在复杂多变的国际国内形势中，准确的分析，科学的判断和预测是十分重要的。估计不足会在事态发展时措手不及，估计过分会影响民众信心，而民众信心已成为应对危机的关键问题之一。

研究方面可以很广泛。要把动态研究和政策性研究结合起来。可以包括以下几个方面：

1. 金融危机的影响及带来的后果。特别要关注对实体经济和对发展中国家的影响。

2. 研究世界经济走向及新的特点。

3. 研究当前美国、欧洲、日本、俄罗斯和发展中国家的经济发展趋向及经济政策动向。

4. 要特别关注国际金融体制改革，建立国际金融监管和国际金融新秩序。

5. 运用广泛的对外研究渠道，捕捉活的动态材料，提出供决策参考的政策性建议。

我国经济和金融研究机构及专家学者都在研究世界金融危机及其影响的问题，发表各种看法。我们作为研究国际问题的机构和学者，研究课题和研讨文章要避免重复和一般化，要发挥我们自身的特点与优势，提出一些独到的看法和建议。近年来的G20首脑会议着重研究了金融问题，讨论应对金融监管的具体方案与措施以及提出金融体制改革方案。我国在会上提出了“中国看法”和“中国方案”。

在世界处于大发展大变革和大调整时期，我国国内形势与国际形势都发生了广泛而深刻的变化，我国同世界关系也发生了历史性变化。我们观察世界的眼光应当适应这些根本性的变化。多极格局的国际关系远比两极格局时期复杂得多。各国特别是各大国之间经济相互依存度增加，竞争与合作共存。各种矛盾和利益相背离又相融合。多种文明理念在差异中有同，在共性中又有异。国际政治中理想主义和现实主义互相混合，现实主义占优势。大国的外交实践在本国利益最大化的前提下，更加灵活务实。

当前世界面临的不稳定性不确定性突出，世界经济复苏乏力，贫富差距严重，传统安全和非传统安全面临重大挑战。这种情景会造成国际形势和地区形势的一定程度混乱、矛盾、摩擦甚至对抗。但总体来说，长远来说，力量的相互制衡有利于世界和平与发展的总趋势。

二、研究新自由主义同经济全球化的关联

分析和研究全球金融危机同世界经济全球化的关系，是一件有现实意义的事。我既不能同意夸大全球化作用和把经济全球化扩大到政治、文化领域的观点，也不能同意将发生金融危机简单归咎于全球化。我认为金融危机的产生同经济全球化既有关联又要有区别。美国次贷危机如此迅速地发展到全球金融危机是经济全球化发展的结果。金融危机的重要特征是经济全球化造成全球经济不均衡、不可持续发展和全球性金融投机的负面作用的突出表现。但我们对经济全球化不能由于发生金融危机而加以全面否定。经济全球

化依然具有两面性，而且积极面是主要的。经济全球化是科技革命的结果，是世界经济发展的客观的需要，是推动生产力发展的，为世界创造了财富。世界经济全球化有一个自身发展的客观过程，我们也有一个认识过程。全球化以西方发达国家为主导是事实。因此，从总体上说发达国家得到好处要多些。但是全球化并没有完全按照西方发达国家特别是美国设置的方向发展。

新兴经济体就是在全球化条件下发展起来的。大多数发展中国家在全球化发展过程中，一方面顺应这种世界潮流，转变经济发展方式，另一方面维护自身的经济权益和经济主权。同时，全球金融危机也使我们明显看到了全球化所蕴藏的风险，更清楚地认识到全球化带来的另一面也就是负面的后果。通过对国际金融危机的深层研究，我们要分析如何使全球化朝更加均衡、更加公正的健康方向发展。

三、“模式之争”是研究国际问题的另一个课题

“华盛顿共识”在全球金融危机蔓延的情势下遭到质疑是理所当然的。不仅发展中国家而且西欧发达国家也都认为，这场危机祸起美国。不能把一国的发展模式推广为世界唯一走向繁荣之路。各国都有权自己选择发展道路和发展模式。在经济全球化的带动下出现了新兴经济体，促使世界经济格局发生深刻变化。这种变化带来了发展模式的多样化。因而，我们看到，经济全球化并不是世界经济一体化，更不是发展模式的单一化。现在大多数国家实行市场经济。市场经济是人类文明的一种创造，市场经济也不是固定的和单一的，不可能是“就此一家别无分店”。就发达国家而言，就有美国的自由主义市场经济，欧洲的社会市场经济和日本带有东方色彩的市场经济。新兴国家的市场经济发展模式更是丰富多彩，各种模式既有排斥性又有融通性，因而既有矛盾又是可以协调与融汇的。试图用一种模式来一统天下是一种冷战思维，也是不现实的。

近年来，西方国家提出所谓“模式之争”。苏联解体之后以西方政治、经济体制为基础的发展模式被奉为唯一正确的发展模式。西方不能适应和认

可中国这种“非西方模式”取得成功的现实，因而他们要加以抹黑和阻遏。中国经济发展模式处于转型时期。中国40年经济快速发展引人注目，也引起对“中国模式”的议论。中国特色社会主义道路，包括中国的社会主义市场经济，都是在摸索实践中。中国根据中国的实际形成中国的发展道路，不引进“西方模式”，也不输出“中国模式”，不会要求别国“复制”中国的做法。

世界各国各种发展模式可以寻求共同参与、共同分享、共同承担、共同发展，达到公正、平衡的和谐发展的目的。在国际关系中，和谐共处；在经济关系中，合作共赢，共商、共建、共享；在文化上，相互借鉴，尊重世界多样性。世界多样性是客观现实，决定了各国选择发展模式的多样性。

四、研究文化在国际关系中的作用

文化多样性是我们批判“新自由主义”的重要理论武器。地缘政治变化和国际政治生态变化同文化多样性密切相关。以文化多样性为背景产生发展模式多样性。我们要反对“文化霸权主义”，以“新自由主义”为理想模式的“华盛顿共识”是这种“文化霸权主义”的表现形式。从发展模式多样化出发，文化及发展模式可以互相借鉴，但不能强加于人。

在国际关系学的研究中，文化在国际关系中的作用问题被提出来了。这里指的文化有比较宽泛的意义。可以涉及“软力量”、国际思潮和意识形态。

冷战结束之后，许多国家特别是大国都十分重视文化因素和作用。对内重视文化建设，因为文化是综合国力中“软实力”的重要组成部分。对外重视文化交流，从国际关系和国与国关系来看，政治、经济和文化三种关系与交流是互动的。国际矛盾和纠纷只能用协商谈判来解决，而谈判能否成功的基础在于相互了解和信任。产生不了解和不信任的根源除利害关系外就是文化背景的不同。文化交流的功能在于增加相互了解与信任。文化交流还有一个特点，就是不仅在官方，而更多的是面向广大民众。因此可以得出这样的结论，文化交流是改善国际关系和发展良好的国与国关系的重要一环，服务于世界和平与发展大业的文化交流是互动的和双向的。

我们生活在多种文化共存的星球上，文化多样性是我们共同家园的客观事实。承认并尊重文化多样性是推动全球化健康发展的重要动力。文化的多样性形成各国不同的发展模式，而各种发展模式是可以相互借鉴的，在借鉴中要考虑不同的文化传统背景。

五、国际金融的监管和改革提上日程

习近平主席在 2017 年 1 月的达沃斯世界经济论坛 2017 年年会的演讲中指出，全球金融市场需要增强抗风险能力，而全球金融治理机制未能适应新需求。

当前迫切要做的事情主要是各国联手，共同应对这场危机，尽快走出低谷。特别要反对贸易保护主义。同时，大家也都看到，光治标是不能解决根本问题的，治本就要改革现有国际金融体制和国际经济体制。在这方面还有不同的认识和看法。美国与欧盟看法就有不同。

美欧在金融危机问题的矛盾，包括危机成因、应对方案、金融危机跨国监管和改革国际金融体制等各个方面。关于危机成因，美国归于技术性问题，欧盟认为是美式“新自由主义”发展模式出了问题。关于应对方案，美国试图将危机后果转移到其他国家。这就向国际社会提出了国际金融的监管和改革的问题。然而对于国际金融监管与改革，大国之间认识并不一致。美国强调美国主导的自由市场经济体制不能改变，欧盟则主张对大金融机构进行“跨国监管”和对现行国际金融体制进行“全面改革”。欧洲一些国家提出，G7 已不适时宜，应由 G20 来替代。德国还提出，联合国经社理事会没有发挥作用，应建立类似安理会那样的联合国经济理事会，为构建世界经济秩序发挥重要作用。看来，改革势在必行，但可能有一个漫长的过程。在这一过程中，也是发展中国家增加话语权和决策参与权的一个机会。

六、大国的战略互动关系

关于我国同西方大国关系，是否可以把握以下几点。

第一，国际格局多极化深入发展，国际力量对比发生变化，引起矛盾和摩擦。世界经济全球化加速发展，旧的经济格局被打破，新的平衡正在形成，竞争与合作共存。因此，总的来看，大国关系处在相互适应期，同时也要看到虽有矛盾、竞争和斗争，但总趋势是有利于和平与发展的。

第二，中国与西方大国之间的意识形态斗争依然存在，有时甚至会很激烈，触动我国的核心利益。但各大国在处理国际关系时和处理国家关系时，都意识到把国家利益放在第一位。从以往的经验看，当国家关系特别是大国关系出现曲折和困难时，要从国家的战略利益出发，同时考虑对方的国家利益，不宜形成和渲染意识形态的对抗。

第三，把握大国之间战略互动关系。西方大国，美、欧、日是同盟关系，在意识形态和价值观方面有共同之处，在对华政策上既有一致性，也有利益分歧点。我们在处理大国关系时，需要平衡对美、对欧、对日关系。

第四，大国关系中各种因素相互交错，十分复杂，既要分析政治背景又要区别对待，避免泛政治化和情绪化。涉我国家核心利益和战略利益的一定要维护，不可动摇。国际关系和国家关系中的经济问题和文化问题都有政治背景，都同政治有密切关系，但同时经济和文化中某些具体事件同政治关系是可以分割的，在处理上是可以区别对待的。

七、警惕“新自由主义”思潮的影响

近 10 多年来，“新自由主义”思潮在我国学术界、经济界、金融界和国际问题研究领域有广泛影响。他们鼓吹完全私有化，提出在科学、教育和文化领域及社会和公用事业领域统统市场化。他们推广金融“创新”产品，排斥政府监管和宏观调控，甚至主张“全盘西化”和完全照搬美国发展模式。

他们神化格林斯潘和巴菲特，崇拜“新自由主义”主将美国芝加哥学派的米尔顿·弗里特曼。我们应有反思。我们要坚持走中国特色社会主义道路，掌握和实践既符合世界发展时代潮流又符合我国实际的科学发展观。

当代国际关系中的“战略伙伴关系”

20年来国际力量对比变化的一个显著特点，就是作为唯一超级大国美国的实力与国际影响力相对下降。国际格局向广度和深度发展，引发各种矛盾与摩擦，特别是大国之间，现有大国和新兴大国之间的政治经济矛盾突出起来，似乎是冷战重现。但现在的这种状况同过去的冷战是不一样的，也不会发生新的冷战。国际格局多极化的发展，也有大国之间相互制衡的作用。国际形势与力量对比剧烈变动，突发和难以预测的事件增多，我们处于冷战后的第二个大转折时期。

在国际格局多极化向广深发展的情势下，发展大国之间的“战略伙伴关系”对于世界和平与地区稳定具有重要意义。

一、国际格局多极化催动“战略伙伴关系”

国际格局多极化发展的原动力，是世界形势发生不以人们主观意志为转移的复杂而深刻的变化。多极化是对这种客观历史进程的一种国际认识。

冷战结束，美国是冷战的最大赢家，成为唯一超级大国之后颐指气使，意欲缔造一个罗马帝国式的“美利坚帝国”。在国际政治理论方面，美国智库先后提出了“历史终结论”“单极世界论”“文明冲突论”“多极混乱论”和“霸权和平论”等。中国和许多国家则提出和维护“国际格局多极化”的理论。多极中的各极之间的力量并不是均衡的，但也不是固定的，而是流动的。从美国是唯一超级大国的现实出发，中国学者提出“一超多强论”，作为“多极论”概念的补充。

“物极必反”是中国古典哲学的一种认识论。我们已经看到了，美国以

“新自由主义”为主导的发展模式和“单边主义”的国际战略走到了极限。“华盛顿共识”受到质疑，美国的“帝国梦”开始破灭。

影响国际格局变化的因素十分复杂，但主要由两种因素使然。第一，美国超级大国的总体实力和国际影响力下降。第二，新兴和发展中经济体群体性崛起。新兴和发展中经济体占全球GDP的比重已逐年增加，预计今后40年内将占全球经济的50%左右。

国际格局的变动是一个曲折漫长的历史进程。因而，“一超多强”的内涵虽然发生了很大的变化，但就当前来说，其基本态势并未发生根本改变。美国仍然是唯一超级大国，它的经济、科技和军事实力以及文化、外交和价值观的国际影响力，是多极化中其他任何一极在短时期内难以超越的。同时，我们应看到，多极化的含义正在扩大。多极化不仅包括大国之间的关系，还包括广大发展中国家作为总体在国际政治舞台上影响的扩大。同时，“行为体多元化”已经出现。国际组织、地区组织、社会组织和NGO也成为影响国际事务的一种因素。

冷战结束，两极终结，国际格局趋向多极化，大国关系处于新的复杂变化之中，如何处理大国关系成了一个问题。于是“伙伴关系”和“战略伙伴关系”应运而生。尽管提法不尽相同，深浅和亲疏也不相同，但大致有一个共同的认识，这就是“战略伙伴关系”既非过去同盟关系，也非昔日全面对抗，而是大国关系的稳定剂，以维系双边关系的共同“战略利益”。

然而“战略伙伴关系”没有条约或协定的约束性，因而也存在实行过程中的随意性。实可实之，虚可虚之。特别是西方大国，政坛变动领导人更替，现任往往要同前任拉开距离，因而对前任确认的“战略伙伴关系”会作出不同的解读，甚至使之空洞化或弃之不用。

中国同几乎所有大国和大国集团都建立了“战略伙伴关系”。最早是同俄罗斯。同欧盟和东盟也已建立“战略伙伴关系”。日本迟迟不愿用“战略关系”概念，中日关系“破冰”之后使用“战略互惠关系”。中美关系在克林顿任总统时曾建立了“建设性的战略伙伴关系”，特朗普上台后视中国为“战略竞争对手”，中美关系有所倒退。大国之间虽然建立了各种形式的“伙伴关系”，但摩擦不断。回顾和总结近年来中美、中欧、中日关系的经验与教训，关键在于落实“战略伙伴关系”，使之机制化。

二、大国关系处于调适期和敏感期

进入新世纪以来，国际局势发生广泛、复杂和深刻的变化，其中最显著的一点就是，“新兴经济体”群体性崛起。“新兴经济体”已成为世界经济增长的主要推动力。近几年来“新兴经济体”对全球GDP增长的贡献已超过50%，成为世界经济运行中的稳定因素。

“新兴经济体”的发展动摇了世界经济体系美欧日三足鼎立的格局，致使大国战略位置处于调整之中。在大国战略协调与合作加强的同时，战略利益的矛盾和摩擦也随之扩大与深化。各大国对这种新的战略位置与相互关系并不能完全适应，因而各大国的国际战略处在相互适应的调整期。大国战略调整期也是关系敏感期。突发事件增加，关系前景处于不明朗状态。以“战略伙伴关系”为导引，妥善处理好大国战略调整期和敏感期的各种关系，是各大国面临的需要加强研究的现实课题。

三、大国之间的战略共同点和分歧点

当前国际大势的主要特点是，世界经济全球化、国际格局多极化和发展模式多元化都在深化发展。

首先是经济方面。经济全球化具有积极和消极两面性。一方面表明以发达国家为主导的全球化，造成全球经济失衡，使全球金融投机的消极后果的影响迅速扩大。另一方面经济全球化迅速发展，在近十年来使世界经济和财富迅速增长，也成为应对金融危机的强大物质基础。经济全球化加深了大国之间的经济相互依存程度，提供了大国发展“战略伙伴关系”的经济基础。

其次是安全方面。国际形势复杂多变，大国之间在国际安全的认识上有了一定的共识，就是确立新安全观，共同协作加强国际安全和共同安全。特别是共同谴责和反对恐怖主义，共同防止核扩散。虽然在方法和途径上有所不同，但大方向是一致的。

第三是在人类面临的共同问题上。如大规模自然灾害和流行性疾病方面，打击国际有组织犯罪活动方面，还有世界面临的粮食危机及气候变暖等问题方面。

同时，大国战略关系也有两种作用，一方面是相互协调与合作，另一方面也有相互牵制和制约的作用，矛盾与摩擦也伴随而生。在经济方面，表现为反倾销、贸易战和贸易保护主义。在安全和战略利益方面，美国加强北约东扩和试图组织“东方北约”，压制中国和俄罗斯的战略空间；美国在中亚搞“颜色革命”，使这一地区的形势更加混乱；美国和西方大国在涉台、涉藏和人权等问题上，干涉中国内政，触动中国核心利益红线，试图以此压制中国发展。在发展模式方面，西方发达国家推行其西方价值观和发展模式，推行“人权外交”，挑起“模式之争”；承认和尊重发展模式多元化已经成为大国“战略伙伴关系”的重要方面。

四、大国战略关系与国际体制变革

国际格局多极化的发展，呼唤和要求变革现有的国际体制，建立国际政治经济新秩序。在国际制度变革问题上，也存在着大国之间的战略互动。

国际社会，特别是发展中国家普遍要求改革与时代已经不相适应的旧秩序，推进一种更能反映国际格局多极化变化的一种现行国际秩序和规制的调整与变革。

二战之后建立起来的以发达国家为主导的国际经济秩序，利用不平等不均衡的国际贸易与金融体系，使发达国家获取极大利益好处。20 世纪 60 年代开始，发展中国家就提出建立国际经济新秩序的要求。70 年代，举行“南北对话”和建立“南北委员会”，就发达国家与发展中国家经济合作的综合战略进行了讨论。但是从 80 年代之后全球性南北对话处于沉寂状态。20 世纪 80 年代中期，中国领导人邓小平提出建立国际政治经济新秩序的倡议，得到了广泛的赞同和支持。但是此后不久，国际形势发生激烈动荡，人们的关注点被转移。

现行的国际经济秩序没有能充分反映国际格局多极化广深发展的现状。国际体系中的各方层次、体系结构和制度规则等各个方面都需要调整与变革。而首要的是，新兴和发展中国家在国际体系中要有合乎身份的话语权、参与权与规则共同制定权。

新的国际经济秩序的形成将是一个长期、渐进和曲折的过程。新兴和发展中经济体首先要把自身经济搞好，在现有体系内进行有效的协调，同时加强国际合作，使 G20 机制化，这将对国际体系变革产生深远影响。欧盟虽同美国一起主导现有国际体制，但欧盟与美国在战略思考的侧重面有所不同。欧盟主张改革国际体制，同新兴大国一起共同推动塑造新的国际政治经济秩序。

五、G8、G2 和 G20

G8 原来是 G7，西方的“富国俱乐部”。俄罗斯加入后成 G8，但俄始终是其中的小角色。随着时势的改变，G8 逐渐失势，成为“清谈俱乐部”，俄罗斯已经退出。欧盟国家特别是德国和法国敏感地看到新兴发展中国家群体崛起，创造了“G8+5”的模式。其中的“5”就是中国、印度等 5 个发展中大国。

“中美国”（Chimerica）是美国一位经济史学者提出的一个学术观点，意在中国和美国建立经济上的“共生关系”。布热津斯基等人乘纪念中美建交 30 周年之际，将这位学者的学术观点“拔高”为中美战略关系的定位。从“中美国”发展到 G2（中美两国集团共治世界）。G2 的说法，引起欧盟和日本、俄罗斯以及印度等新兴大国的疑虑。中国有的学者指出，这个论点看似“捧高”中国，实则是“战略陷阱”，G2 是不现实的，中国不会上当。

面对波及全球的金融危机，G20 应运而生。由主要发达国家和发展中国参加的 G20，已经开了数次高峰会。G20 一方面表明发达国家已经无法单独解决全球经济问题，另一方面又表明发达国家同发展中国家同在多极化和经济全球化这条船上，只有“同舟共济”，通力合作，才能共克时艰。G20 的当前主题是讨论改革国际金融体系，进而改革现有国际经济制度和规则。当然，G20 在发展过程中，存在着复杂的大国战略互动关系。

六、落实“战略伙伴关系”关键在于机制化

“战略伙伴关系”没有固定模式，关键在于有关各方的在实践中逐步加以机制化。中美关系定位虽然随着美国领导人的更替而一再发生变化，但中美实质上的“战略伙伴关系”是无可怀疑的。中美关系虽然存在诸多矛盾与摩擦，但双方都重视对方的战略地位，并在实践中加以机制化。中美已经建立起多领域的对话机制。特别是中美高层战略对话机制，对稳定中美关系起着重要作用。

相比较而言，中欧没有地缘政治利益冲突，“全面战略伙伴关系”也已建立多年。但近年来双方关系一再发生曲折。缘由之一恐怕是双方认知上的落差，没有落实“全面战略伙伴关系”，使之全面机制化。中欧虽有一些战略对话机制，但尚不全面和完善。使中欧“战略伙伴关系”机制化，需要双方共同努力。首先要建立双方最高领导层的政治诚信。领导人的热线互动，建立政治互信，能推动一些敏感问题突发时及时得到缓解。其次是建立宽领域的对话与交流机制，包括政府、议会、政党、经贸、军事、司法、文教、科技各部门。中欧关系较之中美关系还有一个优势，就是政党交流和民间交流比较发达。中日“战略互惠关系”建立时间不长，需要双方共同努力，加以全方位各领域的机制化，特别是要加强最高层的对话机制和民间、政党交流机制。

七、大国战略互动和多极主义

多极格局形成大国之间战略相互协调与相互的复杂关系。应运而生的是

大国之间的各种称谓的"战略伙伴关系"。适应国际格局多极化的发展,"战略伙伴关系"是大国关系的稳定剂。这种关系是多方面的。有发达国家之间的,有发达国家同发展中国家之间的,也有发展中国家之间的。有双边的,也有多边的。中国在这种"战略伙伴关系"发展中扮演一个积极推动的角色。

存在着发达国家之间的战略互动关系。美欧日之间的关系仍维系着"盟国关系",但已经不是昔日的欧日唯美国是从的"同盟关系"。欧盟总体力量的发展,已经成为多极格局的重要一极。在重大国际问题和地区热点问题上,更多地采取一种"调解人"的角色,推动协商谈判和平解决。欧盟主张发挥新兴大国在国际政治舞台上的作用。G20 就是欧盟力主推动的。

存在着发达国家和发展中国家之间的战略互动关系。在现在国际体系中,发展中国家同发达国家的关系是不平等和不均衡的。因而两者存在矛盾、摩擦甚至斗争。但随着经济全球化的发展,两者依存程度增加,协调与合作已成为主导方面。

也存在着新兴大国之间的战略互动。新兴大国之间虽有共同或相似的国际战略,但由于发展水平不同,文化各异,在经济和安全问题上也存在一定的矛盾。把握新兴大国之间战略互动关系,对落实"战略伙伴关系"也十分重要。

落实"战略伙伴关系",双方从战略利益出发处理双边关系中的各类问题,既维护自身的战略利益,又要考虑对方的核心利益。同时需要从世界大局出发把握大国之间战略互动,平衡各方"战略利益"。

八、积极推动建立新型"战略伙伴关系"

"战略伙伴关系"是大国关系的稳定器。但同时,现行"战略伙伴关系"也暴露了某些不足。因此,需要倡导一种新型的"战略伙伴关系"。根据 20 多年的实践经验,大致可以有以下几条。

第一,"战略伙伴关系"双方应以发展长远稳定的国家关系为目标。西方国家对同我国发展"战略关系"还不太适应。有的认为,"战略关系"带有“同盟关系”的性质，而中国是“竞争对手”。同时，西方的思维方式往往注重于具体与当前，看不到总体与长远，只见树木不见森林。鉴于此，我宜多做细致工作，提高他们对“战略关系”的认识，解除一些不必要的疑虑。

第二，增强“政治互信”。“政治互信”是“战略伙伴关系”的基础。最重要的是双方高层建立“政治互信”。同时，也需要两国各界的相互信任。其中做西方国家议会和媒体工作十分重要。

第三，经济交流中的“合作共赢”。随着经济全球化发展，国家之间经济上相互依存程度加强。经济上摩擦持续不断，一波未平一波又起。经济关系是发展国家关系的基础。“战略伙伴关系”一条重要内容是双方都要确立在经济关系中“合作共赢”的思想。矛盾与摩擦是不可避免的，但双方都应从战略高度和大局出发，通过对话协商，缓解矛盾与摩擦。

第四，用对话和协商方式解决国家关系中重大障碍问题。大国之间出现关系障碍是很自然的事。“战略伙伴关系”要求不要泛政治化，不搞对抗，以谈判协商来解决。双方相互建立政治互信，不要因一时一事的局部事件影响全局。

第五，“战略伙伴关系”双方都要关切对方的“核心利益”和重大利益。当然对“核心利益”要作一定的规范，要求对方不要越过底线。

第六，超越意识形态分歧，求同存异。近年来，西方国家对我加强了“人权外交”攻势，突出同我意识形态分歧。但是要看到，在意识形态外衣后面，始终隐藏着本国国家利益和自身在国际竞争中的位置。因此，在多极化、全球化和多元化的现代，在国家关系中，国家利益是第一位的。鉴于此，“战略伙伴关系”要求双方“求同存异”，共谋和平发展大局。

第七，在地区和全球问题上，交流信息与谋求合作。新型“战略伙伴关系”超越狭义双边关系的范围，扩展到对全球性和地区性问题进行交流，寻求共同协作。这里涉及“不干涉内政”同“国际干预”的关系问题。我宜坚持作为和平共处五项原则中最重要一条的“互不干涉内政”原则，同时进行适当的由我独立自主判断的和以协调为主的“国际干预”活动。

第八，“战略伙伴关系”需要加以“机制化”。由于“战略伙伴关系”缺乏约束性，因此需要发展各种形式和各个领域的“机制化”。这种“机制化”最重要的一条是双方高层“战略对话”，如中美、中欧、中日的高层战略对话。双方能充分交流各自的战略意图，要求在涉及双方利益的各种矛盾与摩擦的问题上，从战略高度出发，共同协商解决。

第九，这种“机制化”可以覆盖双边关系中的所有领域，包括战略意图、外交、经济、政党、议会、文化、环保、社会等各个领域。例如，近年来发展起来的中俄、中欧和中日的政党战略对话机制。

第十，国家之间建立应对紧急和突发事态的高层及各层次联系和协调的机制，建立相互通报情况及联系的智库交流和民间交流同“战略伙伴关系”相配套，以避免“战略伙伴”关系被空洞化。

我国是“战略伙伴关系”主要倡导者和推动者之一。我们要不断总结经验,形成系统理论。并且从战略思维高度出发,全面贯彻于我国对外关系中。

与时俱进的国际新秩序的理念与实践

“国际新秩序”是一个动态的、既抽象又具体的课题。原因如下：

第一，这是一个在不断探讨的世界性课题，涉及的问题广泛而复杂，各方有共识也有分歧。

第二，当今世界处于大发展大变革大调整时期，新问题层出不穷。我们对国际新秩序的认识也在不断变化和深化中。

第三，这是一个具有战略意义的问题。所谓战略，就是对世界大趋势和事物本质的把握，是一切政策和策略的发端。而对世界大趋势的把握会有各种不同看法，因此，我们需要不断进行探讨，在国际上进行对话和交流。

第四，这是一个既是学术又是实践的问题。学术探讨要和外交实践结合起来，相互促进。

一、国际新秩序的内涵与外延在不断扩大

万物都是流动的，恰如一江春水。我们的认识和观点也要不断变化和更新。国际新秩序亦是如此，其内涵和外延随着时代的发展而在不断扩大和充实。

早在20世纪60年代，由第三世界国家首先提出经济新秩序问题，旨在打破战后形成的以发达国家为主导的经济旧秩序。20世纪七八十年代，以勃兰特为代表的欧洲社会党人积极倡导南北对话，经济新秩序是其中的一项重要内容。现在，在世界经济全球化的前提下，在新兴经济体迅速发展的情况下，经济新秩序将会被赋予新的内容。

国际政治新秩序是20世纪80年代中期由中国首先提出的。主要内容有：

遵循联合国宪章原则和和平共处五项原则，倡导国际关系民主化，反对霸权主义和强权政治，主张用和平协商的方法解决国际和地区冲突，反对对别国使用武力和以武力相威胁。

二、国际新秩序的目标、原则与途径

我们到底要塑造一个什么样的国际新秩序，目标何在？谁也无法给予确切的回答。因为塑造国际新秩序是一个过程，是一个永无完结的过程。谁也不能设定一个完美无缺的崇高的目标。我们应从现实出发，脚踏实地做起。塑造国际新秩序不是一种崇高而空洞的目标宣示，而要付诸于现实国际关系和外交实践之中。我们的世界充满着矛盾，存在着各种不合理和不公正的现象。塑造国际新秩序的过程就是世界各国在相互依存中和谐发展的过程。

在塑造国际新秩序的过程中，我们需要有共同遵循的原则。积这几年各种形式讨论的成果，我们认为，共同遵循的原则有：公平公正，合理均衡；平等互利，达到共赢；相互借鉴，求同存异；相互尊重，和谐发展。

塑造国际新秩序的途径也是十分重要的。中国学者近年来对此类问题有很多的讨论。尽管现存的国际秩序，包括国际机制和“游戏规则”，是以西方发达国家为主导的，存在着不合理和不公正的方面（特别是对发展中国家而言），并不能完全适应世界经济全球化、国际格局多极化和文化多元化的需要，但它仍对世界和地区安全及世界经济的发展起着一定的重要作用。因而我们对现存国际秩序的态度是，不是推倒重来，不是另起炉灶，而是积极参与，促进改革。这种改革也不是急于求成，而是循序渐进的，应在积极参与中寻求改革，在解决各种实际矛盾的妥协中寻求改革。

在国际新秩序讨论中，还涉及一种理论观点，就是“全球治理”。虽然“全球治理”由勃兰特等人提出时，是一种好意，有积极作用，但后来被西方学者们弄歪了。西方的“全球治理”的理论基础是，全球“共同价值观”“人权高于主权”、削弱“政府作为主权国家行为主体的职能”。然而世界是多元的，有多元文化和各种各样价值观，因此，很难有全球“共同价值观”。还应着重指出的是，世界政治生态也是多元的。

讨论国际新秩序还涉及到国际机制和“游戏规则”。中国的国际合作基本上是在现存的国际机制和“游戏规则”中进行的。国际机制中尚存在着发达国家与发展中国家不平等、不平衡的现象。我们希望的“游戏规则”是，不损人利己，不以强凌弱，要不断寻求妥协与平衡，特别是要照顾相互利益。

三、塑造国际新秩序中的大国关系

塑造国际新秩序有三根支柱，即大国关系、发达国家与发展中国家关系、国际机制与国际合作。

近年来国际形势复杂多变，难以准确预测。这是多种原因造成的。如强权政治和恐怖主义。但其中一个原因是现在某些西方大国主要政党和领导人，对世界的大变革，对新兴国家群体和新兴经济体的崛起缺乏心理预期和战略思维。在西方世界，我们再也没有看到有在国际风云际会中像戴高乐、密特朗和阿登纳、勃兰特这样的战略政治家，这些西方政客只是为了争取选票而盛行机会主义，短视的政策不惜伤害别国的核心利益。

大国关系是至关重要的。改善和发展牢固的大国战略关系是各大国的共同愿望。为了搞好大国关系，积累这些年来的经验与教训，作为国际问题的学者，现提出一些看法，供大家探讨。

第一，多极化发展与均衡战略。当今世界力量对比发生很大变化，国际格局多极化深入发展，这增加了大国关系的不适应性，引发多种矛盾和摩擦。然而力量对比的变化形成一种力量比较均衡的状态，增加了相互制衡度，有利于世界和平与发展的主潮流。“均衡论”是中国古典哲学思想的精华。《易经》《道德经》和《黄帝内经》都讲“均衡”。“均衡战略”是欧洲外交的传统，超越年代时期，超越党派利益，是欧洲根本战略利益之所在。欧洲均衡战略是根据欧洲历史与现状、地位与作用所确定的，是由美欧战略思维和战略目标不同所决定的，因而是欧洲利益最大化的战略选择。近年来，从西方引进和被一些学者推崇的“博弈论”（Game Theory）被广泛用于“国际战略”之中。“博弈论”虽然也讲“战略”与“均衡”，但它实际上是竞争对手之间的“打牌理论”，目的在于通过“占优战略均衡”，使自己获取“最大化利润，力争在游戏中获胜，达到主观收益最大化”。这同我们所说的“均衡”“共赢”的国际战略是相悖的。

第二，国家利益、“价值观外交”和“模式之争”。“价值观外交”首创者是美国。冷战时期，美国把“价值观外交”作为争霸世界和演变社会主义国家的工具。冷战之后，美国把“价值观外交”作为推动“颜色革命”的工具。欧洲国家，特别是德、法、英三国大肆宣扬“价值观外交”，并付诸于外交实践中，主要针对中国。民主、自由、人权是欧洲国家的核心价值观，也是人类文明的宝贵财富。然而，社会制度、经济发展水平、历史和文化背景不同的国家，均有不同的核心价值观，从而形成世界的多样性。美国和西方发达国家对中国的迅速发展，一方面表示欢迎，同时又流露出担忧。这种担忧的理由是，首先设定中国是一个“非民主”国家，这样一种类型的国家居然可以发展得如此之快，形成非西方的一种特有的发展模式，因而挑起所谓“模式之争”。我们有自己独特的符合中国国情的发展道路，而探寻道路的方法，我们也借鉴世界特别是西方的一切文明成果。中国的发展经验是世界文明成果的一部分，同西方文明不是相排斥，而是可以相互借鉴的。

第三，从战略高度出发，冷静处理国际关系中的个案，避免对抗。大国关系中出现矛盾、摩擦和纠纷是难以避免的。有一般性问题，也有涉及国家核心利益的问题。大国关系虽然敏感而脆弱，但总体是稳定和发展的。大国之间需要建立战略对话机制，畅通相互了解的渠道。

四、中国的国际责任

随着中国的经济发展和国际行动能力的增强，中国承担更多的国际责任是理所当然的。近年来，“中国责任论”被美国、欧洲和日本所热议。从大多数言论来看，对中国是好意，但同时，西方对“中国责任”也有多种误读。

误读之一，过分抬高中国的国际地位和能力，要中国承担力所不能及和本不应由中国单独承担的国际责任。全球环境污染和气候变暖是中国“责任”；能源短缺和石油涨价是中国“责任”；世界性通货膨胀是中国“责任”；苏丹达尔富尔问题和缅甸问题也是中国“责任”。西方一部分政要和媒体存在一定的政治图谋，也存在成见和误解。然而这些问题是可以解释清楚的。在这方面，我们要提高信息畅通度和国际公关能力。

误读之二，试图把中国纳入西方体系。美国政要和学者在论述“中国责任论”时，说得明白无误：美国希望把中国纳入到以其价值观为基础的国际体系中，共同担负起与美国等国要求和利益相一致的责任，重塑未来的国际体系。这把西方“中国责任论”的目的已经说得很清楚了。

无论好意也好，误读也罢，中国自己已经认识到，其国际责任是不可回避的。但是中国的国际责任，既不能按照“美国标准”，也不能按照“欧盟标准”，而是遵照中国自己的标准来界定。中国国际责任是“中国标准”，笔者认为，就是自主选择，力所能及。当然在此基础上也要重视国际关切。中国的国际责任在于，同各国一起，共同塑造公平合理、平等互利的国际新秩序，共同推动构建“人类命运共同体”。

战略思维和外交谋略

在多极化、全球化和多样性的当今世界，各国之间的政治、经济和文化联系空前密切。网络及各种通讯手段的普及，使一地发生的讯息迅速传遍全球，并且产生各种难以预料的影响。因此现在更需要用战略思维来观察国际形势和处理国际事务。

作为外事工作的职能部门或者一个地区和一个国家的主管部门，直至我们每一位外事干部，在观察和研究国际和地区形势时，在处理具体涉外关系时，都要有战略思维。无论是处理中美关系、中欧关系或者中日关系，不要为一时一事所左右，要考虑这些双边关系同我国国内工作的联系，考虑同美日欧之间的相互关系，考虑政治、经济、文化、军事各种因素的相互联系。处理中日关系和中欧关系时，要考虑“美国因素”。

要讲究外交谋略。我国有在军事上和外交上运用韬略的传统。毛主席、周总理和邓小平在运用战略和谋略上给我们留下了宝贵的遗产。谋略运用具有高度的灵活性，是智慧的表现。周总理当年在日内瓦会议和万隆会议灵活的外交谋略运用一直成为新中国外交的范例。王稼祥关于外交策略的谈话到现在仍然具有现实意义。他说，在国际斗争中，既要发挥主观能动性，又要小心谨慎，注意策略，要有进有退，有攻有守，有争有让，有解有拖，而不能勇往直前，一斗到底。

我国改革开放和现代化建设确实取得了史无前例的成就，为世人瞩目，但是我们应实事求是地冷静对待。首先是“GDP 迷”，中央已经指出了这个问题，但是地方各级政府还一直在热衷于 GDP 的单纯增长，主要想以此来表明自己的政绩。我们要定位在发展中国家。不要宣传从“华盛顿共识”到“北京共识”。

国内宣传和对外宣传的界限现在已经难以划分。无论是对内和对外宣传还是国际问题研究，一定要坚持实事求是的原则。我国正处于并将长期处于社会主义初级阶段，要把我国建设成为富强民主文明和谐的社会主义现代化强国，还需要进行长期努力。我们一定要以此来深刻认识我国国情和所处历史阶段。

我国发展和规范市场经济和建设政治文明，都需要从中国国情出发，借鉴和吸收世界先进文明成果。

现在出现两种倾向，并争论不休。一种是盲目推崇国学和儒学，甚至否定五四运动提倡的民主与科学精神，提出“只有儒学才能救中国”，只有以儒学为核心的“东方文化才能拯救世界文明”。另一种倾向是提出完全引进西方的民主政治制度，“全盘西化”，从社会经济体制到教育、文化和卫生事业，直到大众娱乐都要以“美国标准”来衡量。这两种倾向都是不科学的。

借鉴西方文明，为我所用，这是没有问题的。但“西方文明”是一个笼统的概念。西方发达国家之间，基本价值观相同，但政治体制和经济体制是各有不同的。美国不同于德国、英国不同于法国。欧洲实行“福利国家”和“社会市场经济”，美国实行“自由资本主义市场经济”。美国、欧洲、日本都要学，但要鉴别，不能完全照搬。现在讨论中的政治体制改革和民主政治，一定要有正确的立足点，认真探索，从中国实际情况出发。

“万物并育而不相害，道并行而不相悖”，这是在全球化浪潮中保持人类多元文化生态的原则。而在尊重文化多样性和文化融合中保持自己民族文化传统是十分重要的。建设既保持民族传统和特色又符合时代潮流的现代先进文化是我们的责任和任务。

关于构建“新型国际关系”的几点思考

2013年3月，习近平主席在访问俄罗斯时，提出“建立以合作共赢为核心的新型国际关系”。这是顺应时代潮流之举，包含丰富内容，既是对中国一贯坚持的国际关系原则的继承，又符合复杂多变的时代发展的需要。建立“新型国际关系”是一项复杂长期的工程，同时也是国际关系学术方面的一个重要课题。本文仅从学术角度提出一些看法。

一、“新型国际关系”要在继承基础上顺应时代潮流

新中国成立70年来，国际关系经历了冷战时期的社会主义阵营与资本主义阵营对抗、冷战后的多极化时期，现在进入到了多极化、全球化、多元化深入发展的新时期。

纵观70年来中国的国际关系理论与原则，有的已经过时，有的还应继续坚持，同时要赋予新的内容。已经过时的理论、原则和政策有：对苏联“一边倒”政策，打倒“帝修反”和支持世界革命，“一条线”政策和“三个世界”理论。这些政策和理论都是根据当时国际形势和国际关系的特点确定的，随着国际形势的发展变化已经不适用了。

但中国一贯坚持的国际关系和对外政策的基本方针和理论，理应包含在“新型国际关系”之内。这些政策和理论是：独立自主的和平外交政策，和平共处五项原则，争取国际政治和经济新秩序，争取国际关系民主化，反对霸权主义和强权政治，支持发展中国家争取合法权益的斗争，和平协商解决地区和国际争端，不结盟、不称霸、不干涉别国内政，共同构建“和谐世界”，发展与邻为善、以邻为伴的睦邻友好关系，维护世界和平、安全和

发展。

“新型国际关系”不是凭空而造，而是有深厚的历史背景和现实基础。这是中国70年来一贯坚持和创立有效的国际关系的原则和理论，是“新型国际关系”的深厚基础。

“新型国际关系”的提出，顺应了时代潮流。关于当今的时代潮流，可以归纳为“四化”，即“世界多极化、经济全球化、文化多样化、社会信息化”。其中“多极化”和“全球化”是多年前提出的，现在它们的内涵也有了新的变化。“文化多样化”和“社会信息化”是近年来所强调的。

冷战结束已30多年，“国际关系”进入了又一个新的阶段。发展变化的根本原因在于，国际形势、中国国内形势以及中国同世界的关系发生了前所未有的巨大变化。同这种发展变化相适应，“新型国际关系”应运而生。

然而，人们的认识往往落后于形势发展。“冷战思维”“定式思维”依然存在，“中国威胁论”“国强必霸”及“崛起大国同守成大国必然发生冲突”的成见不断花样翻新地出现。中国主动提出构建“新型国际关系”，意在解惑释疑，破除不符合时代潮流的旧思维，充分发挥中国在世界上的大国作用，推动世界和平与发展。

二、国际格局多极化向“多个发展中心”方向演变

冷战结束初期，美国成为唯一超级大国，试图“单极独霸”世界，以“单边主义”和“先发制人”作为其国际战略。但世界并未按照美国的意图发展。随着国际力量和权力结构发生变化，多极化迅速发展，冲击了美国的“单极”思想。特别是新兴国家的群体性崛起，使多极化内涵和外延不断扩展，向着纵深方向前进。

新兴国家群体性崛起，是冷战结束后最具划时代意义的重大历史事件。在国际政治经济文化舞台上，新兴大国正在由新兴经济体逐步演化为一种强大的经济和政治的综合力量，冲击着几个世纪以来统治世界的“西方中心主义”，也由此使多极化深入发展，正在逐步形成“多个发展中心”。“多中心”

是件大好事，多极之间相互合作又相互制衡，有利于平衡世界各种力量。

三、经济全球化向“你中有我，我中有你的命运共同体”方向发展

世界经济全球化迅猛发展，已经改变了旧时的世界经济美欧日三足鼎立的格局。世界经济总量也在全球化推动下迅速增长，特别是2008年发生国际金融危机之前的6年多时间里，各种经济体的经济都有快速增长，这是难能可贵的。

同世界上其他事物一样，经济全球化也有两面性，即积极一面和消极一面。其消极影响表现在，经济全球化是西方发达国家主导的。西方发达国家在全球经济中仍然占有优势，旧的国际经济秩序和规则是由西方发达国家以有利于它们经济发展的原则制订的。经济全球化就是在国际经济这种不平衡、不公平的基础上发展起来的。西方发达国竭力从经济全球化中获取自己的利益，同时将经济危机转嫁与发展中国家。

然而，我们也要看到，经济全球化是适应全球生产力的发展而出现的，根据生产力的发展而调整和进行生产配置及分工。它必然带动全球经济的向前发展。从几十年来经济全球化带动全球经济发展的结果来看，发达国家固然得到了好处，发展中国家顺势而为也有了空前的发展。“金砖四国”就是适应经济全球化发展而催生的。除“金砖国家”之外，韩国、墨西哥、泰国、印尼、澳大利亚，以及非洲许多国家的经济也在经济全球化条件下迅速发展。

2008年始于美国的国际金融危机及随后的欧债危机涉及主要西方发达国家，新兴大国和广大发展中国家都受到了牵连。因此，人们对经济全球化提出了质疑，“反全球化”的观点和社会运动也活跃了起来。可以说，以西方国家为主导的经济全球化对国际金融危机起了推波助澜的作用。然而，国际金融危机及欧债危机的产生有着复杂的原因，不应归咎于经济全球化，而且经济全球化也在为克服危机创造条件。国际金融危机的产生，应归咎于40多年来美国推行的“新自由主义”。这种以自由化、私有化、市场化和金

融化为特点的“新自由主义”，将当代资本主义推向“金融帝国主义”的新阶段。在“金融创新”的口号下“虚拟经济”大行其道，动摇了实体经济的基础。

经济全球化极大地增强了各国之间，特别是大国之间的经济相互依存度，形成“你中有我、我中有你”的新型经济关系。但是要成为名副其实的“命运共同体”将是一个远大的目标，有一个复杂的历史过程，是一种既合作又竞争、逐渐使合作成为主流的发展过程。这个过程也许是多层面的、先地区后全球的逐渐演化过程。总之，要顺应发展规律，既不能滞后也不能超前。

当前，继续推进经济全球化，需要各国共同努力，通力合作，以“同舟共济”的精神相互协作与相互支持，渡过危机，转变经济结构，加强金融监管，协调宏观经济政策，反对各种形式的贸易投资保护主义，确保全球经济平衡发展，建立国际经济新秩序，实现全球经济强劲和可持续发展。

四、文化多样性要“相互尊重、相互借鉴”

世界处于全球化进程中，但全球化主要指世界经济全球化。能有文化全球化吗？不能。道理十分简单。每个民族都有自己传承的独特文化，是一个民族之根、之源、之魂。虽然不可能有文化全球化，但世界经济全球化及科技与信息的发展，必然会对传统的民族文化带来巨大的冲击。盲目追随外来文化或者完全拒绝外来文化都是没有前途的。

多元文化，或称文化多样性使世界绚丽多彩。如果世界只有单一文化，那这个世界会多么乏味。多种文化的相互激荡与融合，推动了世界文明历史的发展进程。文化多样性在历史上古已有之。人类自从有文明史以来，各个民族各自独立地发展了富有特色的多种文化。这种多样性在现代和当代国际社会中更加突出了。经济全球化一方面使各种文化之间的交流更加密切，另一方面却使民族文化更显突出。世界文明就大的范围来说，主要有东方文明和西方文明之别。

古老的东方文明，如中华文明、埃及文明、印度文明、波斯文明和巴比伦文明等，对世界文明的发展曾经作出过辉煌的贡献，而19世纪之后相对大多数落后了，现在正处于伟大复兴之中。西方文明产生于欧洲文艺复兴及启蒙运动。欧洲是现代文明的摇篮。但无论是东方文明还是西方文明都有其积极面和消极面。

多种文化之间会产生矛盾，甚至冲突。但“文明冲突论”是错误的。欧洲现代文明发展过程中产生了“欧洲中心主义”，认为只有欧洲文明才是先进的，而且强迫别的民族接受。20世纪后半期，出现了美国“文化霸权主义”，就是要把美国的文化，包括美国的政治、经济、社会制度，美国的价值观甚至生活方式推广到全世界。

把西方价值观应用于外交上，称为“价值观外交”。近10年来，美国、欧洲和日本都试图实施“价值观外交”，这是违背文化多样性潮流的，注定是要失败的。

顺应文化多样性的历史潮流，就是要认同和尊重差异性。只有相互尊重，才能相互借鉴。中国提出了推动建设“和谐世界”的主张，其中包括文化上相互借鉴，求同存异，尊重世界多样性，共同促进人类文明繁荣进步。

文化多样性要求尊重各国发展道路的多样性。世界上没有放之四海而皆准的发展道路和模式。从尊重文化多样性出发，尊重和维护各国人民自主选择社会制度的权利。

五、社会信息化需要积极引导和国际合作

世界进入新世纪以来，信息技术迅猛发展和普及使用，使我们迅速步入信息社会。

信息技术的发展，是新科技革命的最重要贡献之一，充分说明科技是第一生产力的论断，也是世界经济全球化的助推器。各大国都在加紧规划，花巨资发展包括信息技术在内的高科技。同时加强技术壁垒，争夺高科技发展的主导权。

社会信息化是当代社会不可阻挡的潮流，也就是说，我们已进入了“信

息时代”。社会信息化的发展，产生三种影响。

首先，社会信息化使得信息可以自由传播和获取，增强了普通民众的话语权，并由此使民众广泛参与或影响内外政策的讨论，有利于某些现实矛盾的解构和对官员的监督，因而能逐渐培育公民广泛参与社会的活动。

其次，一些社会矛盾通过网络无序传播，增强了社会风险。有的利用信息为个人或小集团牟利，有的传播假信息和谣言，增加社会不安定因素。传统的传播方式失去垄断地位，使利益多元的矛盾更显复杂，甚至可能导致矛盾激化。这给现代政党提出了新的课题。“积极引导”和增加权威部门发布信息的及时性和透明度，是重要的选择。

第三，网络安全与监管已经成为国际关系中的讨论议题。美国是互联网强国。奥巴马政府 2009 年成立网络部队，2011 年提出网络空间的国际战略和行动战略两个文件，显示其网络霸权地位和网络空间的准军事化趋势。美国在网络空间文件中，划分盟国、中立国和潜在敌国，试图挑起“网络军备竞赛”。北约和印度、日本、韩国以及俄罗斯等国也纷纷成立网络部队或制定武装力量网络安全构想。美国把中国作为网络“潜在敌国”。

中国提出以“共同安全”为核心的新安全观，网络安全当然也包含在内。西方国家特别是美国要纠正与中国为敌的战略误判，共同建立确保相互安全、实现网络空间互赢的国际网络关系。

六、突出“合作共赢”

大国关系是国际关系的基础。因此在构建“新型国际关系”时，同时要培育“新型大国关系”。而且这两种“新型关系”在“合作共赢”理念上是吻合的。建立“新型大国关系”是习近平主席在访问美国时提出的。中国同其他各个大国建立“新型大国关系”，总的目标是相同的，但由于对象各不相同，侧重面也会有所不同。

中俄关系堪称“新型大国关系”的典范。这种“新型大国关系”正在把“平等信任、相互支持、共同繁荣、世代友好的全面协作伙伴关系提升至新阶段”。“双方支持对方自主选择发展道路和社会政治制度的权利，在涉及对方主权、领土完整、安全等核心利益问题上相互坚定支持。”中俄还呼吁各大国“超越零和博弈、集团政治等思维方式，遵循顺应21世纪潮流的国际关系原则”，为建立长期稳定健康发展的新型大国关系而努力。

中美关系是最重要双边关系之一，也是最为复杂的关系。近年来，中美两国不断加强高层交往。我国对美国致力于构建不冲突、不对抗、相互尊重、合作共赢的“新型大国关系”。但特朗普当选美国总统之后，对华采取强硬路线。2017年11月，特朗普在他首次东亚之行时，提出“印太战略”，意在“围堵中国”。之后，白宫出台了《国家安全战略报告》，将中国定位为“战略竞争对手”；五角大楼出台《国防战略报告》，声称美国安全首要关切的不再是恐怖主义，而是大国间的战略竞争，中俄首当其冲，还出台《核态势评估》报告，将中俄并列为美国安全的主要威胁。在台湾问题上，特朗普一再违背中美在台湾问题上的协议，多次踩着“红线”。特朗普一上台却给蔡英文打电话；特朗普批准美国参众两院通过的《与台湾交往法》，提升美台政治、军事关系。特朗普发动对华贸易战。特朗普任总统以来，拒不承认中国市场经济地位，随意对中国出口商品加征关税，限制中方企业在美国的正常交易，甚至要打压“中国制造2025”计划。中美经贸关系互补互利，中方一再向美方说明利害关系，但特朗普执意要打这场贸易战。我方已表明，中国不愿打贸易战，但也不怕打贸易战。中美经贸关系是两国关系的压舱石。

中欧关系对双方都具有战略意义。中欧关系正在向更加务实方向发展。中欧关系的健康发展，将为构建“新型大国关系”和“新型国际关系”做出重要贡献。

处理大国关系还要把握大国之间的“三角关系”，也称“大三角关系”，如中美俄、中美欧、中美日、中俄欧、中美印、中日韩，等等。“大三角关系”冷战时期就有。但现在的“大三角关系”同冷战时期完全不同。现在的“大三角”关系是在国际格局多极化中相互合作又相互制衡，以合作共赢为主导的“大三角关系”有利于推动世界和平与繁荣。

争取建立国际经济新秩序是一个长期的目标。现实的国际经济秩序是以西方发达国家为主导的，存在着不公平、不公正和不可持续发展，但不能推倒重来，而应以渐进式改革，增加发展中国家的话语权、参与权和规则共同制定权。经济全球化造成各国之间的经济摩擦和纠纷增加，特别在发达国家与发展中国家之间。在同经济发展有关联的进出口贸易、环境保护和知识产权保护等领域表现尤为明显。但同时，经济全球化使各国之间经济相互依存度增加，竞争与合作同时进行，以合作为主要趋势。20 年来，国际和地区经济合作范围不断扩大，内容不断深化，机制走向完善。国际金融危机也为争取建立国际经济新秩序提供了契机。现在的共识是，首先要推动国际金融体系的改革，以“合作共赢”为理念，推动建立国际经济新秩序，以有利于在全球构建“新型国际关系”。

确立我国"新国际关系观"刍议

国际环境和周边环境复杂多变，如何应对这种复杂多变局势，如何适应现代国际关系的新变化，我们应有一种外交新思维，应有一个适应形势发展的新国际关系观。

在冷战时期，我国是冷战受害者，但形成我们在冷战时期对待国际问题的一个基本思路，就是"国际斗争"。同帝国主义斗，同现代修正主义斗，同各国反动派斗。我们当时虽然对战争与革命形势有过错误的判断与认识，但从当时冷战的这一特殊历史时期看，当时我国的国际战略基本是正确的，维护了我国的独立与主权。

我们还应看到，我们在主张"国际斗争"的同时，提出了独立自主的和平外交政策，提出了和平共处五项原则，坚决反对帝国主义和霸权主义的战争政策，坚决站在第三世界国家一边，宣布永远不称霸，打开了发展同美国、日本和德国等西方发达国家关系的大门，提高了我国国际地位和威望。因此完全否定毛泽东、周恩来的国际战略和外交政策，是违背历史唯物主义精神的。也因此，我们把邓小平在党的十一届三中全会之后所确立的国际战略，看作是毛泽东、周恩来国际战略和外交政策的继承与发展。我认为，认识这一点是非常重要的。

十一届三中全会之后，邓小平把时代主题从"战争与革命"转变为"和平与发展"，实现了我国国际战略适应时代发展的伟大转折。邓小平提出"和平与发展"为时代基本特征的思想，已经20多年过去了。"和平与发展"的时代主题没有改变，但国际形势又发生了很大的新发展。我们要把握时代脉搏，形成新的国际关系观。

一、深刻认识“两大变化”

胡锦涛总书记在十七大报告中指出：“当今世界正在发生广泛而深刻的变化，当代中国正在发生广泛而深刻的变革。”我们首先要深刻认识这两个“广泛而深刻”的变化。国内变化已为大家所熟知。那么，世界有哪些“广泛而深刻”的变化呢?

（一）世界力量对比发生很大变化，正进行冷战后的“第二次洗牌”，多极化深入发展，大国关系总体稳定，局部对抗难免，但冷战已一去不复返。

中国综合国力迅速上升，“中国因素”在国际上连续发酵，中国已是国际关系的力量制衡中的一种重要角色。俄罗斯实力加强，在国际事务中要显示大国雄风。欧盟一体化有实质性进展，日本稳步发展，欧盟和日本的国际活动更加活跃。发展中国家总体实力上升最为引人注目，国际地位和影响有很大增强。美国经济增长放慢，伊拉克战争失败，力量和影响相对削弱，但仍保持唯一超级大国地位。

世界力量对比的变化，国际关系的“第二次洗牌”，增加大国之间关系的不适应性，引发多种矛盾和摩擦。然而因力量对比变化而形成一种力量比较均衡的状态，也增加了相互制衡的状态，这种态势有利于世界和平与发展的主潮流。

对于大国之间的局部性紧张，人们经常会提出这样的问题：会不会发生新的冷战？从表象上看确实有这种迹象。但由于国际环境的变化，大国之间不可能爆发新冷战。“冷战”有特定的含义，就是大国之间政治、经济、军事和意识形态的全面对抗，但未发生世界范围内大规模战争的斗争。多极格局的国际关系包含对抗与合作两个方面，而且对抗是局部的，合作是全面的，是主导的。传统的“东方”已经没有了。过去的“西方”也已有很多变化。欧洲从传统上看，始终是奉行“均衡”的战略。

（二）在经济全球化全面发展带领下，世界经济格局发生深刻变化，旧的平衡已经打破，新的平衡正在形成，经济相互依附性增加，竞争激烈，合作共赢仍是主流。

经济全球化造成全球经济发展不均衡，但同时，从总体上看，又增加了全球经济的均衡性，导致了全球经济格局的变化。本来世界经济已经形成美国、欧盟和日本的三足鼎立，现在又加上新兴经济体，特别是中国、俄罗斯、印度和巴西“金砖国家”经济迅速发展，在全球经济中所占分量明显增加。“金砖国家”的经济增长超过全球增长的一半。现在不仅“金砖国家”，墨西哥、阿根廷、韩国、泰国、印尼、南非等国经济也有引人注目的发展。经济发展滞后的非洲近10年来年增长率达到5.4%。

全球经济结构的力量变化，打破了美国主导世界经济的地位。然而经济问题十分复杂，新兴经济体的快速发展有利于减轻世界经济的外部失衡，但它们内部也有各自的经济问题。

经济全球化造成各国之间经济摩擦和纠纷增加，特别在发达国家与不发达国家之间。在同经济发展有关联的进出口贸易、环境污染和知识产权保护等领域表现尤为明显。气候变暖问题在近年来成为全球的热门话题，今后将会继续。这个问题需要有共同认识、共同行动和共同措施。在行动与措施方面，发展中国家同发达国家既要一致，又要有区别。这方面已有了一定的共识。

各国特别是大国之间的经济关系已同冷战时期完全不同。大国经济相互依存度增加，你中有我，我中有你。依存度增加也必然引起经济矛盾和贸易摩擦增加。当然，大国之间的经济摩擦甚至贸易战都有一定的国际政治斗争背景，但基本上按经济自身发展规律发生和发展，按国际通用规则通过谈判加以缓和及解决。西方盟国之间贸易战也时有发生，已为平常之事，最终都以谈判协商和相互妥协为结束。如美欧、美日、美加之间以及欧盟成员国之间。这些矛盾和摩擦所以能协商解决，主要是双方都看到了合作是基础，是主流。这种合作既要维护自己利益，又要照顾对方利益，达到合作共赢的目的。近10多年来，国际和地区经济合作范围不断扩大，内容不断深化。

经济全球化给世界经济带来连续几年的增长，是史无前例的。不仅发达国家而且大多数发展中国家也都受益。就此而言，南北关系也发生了显著变化。如果把最发达国家和最贫穷国家作比较，可以看到贫富差距在扩大。但把发达国家总体同发展中国家总体作比较的话，南北差距在一定程度上在缩小。南北之间在政治、经济体制和价值观等方面存在着斗争，但在实际经济领域和治理全球共同性问题方面，南北之间的协调与合作正在加强。

（三）传统安全威胁与非传统安全威胁相互交织，各国都在加强军备，同时大国的军事战略互信在增强。

在西边，北约东扩，美国要在波捷部署导弹防御系统，激化了美俄矛盾。在东方，美国拉拢日本等国，试图拼凑“东方北约”，对我国安全造成严重威胁。美国、日本等国一再掀起“中国军事威胁论”。但同时也要看到，东南亚和东亚的军事与安全互信正在增加，并向机制化的方向发展。中日军事交流已经恢复。中美军事交流升温，两军关系进入良性发展的轨道。东亚地区多种安全合作机制并存。中日韩三国从维护地区和平与发展出发，就相互战略关系已有一定的共识和互信。从周边环境看，东亚和南亚国家都希望从地区稳定中获得最大利益，集中力量发展本国经济和推动区域经济合作。

恐怖活动越来越猖狂，严重威胁各国安全和人民生命安全。中国主张加强反恐国际合作，同时认为对恐怖主义活动要标本兼治。大国之间在国际反恐问题上虽然有不同的想法和做法，但基本目标是一致的。大国之间反对国际恐怖主义活动的国际合作正在加强。

两极时期，两个超级大国政治经济和军事全面对抗，地区冲突和热点问题都有美苏争霸的背景。冷战结束，民族矛盾和宗教冲突更加激烈，局部战争不断，非传统安全威胁加大，热点问题升温，国际局势看上去比冷战时期更加不稳定。但是要看到，有一个显著的不同就是大国关系的曲折互动。地区冲突虽仍有大国较量的背景，但并未形成大国全面对抗。各大国的国家利益和主张虽各不相同，但都参与国际性或多边性的协调机制。联合国安理会仍在起重要作用。朝核问题有六方会谈，伊核问题有安理会五常加德国协商机制，中东问题有四方谈判机制。

（四）国际思潮起伏变化，西方鼓吹自由民主和人权是人类文明的共同财富，因此要警惕美国的“全球民主化”和“人权国际干涉论”。

思潮是观察国际问题的一个视角。“新自由主义”思潮成为主流意识形态在全球已风行近20年。美国总统布什以“新自由主义”为指导思想，制定“先发制人”“单边主义”和推进“全球民主化”的国际战略和对外强硬路线。

西方民主价值观倡导“民主和平论”。这种观点认为，民主国家的战争倾向性明显弱于非民主国家，随着民主国家的增多，战争也会相应减少。这种在西方大行其道和在我国学者中也有影响的观点，歪曲战争发生的根源，实质上为霸权主义用武力干涉别国内政和发动战争制造“理论根据”。西方在人权问题上宣扬的观点是“人权高于主权论”。这种观点认为，人权全球化的规范正在穿透国界，对民族国家的主权提出严重的挑战，这种规范使以侵犯人权为借口的国际干预具有合法性。我们主张发展人权，也可就人权问题同西方国家进行对话，但我们反对在国际事务中以人权为借口干涉主权国家的内政。

二、“共同分享”“共同应对”：中国同世界关系的历史性变化

胡锦涛同志在党的十七大报告中指出，“共同分享发展机遇，共同应对各种挑战，推进人类和平与发展的崇高事业”“推进建设持久和平、共同繁荣的和谐世界”。他又指出：“当代中国同世界的关系发生了历史性变化，中国的前途命运日益紧密地同世界的前途命运联系在一起。”

怎样看这种“历史性变化”呢？从国际社会对党的十七大的关注点中可以看出，无论是“中国奇迹”还是中国发展中遇到的问题以及中国未来发展前途，国际社会都给予极大关注。他们得出一个共同的结论是：中国离不开世界，世界离不开中国，中国同世界从来没有像现在这样紧密地联系在一起过。

从当今世界和现代中国的“两大变化”中，可以也应当得出的结论是

"共同分享"和"共同应对"。

中国的国际地位和作用，是人们长期议论的一个题目。过去我们讲到中国的国际地位时，主要是中国块头大，安理会常任理事国和奉行独立自主和平外交政策。这些当然也是今后考虑中国国际地位和作用时的重要因素，但现在可以说最主要是中国综合国力的增强。现在我们要把坚持独立自主同参与经济全球化结合起来。在这里，我想说，我一直不同意"同世界接轨"和"融入世界"的提法。中国本来就在世界之中，而不在世界之外，何谈"融入"。"接轨"，那个轨在哪里？如何去接？仔细推敲起来，这种提法是不符合逻辑的。这种提法有违"世界多样性"的原则。我看，还是提中国同世界"共同分享""共同应对"为好。

经济全球化是中国经济发展的外部条件，把中国经济同世界经济紧密地联结在一起。同时，经济全球化也使中国同世界一起承担可能发生的"经济风险"。2007 年发生美国信贷危机，发展为 2008 年的国际金融危机，令人想起 1997 年的亚洲金融危机，美国又是世界经济的火车头，因而造成全球一片恐慌。美国和西方发达国家及时"救火"，危机是否被控制还有待观察。这说明两方面问题：一是美国经济经过十几年增长，实力增强，应付危机能力增加。二是表现美国经济的脆弱性，十几年积累的"泡沫"，一有风吹草动，就会酿成危机，不确定性增加，危机根子未除。主要危险在金融风险，中国也要从中吸取教训，并加以防范。

因此，我们要同世界各国一起，共同分享经济全球化带来的发展机遇，也要共同应对经济全球化带来的各种风险和挑战。无论是"共同分享"或是"共同应对"的内容不仅局限于经济上，还应包括政治、文化、安全和环保等各个方面。

三、对新国际关系观的几点思考

新国际关系观是一个大课题，需要认真探讨。提出一些想法和思考，供大家讨论。

（一）国际关系观也要与时俱进。

新国际关系观的提出，要有两个条件，就是立足现实和展望未来，最重要的是要符合时代发展的精神。国际和国内形势的新发展，我们提出了新发展观，新安全观，新文化观和新秩序观。同这些新观念相适应就应有一个新国际关系观。新国际关系观要有三方面的基本定位：符合马克思主义的时代观；符合中国特色外交理论；符合中国文化传统理念。

（二）有利于统筹国内国际“两个大局”。

胡锦涛总书记在党的十七大报告中提出统筹国内国际“两个大局”的思想。我理解也就是国内国际一盘棋的思想。

国际风云变幻为我们多层次、多渠道、广泛而深入开展国际交流创造了客观条件。

国际形势的深刻变化要求我们树立世界眼光，统筹国际国内“两个大局”。统筹“两个大局”就是要认识中国同世界的互动关系，要有国内国际一盘棋思想。在全球化和信息化的现时代，国内问题同国际问题紧密相连，国内政策同国际政策已很难完全划清明显的界限。内外政策既有区别又有联系，如经济问题和环保问题。国内政策的规划要考虑“国际因素”。我国国内一项新政策的出台，哪怕是一项很具体的政策，都会引起国外议论纷纷。

（三）为加强我国“软实力”服务。

在21世纪衡量一个国家在国际上的地位和作用，虽然经济实力十分重要，但仅仅靠GDP的名次排列是不够的，而主要看综合国力。综合国力由硬实力和软实力两方面组成。我们现在的问题是，软实力要跟上并适应硬实力的发展。软实力包含诸多方面，现在只讲同新国际关系观有关的几个方面。

1. 文化交流已成为国际关系中的重要因素。国际格局多极化、世界经济全球化和全球文化多样性为当前世界三大特征。这里说的文化，是指广义上的文化，就是除政治、经济之外的人类一切社会活动。因此“国际关系”也可以分为政治、经济和文化三个层面来看待。冷战结束之后，许多国家特别是大国都十分重视文化因素和作用。对内重视文化建设，因为文化是综合国力中“软实力”的重要组成部分。对外重视文化交流。从国际关系和国与国关系来看，政治、经济和文化三种关系与交流是互动的。国际矛盾和纠纷只能用协商谈判来解决，而谈判能否成功的基础在于相互了解和信任。产生不了解和不信任的根源除利害关系外就是文化背景的不同。文化交流的功能在于增加相互了解与信任。文化交流还有一个特点，就是不仅在官方，而更多的是面向广大民众。因此可以得出这样的结论，文化交流是改善国际关系和发展良好的国与国关系的重要一环。服务于世界和平与发展大业文化交流是互动的和双向的。存在着如何正确对待继承和发扬民族文化传统与吸收西方文明的问题。文化交流涉及意识形态，这里需要明确的是，文化交流的前提是承认并尊重世界的多样性和多元化，承认并尊重文化和价值取向的多样性，反对把一种模式的文化和价值观强加给另一种类型的国家，反对把西方民主、自由、人权观强加给发展中国家。

2. 彻底转变“发展观”，改善我国“国际形象”。近 30 年来中国经济发展世人瞩目，我们听惯了赞扬话，对“21 世纪是中国世纪”这样的捧场话津津乐道，而对外界的批评意见一概予以驳斥。我国国际影响越来越大，而我国“国际形象”需要改进。“中国温室气体排放”和“问题产品”一度成为世人话题。出现这样的问题，是我们国内问题的延伸和暴露。如：中国环保问题和食品安全问题是 10 多年来问题的总爆发，不仅损害中国国际形象而且影响中国自身的经济发展。问题出在中国经济发展太快，热衷于追求 GDP 增长。解决现在的问题首先要彻底转变“发展观”，改变现在靠牺牲环境达到高增长的“发展模式”。因为存在地方和部门的“特殊利益集团”，中央的政策落不到地方和实处；过度的“商业主义”造成恶果，特别是忽视环境和人文因素；需要彻底整治经济、环保和食品安全的监管体制。

（四）熟悉国际“游戏规则”，牢固确立合作共赢是主流的思想。

经济关系在国际关系中愈显重要。首先要把握世界经济“竞争与合作共存，合作共赢为主流”的特征。

全球经济连续几年来有适度增长，这是战后以来所未有的，虽然存在失衡和暂时低迷的隐患，但今后发展依然被看好。这应归功于经济全球化的迅速发展。经济全球化也有负面影响，但毕竟绝大多数国家得到了好处，许多发展中国家也获得了发展机遇。在经济全球化浪潮下，竞争空前激烈，合作也空前加强。竞争可促使各国关注产业转型和科技创新，但同时带来国际经济摩擦加剧。依仗经济优势，发达国家特别是美国，向中国和其他发展中国家施加经济压力。但也要看到，发达国家和发展中国家的经济合作也在加强，南北关系进入了一个新阶段。同时，全球性及地区性经济协调与合作已形成不同层次的机制。国际经济旧体制存在不公正和不平等的毛病，但仍在起作用。我国作为现行体制的参与者、协调者和改革者发挥着重要影响。我们对现行“国际游戏规则”还并不熟悉。我国对外经济活动扩展太快，无序出口竞争和到海外盲目收购和投资，带来不好的影响。缺乏事先调查研究和协调，又不熟悉国际贸易法律法规和“游戏规则”，败坏“中国制造”名声，已经有了不少教训。我们要贯彻互利共赢的政策，和世界共同发展。胡锦涛总书记在十七大报告中说：“中国将始终不渝奉行互利共赢的开放战略。我们将继续以自己的发展促进地区和世界共同发展，扩大同各方利益的汇合点，在实现本国发展的同时兼顾对方特别是发展中国家的正当关切。”

处理国家关系很重要一点就是关切双方利益关系。邓小平 1989 年就明确指出，发展国家之间良好关系，应当“着眼自身长远的战略利益，同时也尊重对方的利益”，并且“国家不分大小强弱都相互尊重，平等相待”。从“互利共赢”出发达到“共同发展”。“互利共赢”不要停留在口号上，而且要落到实处。要做到这点是不容易的。

我们要熟悉国际贸易、国际金融的“游戏规则”，就事论事地按照规则来解决国家之间以及公司企业之间的贸易摩擦和纠纷。现在有股去海外投资热潮。这是件好事，是我国经济发展的必然，也是经济全球化所使然。但有的企业和经济体对外投资的盲目性很大，豪言壮语代替了踏实的调研，以致付出了几亿几亿的“学费”。

（五）辩证看待和处理国家利益与意识形态的关系。

意识形态同国家利益有密切关系，但要认识到意识形态归根到底是为国家利益服务的。因此，在处理国家关系时要把国家利益放在第一位来考虑。

冷战时期，两个阵营对立，以资本主义和社会主义的意识形态为标记，同国家利益紧密结合，把意识形态“谁战胜谁”放在第一位。从两个阵营对立发展为两霸争夺，霸权利益即国家利益扩展，意识形态退而其次。在第一个社会主义国家苏联解体的历史转变时期，我们曾经讨论过意识形态与国家利益之间孰轻孰重的问题。经过讨论，明确了国家利益是放在第一位的，意识形态是为国家利益服务的，为了国家长远的战略利益，国家之间的关系可以不计较或超越意识形态的差异或分歧。这里所说的“不计较”或“超越”，不是抹煞意识形态的差异或分歧。我们同西方国家的意识形态的分歧甚至斗争将会是长期存在的，但国家关系的好坏并不完全取决于意识形态的差异。近10年来，美国和其他西方大国“新自由主义”思潮得势，加紧搞“全球民主化”“颜色革命”和“人权外交”。对此，我们应有忧患意识，防范“和平演变”，但应坚持把国家战略利益放在第一位，放在意识形态之上，国家关系不计较意识形态分歧。全面贯彻我国新时期国际战略，确立新国际关系观，要着重贯彻邓小平的一个重要思想：在发展同各国关系时，不计较意识形态的分歧，不计较历史上的恩恩怨怨，既考虑我国的根本战略利益也要考虑对方的利益。这里还要补充一句，邓小平在谈到发展各国关系时除要“不计较意识形态的分歧”外，还讲到要“不计较历史上的恩恩怨怨”。这也是在确立新国际关系观时要认真坚持贯彻的。

（六）回归现实主义。

从“国际斗争”到“和谐世界”是一种现实主义的回归。

首先，对复杂多变的世界和西方大国要有准确的了解和认识。人们的认识往往落后于现实变化。我们对当今世界的现实并没有完全的认识和把握。特别是我们对经济全球化、国际格局多极化、世界文化多元化的最新变化状况的认识相对滞后，从概念到概念，缺乏对真实情况的调查研究。盲目推崇西方学者的国际关系理论，说得越玄越好，说得让人听不懂就表示学问越深奥，脱离了国际形势和国际关系的现实。

其次，是准确把握西方大国政坛变动。西方大国政坛变化频繁，基本格局是左翼政党和保守政党轮流执政。选民和舆论对这些国家政党和政治领导人能否上台执政是至关重要的。因此这些政治领导人可以称为政客，往往是机会主义者，翻手为云覆手为雨。我们既不要相信他们的承诺，也不要为他们一句话两句话所激怒。我们要冷静观察，从战略利益大局出发，既维护国家的核心利益，又不要为一事一时而中断相互交流，特别是高层交往。还是邓小平那句话：谁也不怕，谁也不得罪，心中有数。

第三，避免泛政治化和情绪化。国际关系和国家关系中的经济问题和文化问题都有政治背景，都同政治有密切关系，但同时经济问题和文化问题同国家间的政治关系是可以分割的，不要一出现问题就上纲到政治层面上。经济关系已上升到国家关系中的重要地位，而经济关系是多层次的，又是十分复杂的。知识产权问题有西方压制我们一面，但也有我自身问题。而且应当认识到，不解决知识产权问题我们就难以走自我创新之路。

（七）对韬光养晦的新理解。

韬光养晦是邓小平同志在苏联解体的历史转折关头提出的战略思想。10多年过去了，国际国内形势发生了很大变化，是否要坚韬光养晦方针，进行了很多的讨论。关键是，把韬光养晦看作是权宜之计还是具有久远意义的重要政策。情况改变了，为什么还要实行这项政策呢？但是我们往往形势一好，就容易说过头话，如前一时期提出“和平崛起”“超英赶美”“21世纪是中国世纪”“中国是准超级大国”以及“北京共识”等。韬光养晦是治浮躁之风的良剂。从深层考虑，结合当前形势，对韬光养晦还可作出新的理解。

第一，我国将长时期处于社会主义发展的初级阶段。我们的国情决定我们仍然是发展中国家，不要被GDP增长数所迷惑。我们对社会主义市场经济条件下经济发展规律，经济体制改革同政治体制改革的互动关系，经济发展同环境保护及社会发展如何平衡，都在摸索之中。

第二，韬光养晦与有所作为是相互作用的，应作为一个整体思维来理解。就是说，韬光养晦并不是什么都不做，也不是处于弱势时的暂时忍让。有所作为在于“有所”两字，既有可为也有不可为，给予一种高度灵活性。什么可为，可为掌握在一个什么“度”，完全要根据形势而变化，运用起来需要高度的政治智慧。无论是韬光养晦还是有所作为都要服从于国家的战略目标。

第三，贯彻不称霸、不对抗的思想。永远不称霸是毛泽东时期提出来的。不对抗是邓小平时期提出来的。韬光养晦同不称霸、不对抗的思想是一致的。实践证明，不称霸、不对抗的外交思想获得了国际社会的好评。

第四，坚持“有理、有利、有节”的方针。国际问题和我国对外关系十分复杂。西方对我遏制政策并未改变，斗争是不可避免的。而且，大国之间意识形态分歧和利益冲突也影响关系发展，会有曲折，不会有真正的“良性互动”。“有理、有利、有节”是毛泽东、周恩来确定的行之有效的外交原则，我们要认真贯彻于大大小小的一切外交纠纷上。现在西方媒体有个毛病，都喜欢挑刺，无事生非，小事化大，唯恐天下不乱。我劝我们媒体朋友，不要上当，不要同他们“对阵”，有时把事实摆出来就行，有时根本不予理睬。不理它，轻视它，是对付西方媒体的一个好办法。同时我们要同他们交朋友，增加相互了解。

对“G2论”回潮的剖析

一、“G2论”的提出、否定与回潮

“G2论”观点最早是由美国经济学家提出的一种学术观点，认为美国与中国应建立经济上的“共生关系”。2009年年初，美国前政要布热津斯基利用中美建交30周年纪念之际，将这个学术观点“拔高”而赋予“战略”含义。明确提出G2，即中美两国集团共治世界。美国学者指出，G2构想是前几年基辛格提出的“美中共管、共治（世界）”观点的翻版。前任世界银行行长美国人佐利克也撰文推崇G2。我国也有学者撰文说，G2“昭示了两国关系的发展方向”“将共同开创一条世界现代史上新的关系模式”。于是国外及我国一些学者纷纷热炒“G2论”。主要论点是：1. 中美战略经济对话机制应升级为“领导世界经济秩序的中美两国集团格局”；2. G2不仅在经济层面，而且当今世界需要美中共治世界，即“美中合作共同治理全球事务”；3. 世界应为“迎接美中G2时代”作准备；4. G2将“诱使中国加入现行全球经济秩序”，以改变中国对现行国际货币秩序和全球贸易制度的“独特挑战”；5. 美国学者还透露说，美国总统及其政府“对建立美中共同应对全球课题的G2体制持积极态度”。

我国政界和学界在2010年，纷纷撰文或发表谈话否定“G2论”。主要观点有以下几个方面：1. 中国的实力同美国还相差很远，还远未到同美国平起平坐的地步；2. G2表明中国将承担更大的国际责任，中国不能轻易承担起这个责任；3. 中国主张多极化，国际关系民主化，主张国与国之间平等相待，世界的事务要各国共同商量来办，因此G2没有任何根据；4. 美国真的愿意与中国共治世界吗？并非如此，美国只是以此忽悠中国，把中国作为美国的附庸；5. 中美关系是全球最重要的双边关系之一，但只是之一，中国同时也重视加强同欧盟、俄罗斯、日本以及发展中国家的关系。

“G2 论”近年来又有回潮。其特点是，给 G2 戴上一顶“事实上”的帽子。回潮论者提出，你们说 G2 不存在，但“事实上”已经存在着。认为“对 G2 不必太顾忌”，现在“想不 G2 都难”“G2 的构想和构建代表着大潮流，是大势所趋”，要“把 G2 导向多极世界、和谐世界的和平发展大格局”。回潮论者还把 G20 拉进来。认为只有 G2 才“能重塑世界经济”“用 G2 来带动 G20”。G2 回潮论者把“G2 论”从国际政治的理论上更加系统化了，涉及当前国际格局、国际权力结构、国际政治经济秩序、中美关系实质、国际关系民主化以及中国国际地位与责任等重要问题。我们有必要对回潮论者提出的这些问题进行疏理，得出必要的结论。

二、国际格局继续向多极化的广度和深度发展

我们同“G2 论”者一个重要分歧是对现在国际格局认识。国际格局是继续向多极化方向发展还是在走向中美两极？

G2 论者认为：中美两国关系面临新的选择，面临是一种新的国际格局结构；过去是中美苏三角结构，而今天则是中美两国间的一个事实上的 G2（两国集团）结构；从事实上 G2 来说，“中美两国关系就是当今世界的国际关系的结构”。

进入新世纪 10 年来，国际格局有新变化吗？可以说既有变化方面，也有不变之处。不变之处在于国际格局依然呈现多极化发展大势。而变化之处在于，国际格局多极化向广深方面发展，内涵及外延都有新的变化。事实已经表明，冷战结束，两极终结，世界走向多极化。冷战结束之后 20 年，可分为前 10 与后 10 年两个阶段。后 10 年，世界力量对比发生重大变化，形成冷战后“第二次洗牌”，国际格局多极化向广深方向发展，但没有形成国际格局如“事实上”G2 论者所认为的向中美两极方向发展。

未来 10 年，在国际格局多极化向广深方向发展的基础上，国际权力结

构将进入深入调整时期。国际权力结构由以西方发达国家的一个中心，向多中心转移。这种转移主要体现在由“西方中心”向“西方—新兴力量中心”转移，而不是如“事实上”G2论者所说的把中美两国关系等同于“当今世界的国际关系的结构”。对于国际格局的新变化，只要我们有准确的认识与把握，就不能导向G2的结论。

三、“中美默契论”毫无根据

G2宣扬者提出所谓“中美默契论”。具体内容是：美国战略决策层同中国达成默契，即美国承认中国的世界大国地位，美国主动出让部分权力空间，与中国共同治理和领导世界；同时，中国认同美国主导格局，不挑战美国在各个地区和世界的地位，不挑战现行国际秩序。G2推行者还提出，G2格局已拉开帷幕，中国可能在当代世界霸主邀请下，提前进入世界领导性国家。

上述“默契论”完全无中生有，毫无根据。中国一再明确申示，并以实际行动显示，中国同西方大国、新兴大国和广大发展中国家一起，反对单边主义，推进世界多极化。中国还一直主张同广大发展中国家一起，推行建立国际政治经济新秩序。虽然这种新秩序的建立需要循序渐进，并不谋求推倒重来，但改革现今的不合理、不公正和不可持续的国际政治经济秩序，一直是中国外交努力的重要目标。

G20是当前国际合作的重要平台。中国积极参加G20峰会，发挥自己应有作用。会前及会议期间，中方同参加G20的各方频繁接触与交流，期望获得积极结果，并没有将中美看作是“G20的引擎”。美国从其自身的自私利益出发，有时试图利用G20来算计中国。如在G20峰会上。美国联络某些发达国家，转移G20峰会主题，施压人民币升值。但结果是G20峰会上，不少国家批评美国的第二轮量化宽松货币政策，美国算计中国未能得逞。这也说明，所谓的G2没有也不能成为G20的“引擎”。

四、中美存在战略性结构性矛盾

“G2 论”推行者的核心思想是“中美共治（世界）”。我们对此当然持否定态度。这种否定可以从中美两国现实国际政策的差异中来分析，也可以从两国不同哲理与文化上来考量。但“G2 论”所以有反复与回潮，关键在于对中美关系的战略性结构性矛盾的认识。“G2 论”强调中美两国在经济、安全、国际和地区问题上的合作在不断扩大与加深，这无疑是符合实际的，但两国在各方面合作的扩大和共同利益的加深，并不能必然得出要“共同治理和领导世界”的结论。

“G2 论”虽然也承认中美存在矛盾，但回避矛盾性质是战略性和结构性的。

中美国际战略目标迥然不同。不管美国共和党还是民主党上台执政，也不管布什的“单边主义”还是奥巴马的“巧实力”，美国的霸权主义和强权政治一以贯之，美国霸权主义本性没有改变。美国已由“单边主义”的“布什主义”发展为“巧实力”的“奥巴马主义”。“奥巴马主义”是新瓶装旧酒，美国霸权主义依然是军事霸权、政治霸权、经济霸权、文化霸权和外交霸权。中国始终不渝地奉行独立自主的和平外交政策，坚决反对帝国主义、霸权主义、殖民主义和种族主义，坚决支持广大发展中国家为维护其自身权益的斗争，倡导共同建设“和谐世界”，为维护世界和平而奋斗。

冷战结束之后，美国一直在全世界推销“自由、民主、人权”的美国的核心价值观，宣扬“人权高于主权”，粗暴干涉别国内政。从科索沃战争到伊拉克战争，从阿富汗战争到联合法英空袭利比亚。美国推行战争政策，同中国的和平政策是水火不相容的。中国倡导和坚持和平共处五项原则，反对干涉别国内政和侵犯别国主权，反对强权政治，主张国际关系民主化，世界事务由各国共同协商解决，反对诉诸武力或武力威胁。

美国不断提出一些新词来规定中美关系。克林顿任总统时期，曾提出美中“建设性战略伙伴关系”，但后来一直弃之不用。之后又提出“中国责任论”，中美“利益攸关方”“战略再保证”等。奥巴马2009年11月访华时，访华联合公报提出建立“积极合作的全面美中关系”。美国对华一直实行两面政策。美国遏制中国和西化、分化的战略与政策并没有变化。在一连串承诺和好话掩盖下，美国政府在经济、军事、外交等各个领域不断向中国施压。

美国还在政治、经济、思想、文化等各个领域向中国渗透。无论是布什还是奥巴马都把迅速发展中的中国视为美国最大竞争对手。这是无可置疑的事实。

随着多极化和全球化的发展，中美经济关系更加紧密，国际问题的合作面也日益扩大。但同时，随着世界力量对比发生结构性变化，中美在意识形态、价值观、多元文化、发展模式以及国际政治经济秩序和国际关系民主化等方面，矛盾在深化。在贸易、汇率、军事、人权、涉台、涉藏、涉疆等存在重大分歧的现实问题上，两国的矛盾和摩擦会反复出现，有时甚至会走向激化。因此，“G2论”没有理论、战略和现实的基础。

五、G2是一个“战略陷阱”

G2论者赞扬中国取得的成就，有时甚至说得过分，给中国“戴高帽子”。但看似“捧高”中国，实则是“战略陷阱”。“打压”和“捧高”是美国对迅速发展起来的中国施用的“两手”。“捧高”其实更为厉害，让你升高到云里雾里，模糊了我们的视线，让美国牵着鼻子走。

说“G2论”是“战略陷阱”，因为G2论的本质并非真要中国同美国“并起并坐”，共享“领导世界”的地位，而是要中国同美国一起维护和加强西方主导的国际政治经济秩序和国际体系，要中国服从和服务于美国的全球战略利益。同时，G2论者对中国提出实现G2的条件，就是中国不能“过于自信、不负责任和挑战美国”，中国不能“强调经济增长和增强民族主义可维持共产党的一党统治”。看看这些条件，就会明白了“G2论”的目的。

说“G2论”是“战略陷阱”，因为“G2论”挑拨和离间中国同广大发展中国家的关系。同发展中国家深化传统友谊，加强团结合作是中国外交的重要基石。

说“G2 论”是“战略陷阱”，同时因为“G2 论”试图损害中国同其他大国之间的关系。“G2 论”提出后，已经引起欧盟和日本、俄罗斯、印度和巴西等大国的猜疑与警觉。这些国家都反对“G2 论”，认为这是美国的圈套，中国不要上当。我国坚持独立自主的和平外交政策，奉行全方位的多边外交，在和平共处五项原则基础上，发展同所有国家的关系。中国永不称霸，也永远不会同霸权国家一起“共治世界”。无论在热点问题还是全球问题上，中国都将同各国保持密切交流合作。中国在国际舞台上的积极活动，以实际行动回击了“G2 论”。

六、复杂多面和不断变化的大国战略三角关系

G2 论者认为，30 多年前是中美苏三角结构，而现今这种三角关系消失，从而形成 G2 结构。G2 论者还提出，现今的中美关系“如同第二次世界大战结束之后美国和苏联关系一样，决定着整个国际关系的结构”，虽然今天中美关系同冷战时期的军事对抗的美苏关系是有区别的。

现今的国际关系现实是，在多极化的大框架下存在着大国之间的战略互动关系。各大国之间既相互合作又相互制衡。这种战略互动关系特别体现在大国之间的各种形态的“三角关系”。苏联解体，自然中美苏三角关系就不存在了，但这不能说之后就没有了大国之间的“三角关系”。恰恰相反，由于美国的实力和唯一超级大国地位的相对削弱，各大国之间力量对比相对趋于平衡，形成复杂多变的和不断变化的各种“三角关系”。其中包括中美欧、中美俄、中美日、中美印、中美东盟以及中日韩、美俄印、美日东盟等“三角关系”。

把现在的中美关系比附为冷战时期的美苏关系是十分不确当的。冷战时期美苏两个超级大国争夺世界霸权。现今，美国仍是唯一超级大国，中国是最大的发展中国家，中国一再声言并以事实证明，中国永远不称霸。中国虽然已经成为世界第二大经济体，但仍是一个发展中国家。因此，中美关系是

一个最大发展中国家与一个最发达国家的关系。

七、新兴大国崛起是我们时代最重大的历史事件

不仅中国崛起，而且有一批新兴大国崛起，因此我们准确表述应是“新兴大国群体性崛起”。这是本世纪最重大的历史事件。首先，新兴大国群体性崛起，正在由新兴经济力量演化为政治力量而登上现代国际政治舞台。现代国际关系中的政治、经济问题，没有新兴大国参与一个也解决不了。其次，新兴大国崛起冲击现有经济秩序和国际权力结构，正在改变着世界百年来的“西方中心主义”。

新兴大国的群体性崛起，丰富和扩展着多极化的内涵及外延。冷战结束之后，沿袭“五大力量”的说法，形成多极格局的概念。当时的“多极”是指美欧日中俄的五极。之后，还出现了“一超多强”的说法。“一超”指美国，“多强”，不仅指欧俄日中，还指正在兴起的发展中大国。这就扩展了多极的内容。现在新兴大国的群体性崛起，这些新兴大国当然是多极化的一个方面。准确分析新兴大国在多极化格局中的位置与作用，使我们认识到G2论是不符合国际现实的。

新兴大国活跃于国际政治经济舞台，增加了发展中国家对国际事务的话语权和参与权。中国是发展中大国，自然同新兴大国和广大发展中国家一起，争取发展中国家应有的权利。G20由此应运而生。现今“全新国际权力格局的形成”体现在G20，而不是G2。“G2论”的出现已经引起了一些发展中国家对中国的疑虑，有挑拨我国同发展中国家关系之嫌。因此，我们要非常明确和非常坚决地拒绝“G2论”。

“气候问题”已成为热议的国际议题

目前，地球生态面临空前困境。“气候问题”涉及各国自身利益，也涉及全人类切身利益，因而成为21世纪的重要国际议题。发达国家在200年工业化过程中，使全球生态环境遭到严重破坏。同时，发达国家30年来在环境保护方面作出了现实努力。20多年来，在联合国倡议下，国际气候谈判与合作取得了一定的进展，但由于关系各方利益，矛盾错综复杂。我国在“气候问题”上受到内外两种压力。我国正积极应对，化压力为动力，变挑战为机遇。

世界进入新世纪以来，人类面临的全球问题日显突出。其中，生态环境恶化和气候变暖是影响最为深远和需要各国通力合作的最紧迫的国际议题。“气候问题”可分为两个层次。首先是各国国内生态环境的治理。其次是国际谈判与合作。就国际合作而言，“气候问题”正在演化为世界“气候外交”，涉及大国关系、南北关系和国际机制的作用与改革等问题。由于关乎有关各方的重要经济利益，各国之间特别是发达国家与发展中国家之间既有争议又有妥协，既有斗争又有合作。但总趋势是以大局为重，以妥协与合作为主。“气候问题”就各国本身层面而言，涉及政治、经济、文化、安全、教育等各个领域。甚至关系到每个人的生活方式。如提倡低碳生活和抑制消费主义。

目前，全球自然环境恶化，人类生产和生活条件难以持续发展，能源和资源过度开发，环境危机将可能给全人类造成巨大灾难。空气和水系受到严重污染，冰川融化加快，臭氧层被破坏，自然灾害增多。

一、发达国家：历史责任和现实努力

工业发达国家200年来，随着物质财富的急剧增长，使全球生态环境受到了严重破坏。在20世纪，全球共消耗了1420亿吨石油、2650亿吨煤、380亿吨铁、7.6亿吨铅和4.8亿吨铜。资本主义工业发展还造成全球经济发展不平衡。同样在20世纪，西方发达国家人口总和不到全球人口的1/5，却占有世界财富总量的近4/5。对现在全球的环境严重污染，发达国家负有历史责任。

同时，也应看到除美国外的发达国家，从20世纪70年代以来的30年来，受石油危机的影响，逐步转变发展观念，重视环保。

欧洲在环保方面起着世界领头的作用。战后20世纪五六十年代，由于经济高速发展，环境污染十分严重。到70年代中期，由石油危机引发经济危机，欧洲的环保意识加强，开始了环保活动，30多年来大致可分为三个阶段。从20世纪70年代中期到80年代为环保启蒙阶段。各式各样的绿色和平环保组织奔走呼号，组织各种活动，唤醒人们环保意识。这些NGO组织者大多数来自60年代西欧学生运动，因而他们也提出反对资本主义垄断以及争取民主与人权的要求。

从80年代中期开始为第二阶段，有以下几个特点：

1. 环保从启蒙而转为公民意识，并且同人文观念相联系。

2. 环保从理念转化为具体实践，努力促进经济活动的协调均衡发展，建立和发展环保产业及新能源产业，推进低碳经济发展。

3. 欧盟从对环境保护政策的关注到给予法律上的确定。20世纪90年代，在签署几个重要条约中，都确定环保作为欧盟的基本目标之一。根据《京都议定书》的原则，欧盟于2000年启动第一个气候变化方案。2005年初正式启动欧盟温室气体排放交易体系。

4. 提出具体的减少温室气体排放目标。2007年3月，欧盟理事会提出决议，承诺到2020年将欧盟温室气体排放量在1990年基础上减少20%，若能达成新的国际气候协议，将承诺减少30%。同时设定了可再生能源在总能源消费中的比例提高到20%的约束性目标。被称为“20-20-20”目标。

5.积极推进“气候问题”的国际谈判与国际合作。

第三阶段是2008年之后，欧盟为后京都谈判作积极准备。2008年发生的国际金融危机，欧盟经济受到重创，影响欧盟达到减排目标和落实对发展中国家资金到位和实现技术援助的预期目标。同时，欧盟正在考虑，把这场金融危机转化为发展绿色产业和继续在“气候问题”上在世界起引领作用的契机。欧盟最近提出的“欧洲2020”战略规划，特别强调了发展环保与节能产业，发展绿色经济和绿色贸易的重要性。

日本经济战后飞速发展，伴随而来的是环境严重污染，经常发生危及健康与生命的公害事件。早在20世纪60年代，日本就开始调整产业结构，并开始进行环保立法。20世纪90年代日本提出“环境立国”的口号。日本是个岛国，缺乏能源资源，对能源供应紧张和气候变暖特别敏感。因而在环保方面，日本把“削减温室气体排放，建设低碳社会”放在经济发展政策的重要位置。日本投入大量资金，发展环保产业。以环保产业作为日本国民经济新增长点和拓展国外市场的基础。日本凭借雄厚的资金实力，发挥资金和技术优势，积极开展有关方面的国际合作，推进“碳权交易”，从中国、印度和东南亚扩展到东欧、中亚和拉美。日本在国际气候谈判中，充当发达国家和发展中国家的“调解人”角色，以提高自身的国际地位。日本民主党在2009年9月上台执政，在气候变化和减排问题上态度更加积极，承诺2020年以1990年为基础减排25%。

奥巴马当选美国总统后，改变了布什政府抑制《京都议定书》的政策，转而对环保和气候问题采取积极态度。奥巴马政府气候政策的基本点是，通过绿色经济推动美国经济复苏，保障能源安全，缓解国际社会的指责，重新确立美国在气候问题上的领导作用。奥巴马的新气候政策和新能源政策有以下几个方面：

1.确立减少温室气体排放的目标。布什政府以《京都议定书》妨碍美国经济发展为借口，不愿对减排作出具体承诺，成为众矢之的。奥巴马要扭转这种局面，首先要确定具体减排目标。因而奥巴马 2007 年承诺，到 2020 年，美国温室气体排放减少到 1990 年 4% 的水平。2016 年美国在马拉喀什气候大会上更提出到 2050 年在此基础上再减少 80%。

2. 建立减排管理体系。奥巴马提出，将通过立法，建立碳排放总量的管制体系，将个人津贴与允许排放总量挂钩，既可减少温室排放，又可增加联邦税收。

3. 促进新能源开发。以投入科研资金和加强职业岗位培训为基础，发展生物能、太阳能和风能，设立国家低碳燃料标准，促进厂商研发和投资先进汽车技术。

4. 力图重建美国在气候治理的领导地位。美国在 20 世纪七八十年代曾是全球环境治理的引领者。但在 90 年代之后，美国成为全球气候治理的消极对付者。奥巴马一再表示美国应在此领域内重建领导地位。但是，奥巴马受多种国内因素的牵制，实现提出的减排目标以及重建领导地位有许多困难，必然会出现曲折和反复。

二、矛盾重重的国际谈判与合作

从气候谈判委员会制订《联合国气候变化框架公约》起，国际气候谈判已风风雨雨走过 20 年历程。虽然困难重重，但毕竟取得了一定的进展。2005 年《京都议定书》生效之后，如何建立一个新的全球气候变化秩序和进一步降低全球温室气体排放，成为国际气候会议和谈判的中心点。2007 年 12 月印尼巴厘岛大会通过“巴厘岛路线图”，确定为期两年谈判期限，要求在 2009 年年底哥本哈根世界气候大会完成谈判，就《京都议定书》到期后作出应对气候变化的国际安排达成协议。

“巴厘岛路线图”主要内容包括：接受《京都议定书》的发达国家在 2012 年之后继续量化减排；没有参加《京都议定书》的美国加入减排行列，其承担的义务要与其他发达国家具有可比性；发展中国家同发达国家一样，要对减排采取“可测量、可报告、可核查”的行动，同时获得有关的资金与技术。提出“巴厘岛路线图”两年来，人们对哥本哈根气候峰会给予很高期望。哥本哈根气候峰会虽然取得了一定成就，但离人们期待相差甚远。从中可以看到，气候问题涉及各方重要利益，矛盾错综复杂。同时也可看出，在国际会议和谈判中，各方“矛盾与妥协，斗争与合作共存”，但以妥协与合作为主流。

在诸多复杂矛盾中，有两对矛盾尤为重要。首先是发达国家与发展中国家的矛盾，其次是发达国家之间的矛盾，特别是美欧矛盾。

发达国家与发展中国家的矛盾贯穿于国际会议与谈判的始终。发达国家和发展中国家矛盾主要表现在：

第一，发达国家一再向发展中国家施压，要求发展中国家承担更多的责任。特别是对如中国、印度、巴西等新兴大国，要求这些国家承担接近于发达国家水平的减排责任。

第二，在资金和技术转让问题上，发达国家对发展中国家“口惠而实不至”，承诺多兑现少，并提出种种附加条件。

第三，发达国家为谋求自身经济利益，争夺市场，并借助气候谈判，谋求自身在国际事务中发挥主导作用。

发展中国家要求坚持“共同但有区别的责任”原则，要求平衡对待与应对变化相关减缓、适应、资金和技术四个重要领域，积极解决发展中国家有效参与应对气候变化国际合作的资金和技术转让问题。

发达国家之间的矛盾主要表现为美欧矛盾，有以下几个方面：

第一，欧盟一方面要拉美国加入气候国际谈判行列，另一方面又要保持其在应对气候变化的国际进程中的领导地位。而美国改变做法，积极参与谈判，目的是要重新取得领导地位。

第二，在具体减排目标上，欧盟提出最为积极的具体目标，要求美国相应跟上。美国虽然也提出减排目标，但同欧盟的要求相距很大。

第三，美欧都认为发展新能源是一种新的商机，双方各自为今后展开激烈竞争作各种准备。

三、我国的“气候外交”

以减排和发展低碳经济为核心的应对气候变化已成为最紧迫的全球性问题之一，因而也已成为国际政治舞台的重要议题。气候问题关乎各国重要切身利益，又涉及政治、经济、安全、文化等各个领域，各国之间矛盾错综复杂。因此，“气候外交”是一项多面而复杂综合性的战略工程。

（一）对欧盟，既要算百年旧账，更要尊重近30年来在保护环境方面所作出的努力。就气候变暖责任而言，算一算老工业化国家的200年的旧账，是完全合理的。同时也要看到，从20世纪70年代中期由石油危机引发的经济危机以来，西欧国家痛下决心治理环境，也走过了艰难历程，付出了经济发展低迷，失业率上升和社会动荡的代价。在这30年中，我们也可批评欧盟国家一些自私自利的做法，如将污染产业甚至垃圾转移到发展中国家，垄断新能源产业的核心技术，不兑现对发展中国家的资金、技术援助等。但我们应尊重和借鉴欧盟国家的先进的环保思维，经济与环保、经济与社会协调发展的做法。我宜同欧盟积极发展战略对话，重视欧盟在国际格局多极化和经济全球化进程中的积极作用，发展在环保领域的合作。

（二）对美国，宜深入对话交流，但要拉开距离。美国拒签《京都议定书》之后，在气候变暖问题上一直是众矢之的。奥巴马改变做法，承诺减排目标，美国利用“巧实力”，圆滑多变。哥本哈根大会前，散布“美中主导”论调，试图把中国套住。大会期间，希拉里沉默不表态，奥巴马故意拖到会议最后才到会。在各方争论激烈和会议成败关键时刻，美国三管齐下。首先奥巴马向大会提出美国总体减排的承诺；其次希拉里宣布发达国家向发展中国家援助的具体数额，但条件是中国答应国际监督；第三，美国在大会最后时刻，造成中美挽救大会失败的印象。美国所做的一切，自身避免锋芒，将中国推向前台，从而把大会未获成功应由中国负责埋下伏笔。我同美在气候问题上有共同点，但有本质上的不同。

（三）讲究外交谋略。刚柔相济，斗智不斗气；摆事实讲道理，以理服人；对分歧意见低调回应，不搞对抗。气候问题不仅仅是减排或环保问题，涉及各国各方的切身重要利益，因而各国之间围绕减排问题的斗争是不可避免的。特别是发达工业国家、新兴大国和广大发展中国家处于三个不同经济发展阶段，利益诉求自然是不一致的。问题的复杂性还在于，气候问题的利益诉求还应分两个层次，即各国的自身利益以及全球利益。这两种利益是相互交错的。说“发达国家利用气候变暖阻止发展中国家发展”，是对的。但仅此一说未免过于简单。发达国家一方面要遏制发展中国家特别是新兴大国的发展，但同时也已认识到，在经济全球化的大环境下没有发展中国家的发展，发达国家也不能持续发展。因而，发达国家的“两手政策”是遏制加合作，但以合作为主。在气候问题上也不例外。我们还要充分认识和研究西方政治生态环境的变化。西方国家的外交运作受到国内政党斗争、议会、选举、舆论很大影响。

（四）国际地位同国际责任紧紧相连。要准确定位我国际地位和作用，盲目夸大我国际地位会适得其反。在哥本哈根气候大会及其之后，我受到很大压力。这种压力不仅来自西方发达国家，也来自一些发展中国家。我宜冷静分析和面对，不要回避我这种两难处境。然而，在大会之后，有的学者和媒体反而自我吹嘘和利用某些外媒进行吹嘘。说通过哥本哈根大会，表明“我国已站在世界舞台中心”，中国已成了“世界新主人”，世界已进入“中国世纪”。我宜将“忧患意识”和“韬光养晦、积极有所作为”战略方针贯穿到“气候外交”各项工作中和对内对外宣传之中。

四、我国积极应对

我国作为发展中国家，已经为应对气候变化采取了一系列政策措施，在减排方面已经取得了一些明显成效。我国把发展绿色经济作为国家经济社会长期发展的重要战略任务，正在加快国民经济产业结构的战略性调整，转变经济增长方式。

毋庸讳言的是，我国在气候问题上面临内外巨大的压力与挑战。我国目前处于污染高发期。据统计，我国有 1/3 河流、3/4 的湖泊和 1/4 沿海流域遭到污染。据国际能源机构统计，2000–2005 年，我国二氧化碳排放的增加量占世界同期增长 64%。并且预测，我国二氧化碳排放量占世界比重，2015 年增至 23.2% 和 2030 年增至 25.8%（同期美国占世界排放量比重，2015 年为 19.7%，2030 年为 17.7%）。我国人均二氧化碳排放量虽仍低于发达国家，但已接近世界平均水平。发展节能型经济，提高适应气候变化综合应对能力，提高各级政府和全社会的全球环境保护意识，已成为我们最为紧迫的任务。

在国际上，中国积极开展“气候外交”，参与应对气候变化的国际新机制的创建。我国坚持和平、发展、合作的理念，积极参与国际气候谈判，为全球气候治理作出应有的贡献。

世界文化多样性纳入国际关系视野

观察国际形势和研究国际问题可以有多种角度，“文化视角”是一种选择。冷战之后，文化作为国家综合国力中的软实力而被普遍重视。在国际形势深刻变化和国际竞争日趋激烈的情况下，文化多样性问题已被纳入国际关系的视野。

文化定义有60多种，有广义和狭义之分。就现代社会而言，比较倾向于宽泛的定义。就是说，除政治、经济之外，均可归于文化范畴，而且文化同政治和经济之间又有着相互渗透的密切关系。

一、研究国际问题的“文化视角”

衡量一个国家的实力，研究世界各国的力量对比，主要不是这个国家的GDP，也不是国家之间的GDP排行，而是国家的综合国力。综合国力可以分为硬实力和软实力，而软实力是指国家的综合文化因素。这个观点最早是学术界一个研究课题，现在已被普遍接受。这个课题也从研究本国的综合国力出发，伸延到研究国际关系领域。

冷战结束之后，文化作为国家综合国力的软实力的重要内容和在国际关系中所发挥的重要作用而被普遍重视。

国际格局多极化深入发展。如何看待中国的和平发展，如何看待中国、印度、巴西等广大第三世界国家在建立国际政治和经济新秩序中的作用，蕴含着深刻的文化背景。单边主义同多极主义已构成当今世界的主要矛盾，从中也可以看出这两种主义的文化差异。

经济全球化呈现不平衡性。经济全球化是双刃剑，有积极面也有消极面，总体来说发达国家得到便宜多些，发展中国家吃亏多些，一些最不发达国家有被边缘化的危险。就发达国家而言，经济全球化带来的影响也是正负两方面的，法国全民公决否决欧盟宪法以及巴黎街头的两次骚乱值得深思。反全球化运动不是一批年轻人的无理取闹，而是全球化的不平衡性和深刻矛盾的一种折射。反球化运动是一种社会思潮，是一种现时代的新社会运动。因此，从“文化背景”来分析经济全球化，可以使我们对全球化现状及未来有比较全面和深刻的理解。

地区和国际安全形势更加复杂和严峻。地区和国际安全威胁主要来自霸权主义和恐怖主义。我们坚决反对国际恐怖主义，同时我们主张对恐怖主义要标本并治，这个“本”主要是指文化因素。美国把“先发制人”作为国际战略，强化军事机器，降低核门槛，采取强硬的对外政策，其根源在于美国新保守主义思潮得势，而思潮也属于文化范畴。

二、“文明冲突论”的警示及其论点错误

“文明”与“文化”在内涵和外延上既有不同又有相同。美国哈佛大学教授亨廷顿提出了“文明冲突论”。认为在冷战结束之后，资本主义与共产主义的意识形态之争已经结束，随之而来的是“文明冲突”。他实质上讲的是宗教冲突和文化冲突。这就给了我们一个警示。但他的论点是错误的。

亨廷顿提出，冷战之后，以天主教和基督教为代表的西方文明要联合起来共同对付东方文明。这种观点为新冷战提供理论依据，而且也不符合冷战之后国际格局多极化趋势的这一事实。亨廷顿后来在众多批评之下对他的论点进行了修改。他也否认“9·11”事件是“文明冲突论”的证据。

东方和西方文明体系在文化理念上、在政治体制和价值观上存在很大差异。但这种差异不是必然会引发对抗，相反，这种差异为我们双方都提供了相互交流、相互借鉴和相互学习的好机会。中国和欧盟都承认文化多样性，主张加强文明对话和文化交流，共同推动世界文明达到新的更高层次。

三、世界文化多样性纳入国际关系视野

文化多样性本来就存在。现在的问题：是尊重文化多样性，还是用种种手段，从“街头革命”到“武装入侵”，强迫别的国家接受“美国式文明”？文化差异性、多样性问题，已经越出狭义文化的范畴，而成为国际政治的重大的争论议题。我们认为，历史形成的文化传统、政治社会体制、价值观念和发展道路的差异不应被用于干涉他国内政的借口。社会发展的具体模式不能成为“输出品”。美国公开表示对文化多样性的观点的不满。为什么？美国的目的很清楚，就是要在苏联和南斯拉夫解体、东欧国家改变社会制度之后，发动“世界民主化第二波”，把美国的政治社会体制和价值观念推广到中东、中亚、俄罗斯和中国。联合国教科文组织国际专家小组有一份报告，已印成书出版，叫《多种文化的星球》，赞同文化多样性，主张不同文化之间进行交流和平等对话。是文明冲突，还是文化交流和文明对话？是承认和尊重文化多样性还是实施“文化霸权主义”？是文明对话，还是在全世界用强制手段推行“民主化第二波”？问题就是这样被提出来了。中国、俄罗斯、欧盟和许多发展中国家都承认文化多样性，主张各大文明体系之间进行对话。

四、在比较中借鉴、在交流中发展

世界文明发展有共同性。如社会发展阶段，虽有先有后，但有共同规律。又如宗教，发展阶段也大致相同。科学技术和认识论的发展历史也有类似的情况。

但我们应当承认文明或文化的差异性。这种差异性表现在哲学观点、文化传统、伦理道德、思维方式、价值观念方面，甚至表现在生活习俗上。

差异是无所不在的，对待差异首先要相互尊重。欧洲人曾经犯过一个错误，就是“欧洲中心主义”。美国人现在在重犯这个错误。现在特朗普宣扬“美国优先”，实际上是宣扬“白人至上”的种族主义。这个错误的根本点就

在于认为自己的文明是世界上最优秀的，并且用军事手段强迫别人接受他们的文明。

有差异才有比较。有了比较才谈得上相互尊重、相互借鉴和在平等基础上的交流。这种交流对现代国际关系是十分重要的。

有差异就会产生矛盾，甚至引起冲突。我们看到，这些矛盾和冲突，当然首先是利益冲突，但往往同文化背景有关。美国在全世界推行“民主化”就是一例。

五、我国国际战略的文化底蕴

和平发展是我国外交的一面旗帜。“和平与发展”是邓小平作为时代主题提出来的，有别于过去的“战争和革命”时代。现在我们可以把“和平发展”分为两个层次来理解。首先，“和平发展”是我国国内发展的战略，发展的动力、道路、途径和方法都是和平的，不同于西方殖民帝国也不同于过去苏联霸权扩张所走过的道路。同时，“和平发展”又是我国的国际战略，国内经济发展和改革开放需要一个长期的和稳定的国际和平环境。追求和平与发展的理想深深植根于中华优秀文化传统之上。中华民族深受战乱和外族侵略之苦，始终把“天下太平”作为崇高理想和奋斗目标。

坚持和平发展道路，推动构建人类命运共同体是我国大国外交的新思想。习近平总书记在党的十九大报告中指出：“各国人民同心协力，构建人类命运共同体，建设持久和平、普遍安全、共同繁荣、开放包容、清洁美丽的世界。”习近平总书记同时指出：“要尊重世界文明多样性，以文明交流超越文明隔阂、文明互鉴超越文明冲突、文明共存超越文明优越。”

坚持和平发展道路，推动构建人类命运共同体是我国大国外交的新思想。

第七章

外交政策

我国外交的“三不”原则

“三不”原则是指“不干涉内政、不结盟、不当超级大国”。“三不”是我国几十年来实行的外交基本原则，是我国独立自主和平外交政策的主要体现。世界正处于大发展大变革大调整时期，和平与发展仍然是时代主题。同时，世界面临的不稳定性不确定性突出。在世界多极化、经济全球化、社会信息化、文化多样化深入发展的现今，我国外交仍应坚持“三不”原则。

一、“不干涉内政”原则是反对西方“新干涉主义”和维护我国国家安全的有力武器

“三不”原则中，“不干涉内政”为最重要。主权平等和“不干涉内政”是和平共处五项原则的核心内容，是《联合国宪章》所规定了的，也是被普遍承认的国际关系准则。

《联合国宪章》第二条第四款规定：“各会员国在其国际关系上不得使用威胁或武力或以联合国宗旨不符合之任何其他方法，侵害任何会员国或国家之领土完整或政治独立。”1965年联合国通过了《关于各国内政不容干涉及其独立与主权之保护宣言》，对不干涉内政作了详细规定。美国及西方国家往往引用联大2005年一个文件中的“保护的责任”条款，进行“人道主义干预”。所谓“保护的责任”是指，确认一国有保护其国民不受灭绝种族、战争罪行、族裔清洗和危害人类罪之害的首要责任。这里的“灭绝种族、战争罪行、族裔清洗和危害人类罪”应有严格的界定，而不能随意滥用。美国及西方国家任意确定标准，为武力干涉别国内政寻找借口。国际社会应明确驳斥和剥夺这种借口。

我国一贯坚持和平共处五项原则，互不干涉内政是其核心内容。我国还主张，以《联合国宪章》基本准则和和平共处五项原则作为建立国际政治经济新秩序的主要内容。第二次世界大战之后，出现过许多关于国际关系的理论，而和平共处五项原则是最经得住历史考验的。以互不干涉内政为核心内容的和平共处五项原则也是我国和国际社会反对霸权主义和强权政治的有力武器。

“人权高于主权”和“人道主义干预”是美国“新干涉主义”的理论基础。在“人道主义干预”旗号下，美国和北约先后发动科索沃战争、伊拉克战争和利比亚战争。科索沃战争和伊拉克战争是抛开联合国发动的“非法”战争。而利比亚战争则是滥用了联合国安理会的决议，披上了一件武装干涉主权国家内政的“合法外衣”。不管有没有“合法外衣”，美国和西方国家将继续对其他国家进行“人道主义干预”。

冷战结束后，美国等西方国家挑动“颜色革命”，也是打着“人权高于主权”的旗号，肆意干涉别国内政，推翻现政权。对美国的这种“新干涉主义”要有清醒的认识。有人依据我国国力强盛，国家利益已遍及世界各地，全球性问题突出要求各大国共同讨论解决，以及我国公民海外安全问题越来越严重的情况，提出我国外交要主动介入全球事务，改变“不干涉内政”的原则。同时，西方时而攻击我国“不干涉内政”为“不人道”，时而又以“外界期盼中国在国际舞台上扮演更重要角色”为诱惑，“要求北京修改其延续数十年的‘不干涉他国内政’政策”。我们对此应提高警觉。

坚持“不干涉内政”原则，还可以从国家安全方面来考量。美国一直怀有对我西化分化图谋。在涉及台独、藏独、疆独等我国核心利益问题以及在所谓“侵犯人权”等问题上，美国和西方国家一直在试图冲破我国“不干涉内政”的底线。一旦这条底线被超越，将直接危害我国国家安全。

在当今国际局势复杂多变时期，我们要坚定不移地维护和平共处五项原则，旗帜鲜明地坚持和维护国家主权平等和“不干涉内政”的原则，坚决反对美国和西方国家以“人道主义干预”为借口干涉别国内政的霸权主义行径。我国发表的《中国的和平发展道路》白皮书指出：“尊重各国人民自主选择社会制度和发展道路的权利，不干涉别国内部事务，反对以大欺小、以强凌弱，反对霸权主义和强权政治。”

二、“不结盟”政策为我国在全球纵横捭阖创造了条件

“不结盟”是我国独立自主外交政策的重要体现，也是从历史经验中总结出来的。有人提出改变“不结盟”政策的理由是，国际形势的发展要求我们重新审视“不结盟”政策，面对西方大国“抱团结盟”以及美国在亚洲组成“临时联盟”对付我国，我们不能在世情险恶的情况下成为“孤家寡人”。

同谁结盟？议论最多的是同俄罗斯。但是“中俄结盟”是不现实和不可能的。中俄在国际和地区问题上有共同利益诉求和关注，但中俄不可能形成“全球联盟”。理由很简单。结成“中俄联盟”必然会形成同“西方联盟”相对抗，而中俄都不愿意同西方搞对抗。中俄两国在国际和地区问题上有广泛的合作，但中俄的国际合作不能被认为是以反对西方为主旨的“结盟”。2001 年签订的《中俄睦邻友好合作条约》认为，“不结盟、不对抗、不针对第三方”是两国新型关系的基础。早在上海合作组织建立初期，就有人提出“中俄结盟”问题。事实已经证明，这种看法是不准确的。中俄在许多国际和地区问题上保持协商与合作，同时在处理方式上又各自保持灵活性和自主性。这符合中俄双方的利益，也有利于国际和地区问题通过和平协商得到政治解决。

中国主张在国际上广交朋友，什么样的朋友都要交。特别是我国同广大发展中国家有良好的关系与密切的合作。在应对全球性问题上，在争取建立国际政治经济新秩序和国际关系民主化方面，以及在解决国际和地区热点问题上，中国同第三世界国家有共同的关切和密切的协商与合作。而且这种合作形式灵活多样，既有双边的，也有多边的，还表现在 G20 这样的国际论坛上。但这种合作并不是结盟关系。

我国同许多国家，包括西方大国、新兴大国都有名称不同的“战略伙伴关系”。当前要做的是，我国应同俄罗斯以及其他大国深化战略伙伴关系，

使其机制化，结伴而不结盟。同时，在多极化发展形势下，运用和发展如中美俄、中美日、中美欧“大三角”关系也十分重要。大国之间相互合作、相互制约，共同谋求世界和平与发展。

“结盟”就会形成“集团政治”。而国际形势的发展变化证明，“集团政治”是行不通的。在1984年之后的几年中，邓小平一再强调我国的独立自主政策，是真正的不结盟。1984年10月他同缅甸总统吴山友谈话中说：“处理国与国之间的关系，和平共处五项原则是最好的方式。其他方式，如‘大家庭’方式、‘集团政治’方式、‘势力范围’方式都会带来矛盾，激化国际局势。从国际经验看，和平共处五项原则具有强大的生命力。”1985年9月，邓小平在会见新加坡总理李光耀时说：“‘集团政治’已到了该结束的时候了。”1988年10月，邓小平在会见联邦德国前总理施密特时说：“过去的国际政治是霸权主义、‘集团政治’，实践证明行不通。”

三、“不做超级大国”是中国对世界的庄严承诺

近年来，对国际格局多极化有诸多议论。其中比较突出的有：“多极化停滞论”，认为多极化历史使命已近尾声，进入停滞，替代多极化的是G2即中美共同领导世界；“国际格局向两极化转变论”，认为中美两国GDP将同时拉大与其他大国的绝对差距，使国际格局向两极化转变的可能性在增加；“两超多强论”，认为国际格局已形成中美两个超级大国同其他大国共处。为什么非要在中国头上扣上“超级大国”的帽子呢？无非是“GDP崇拜”的折射。“超级大国”是一个特定的概念，包含政治、经济、军事、文化实力以及“争霸”因素的综合考量而确定和为国际社会所公认。

“超级大国”是一个特定时代对一个或两个超乎寻常的大国性质的确定。最早提出美苏“两个超级大国”概念的是冷战初期的时任西德总理阿登纳。超级大国的概念是同这个国家搞“霸权主义”，或者在全球“争夺霸权”联系在一起的。冷战时期是美国和苏联“两个超级大国”在全世界争夺霸权。冷战结束后，美国成为奉行“霸权主义”的唯一超级大国。如果有一

天，衰落了的美国不再搞霸权主义了，就不能称美国为超级大国。同样有一天，中国的经济实力超过美国为世界第一，但中国不搞“霸权主义”，中国也不能称为超级大国。也就是从这种观点出发，中国领导人因而向全世界承诺“永不称霸”和“永不做超级大国”。早在1978年11月，邓小平在访问新加坡时就向世界庄严宣示：“中国政府和中国人民坚决反对任何国家在世界任何地区谋求霸权，同时一再郑重声明，中国现在不称霸，将来强盛起来也永远不称霸，永远不做侵略、干涉、控制、威胁、颠覆其他国家的超级大国。”1992年1月，邓小平在南行讲话时指出：“世界和平与发展这两大问题，至今一个也没有解决。社会主义中国应该用实践向世界表明，中国反对霸权主义、强权政治，永不称霸。中国是维护世界和平的坚定力量。”

我国外交走向更加务实合作

近年来，我国外交事业取得了很大的成就。但与此同时，我国外交也要根据国际国内不断变化的形势进行调整。调整重点应是更加务实合作。

习近平主席在 2016 年 9 月 G20 和 11 月 APEC 峰会上的讲话，主旨是“以和为贵、务实合作”。习近平主席近年来的一系列外访都提出同访问的对象国、对象地区的具体合作设想和项目。因而习近平主席的讲话基调就是务实合作，应成为引领我国外交调整的主题。

近年来国际形势复杂多变，全球性问题突出。主要包含三个方面：1. 世界经济形势低迷不振，美国经济稍好，但美联储加息，不利于世界经济特别是新兴经济体的经济稳定；2. 恐怖活动全球化，没有一个国家特别是大国可以独善其身；3. 气候变化已关乎“地球村”的生存。

同时，我国的发展是同世界各国合作共赢密切联系在一起的。因此，根据国内国际形势的变化，着重就外交走向更加务实的议题，提出一些个人的思考。

一、更加专注于国内问题

国际国内是两个大局，两个大局是相互联系和互动的，但应有轻重，外交要始终为国内大局服务。要重新明确这样的一种观念，就是中国发展了是对世界的最大贡献。这就要求我们把目光更加专注于国内问题。

一心一意、专心致志地把我国经济搞上去，到本世纪中叶达到中等发达国家水平，是邓小平理论的重要组成部分，也是习近平主席系列讲话的精髓所在。还有一个我们已讲了多年的观念也要重新提起，就是我国正处在 100

多年未遇的战略机遇期，机不可失，时不我待。

一心一意把我国经济搞上去，按照邓小平的说法就是：只要不打世界大战，我们就一心一意地搞建设，发展社会生产力，改善人民生活；就是打起世界大战，只要不打到中国领土上，没有大规模的外敌入侵，我们还是要集中力量搞建设；如果有外敌入侵，当然要集中力量反抗侵略，但是战争结束了，我们还要集中力量搞建设。

二、更加积极地参加全球联合反恐

反恐已成国际社会的头号议题。我们提出反恐“不能有双重标准”“要标本兼治”“要由联合国来领导”，无疑是正确的，但在现今形势下是远远不够的。国际社会在观察我国是否有实际行动。当然军事介入要十分慎重，但在做好国内反恐基础上，可以做的事也还有很多，如同各国交流反恐形势及具体措施，加强反恐演习，情报交流，经济与后勤支持，支持各国反对IS的行动，协调各方协商解决叙利亚问题等。某些学者和媒体散布反恐联盟“矛盾重重”“都为自己私利”“各怀鬼胎”“我们不趟这个浑水”等消极言论，是不可取的。正因为各方有分歧，我国更可以发挥协调作用。

三、以谦和态度参加气候全球治理

全球气候变暖是全球性问题，也是我国迫切需要解决的问题。习近平主席出席巴黎气候大会并讲话，受到各国的欢迎，认为是中国的态度积极。将2009年哥本哈根气候大会上对中国代表团“批判斗争”态度转变为“共商合作”。但我国面对全球气候变暖有三重身份：一是世界第二大经济体；二是全球碳排第一，占全球二氧化碳排放近24%，（2009年哥本哈根气候大会时全球碳排美国第一，中国第二）；三是发展中国家。

四、深入了解和研究各国的国情、政情和民情

我们的公共外交在宣介中国、让世界了解中国方面做得很成功。但另一方面我们对别国的国情、政情和民情还缺少深入了解和研究。

中国始终做世界和平的建设者、全球发展的贡献者、国际秩序的维护者。我们要营造对亚洲、对世界更为有利的地区秩序，通过迈向亚洲命运共同体，推动建设人类命运共同体。坚持亚太大家庭精神和命运共同体意识，共同致力于亚太繁荣进步，共建面向未来的亚太伙伴关系。我们在推动亚洲命运共同体中，同东南亚国家发展友好关系显然是重要的一环。

我国国际和周边环境面临新挑战

国际金融危机发生以来，不仅世界经济形势发生重大变化，而且国际总体形势、国际格局、国际体系、国际关系，特别是大国关系都发生了重大变化。现代国际政治提出了一系列新的课题。我国“战略机遇期”的机遇，受到了很大的挑战。同时，人们的认识往往落后于现实发展，我们并没有完全认识变化了的世界同中国的关系。我们需要对几年来的对外关系进行总结和反思，综合分析国际国内形势，打破旧框框，提出新的国际战略思维。

一、国际形势和周边环境的新变化

（一）我们处在“历史大转折时期”。经济全球化和国际金融危机带来的大转折，必然引发世界性的政治和经济格局的大调整。旧的力量平衡正在被打破，新的平衡尚未确立。失去相对平衡的世界必然产生混乱与动荡。但同时，也会给世界和中国带来新的发展机遇。

（二）大国关系处于敏感的战略调适期。各大国和大国集团为适应新的历史大转折与大调整，都在进行今后10年的战略预测和调整。各大国都在测试大国相互关系的“水温”与“底线”。大国的合作与竞争都在加剧。呈现大国关系的不确定性与脆弱性。

（三）新兴大国群体性崛起是我们时代最重大的历史性事件。有三大发展趋向。

首先，新兴大国崛起，正在由新兴经济力量演化为政治、经济综合力量而登上现代国际政治舞台。

其次，冲击现有的国际权力结构和经济秩序，正在改变世界的“西方中心主义”，由“西方中心”向“西方—新兴中心”转移。

第三，促使第三世界发生分化，已为不争的事实。由于这种分化，带来新兴大国同西方大国之间整体的和国别的复杂关系，带来新兴大国之间的竞争与合作的关系，以及新兴大国同其他第三世界国家的新的关系。

（四）我国经济总量已居“世界老二”，为世界瞩目，也使我国受到更大的政治经济压力。“木秀于林，风必摧之。”“世界老二”从来就不好当，已有日本等国的前车之鉴。美国总统奥巴马誓言“美国决不做老二”，是说给中国听的。被降为“老三”的日本以及欧盟老牌发达国家也存在“心理不平衡”。特别是社会主义的中国成为“老二”，美欧日担心西方资本主义发展模式受到冲击。印度和巴西等新兴大国同中国的竞争面也有所加强。加之，中国的“世界老二”地位半真半假，综合国力及软实力同美欧日还有很大距离。过早进入名不符实的“老二”地位对我并不利。

（五）美国的“战略东移”已十分明显，“围堵中国”势在必行。如果说我国学者对美国战略东移还在争论的话，而布热津斯基早在几年前就已确认了。2008 年春，布热津斯基指出，“全球力量中心从大西洋两岸转移到了远东。这并不是说大西洋两岸将会崩溃，而是它们将会失去 500 年来的统治权”。（引自《大博弈》一书）。为什么“转移”？目标很明确，就是遏制和围堵中国。美国从经济、军事和外交着手，“三管齐下”。经济上，逼迫人民币升值。军事上，加强美日韩军事同盟及美国与东盟一些国家的军事合作。外交上，利用“朝核问题”和挑动“南海问题”，企图联合我国周边国家共同制华。

（六）周边环境更加复杂多变。我国经济和军事力量的发展与强大，虽然我国政府一再声明并实行睦邻友好政策，但由于“美国因素”在这一地区发酵，新一轮的“中国威胁论”颇有市场。周边国家普遍奉行美中之间“平衡政策”，两面下注，两边得到好处，但近来防范我的方面增强。这种“平衡政策”使美国得以实施“重返亚洲”政策。同时，也要看到，周边国家同我有传统良好关系和比较紧密的经济关系，它们只是利用美国防范中国，而不会完全投靠美国。以美国来平衡中国，但也不愿意看到中美交恶。

（七）国际问题与国内问题发生“共振效应”。全球化和信息化将全球问题联系在一起。在世界处于大转折时期的同时，我国国内也处于经济与社会转型时期。各种矛盾聚集而多发，因一些敏感问题，甚至一些地方性或局部性问题很快被“传导”到全球，被西方媒体放大而利用。而中外关系问题也很容易煽起国内极端民族主义情绪，还有人利用这种情绪发泄对国内问题的不满，影响我国内社会稳定。

二、关于应对之策的几点思考

（一）认识机遇与挑战的互动关系。从国内和国际形势总体分析来看，我国仍处于难得的“战略机遇期”，机遇与挑战并存，机遇大于挑战。但同时也要认识到，机遇与挑战不是凝固不动的，而是流动和互动的，相互转化，挑战可以转化为机遇，机遇也可变为挑战。这种转化在相当程度上取决于主观应对。在国际和国内问题复杂与敏感的当前，对国内问题和国外问题的应对措施要十分认真细致，稍有不慎，就会处于被动状态。机遇意识和忧患意识都应加强。

（二）深入了解国外政治生态和文化语境。我们不能引进西方议会民主的政治体制，但国外多数国家实行有差别的此种体制。我们对其他国家特别是西方大国的政治决策背景、政党轮替执政，以及政策实施规程和运作方式，要有深入的了解与研究。知己知彼，要同他们打交道，必须先了解他们。特别是要了解大选、选民和议会对政党和政府领导集团有十分重要的影响。一个政党或一届政府能否执政，很大程度上取决于大选和议会政党的力量对比，内外政策无不受其影响。对华政策和“中国因素”往往成为西方大国特别是美国议会党派斗争的一个重要因素。美欧日领导集团对华政策的两面性和摇摆性也存在着议会斗争的因素。政府与议会相互牵制又相互配合，因此邓小平说美国有两个政府。从此种情况出发，我们在处理与美欧日关系时，要充分发挥“政党外交”和“议会外交”的作用，自如地应对西方国家对华政策的两面性与摇摆性。西方国家政治领导人大多数是政客，更不能期待有戴高乐这样的战略家。他们实行实用主义和机会主义，“翻手为云，覆手为雨”是平常事。对于他们的承诺保证不必期望过高。对于他们的反复无常也不要激怒，进行适度说理斗争即可。舆情对西方国家领导集团的政策取向有很大影响与牵制。舆论媒体对他们有双重影响。一方面他们利用舆论工具贯彻他们的政策主张。同时也要看到西方媒体有各种利益集团的背景，对西方政府政策也有牵制作用。因此我们要研究西方舆论的各种复杂关系，熟悉他们的文化语境。如西方国家对自己国家发展评估上，往往危机意识多于赞扬。如美国自己一再宣扬“帝国衰落论”，日本也宣扬“日本崩溃”“日本列岛沉没论”。对此我们应进行客观如实分析，否则会得出错误结论。那些民调也带有一定的倾向性，我们在研究时要有自己的分析。

（三）加强理论研究和战略思维。在西方国际关系理论上，几十年来一直是由“新现实主义”“新自由主义”“建构主义”“理想主义”“公民社会”等统领着。这些都存在于专家学者的专著中和研究生与博士生的论文中，翻来覆去地论证，但同现实国际政治和国际关系距离很远。有些勉强挂钩，却道不明理不清。在国际政治学领域里，现在的理论不是来源于实践而来自书本。对新事物新事件的出现则离开理论指导而穷于应付。在国际关系和外交领域也是如此。现在，正是我们中国学者努力建立具有中国特色的国际政治和国际关系学说的时机。这需要外事部门和研究机构共同努力，制定长远规划，踏踏实实地去做。

（四）把握大国之间的互动“三角关系”。国际格局向广深方向发展，大国之间战略互动关系更加明显，既相互合作又互相制衡。充分运用三角关系，取得我最大的国家利益。这种三角关系大致有：中美欧、中美俄、中美日、中美韩、中美朝、中美印和中美东盟等。从这里可以看出，这些三角关系都有中国和美国，因此中美关系是十分重要的。但是这种三角关系的本义是要超越双边关系，使“三边互动”。如中美欧三角关系。美国有霸权野心而欧盟没有，欧洲是美国盟国，但欧盟在国际性和地区热点问题上往往采取中间立场。因而着力发展同欧盟战略伙伴关系在战略上对我有利，也能起到制约美国霸权的作用。再如中美日三角关系。中日关系十分复杂和多面，有走向缓和一面，也有摩擦和冲突的一面，其中也有“美国因素”。在朝鲜核问题上中美朝、中韩朝、美日韩、中日韩关系都在互动，但关键在于中美朝三角关系。

（五）平衡全球利益与本国国家利益。在全球经济、政治、文化联系日益密切的同时，全球问题也显著表现出来，而且涉及范围越来越广。全球问题关乎全人类利益，也涉及各国自身利益，矛盾错综复杂。近年来许多国际性和地区性会议都把全球问题作为重要议题。平等协商与平衡各方利益成为此类国际会议的焦点。因而平衡全球利益与我国国家利益的思考也已成为我国外交的新课题。以气候国际会议为例。从 2009 年的哥本哈根会议到 2010 年的坎昆，可以得出一些总结性的思考：气候问题成为近年来全球问题的焦点，牵涉各方利益与矛盾，特别是发达国家与发展中国家的矛盾。各国的态度与政策各不相同，因而难以达到一致的看法与协议，不能期望几次会议就能解决问题，需要有一种长时期的打算，坎昆会议能取得一些微小进步就算成功。在气候问题上，各国之间的矛盾是多方面的，相互交错的。不仅要看到发达国家同发展中国家矛盾，还存在着美欧矛盾，新兴大国同西方国家矛盾，新兴大国同其他发展中国家的矛盾。我国同发展中国家有共同的方面，也有矛盾的方面。发展中国家同发达国家有矛盾，但也有合作的方面。

（六）谈判是一面旗帜。无论发生什么情况都不要由我方主动中断谈判，特别是首脑会晤。我国外交有一条重要原则，就是在国际问题和地区问题以及双边关系方面，发生矛盾甚至冲突是正常的，要运用谈判和协调的方式政治解决。在解决我国同其他国家矛盾和冲突时，也要运用这条原则。谈判也是一种斗争，谈得好与谈不好都没有关系。主动抓住谈判这面旗帜，可以赢理而主动。

（七）多谋善断，掌握辩证法。中华民族是讲究谋略的民族。从军事到外交，谋略占有重要地位。要多谋善断，首先要掌握辩证法。辩证法要求我们看问题避免片面化、表面化和情绪化。我们有些媒体记者和学者对美日等国政坛变化，往往只看表面不看实质。现在当是呼吁外交讲究辩证法的时候了。

（八）发挥“总体外交”的优势。外事各部门各司其职，相互配合，而不是各自为政。“总体外交”是我国社会主义外交的特色与优势。外交决策权在中央。对于国际形势的判断和我国外交工作可以发表各种看法和意见，但要服从于“总体外交”的大局。

世界动荡不安中的大国关系

近10年来，国际形势发生了新的重大变化。这种变化必然会影响大国关系，因而大国关系处于重要调整期。我国处在复杂多变的内外形势中，我国国际战略和对外关系重点依然是为我国“战略机遇期”创造良好的国际和地区环境服务，善于处理好各对“大三角关系”。

一、世界处于躁动不安之中

近10年来，人类面临许多共同性问题，从由美国引发的国际金融危机到欧债危机。世界经济出现复苏苗头，但尚未摆脱危机影响。从“颜色革命”到“阿拉伯之春”。从利比亚到埃及、叙利亚、伊拉克、阿富汗，再到泰国、乌克兰的一片乱局。乌克兰危机牵动着俄、美、欧之间的复杂关系。俄利用美欧矛盾，攻防有据。能源、粮食、水资源紧张，大气污染、气候变暖、大规模灾害频发。暴力恐怖活动依然猖獗，各国维护社会安全的成本加大。新兴大国群体性崛起，而受整个国际形势影响，这些国家的经济开始下滑，社会矛盾增加。

中东由于丰富的石油资源以及重要的联结欧亚非的战略地位，向来是“兵家的必争之地”。ISIS极端组织在伊拉克的突然出现，撕裂着整个地区的原有秩序。美国同伊朗、同沙特、同叙利亚、同伊拉克的关系正在发生变化。由于教派冲突，中东地区的国家关系也在发生新的变化。

经济全球化带动全球经济加快发展，同时负面影响突出起来，特别表现在全球和国别国家贫富差距加大，各国内部贫富差距也加大。信息技术的发展为促进全球经济发展和给人们带来生活方便的同时，同金融业相结合，造成金融投机和虚拟经济泛滥，冲击金融安全。

引发世界形势动荡的根本原因在于国际力量对比发生变化，旧的平衡被打破，新的平衡尚未建立起来。力量背后是利益，大国之间利益竞争和战略博弈增加。国际政治经济旧秩序正在消退，而新秩序尚未确立，国际秩序处于“无序状态”，尚未建立起公平合理的“全球治理体系”。

伴随着国际风云变幻，国际思潮纷乱繁杂，以“新自由主义”为代表的右倾思潮占统治地位已有50多年时间。同时，极端民族主义、极右和排外思潮、民粹主义和无政府主义等各色思想潮流也在发展。

但是，从总体形势来说，和平与发展、合作与共赢仍然是主流。我们面临的问题是，如何应对现今混乱的世界。

二、为“战略机遇期”创造良好的国际和地区环境

“战略机遇期”需要三个条件：第一是国际条件，第二是国内条件，第三是战略的主观意识。

从国际条件来说，大国之间虽然有激烈的竞争与博弈，但强调对话、协商与合作，大国关系基本稳定。大国关系的稳定是国际局势总体稳定的重要因素。经济全球化促进各国特别是大国之间的经济关系更加紧密，造成“你中有我、我中有你”的局面，谁也离不开谁，一荣俱荣，一枯俱枯。这是世界大势保持稳定的经济因素。

从国内条件来说，在我国国内，改革已进入深水区、攻坚期，要啃硬骨头，经济和社会双转型，利益集团盘根错节，各种矛盾频发。但综合来看，我国经济总量已有深厚基础，仍处于“战略机遇期”。

战略决策是关键。机不可失，时不我待。决策得当，方能抓住战略机遇期；决策失当，就会失去可贵的战略机遇期。20世纪60年代和70年代，世界科技革命蓬勃兴起，带动经济起飞，国际形势也出现缓和趋势。但当时由于我们对国际形势的估计出现偏差，认为“燕子低飞”“山雨欲来风满楼”，我国受到“帝修反”的包围，战争不可避免，于是作出“备战、备荒、为人

民”“深挖洞、广积粮”“要准备打仗”的决策，导致我们丧失了这样一次可贵的战略机遇期。因而我们对国际形势要冷静观察，科学分析，国际国内两个大局都要为我国的战略机遇期服务。

我国对外关系的总目标应为“战略机遇期”创造良好的国际和地区环境。集中精力把我们国内事情办好。外交服从和服务于内政，对外活动要有“三个有利于”，即有利于我国经济和社会转型；有利于全面深化改革和现代化建设；有利于国家安全和社会稳定。

三、善用和巧用“大三角关系”

大国之间存在的“大三角关系”，不是臆造的，而是客观事实。问题在于能否善用和巧用“大三角关系”。“大三角关系”冷战时期就已存在，我国当时也在运用，特别是中美苏三角关系。但由于当时的客观形势，我们在运用中美苏三角关系时，一个时期是“联苏反美”，另一个时期则是“联美反苏”。冷战之后，我们在运用“大三角关系”中，放弃了“联合一方反对另一方”的做法。

现在的“大三角关系”主要表现在既相互合作又相互制衡。运用得好，我们可以纵横捭阖，处于主动有利地位。“大三角关系”用甲乙丙三方来表述的话，有三对关系和矛盾，就是甲方与乙方，甲方与丙方以及乙方与丙方之间的关系与矛盾。这种关系是互动的，但不存在联合一方反对另一方。如果有一方主观上想这样做，客观上也是做不到的。善用和巧用“大三角关系”，要根据形势发展而变化，要有外交智慧与技巧。

四、坚持原则坚定性和策略灵活性相结合

原则坚定性，首先要坚决维护我国的主权、核心利益和领土完整。我国奉行和平共处五项原则中的第一条就是“互相尊重领土主权和领土完整”。我们在宣扬和平共处五项原则时要强调这一条，而且把这一条作为能否实行

“和平共处”的首要条件。

同时，原则坚定性还表现在不能侵犯我国核心利益。外国不能支持“台独”“藏独”和“疆独”，不能干涉我国内政（“互不干涉内政”也是和平共处五项原则中的一项）。要划出一道“红线”和“底线”。

但是对外关系是复杂的、多变的和长期的，在坚持原则坚定性的同时要讲究策略，要把中国传统文化中积极方面运用于外交策略上，如“和为贵”“协和万邦”“和而不同”“刚柔相济”。“和”并不是不要斗争，必要的斗争是难免的，但要有进有退，有斗有谈。“文武之道，一张一弛”，国家关系有紧张也有缓和，紧张与缓和相互交替。对方挑起的斗争，要进行反击，但要有理有利有节，把握“节”和“度”需要智慧，要斗智不斗气。

把握“韬光养晦，有所作为”的辩证关系。有人认为“韬光养晦”已经过时，这是不对的。“韬光养晦”我们必须长期坚持，低调行事，不张扬，不当头，不扛旗，不说过头话，不做过头事，不搞紧张，留有余地。“有所作为”就是要有所为，有所不为。要善于把握矛盾和利用矛盾。矛盾是普遍存在的。要善于利用矛盾，分清主要矛盾和次要矛盾，不要把矛盾集中在自己身上。不受外界挑动和刺激，不授人以柄，不过于纠缠。

争取大多数是一项重要政策。首先要团结中间力量。在中国综合实力迅速发展的过程中，对友好人士和知华人士理当多做工作，但还要做中间势力的工作。他们由于受到“中国威胁论”的影响，对我国存在许多疑惑。我们应当进行长期和耐心的交流，使他们认识一个真实的中国。争取大多数，要有几方面的“区别”，没有“区别”就谈不上政策。“区别”之一是把某些国家当权者的言行同这个国家的广大民众相区别。“区别”之二就是把右派同“反华”相区别。一些国家的右派中确实有“反华”分子，但不能说右派都“反华”，要划清右派同极右势力的界限。右派往往在两国关系中更加注重实际，更加注重发展经济关系。媒体和学者要关注大局，为促进我国同各大国关系以及改善我国同周边国家关系起积极作用。媒体和电视节目要按照党和政府对外政策原则，对民众起积极引导作用。

谈判是面旗帜，也是斗争的一种方式。谈判可以设置前提条件，也可以不设置前提条件，这要根据情况灵活掌握与变动。不设置前提条件可能会更主动。谈得成谈不成都可以。倡导谈判和对话，可让全世界了解我们的政策和主张。通过政治协商和谈判解决国与国之间的矛盾和地区冲突是我国和平外交政策和一项重要内容，也应运用于我国同周边国家关系中。利用国际性会议进行双边或多边的接触和会见，是国际外交活动中的通常和行之有效的做法。

五、充分发挥经济外交、政党外交、民间外交、人文外交的积极作用

我国实行“总体外交”，政府外交是主体，同其他各领域外交相辅相成。经济外交、政党外交、民间外交和人文外交有配合政府外交的一方面，也有其发挥特殊作用的一方面。

经济关系是我国同各大国关系的基石，大国之间经济竞争激烈，必然会使我国同各大国之间的经济关系增加复杂性。但是“合作共赢”和“互惠互利”已经成为主流。高端产品的出口和人民币逐步走向国际化使我国同大国的经济关系走向一个新阶段。同时，我国深化改革，推动城镇化和发展清洁能源也需要外国的技术和管理经验。我国的经济改革和社会改革也需要借鉴外国的有用经验。当我国同某个国家的关系发生重大障碍时，不要动摇经济关系。“以经促政”是需要长期坚持的方针。

政党外交联系各国各类政党、团体、智库，交流战略思维和治国理政经验。同关系好的国家，可以打好进一步巩固友好关系的基础。同关系不好的国家，起交流沟通作用，解惑释疑，为改善关系作出努力。人文外交、民间外交是我国外交特色。民间交往和人文交流能加强我国同各国人民的认知和感情。特别要加强青年之间的交流，包括学生之间的交流。议会外交也应发挥重要作用。西方国家的议会在其国内政治中起重要作用，议员背后都有一批选民。要同各国议会领导人和各党派议员加强交流。

欧洲外交的均势战略

均势战略可以从历史与现实两个角度来考察。历史上可以追溯到中国的春秋战国时代和欧洲的古希腊罗马时代。从学术理论上说，西方学者对均势战略颇具争议，但拨开这些学术性迷雾，所谓均势战略，一言以蔽之，就是：纵横捭阖，以最大限度谋求自身战略利益。本文不准备探讨中古时期的均势战略形成历史，也不分析学术各派的意见分歧，仅从现实出发，探究第二次世界大战之后欧洲国家对均势战略的外交上运用。

均势战略是欧洲国家外交的一种现实主义选择。在欧美外交的理论上和实践中，向来存在着理想主义和现实主义倾向。理想主义者并不完全赞同均势战略。德国哲学家康德是位理想主义者，主张世界永久和平。因而他从道德原则出发，认为均势战略是不道德的。

然而政治家必须面对现实，在一定的客观历史环境下，均势战略是外交的最佳选择。因此，二战之后，法国和德国的重要政治家，从阿登纳、戴高乐到密特朗、勃兰特，再到希拉克、施密特，都是运用均势战略的高手。从这个名单中可以看出，运用欧洲均势战略是超越历史时期和超越党派利益的。同时，均势战略并不是一成不变的，而是随势应变。勃兰特不同于阿登纳，希拉克也不同于戴高乐。

第二次世界大战结束之后，美国崛起，欧洲失去世界“中心”地位。冷战开始，欧洲分裂。而被分裂的西欧与东欧，成为冷战的前哨阵地。形势决定战略。夹缝中求生存的欧洲（这里的欧洲，在当时指西欧），必然需要选择均势战略。

当时欧洲的均势战略，有三层含意。第一层意思是，对美苏的实力作准确的判断。他们认为，美苏在经济实力方面有较大差距，但在综合力量方面，包括常规军事力量、核打击能力以及国际影响力（苏联是战胜德国法西斯的主力、中国革命胜利、社会主义阵营扩大、民族解放运动发展）方面来说是旗鼓相当的。对两个超级大国实力的准确判断是实施均势战略的前提。第二层意思是，运用谋略，游刃于两个超级大国之间，不使一方实力过多地超过对方，也不使两者关系紧张到迎头相撞。西欧是美国盟友，属于西方思想体系和阵营，巩固大西洋联盟是西欧外交的基石。但战略思维又要超越意识形态和阵营观念，不能对美国唯命是从，不能触犯苏联而使自己处于被第一次打击的目标之内。第三层意思是，利用这种均势，发展自己，独立自强，既牵制苏联也牵制美国，增强自身在国际政治舞台上的地位和力量。

戴高乐和阿登纳就是这样分析形势和得出相似的结论的。戴高乐在 20 世纪 50 年代就已经提出，世界形势已同冷战初期大不相同了，苏联不大可能进攻西方国家，美苏都意识到打核战争只会遭到全部毁灭。阿登纳是第一位使用“两个超级大国”概念的西方政治家。他认为，美苏处于核平衡状态，因此极不可能大规模使用核武器，国际局势可能出现缓和。戴高乐和阿登纳基于对形势的这种分析，顺势运用外交战略，推动和发展了东西方缓和政策，并启动了欧洲一体化的进程。法国是二战的战胜国，戴高乐更有资本，带动了欧洲独立自强之风，形成“戴高乐主义”。

勃兰特、密特朗、希拉克和施密特在他们当政期间，运用并发展了均势战略。法国左翼和右翼政党轮替执政，对美苏两个超级大国的亲疏态度也不相同，但无论是密特朗还是希拉克，都基本上承继了“戴高乐主义”的精神，平衡多方利益，维护法国的独立地位和国际上的独特作用。勃兰特的“新东方政策”，从“莫斯科红场”到“北京长城”，是有预见的国际战略。以东西方缓和为起点，进而促进东西欧及整个东西方的接近对话与交流。“戴高乐主义”和勃兰特的“新东方政策”，在当时欧洲成为一种潮流，成为欧洲均势战略现代版的典范，给欧洲历史发展留下深刻的痕迹。

施密特于 1969 年任德国联邦国防部长之前，出版了他的著作《力量均势——德国的和平政策和两个超级大国》。1974 年，他在任德国联邦政府总理后说，他的这本著作的要旨就在于不要靠单方面来支撑德国的对外政策。

施密特提出：形势已经发生变化，为了维护和平而需要保持均势，实行以军事均势争取安全以及以缓和争取安全的原则；除军事领域的均衡以外，在政治和心理领域也要达到类似的均衡，从而使今天靠不住的和平具有一个更稳定的基础，寻求均势也是在目前条件下寻求有意义的和平的适当出发点；保持政治、经济、军事和心理的均衡，是其对外政策和安全政策的指导原则，保持均势是有效防御和改善东西方关系的一个先决条件。他提出，均势战略是很有根据的、可信的，看不出还有别的战略可以取而代之。施密特的论点，把外交政策上升到世界战略的高度，对当时德国和欧洲普遍运用均势战略具有广泛意义的影响。

一种国际战略，它的内涵与外延，既有确定性又有变动性，随势而变，均势战略也是如此。

冷战结束，国际形势发生转折性变化。其中一个有深远影响的变化就是欧洲一体化进程的稳步发展，取得重大进展。国际格局由两极走向多极，世界经济全球化在科技革命推动下迅速发展。欧洲一体化的进展，是在多极化和全球化的背景下取得的。反过来，欧洲一体化的进程，又影响着多极化和全球化向着力量相对比较均衡的方向发展，欧洲成为多极化中重要一极以及经济全球化重要动力之一。力量源泉在于欧盟经济实力增强和欧洲在国际政治和经济舞台上空间的拓宽和独特作用的扩展。

欧洲的“有选择的多边主义”，既保持同美国的大西洋联盟的团结，又牵制美国的单边主义，既同中国与俄罗斯加强国际合作，又遏制中国快速发展和俄罗斯重振大国雄风，体现出现代版的欧洲均势战略的现状。

多极化是国际政治的一种现实，同力量对比相对应。而多极主义则是根据多极化现实而确定的一种国际政策。多极主义同单边主义形成当前国际关系的基本矛盾。然而这不能理解为几个“极”联合起来共同对付“单极”。多极主义作为一种国际政策，就是要在多极之间寻求相互合作，同时又相互牵制，达到一种暂时的相对的平衡。周而复始。各方既维护自身的战略利益，又维护世界局势的相对稳定。

美国凭借其强大的经济和军事实力，成了世界上唯一超级大国。美国不承认多极化，反对多极主义。布什政府上台执政8年，对内推行“新自由主义”，对外奉行“新自由主义”的变种新保守主义，形成“布什主义”，公开宣示美国的国际战略是“先发制人”“单边主义”，依靠军事打击，建立美国单极独霸的世界新秩序。美国发动伊拉克战争是“布什主义”的试验场。与此同时，美国使用“两手”，发动“世界民主化第二波”，把美式价值观和“新自由主义”发展模式推向全世界。“颜色革命”由此而起，对俄罗斯形成战略包围。

欧盟认同多极化，主张奉行有选择的多边主义。经历过两次世界大战灾难的欧洲人民，维护世界和平是他们长期的热切愿望。欧洲国家的和平政策有深厚的民众基础和社会基础。如果发生一场新的世界战争，欧洲必定首当其冲，将遭致毁灭的命运。和平不仅是一种愿望与呼吁，而且可化为一种制约战争的力量。冷战之后欧盟在国际格局多极化中的地位和作用明显上升。特别是欧盟经济总量已经超过美国，但综合力量同美国相比仍有很大差距。军事实力落后于美国，仍要依赖美国保护。加之欧盟无法用“一个声音对外说话”，欧盟大国之间以及新老欧洲之间存在种种矛盾。欧盟的“有选择的多边主义”，既表示赞同多边主义，以牵制美国的单边主义，又把文章做在“有选择”上。欧洲国家同美国一起以北约名义，发动了科索沃战争。而法国和德国不同意美国发动伊拉克战争，拒绝配合美国出兵伊拉克。在伊朗核问题上，欧盟一方面主张和平协商解决，同时又同美国一起向伊朗施压，制裁伊朗，但欧盟的制裁方案同美国又有区别。基于认同多极化和文化多样性，欧盟对国际新秩序的基本设想是“全球治理”。虽然欧盟的“全球治理”需要以西方价值观为世界共同价值观作为实施新秩序的基础，但它体现了协调、公正和均衡的原则。

欧盟从拓宽国际活动回旋空间和国际经济市场出发，重视南北对话和平衡发达国家同发展中国家的利益。勃兰特在20世纪60年代提出一个思路：就是没有发展中国家的发展，发达国家也不能发展。因而他在他的年代积极推动南北对话。1975年12月，在法国前总统德斯坦的倡议下，举行了由发展中国家和主要发达国家参加的国际经济合作会议，启动了全球性的南北对话。以后这个对话转移到联合国范围内进行。1996年开始的两年一届的亚欧首脑会议，具有里程碑式的意义，促进世界上两个最重要地区加强合作，建立亚欧新型伙伴关系。世界进入新世纪后，希拉克倡议在举行八国首脑会议期间，以“8+N”模式举行主要发达国家同主要发展中国家的对话会。N表示中国、印度、巴西等重要发展中国家。

对于如何看待和解决席卷全球的金融危机，欧美也存在明显的观点和政策差异。关于危机成因，美国只归于技术性问题，欧盟认为是结构性问题，是美国的“新自由主义”发展模式产生了问题。欧美都搞市场经济，但发展模式并不相同。欧洲模式被称为“莱茵模式”，即社会市场经济。美国是完全放任的自由市场经济。关于救市，美国想把危机的一部分转嫁到欧盟、日本和新兴经济体。欧盟则强调美国是发生危机的根源，美国要付出更大努力来救市，欧盟主要靠自救自保。关于如何克服当前危机和防范今后类似危机，美国强调美国主导的自由资本主义体制不能变动。欧盟主张对现行国际金融体系进行全面改革，重建类似布雷顿森林体系，对美元作为国际储备货币加以制约。欧盟重视在解决全球金融危机中的新兴经济体的作用。20国首脑会议就是在欧盟推动和促进下召开的，为今后国际金融体制改革打下了一个基础。

欧洲的均势战略，源于欧洲深厚的文化背景。欧美同属西方文化，但由于地域与历史背景不同而形成差异。欧洲是西方文明的发祥地。美国是移民国家和二战后迅速崛起的后发国家，没有包袱，敢于创新敢于冒险，因而具有特殊感和优越感。经济上信奉完全自由的市场经济，哲学上风行实用主义和社会达尔文主义。政治文化和国际战略上信奉美国领导世界的特殊使命。欧洲从文艺复兴以来，“人文主义”思想根深蒂固。欧洲是现代资本主义思潮各种流派的发源地，也是马克思主义和社会主义以及左翼思潮的发祥地。文化多样性在欧洲有深厚的历史渊源。欧洲历史上经历过列国争雄，经历了两次世界大战。在战争与和平不断交替的历史土壤上，培育出各种军事谋略，又从军事谋略发展为外交和国际谋略，集中表现为均势战略。

认识欧洲这种建筑在深厚历史与文化基础上又适应其国际环境中的特殊

处境的均势战略，对我国实施灵活而务实的外交政策有一定的意义。我国有两位学者型使节受到过毛主席的直接表扬。一位是宦乡，另一位是王殊。20世纪50年代，两个阵营全面对立。当时西方看东方铁幕重重，东方看西方铁板一块。时任我国驻英代办处主任的宦乡写了一份调研报告，提出西方阵营矛盾重重、并非铁板一块的看法，受到毛主席的赞赏。20世纪70年代初，国际形势发生很大变化，由于中苏关系恶化，当时有一种观点认为苏联战略转移向东，西方想祸水东移。当时我国与西德尚未建交，王殊是新华社驻波恩记者。王殊初到欧洲和德国，脑子里不受条条框框约束，写了有关欧洲局势和苏联战略问题的调研报告。这个报告主要观点是，苏联战略没有变化，也不会变化，仍然是向西与美国争夺欧洲，不可能向东进攻中国，而且可能是声东击西来麻痹西方。毛主席和周总理认为这个调研报告“有参考价值”。这份报告准确地研究了苏联、美国同欧洲之间的关系。所谓“有参考价值”，是因为毛主席和周总理当时正在思考对我国外交作新的战略部署，就是在美苏争夺更加激烈的时候，我们有可能改善同美国以及西欧、日本的关系。

当前国际形势正在发生广泛而深刻的变化，各种矛盾错综复杂。分析和研究欧洲均势战略，有助于我们全面了解欧洲局势和欧盟对外政策的基准点。

从“欧洲外交”的均势战略出发，我国同欧洲国家现有共同点也有分歧点。如何处理好中欧关系是我国对外关系中的一个重要方面。

中欧互为重要大国关系。大国之间出现矛盾、分歧和摩擦是正常之事。问题在于，如何看待和缓解这些矛盾摩擦，从战略大局出发推进中欧关系健康向前发展。

（一）认清世界发展大趋势是深化中欧关系的认识基础。冷战结束之后，国际格局终结两极而向多极化的方向发展。适应多极化的客观发展，奉行多边主义的外交政策是明智的选择。多边主义自然要同单边主义形成矛盾，但中国主张的多边主义，并不需要“多极”联合起来对付“单极”，也不主张相互搞对抗，而是倡导有利于和平与发展的理念。欧盟主张世界和平与发展，以维护欧洲安全与发展为其战略目标。欧盟承认国际格局多极化的发展，主张多边主义，反对单边主义，主张发挥联合国及其安理会和其他国际组织的作用，通过外交谈判协商解决国际和地区冲突和热点问题。这说明欧盟与中国在许多重大国际问题上有相同或相似的观点与看法。

（二）积极发展中欧经贸关系有很大空间。（2015年后被美超越），中欧经贸关系的互补性很强，发展经贸关系有很好的基础。虽然遇到世界金融危机，中欧双方各自都有很多困难，但是只要都认识到可以化“危”为“机”，采取积极态度，加强互利合作，经贸关系发展仍有很大空间。中国政府已出台了一系列政策，扩大内需，加强城市和道路基础建设，发展第三产业，增加对科学、卫生和教育事业的资金投入，发展新农村建设。欧盟国家特别欧盟发达国家在上述这些领域里都有许多事情可做。全面深入发展中欧经贸关系是共同应对危机、达到互利共赢目标的大好事，也是发展双边各领域关系的基础。

（三）落实“全面战略伙伴关系”尚有许多事情要做。冷战结束之后，两极格局消失，如何处理大国关系成为一个问题。于是“战略伙伴关系”应运而生。相互建立战略伙伴关系具有积极意义，发展双边关系要有战略眼光，要平等互利，相互尊重。但“战略伙伴关系”不同于国际条约或国家之间的协定，没有法律约束性，因此“战略伙伴关系”具有一定的摇摆性和随意性。实可实之，虚可虚之。西方国家政坛变化、领导人更迭，就会对“战略伙伴关系”作出不同的解读。加强中欧全面深入、宽领域多渠道的对话与交流是增信释疑的好办法。

（四）加强政党、议会、文化、民间和媒体之间的交流活动。为了落实“全面战略伙伴关系”，为了中欧关系长远的健康稳定发展，开展政党和民间等各方面交流活动是十分必要的。中欧政党、议会、民间的交流活动顺利发展，对增加相互了解与信任起了很大作用。文化交流今后能更加多样化，同时加强中小型文化交流就更好了。媒体交流在当今是一个课题，期望双方共同增加相互的交流与沟通。希望能把一个真实的中国，一个在发展前进中的中国呈现在欧盟国家的广大民众面前。

中美关系风云多变曲折前行

中美关系起起伏伏，时而紧张时而缓和，可以用“风云多变、曲折前行”来概括。近年来中美关系曲折发展可以说明两点：首先，中美共同利益大于分歧和摩擦，双方合作共赢是主流。其次，中美存在战略的结构性矛盾，因而中美关系起起伏伏，好好坏坏是一种“常态”。

在我国对外关系中，对美关系是最重要的关系之一，但也是最复杂的。从战略高度科学分析美国对华战略意图，准确把握中美关系健康稳定发展，对我国未来 5 年乃至 10 年的和平发展和用好“战略机遇期”具有十分重要的意义。而且，在经济全球化和国际格局多极化的国际大环境下的中美关系，对国际形势的发展，尤其是对地缘政治产生重要影响。

一、美国“领导世界”的霸权主义全球战略没有改变

美国对华政策是美国全球战略的一个重要组成部分。因此，考察和把握中美关系发展走向，首先要观察美国的全球战略是否改变。

美国的战略部署向东倾斜。冷战结束之后，美国全球战略重点仍在欧洲。重点有三项：一是防范欧盟过分强大和压制欧洲独立自强倾向，要求欧洲国家发展和巩固“跨大西洋联盟”。利用老欧洲与新欧洲矛盾，加强美国在北约领导权。二是压缩俄罗斯战略空间。北约东扩，一边南下到巴尔干地区，一边向东到俄罗斯国门口，还试图向中亚发展。在东欧一些国家部署导弹防御系统，直接威胁俄罗斯国家安全。三是在乌克兰等国搞“颜色革命”，推进“民主化进程”，扶植亲美势力上台执政。

美国从全球战略调整出发，同欧洲加强关系，同俄罗斯修好。美国对

欧洲也实行“巧实力”外交，改变“盛气凌人，不可一世”的态度，弥补伊拉克战争以来的美欧裂痕，提出“建立大西洋关系新结构”的议题。俄格战争使美俄对抗走向“新冷战”的边缘。但是美俄欧三方都不愿看到“冷战重现”。因而“边缘政策”起了作用。双方走到“边缘”之后关系就缓和下来了。不但如此，双方还加强了经济、外交和军事合作，美俄关系进入到“新的状态”。

在作为欧洲侧翼的中东地区，以伊拉克战争、伊朗核问题和巴以冲突为主线，也出现了某种缓和迹象。伊拉克战争基本结束，美国开始撤军。伊拉克局势不会从此平静，但也不会出大乱子。巴以冲突在一度紧张之后，也有缓和，美国主导新一轮巴以会谈已经开始。伊朗核问题紧一阵缓一阵，一时得不到解决，也是“拖”的局势。传言美国出兵伊朗，只是美国一种施压手段而已，并不会真的打起来。

在“西线平和”的状况下，美国战略重点向东转移就成为可能。这一命题是西方学者和媒体首先提出来的。

美国为了应对金融危机，正在进行全球战略大调整。说美国全球战略正在全面收缩，未免过早。西边保持原状，东边积极扩张，不能说全面收缩，只能说调整。美国为了全球霸权利益、国内政治斗争和垄断集团及军工集团利益的需要，在当前经济不景气和危机尚未渡过的情况下，总要在全球找出一个“主要对手”，制造莫须有的“威胁论”，动员国内国际力量，进行“战略折腾”。

二、美国“重返亚洲”，意在战略上围堵中国

奥巴马“新外交”的一个重要特点，就是巩固同日本的“联盟关系”，拉拢中国周边国家，“重返亚洲”，在战略和军事部署上围堵中国。进入新世纪10多年来，以中国为代表的新兴经济体崛起，美国把中国作为美国实施全球霸权的“主要对手”。这就是美国“重返亚洲”的本意。而“重返亚洲”也表明美国战略重点向东转移的倾向。所谓“重返”，并不是指美国已经退

出而重新返回。“重返亚洲”是美国维护在亚太地区“主导权”的战略意图体现。由于这一地区力量对比发生变化，中国经济迅速发展以及中国对国际和地区影响加强，虽然中国奉行“和谐周边”政策，谋求同亚太各国共同安全和共同发展，但美国从其霸权战略利益考虑，担忧美国在亚太地区的“主导权”和“战略利益”被削弱，中国以安全和防卫为目的的正当的“军事现代化”和维护合理的自身的海洋权益活动，被美国歪曲而煽动为“中国军事威胁论”。美国让周边国家政要制造舆论，放言由于中国迅速发展造成威胁，需要美国继续在亚洲存在，以平衡中国。

美国为此作出了重大的军事部署。加紧建设以关岛为中心的美军新武器基地和侦察及指挥中心。继续留驻在日本冲绳的军事基地，延长在韩国的军事基地。加强同日本、韩国、和一些东盟国家的军事联盟关系。美国试图组成事实上的“东方北约”。在海峡两岸关系缓和的情况下，美国继续对台军售也有此背景。

三、美国对华“接触加遏制”和“西化加分化”的政策并没有改变

冷战结束后，中美共同抵制苏联扩张政策的战略合作已经消失，美国把中国视作社会制度异类和“最大竞争对手”，是根深蒂固的，难以改变的。因而中美矛盾是战略的结构性矛盾。加之，中美经济实力对比发生变化，奥巴马誓言“决不做世界老二”，表明中美矛盾与冲突将长期存在。因此美国对华的战略不会改变，除非中国改变政治和社会制度，在国际上成为服从美国战略“负责任”的国家。

美国在对华政策上，不断提出一些新词来加以规范。如“建设性合作伙伴”“战略竞争对手”“利益攸关方”“战略再保证”“同舟共济”等。还提出“中国责任论”和 G2、“中美国”等概念。“中国责任论”是想把中国套住，G2 则是一个“战略陷阱”。

在西方同我国斗争中涉及我国重大利益和核心利益问题上，美国是始作

俑者。10多年来，西方国家在涉台、涉藏、涉疆等领土主权问题上向我挑事，触动我核心利益。美国是挑起这些事端的始作俑者。西方以“人权”为借口向中国施压，也源自美国。美国在南海问题上，一方面直接向我军事挑衅，另一方挑动我国周边国家联合起来，企图使南海问题“国际化”。在人民币汇率问题上，美国试图联合欧盟向我施压。在西方发达国家承认中国市场经济地位和解除对华武器禁运问题上，主要障碍也在美国。

美国在经济、思想和文化上加紧向我渗透。中美经济关系虽然是互有需要，合作共赢，但美国还有一个强烈的意向，就是利用其经济和技术优势，控制中国经济。其做法是从具体行业着手。从制造业到农业，我国某些行业已为美国资本和由美国控制的跨国公司所控制。美国还竭力想控制我金融保险业。在思想和学术领域，从经济学到社会学，从管理学到国际政治学，美国通过各种途径，把美国的学说和观点推销进来。近10多年来，以经济上全面私有化和市场化、政治上自由化为旗帜的美国“新自由主义”思想和观点也渗入到我国经济、文化、社科各学术领域的某些方面。

四、中美关系好好坏坏，起起伏伏是一种“常态”

中美关系是一种“矛盾共同体”。美国对华“接触加遏制”的政策没有变化，而且随着中国的发展，美国的“遏制”倾向似乎更为加重。但中美合作共赢仍然是主流，而且合作领域和范围在不断扩大与深化。

首先是经济合作。全面经济合作是中美关系的基础。在经济全球化的影响下，中美经济关系相互依存度大为加强。已经达到“你中有我、我中有你”的程度。在对外贸易上，中美双方互为第二大贸易伙伴。中美经济合作是双方的互有需要也对双方有利。

其次是在应对全球性问题上的合作。进入新世纪以来，人类面临的全球性问题日益突出。涉及经济危机、恐怖主义、气候变化、大规模自然灾害与疾病等各个领域。应对全球性问题的国际合作正在不断加强，中美在这方面合作已成为国际合作的一个重要方面。同样，在应对全球性问题上，中美有共同点也有相异点。但中美两国都认识到，作为世界上最大的发展中国家和世界最大的发达国家的中国和美国，在全球性问题上的协商与合作是有利于世界和平、安全与发展的。

第三是共同参与热点问题的解决。如朝鲜核问题和伊朗核问题。虽然在这些问题上中美观点各异，但中美两国的参与对这些热点问题的解决和维护地区安全都是十分重要的。中美将继续在地区战略性问题上进行协商与合作。

同时，中美政治经济军事文化等各方面摩擦不断，对抗与冲突也时有发展。首先是国际战略上的矛盾。中国主张共同推行“和谐世界”，争取建立国际政治经济新秩序，促使国际关系民主化。美国的全球战略在于“领导世界”的“霸权主义”。其次，在经济贸易问题上，双方也存在结构性矛盾。美国在贸易逆差、反倾销、知识产权和人民币汇率等问题上一直向中国施压。美国把经济衰退、失业率增加等本国问题都不公正地归咎于中国。美国领导人往往把国内政治斗争、议会选举捞取选票等行为同中国挂钩，把经济问题政治化，达到自私的目的。中美经济发展不平衡是事实，但美国要负主要责任。如美国不向中国出口高科技产品，不给中国市场经济地位。又如美国维护“美元霸权”地位。美国为了自身经济利益，可以自行决定印发美元，同时逼迫人民币升值，使中国外汇储备和美元国债大量缩水。同时，中美在文化、政治经济体制、价值观等方面也存在根深蒂固的矛盾。

总之在中美两国经济利益不断增加的同时，两国的矛盾依然存在，可以说是一个“矛盾共同体”。一方面，随着经济全球化的发展，中美经济关系更加紧密，依附性加强，合作与竞争并存，以合作为主导。在国际和地区问题上的合作也随之增强。但另一方面，随着多极化深入发展，世界力量对比发生结构性变化，中美在经济贸易、意识形态、价值观、发展模式、多元文化和国际关系民主化等方面，矛盾在深化。在固有矛盾和现实问题上，两国的矛盾和摩擦会反复出现，有时甚至会走向激化。中美合作与矛盾是相互渗透的，合作中有矛盾，矛盾中有合作。

我们要充分认识中美关系起起伏伏是一种“常态”。中美关系好好坏坏，时而紧张时而缓和，既对话又对峙。既不能期望太高，又不能一斗到底。我们要运用外交谋略，坚持“合作共赢”和“对话协商”的原则。在关系顺利的时期，不要对中美关系期望过高，要为一旦可能出现的不测事件做好准备。当两国关系出现困难时，要进行必要的斗争，但斗争目的是使关系回复到正常状况。在全球化和多极化的世界大格局之中的中美关系，不会走向如冷战时期的美苏全面对抗，更不可能发生战争。

五、把握时代脉搏和世界大势

作为战略家的邓小平改变了从列宁到毛泽东的“战争与革命”的时代提法，提出“和平与发展”的时代主题。从那之后，已经过去了20多年，实践证明，这个战略转变是经得住历史考验的，是我国20多年来经济发展的重要基础。同时，20多年来，国际形势发生新变化，我国国内形势也发生了新变化，我国的国际关系也随之发生了新变化。这三个“新变化”是时代主题的战略转换正确的证明。同时，依据这三个“新变化”，不是要放弃“和平与发展”的时代主题，而是要扩展“和平与发展”的内涵与外延，这就提出了“和平、发展、合作、共赢”的战略要求，并已经写入党的十八大文件中。我们对国际形势以及中美关系、中日关系讨论来讨论去，我认为，最主要的就是要把握住时代脉搏和世界大势。因此，我们要高举“和平、发展、合作、共赢”的大旗。

六、抓紧“战略机遇期”，集中力量发展自己

从我国国内形势及国际环境来看，我们仍处于“战略机遇期”。这是党中央和习近平主席肯定了的。今天没有人会反对“战略机遇期”，问题是能不能抓紧。所谓“抓紧”，就是集中精力、一心一意发展自己，不受干扰，不作误判。“战略机遇期”是根据历史教训提出来的。从20世纪60年代中期到70年代，新的科技革命开始，西方发达国家经济起飞，东西方寻求关系缓和。这是一个发展自己的大好“战略机遇期”，而我们由于对国际形势

作了误判，认为“燕子低飞”“山雨欲来”，要“准备打仗”“要大打、早打”“要上井冈山”。这样我们就失去了一个可贵的“战略机遇期”，我们同许多国家的差距就拉大了。

抓紧“战略机遇期”，就是要一心一意发展自己。邓小平有一个重要观点，就是只要不发生世界大战，只要战争没有打到我们头上，我们就要专心致志地搞经济建设。有学者预测，世界正在萌动再一次科技革命，而美国仍是高新科技的领先者。我们千万不能再失去这个“机遇”。

七、落实“新型大国关系”

2013 年 6 月，习近平主席与奥巴马总统在美国加州安纳伯格庄园达成一项重要共识：推动中美“构建新型大国关系”。之后，习近平主席在俄罗斯访问时，又提出“构建新型国际关系”。“安纳伯格庄园共识”受到国际普遍赞赏，并且作为中美关系发展的战略基础。

“新型大国关系”不是凭空而造，而是根据中美几十年来既斗争又合作，既竞争又共赢的曲折经历经验总结，在新时期的新发展。“新型大国关系”也是我国推出创建“和谐世界”以及“利益共同体”“命运共同体”的题中之意。中美关系搞不好，中美对抗，何来“和谐世界”“利益共同体”“命运共同体”？

“新型大国关系”有特定的含义，就是“不冲突、不对抗、相互尊重、合作共赢”。40 年来，中美关系虽然曲折，但总体上是向前发展的。中美已建立经济战略对话机制以及主要政府部门的对话机制。敏感的军事关系也有长足发展。经济关系是中美关系的“压舱石”。中美贸易已达到 5837 多亿美元（2017 年），经济上已形成“你中有我、我中有你”的格局。

八、坚持“韬光养晦、有所作为”的战略与策略的辩证统一

“韬光养晦”不是权宜之计。邓小平提出“韬光养晦”时有特定的苏联

解体东欧剧变的时代背景。但我们要从战略和策略两方面来深入理解“韬光养晦”的真正含义，主要是少说多做，不要张扬，不要扛旗，不要当头，一心一意把我们自己的事情办好。同时，要对我国的发展有实事求是的评价，就是我国仍然是发展中国家，仍然处于社会主义初级阶段。因而当我国仍然是发展中国家的时期，就应当继续实行“韬光养晦”的战略方针。为防止有人误解，邓小平又补充说，中国作为世界上大国，总要“有所作为”的。我们从中可以看出，“韬光养晦”和“有所作为”是辩证统一的，而且是以“韬光养晦”为主轴的。什么是中国对世界的最大贡献？就是中国建成小康社会，发展成为中等发达国家。用什么来证明“社会主义优越性？”也就是等到这个时候。即使到了那个时候，我们对世界应仍然要保持谦虚、谨慎的态度。

九、冷静观察，沉着应对，不为一时一事所干扰

我国在发展进程中面临的各种国际挑战是十分严峻的。特别是美国作为世界上唯一超级大国，视中国为主要“战略竞争对手”。中美关系存在结构性矛盾，政治上、经济上、乃至军事上的摩擦甚至局部冲突有时是难以避免的。

问题是要如何处理好矛盾与摩擦，管控好可能发生的局部冲突，避免使分歧和冲突扩大化。斗争是难以避免的。问题是如何斗，斗到什么程度，怎样斗才是对我们最有利。无论斗争、对话、谈判，都是一门艺术。我们仍然要按照我们一贯坚持的原则，要“有理、有利、有节”。鉴于中美关系在国际上的重大影响，世界需要一个长期稳定的中美关系。因此，双方都要从战略高度和世界大局的角度处理好两国关系。

习近平主席提出“不惹事、不怕事”的方针。“不怕事”，表明我们不怕别人捣乱与挑衅，坚定维护我国国家主权和领土完整的决心。对于对方的挑衅，可以反击，也可以不理。这是一种更加有信心的表现，表示我们有战略定力。

十、在“大三角关系”中纵横捭阖

在国际关系中，特别是亚太地区各国关系中，存在着各种“大三角关系”。而这种“大三角关系”中，中美关系是主角，但也要超越中美关系，把中美关系放在“大三角关系”中来考量与处理。这里有“中美日”“中美俄”“中美韩”“中美朝”“中美东盟”“中美欧盟”等各种“大三角关系”。

“大三角关系”，实质是相互合作，又相互制衡。我们“不打牌”“不拉拢一方对付另一方”，但我们需要考虑，怎样能使我们自己始终处于一种有利地位。这就要很好分析矛盾，抓住主要矛盾，利用矛盾。如“中美日大三角关系”。美日是同盟关系，但美日也存在着矛盾。中日矛盾相较于中美矛盾，中美矛盾是主要矛盾，因而需要发展同日本的正常关系。再如“中美俄大三角关系”，现在俄美矛盾激化，但并不如有学者提出的是一场“新冷战”。

中华传统文化对我国外交政策的影响

绵延五千多年的中华文明是很难在一篇短文中说清楚她的特征的，这里要说的是五千多年历史长河中思维方法的主要源流。

一、中华文化中的“思维方法”

（一）思维方法之一：综合

中华文化思维方式一个重要特征是综合，而西方思维特点是分析。这种综合的思维方式，就是观察事物，包括自然和人类社会，主要从总体上来观察、来取舍。西方的思维方式是越分析越细，一切都要弄得清清楚楚、明明白白。从具体生活事例也可看出。如中国人写信，先写国名，依次是城市、街道，最后是个人；中国标时间的方式是年月日。大的、综合的放在前面，这与西方恰好相反。老子的“道”，是很难理解、也是很难翻译的一个词。但“道”实质是“世界的本体”，就是从世界本体出发来观察和把握事物。

（二）思维方法之二：辩证

中国从老子、孔子开始，一直到近代，辩证思维是占优势的。老子强调“反”“正言若反”，认为事物发展往往归于否定。中国的辩证思维最充分地表现在太极图上：阴阳互补，相反相成，相灭相生，《周易》是中国最古老哲学和思辨的一部经典。中国历史上的著名政治家、军事家、思想家和哲学家无不从中了解客观事物的矛盾变化规律。许多科学家也从中得到启示。德国博学家莱布尼兹在八卦启示下，提出了二进制，成为现代计算机理论的奠基人。《易经》的64卦与生物64个遗传密码DNA严密对应。研究量子论的丹麦物理学家玻尔（David Bohr），获诺贝尔物理学奖的日本物理学家汤川、华裔物理学家杨振宁和李政道在研究基本粒子理论过程中都受到《易经》的启示。中国医学的主要理论也来自《易经》的辩证思维。

（三）思维方式之三：变化观念

从辩证思维而产生的变化观念，也是中国传统文化的一个特征。“阴阳相推”，说的是阴阳相互推移，阳去阴来，阴去阳来，始终不绝。这种过程既互相排斥又相互代替，用现代语言来说就是从对立面转化中观察事物的变化。这种变化初始阶段最难掌握。“乍暖还寒时节，最难将息。”“风乍起，吹皱一池春水。”风之源“起于青萍之末”，而可发展为狂风。王夫之的“阴阳不停，推陈致新”，今日之日月非昨日之日月。一切都在变化之中。在变化中不断创新。

（四）普遍和谐与天人合一

和谐贯穿于中国古老哲学思考、伦理道德直至民众的日常生活。中国普遍和谐观念，指的是自然界的和谐，人与自然的和谐，人与人的和谐，人身心内外的和谐四个方面。和谐不是不承认差异与斗争，而是认为对抗与斗争不是归宿，是达到更高和谐的手段。中国的儒家、道家和禅宗都讲天人合一，但对天人合一理解各有不同，因而这一命题一直争论到现今。可以从这几层意思去理解：天，即自然界，天人合一是指自然界和人都是客观存在的，彼此合成一个整体；天为万物之总和，没有主宰者，不受支配，而只有自己的自然而然的发展变化规律，“天行有常，不为尧存，不为桀亡”；天与人有共同规律，人也是自然的人，自然现象千差万别，各有功能，但相互之间“相济相成”，共存共荣。

（五）“群己合一”的道德观念

儒家思想强调道德精神及以人伦为核心的人道主义。儒家认为，人是生活在社会即群体之中的人，形成了群体生活，就有了个人与群体的关系问题。群体生活就提出人与人之间的关系即秩序问题，儒家称之为人伦。儒家的人伦观最主要的是“仁”“礼”，有深厚的人道主义色彩。“仁”即“仁者爱人”，孔子认为，判断一个人有无道德或道德之高下，最重要的标准就是能不能“爱人”。“爱人”就要设身处地为他人着想。“己所不欲，勿施于人”“已欲立而立人，已欲达而达人”“我不欲人之加诸我也，吾亦欲无加诸人”。“礼”即实现人群的和谐和社会的安定。“克己复礼”，克服自己一切不符合“礼”（整体利益）的思想和行为。儒家在讲“礼”时又讲“义”。“义”即公共利益、群体利益，在与“利”（个人私利）发生冲突时，主张“以义为上”“先义后利”，反对“见利忘义”。主张“公而忘私”“先天下之忧而忧，后天下之乐而乐”的高尚道德品质。

（六）“均平”“大同”的社会理想

孔子提出“均平”思想，“均平”并不是主张平均主义，主要是指社会公正、公平，不要扩大差别，与“仁”思想联系在一起也有帮助弱者、贫者的意思，其目的是为了维护群体生活的和谐。《尚书》提出“协和万邦”的思想，认为这是从尧就确认下来的原则。《礼记》把实现天下为公的“大同”世界作为社会理想。

二、对我国外交政策的影响

我国奉行独立自主的和平外交政策，倡导和平共处五项原则，这同我国的文化传统有一定的关联。

（一）和平共处

中国把和平共处五项原则（互相尊重领土主权、互不干涉内政、互不侵犯、平等互利、和平共处）作为处理国与国关系的最重要原则。60 多年的历史事实说明，和平共处五项原则是经得住时间考验的。凡是遵循和平共处五项原则的，国家关系就能搞好；反之，国家关系就会恶化，甚至破裂和发生冲突。世界上有弱国、强国，贫国、富国，小国、大国，社会与政治制度各不相同，历史和文化背景不同，经济发展水平不同。应该如何相处呢？只有一条：和平共处。中国和印度两个亚洲文明古国共同倡导和平共处五项原则也不是偶然的。1954 年 6 月，周恩来总理同印度总理尼赫鲁会谈。在谈到中印两国共同倡导和平共处五项原则时，周恩来说：中印的政治制度不完全相同，但是我们都是从帝国主义的压迫下解放出来的，我们两国的东方文化有共同的特点。在这里，周恩来特意提到了东方文化的特点。中国古代思想家就提出过“协和万邦”“天下一家”的理想。这些思想家在提出这些理想时，都强调是应当加以实现的原则，而且作为五千年来的主要传统思想和实践的主要原则。

（二）求同存异

世界是多元的世界，存在着各种差异，也存在着对同样一件事物的各种不同的看法。在国家关系中，存在着共同点也存在着差异。如何对待这些差异。是先把差异放在一边，寻求共同点，超越意识形态等差异，谋求相互了解与合作；还是非要先弄清差异，并进行公开批评与指责，闹得一个不欢而散。这是两个不同文化背景产生的两种对待方法。中国首先提出在对待各种差异与分歧时实行求同存异的原则。1955 年 4 月在印尼万隆召开了著名的亚非国家万隆会议，有 29 个国家参加。由于当时许多亚非国家刚刚获得独立，而且还有的国家尚未完全独立。这些亚非国家之间存在着意识形态和社会制度的差异，存在着对当时地区形势及发展趋势的不同看法，会议开始就陷入争论之中。周恩来总理连续作了两次讲话，提出求同存异，把会议开成功。他说：中国来参加会议是来求团结而不是来吵架的，是来求同而不是来立异的。他还说：亚非国家不应该在这里争论各自的思想意识和各国的政治制度问题，因为这种争论是不会有结果的，而且这也不是这次会议的目的。求同存异后来成为与会国的共识，会议取得了成功，提出了指导亚非各国关系的万隆会议十项原则。几年前在泰国曼谷召开的第一次亚欧会议具有重要历史意义。近代历史上很长一段时间，欧洲国家同大多数亚洲国家处于不平等地位。亚欧会议的一个功绩是欧洲国家重新认识亚洲。但在会议筹备过程中，欧洲一些国家提出要把某些同亚洲国家有争议的问题提到会议去讨论，遭到不少亚洲国家的反对，后来会议在求同存异的原则下进行，取得了成功。中国《易经》有句话叫做“相反相成”，阴阳不仅互相对立斗争，同时又是互相补充、互相统一的。“异”与“同”也是如此。“和而不同”，求同存异，不是不承认差异，也不是不同观点不能进行讨论，而是把不同意见经过一定方式的讨论后保留起来，而去寻求共同点，发展相互之间的关系。

（三）用谈判协商的办法解决分歧和冲突

国与国之间，由于历史、领土、民族等等原因发生矛盾与冲突是很难避免的。当冲突已经发生，如何来解决，是用武力还是用和平协商谈判的方式。中国主张用和平协商和和平谈判方式来解决，一次谈不成，谈二次、三次。用“一国两制”以和平方式解决香港回归问题，就是一个例证。中国也愿意看到别的国家之间发生冲突时也用和平协商的方式加以解决。中国古训：“和为贵”。把“和”作为最宝贵和最贵重的。中国的和平政策继承了这样的传统。

（四）不称霸

中国多次宣布不称霸，现在不称霸，即使中国富强起来也不称霸。毛泽东在提出中国永不称霸时，还说过这样的话：如果有一天中国要称霸了，希望大家都起来反对。中国儒家主张“王道”而反对“霸道”。“王道”指以仁义治天下，而“霸道”指对别人、别国的控制、压迫。霸权一词在西方最早出现在希腊史上，指当时一些大的城邦对小的城邦的控制。中国古典小说《红楼梦》中说：“咱们家从没干过这倚势仗贵霸道的事。”

（五）“人权”问题

美国推行“人权外交”，意在干涉别国内政，并引导西方国家同发展中国家的新的对抗。美国国务院每年提出人权报告，指责 100 多个国家，而绝大多数是发展中国家。人们要问：谁赋予美国充当人权法官的权利？还要问：列名 100 多个国家，为什么唯独没有美国自己，难道美国就是人权模范。人权具有普遍性，但实现人权要根据各国不同的历史、经济、文化的不同情况。不能同意人权超过主权的观点，这在联合国宪章中有明确规定的。不同的人权观是可以进行讨论的。在这样的讨论中，我想可以从东西方不同的文化背景来进行探讨。在处理个人与社会的关系上，西方社会往往把个人主义放在主导地位，认为没有个人就没有社会，没有个人活动也没有人类历史。个人和社会应结合起来。东方文明主张“群己合一”，把人看成是社会中的人，在处理个人利益与社会利益关系时，主张“以义为上”。着重点有所不同，即从个体出发还是从群体出发。

（六）关于“中国威胁论”

西方学者从他们的历史经验出发，有一种根深蒂固的观念，就是认为大国、强国必然要侵略扩张。他们还考察几百年来大国兴衰的历史，提出一种论点：一个新兴的主要大国必然要同正在衰落的大国发生冲突。他们从中国经济高速发展中得出一种错误的观点：中国发展下去就会取代前苏联成为美国的主要威胁。于是炮制出“中国威胁论”，将中国妖魔化。似乎没有了假想敌，美国就不能存在下去了一样。最近美国出了一本书，用道听途说的“事实”和似是而非的“论证”，把“中国威胁论”推向“中美冲突论”。作者把中国说成是“正在崛起的亚洲霸主”“企图取代美国在亚洲的统治地位”。作者断言，在这样背景下，中美肯定要发生冲突，而且冲突即将到来。从历史角度看，“中国威胁论”的制造者把西方从古代罗马帝国到近代殖民主义的“历史规律”强加在东方大国中国头上。然而，历史表明，中华文明绵延五千多年，有着同西方完全不同的历史传统。在中国古代王朝历史上，个别统治者也曾有过对外邦的侵略和掠夺行为，但没有任何一个王朝像古代罗马帝国和近代殖民国家那样把对外征服掠夺作为实现国家富强的基本国策。中华民族五千多年发展从来不是依靠对外侵略掠夺来发展自己。中国古代的文明传统是“固本宁邦”“协和万邦”。就是说，发展和巩固自己，先把自己的事情搞好，搞好了自己事情之后也不去侵犯别人、掠夺别人，而是同外邦安宁相处，同各国协调和平。近代中国，从1840年之后的一百多年来，深受外国殖民主义的压迫、掠夺和欺侮。“己所不欲，勿施于人。”中国绝不会把这种痛苦的经历强加在别的民族身上。

现在东西方文明交流有了更好的条件。一方面，欧洲文化中心主义逐渐被打破，一些西方学者“重新发现”东方文明；另一方面，东方国家在现代化过程中要求更多、更开放地吸取西方近代文明的优秀成果。我们相信，通过相互交流，借鉴和吸收，东方文明与西方文明都将创造出新的辉煌成果。

中美关系：
斗争不可避免，和谈是唯一出路

近年来，中美关系不断向前发展，两国高层来往密切。

我国对美国致力于构建不冲突、不对抗、相互尊重、合作共赢的“新型大国关系”。但特朗普当选美国总统之后，对华采取强硬路线。

一、美国把中国作为“战略竞争对手”

2017 年 11 月，特朗普在他首次东亚之行时，提出“印太战略”，意在更大范围内“围堵中国”。之后，白宫出台了《国家安全战略报告》，将中国定性为美国的“战略竞争对手”；五角大楼出台《国防战略报告》，声称美国安全首要关切不再是恐怖主义，而是大国间的战略竞争，中俄首当其冲；还出台《核态势评估》报告，将中俄并列为美国安全的主要威胁。

在台湾问题上，特朗普一再违背中美两国在台湾问题上的协议，多次踩着“红线”，迎合“台独”势力。美国总统一上台，按照惯例，给世界各主要国家领导人发电文。而特朗普没有给中国领导人发电文，却给台湾的蔡英文打电话。特朗普还批准美国参众两院通过的《与台湾旅行法》，提升美台的政治、军事关系。甚至有消息说，美国国务卿准备访问台湾，美国军舰准备停靠台湾港口。

在南海问题上，美国不断派遣军机和军舰在南海“巡航”，挑战我国的主权和领土完整。

特别是特朗普执意发动对华贸易战，成为现在中美关系的焦点。

二、一场没有硝烟的战争

特朗普从竞选总统时期到就任以来，执意要发动对华贸易战。他拒不承认中国市场经济地位，随意对中国商品加征关税，限制中国企业在美国的正常交易，甚至要打压《中国制造 2025》计划。

特朗普发动对华贸易战的主要原因：

第一，源于特朗普的"美国优先"和"让美国再次伟大"的理念。产生这一理念依据是美国近年来一直存在着的"战略焦虑"。中国坚持走中国特色社会主义道路，使美国对中国实施和平演变的战略彻底失败。中国综合国力快速上升，美国实力相对下降，使美国普遍出现强烈的"战略焦虑"。因此贸易战意在打压中国发展，保持美国世界"霸主"地位。

第二，两年来，美国智库进行对华政策的大辩论。辩论得出的主要结论是：美国政府先前实施的"接触加遏制"的两手政策已经失败，美国需要重新制定对华战略和政策，倾向于使用美国实力优势，对中国在政治、军事和经济上采取强硬政策，扼杀中国的崛起。

第三，特朗普政府内阁，经过多次反复调整，现在全部是鹰派人物。如新任国务卿迈克·蓬佩奥、总统国家安全顾问约翰·博尔顿、白宫首席经济顾问拉里·库德洛、美国贸易代表罗伯特·莱特希泽。特别是这个著名的"战争鹰派"博尔顿被任命为总统国家安全顾问，增加了美国政策的好战色彩。博尔顿反对"一个中国"政策，主张美国加强同台湾的联系。

三、关于中美贸易不平衡问题

美国政府启动"301 调查"，打响美国对华贸易战的第一枪。美国政府的借口是"贸易逆差"和"贸易不平衡"。

为了避免贸易战，平衡贸易逆差，我国政府作出了一些让步，先是放开美国牛肉的进口。特别是特朗普访华期间，我国开出 2500 多亿美元的购买商品的大单。

但是特朗普步步紧逼。2018 年 3 月 22 日，特朗普宣布将对 500 亿美元的中国商品加征关税，并将限制中国对美国科技产业投资，中国立即作出反应。表明中国不愿打贸易战，但美国如果实施贸易战，必然会引起反击，美国会损人不利己。但特朗普听不进去。4 月 5 日他又宣布考虑再对中国 1000 亿美元出口商品加征关税。

贸易逆差问题，是经济结构调整和全球产业转移等多种因素形成的。美国不仅同中国，而且同日本和德国等国都存在贸易逆差问题。由于存在“美元霸权”，即美国多次自行印发美元，使美元贬值，因而贸易逆差的数额实际被扩大了。

中美两国双边贸易，使两国都受益，而且美国得到的好处比中国大。中美贸易有互补性，同时也存在结构性问题。中国对美国出口商品大量是日用消费品，美国进口产品中，41%的服装、72%的鞋靴、84%的旅行用品来自中国。中国生产的玩具、箱包和家具分别占美国市场的 86%、61%和 44%。而且这些中国商品都是价廉物美的。因此有一种说法是“中国人生产、美国人消费”。而中国从美国进口的主要是农产品和高附加值产品。2017 年中国从美国进口大豆 3285.6 万吨，占美国大豆产量的 27.4%和出口量的 57%，占中国进口大豆的 34.4%。中国已购买 1000 多架美国波音公司飞机，中国商用大型客机中 50%来自波音公司。但是美国政府限制向中国出口高科技产品。这也是造成贸易逆差的重要原因之一。

美国对中国贸易逆差的数据是以海关进出口数据为依据的。这存在一定的数据的虚假性。特朗普政府以贸易逆差为借口发起单方面的贸易调查是站不住脚的。中国向美国出口的机电产品，如电脑等自动数据处理设备和手机等移动通讯设备，这些产品都是中国进口零部件进行组装的产品，大量零件来自美国跨国公司。以苹果手机为例，出厂价约为 180 美元，中国进口的零部件占 172 美元，中国获得的组装费约为 6.5 美元。苹果手机在美国市场售价约 500 美元，其中 300 多美元利润为美国企业和公司所有。当最终产品运往美国时，其全部价值 100%被视为从中国进口。

四、谈判是唯一正确的出路

中国和美国是世界上最大贸易伙伴。在世界经济全球化不可逆转的现今，特朗普执意要同中国打贸易战，不仅影响中美两国经济，而且影响整个世界经济的发展。

从 2015 年以来，中国一直是美国最大贸易伙伴。2017 年中美贸易额 5837 亿美元。中美经贸关系一直是互补互利。经济关系一直是中美关系的“压舱石”。

中国不想同美国打贸易战，但如果特朗普政府执迷不悟，挑起贸易战，我只能出台应对措施，奉陪到底。当 2018 年 4 月 3 日，美国政府发布将中国出口美国的 1333 项 500 亿美元商品加征 25%关税时，中国财政部于 4 月 4 日，经国务院批准，将原产于美国的大豆、汽车、化工产品等 14 类约 500 亿美元的商品加征 25%的关税。

美国同中国打贸易战，将失去中国巨大市场，不符合美国利益，也同特朗普的“让美国再次伟大”的意愿相背。从现在情况看，特朗普虽然对我一再施压，但尚留有余地。

中国为维护自己的利益，对美国挑起的贸易战给予坚决回击，坚决打掉美国对 1000 亿美元中国商品加征关税的意向，坚决打掉要我放弃《中国制造 2025》的意图。同时表明中国对中美经贸关系进行谈判的大门始终是敞开的。我宜通过斗争，使美国认识到，中美经贸关系涉及两国人民的利益，进行谈判才是唯一正确的出路。

第八章

创新发展

学习习近平同志在纪念党的对外工作90年暨中联部建部60年大会上的重要讲话

习近平同志2011年1月17日在纪念党的对外工作90年暨中联部建部60年大会上的重要讲话，把政党外交提高到一个新的阶段。概括起来说，就是政党外交肩负“双重任务”。习近平同志指出：“党的对外工作是党的一条重要战线，是国家总体外交的重要组成部分。”

遵循习近平同志重要讲话的精神，在我国当代政党外交的实践之中，需要我们就政党外交的新发展，政党外交同时代与国情的关系，政党外交的战略和理论进行深入的探索。

一、时代与国情

我国政党外交的目的和宗旨，是要为我国社会主义现代化建设、为改革开放和为世界和平与繁荣服务，因而政党外交的实践与发展要同时代发展紧密结合，同党的事业和党的建设紧密结合，同中国特色社会主义理论与实践紧密结合。

习近平同志强调，面对国内外形势深刻复杂的变化，党的对外工作作为国家总体外交的重要组成部分，任务重，责任大，一定要继往开来、开拓进取、再创辉煌。习近平同志提出党的对外工作要努力成为促进我国对外关系发展的重要途径，成为向国际社会展示党的良好形象的重要窗口，成为党员领导干部观察和研究世界的重要平台，成为借鉴国外经验、为中央决策服务的重要渠道。

在学习习近平同志重要讲话中，我们体会到，“中国道路”“中国方案”“中国智慧”“中国主张”和“中国形象”，引起世界前所未有的关注和议论。这是件好事，说明中国日益强盛。

这些年来，由于中国经济迅速发展，经济总量已为世界第二。

“中国道路”取得举世瞩目的成就是确实无疑的。“中国道路”就是“中国特色社会主义道路”，强调的是“中国特色”和“社会主义”。因此认为“中国道路”是“国家资本主义”或者认为是“新自由主义”的“华盛顿共识”的一部分的观点都是错误的。美国学者模仿“华盛顿共识”，提出“北京共识”，已被许多中国学者否定。

“中国主张”和“中国智慧”主要体现在对外关系上，“中国主张”日益被世界所了解。面对十分复杂与多变的国际形势，我国坚持独立自主的和平外交政策。最近10多年来，我国积极活跃在国际舞台上，提出维护世界和平、促进共同发展、争取合作共赢，面对有关人类命运与前途和当前国际社会面临的各种重大课题，提出积极而具体的“中国主张”和“中国智慧”，得到国际社会的一致好评。在各种国际和地区组织会议上，我国既展示了大国风范，又显示了平等协调的态度。

近年来，我们十分关注“中国形象”，包括“中国共产党形象”的建设。这是一项需长期努力的工程。“让世界对中国议论纷纷”是件好事。“议论纷纷”中有正面的也有负面的，有积极的也有消极的。正面的积极的可以给我们以鼓舞和启示。负面的消极的，只要不是恶意的，我们要耐心地孜孜不倦地进行解惑释疑工作。这对“中国形象”十分重要。在信息化时代，我们国内的一举一动会引起国际社会的广泛关注和议论。因此，“中国形象”工程，也涉及我国国内问题。在这方面我们尚需花大力气做好工作。

政党外交工作，依据时代精神和国情发展，以服务党和国家大局为宗旨，围绕“中国道路”“中国方案”“中国智慧”“中国主张”和“中国形象”做了许多工作，取得了很大成绩。

二、继承与发展

习近平同志在讲话中指出：党的对外工作必须坚持以马克思列宁主义、毛泽东思想、邓小平理论和“三个代表”重要思想为指导，深入贯彻落实科学发展观，坚持解放思想、实事求是、与时俱进；必须密切关注和把握世界格局的变化及其特点，正确估计在世界现实格局下国内的工作和发展可以利用的机遇及可能遇到的风险，切实增强战略谋划和运筹；必须在围绕党的中心任务、服从国家总体外交中找准切入点和着力点，不断拓展工作的广度和深度，不断增强工作的特色和优势；必须遵循独立自主、完全平等、互相尊重、互不干涉内部事务的党际关系四项原则，诚心诚意同各国政党发展有利于促进国家关系和人民友谊的党际关系，推动同各国友好关系的发展。

习近平同志在讲话中首先回顾了中国共产党对外工作的历史和在各个不同历史时期的重要贡献。他的讲话，指出了政党外交在继承传统基础上与时俱进和创新发展，在学习习近平同志重要讲话过程中，我们体会到：40 多年来，特别是近 10 多年来，政党外交在党中央领导下，其外延和内分涵不断扩大和丰富。大致有以下几个方面。

第一，政党外交的交流范围和课题不断扩大和深化。世界各国政党按类别，除个别法西斯、恐怖主义和极端主义组织外，大致可以分为五种类型：共产党、工人党；社会党、社会民主党和工党；第三世界国家的政党；发达国家中间党和保守党；新社会运动发展起来的和主张和平与环保的新型政党。以党际关系四项原则为基础，我们党同上述五类政党都可以建立和发展交流与合作的关系。现在同我们党有交往的政党已经遍及世界各国，总数为 160 多个国家和地区的 400 多个政党。交流范围从国际问题到国内发展战略，经济和社会发展战略等涉及的各个领域。

第二，参加地区政党会议和建立政党高层或战略对话机制。我们已主办过和多次参加亚洲政党会议，近年来发展起来的政党高层或战略对话，是交流的新形式，受到各方的欢迎。这种交流平台可以就重大国际和地区问题，政党的战略思路，平等自由地交流，达到相互学习和借鉴的目的。同大国大党的机制化交往格局初步形成。2016 年 10 月，由中联部主办、重庆市委承办的“2016 年中国共产党与世界对话会”在重庆举行，主题是“全球经济治理创新：政党的主张和作为”。

第三，成为党的事业不可或缺的重要方面。胡锦涛同志十分重视政党外交。他指出，政党外交不仅是我国总体外交的一个重要部分，而且是党的事业不可或缺的重要方面。政党外交工作，要为全面推进社会主义经济建设、政治建设、社会建设以及生态文明建设服务，要为全面推进党的建设服务。习近平同志在纪念党的对外工作 90 年暨中联部建部 60 年大会上指出：要紧密结合统筹国内国际两个大局的要求推进党的对外工作，自觉把党的对外工作放到党和国家工作大局中来认识，放到中国与世界关系的发展变化中来把握，放到国家总体外交的战略部署中来谋划，处理好内政和外交的辩证关系；要紧密结合加强和改进新形势下党的建设要求推进党的对外工作，加强对外国政党治党治国经验的比较研究，冷静观察、深入思考世界政党兴衰成败的经验教训，深化对共产党执政规律的认识；要紧密结合提升党的国际形象的要求推进党对外工作，广泛介绍我们党以人为本的执政理念，展示我们党的执政成就，表明我们党维护世界和平、促进共同发展的真诚愿望，增进国际社会对我们党的了解、尊重和认同。这就赋予了政党外交新的内涵与外延。

第四，着重做好对外民间交往工作。人民外交是新中国外交的基础与特色。党的对外工作一向重视同国外的民间交往，参与统筹民间外交。世界上非政府组织的发展，对国外特别是发达国家的政治生态产生多种影响，也对国际社会的一些活动产生影响。因此我们要深入地研究出现的新情况，同我国外事单位以及我国各类民间团体和组织统筹合作，发挥在新形势下民间交往的积极作用。

第五，着重做好舆情工作。近年来，我们在做好公众外交，树立中共良好国际形象方面做了不少工作。广泛介绍我们党以人为本的执政理念，展示我们党的执政成就，表明我们党维护世界和平、促进共同发展的真诚愿望。中共与外部世界的相互认知有了发展和深化，党的国际影响显著提高。我们努力构建党的对外信息的立体平台，向国际社会展现我们党改革、开放、民主、进步和创新的良好国际形象。我们党在政党交流与对话中，宣传我们党的立党为公、执政为民的执政理念和成就，扩大我们党的国际影响。我们还积极做外国媒体工作。结合世界和我国发展实际，广泛介绍我们党维护世界和平、促进共同发展的真诚愿望，增进国际社会对我们党的了解、尊重和认同。

第六，经济和民生问题的交流成为重要课题。发展经济和改善民生，是我们党和许多国家执政党的共同愿望和要求。政党外交工作多年来着重同外国政党领导和各界政要交流各自的经济和社会发展战略和方针政策。国际金融危机和欧债危机爆发以来，在政党高层交往中，共克时艰、共谋发展成为最重要主题。在接待和出访中，我党和国家领导人，同外国党政领导人深入交流，不仅深化政治互信，而且直接促成一些重大经贸问题的解决。通过党际交流渠道为对外经贸合作牵线搭桥，取得了一系列实实在在的成绩。在组织地方党委领导率领的中共代表团出访活动中，有针对性地安排经贸活动，有效促进了地区重点经济领域的合作。

第七，增强生态文明的国际交流。党的十八大把大力推进生态文明建设放在突出地位。遵循党的十八大这一精神，我国包括政党外交在内的总体外交已把生态文明作为国际交流的一个极为重要课题。生态文明的国际交流存在一种复杂的局面。我国是发展中国家，同其他发展中国家一样，发展经济是第一需要。而发达国家凭借其资金和技术优势，强制要求发展中国家按照发达国家的标准来治理环境。这已成为近年来发达国家和发展中国家的主要矛盾之一。我们应继续按照国际社会达成的“共同而有区别”的原则，同发达国家进行交流和协商。在国际交流中，我们实事求是地介绍我国“资源约束趋势、环境污染严重、生态系统退化”的严峻形势。同时也说明我国多年来在环境治理和生态文明建设方面所取得的成就及远景规划。就政党交流和民间交流来说，我们多年来同一些发达国家和发展中国家的政界和学界就环境治理问题进行了专题交流、考察和研讨。

三、战略与理论

习近平同志在讲话中对进一步做好党的对外工作提出了明确的要求：要注重科学谋划、宏观布局、统筹兼顾，增强党的对外工作的协调性、科学性和实效性；要紧密结合统筹国内国际两个大局的要求推进党的对外工作。

面对世情、国情、民情的新变化，政党外交要积极探索新形势下的新途径和新机制，首先要加强战略思维和理论研究。

第一，以全面建成小康社会的奋斗目标为指导。我们党领导全国各族人民全面建成小康社会的指导思想，统领我们党和国家的全面工作，当然也包括党的对外工作，要把中国特色政党外交理论融入到中国特色社会主义理论体系之中，并成为其一个组成部分，使政党外交服务于中国特色社会主义总体布局，并要求党的对外工作注重科学谋划，注重科学性和实效性。不断深化对中国特色政党外交规律的研究和把握，把实践经验提升到理论高度，探索新形势下政党外交的新思路。政党外交要服务于2020年全面建成小康社会，实现我们党确定的“两个一百年”奋斗目标的第一个百年奋斗目标。

第二，突出战略思维。政党外交工作要研究世界大局的新变化和未来10年的发展趋势，研究世界多极化、经济全球化、文化多样化、社会信息化的新情况，提供我国实施“战略机遇期”时期的国际环境的预测和应对方针。现在，国际形势复杂多变，各大国都在调整内外战略。各国主流政党特别是执政党是各国战略调整的主导者。政党外交较少参与具体外交事务，重点放在同各国政党交流有关大国或大国集团战略调整的主要目标及思路。研究各大国特别是西方国家和新兴大国政治生态和文化语境的变化与特点。

第三，加强对外国政党治党治国理政经验的比较研究。这种比较研究，一要实事求是，二要为我所用，三要引申到具体经济和社会发展领域。如经济管理、市场管理、金融管理和现代企业管理体制；社会管理、社会保障、医疗保险、就业保障、养老保障、社会稳定体制；教育和科技创新体制；公务员管理和反对贪腐体制。我们在坚持中国特色社会主义基本政治制度、经济制度和文化制度的基础上，要同世界各国交流经济和社会管理经验，相互学习和借鉴。要积极借鉴人类政治文明和经济文明的有益成果，为我所用。

第四，深入研究世界政党政治生态和政党格局的新变化。世界上大多数国家实行政党政治。面对全球化和信息化的新形势，世界各种类型政党都在调整战略和方针政策。一些政党衰落，另一些政党兴起。要深入研究和思考世界各国政党兴衰成败的经验教训，以加深对我们党执政规律的认识。在新形势下，西方国家政党格局有很大的变化，但组成政党和政党活动的基本要素依然存在，政党政治的政治环境依然存在。要研究西方国家各类政党代表各自国家的不同阶级或阶层不断变化的情况。我们党的政治理念和价值观同西方执政党不同，我们不搞多党制和政党轮替。但是作为执政党我们同西方政党共同面临全球化和多元化的挑战，都有共同发展经济和加强社会管理和进行变革创新的任务。30 多年来，我们党同世界各类政党进行宽领域、多层次的交流。之所以能顺利进行交流，就在于我们党同包括西方国家政党在内的各国政党既有不同点，也有共同点，“求同存异”，发展“共同点”。

第五，认真总结 95 年和近 70 年的经验与教训。党的对外工作要继往开来，就要认真总结从建党以来近百年的党的对外交往，也要总结新中国建立以来近 70 年的政党外交的经验与教训。探求规律性，上升为理论。近百年与近 70 年的经验与教训，要从建党开始同共产国际的关系算起。最重要的一点是“独立自主”。我们党从建党开始就探索马克思主义同中国革命实践结合，从“走中国人自己的路”到“马克思主义中国化”，再到反对苏共指挥棒和确立“中国特色社会主义”理论，“独立自主”贯穿始终。我们要从历史和现实角度，对外宣传中共道路自信、理论自信和制度自信和文化自信，表明中国坚持走自己道路不动摇。

第六，研究资本主义和社会主义的新发展。做好政党外交工作，就要对“两种制度”即社会主义制度和资本主义制度进行深入研究。几百年来，资本主义社会体制继封建主义社会之后，创造了前所未有的财富，把世界文明带到一个新的高点。但同时，资本主义制度存在无法解脱的根本矛盾，不断发生危机。第二次世界大战之后，资本主义发展到了一个新阶段，对经济和社会发展的平衡作了一些试验，因而也增加了资本主义制度内部的“社会主义新因素”。苏联解体东欧剧变之后，世界社会主义运动一度处于低潮，进入了新探索时期，中共提出和发展中国特色社会主义道路和理论，为世界社会主义事业作出积极贡献。国际金融危机发生表明，资本主义进入金融帝国主义阶段，基本矛盾充分暴露。但这并不表明资本主义制度已临近灭亡。当代资本主义仍有活力，有自我修复能力。新的科技革命和经济全球化的发展，在资本主义制度内部正在探索“新资本主义”。

第七，研究国际思潮的发展变化。国际思潮不断变化，潮起潮落。国际思潮同各国各类政党格局变化密切相关。近年来，国际上“新自由主义”泛滥，保守主义势力上升。但是潮起潮落，国际思潮不是一成不变的。同时，国际思潮发展也是不平衡和相互制约的。在国际上“新自由主义”思潮上升的时期，拉美国家左翼思潮却迅速发展。

第八，政党外交研究要为建立马克思主义的有中国特色的国际政治和国际关系理论体系作出贡献。多年来，有关学术机构和职能机关对发展我国的国际政治和国际关系理论作出了不懈的努力和积极贡献，但中国特色的国际政治的国际关系的理论体系的建立尚需不断努力。因此建立马克思主义的有中国特色的国际政治和国际关系理论体系任重道远。政党外交的理论研究要为此作积极贡献。

政党外交要同时代发展紧密结合

政党外交的实践与发展要同时代发展节拍紧密结合，同党的事业和党的建设紧密结合，同中国特色社会主义理论与实践紧密结合。政党外交面临新形势。

一、世界处于大发展大变革大调整时期

习近平总书记在党的十九大报告中指出：“世界正处于大发展大变革大调整时期，‘和平与发展’仍然是时代主题。”在大发展过程中，变革成为时代之风，吹遍全球。国际力量旧的平衡正在被打破，新的相对平衡将在比较长的历史时期内形成。大变革必然要求大调整，它将调动世界各种力量和因素，造成国际关系在相当长时期内处于复杂多变状态。但总的来看，这种大变革和大调整是符合“和平与发展”的历史潮流的。

世界进入大发展大变革大调整时期，涉及国际格局、经济全球化、国际秩序、国际机制、国际安全、国际思潮、新兴经济体、大国关系、发展模式、文化多样性等方方面面。在大变革中，国际格局多极化、世界经济全球化和文化及发展模式多样化向广深方向发展。

邓小平提出“和平与发展”的时代主题后，已经过去30多年了。30多年来，我们在国内和国际领域取得的伟大成就，都是在这个伟大思想指引下取得的。现在，时代主题没有变化，但同30多年前相比，无论是国内形势或者国际形势以及中国同世界的关系都发生了广泛而深刻的变化。这三个方面广泛而深刻的变化，必然会丰富和扩大“和平与发展”时代主题的内涵和外延。

以“和平与发展”时代主题的理论为依据，顺应历史发展的新潮流，习近平总书记提出了构建人类命运共同体、共同推进实施“一带一路”倡议、推动构建以合作共赢为核心的新型国际关系、推进全球治理体系变革等一系列新的战略思维和决策。进入新世纪，深入贯彻落实构建人类命运共同体的战略决策，中国新时代大国特色外交和特色政党外交进入了一个新的发展时期。

我们需要观察和研究未来五到十年国际形势和国际关系发展趋势，其主要特点是：1. 世界经济政治格局出现新变化，国际权力结构处于新旧交替时期；2. 国际格局多极化和世界经济全球化深入发展，世界秩序和国际体系处于转折关键期；3. 气候变化以及能源资源安全、粮食安全等全球性问题更加突出，全球利益和本国利益复杂交错；4. 文化多元化的发展呈现多种价值观和多种发展模式，展现各种发展道路；5. 新兴大国崛起，南北关系和南南合作有新的发展；6. 大国战略互动关系发展变化，新型“战略伙伴关系”成为大国关系的稳定器。面对这一时期出现的错综复杂的世界形势和国际关系，各大国都在调整本国的国际战略。运行好我国的对外战略，适应国际国内新变化，对我国用好未来五到十年可以大有作为的“重要战略机遇期”十分重要。

二、国际权力配置和结构处于新旧交替时期

国际权力结构由以发达国家的一个中心，向多中心转移。新兴经济体由经济实力向政治力量演化。国际权力结构逐渐同国际格局多极化相适应。原有的国际权力结构已经动摇，新的相对平衡尚未形成，势必造成两种结果。首先是权力结构走向相对均衡与平等，有利于国际关系民主化的发展。同时，在此新旧交替时期，必然产生一定程度的混乱，各国特别是大国之间互不适应和互不信任，矛盾与摩擦随之增加。大国关系处于敏感的战略调适期。原来处于中心位置的发达国家，不情愿失去主导世界的地位。而新兴国家同发达国家的关系也有一个磨合的过程。

三、全球利益和本国利益复杂交错

全球问题议程复杂而多面，近10年来全球性问题突显，也给国际社会以及大国之间提供一个新的加强交流与合作的领域与机会。但是，经济危机、全球生态恶化、资源缺乏、粮食短缺、核扩散、恐怖活动、大规模自然灾害及流行性疾病等一系列全球性问题，既关乎全人类生存及长远利益，也涉及各方自身的主权安全以及发展权利和经济利益问题，因而十分复杂和多面。需要平衡本国利益和全球利益，平衡当前经济利益和长远的可持续发展。最近几年，全球性问题集中在5个方面。1. 国际金融体系改革；2. 气候和环境问题；3. 核扩散和核裁军；4. 恐怖主义袭击；5. 能源和粮食问题。这些问题已提上各种国际会议、地区会议以及多边和双边合作的议程。达成一般性共识容易，但如何协调和平衡各方利益是当前国际社会的一个难点，也是各国对外政策面临的一个现实问题，也是我国外交的一个新课题。我们要做到既独立自主，符合我国发展利益，又要符合国际社会主流；在各种国际会议场合，要努力寻求妥协与合作，不当头，不扛旗，不授人以柄；在维护社会安全、环境保护、救灾救助方面，要加强相互交流与国际合作。

四、文化多元化呈现多种价值观和发展模式

文化多元化突显，呈现多种价值观和发展模式。未来10年“模式之争”将更加复杂和深刻。大国关系的合作与摩擦扩展到政治、经济、军事、安全、文化和社会各个领域。各国之间依存性增强，合作领域扩展，矛盾和摩擦也随之深化。无论合作还是摩擦都出现了新的特点。社会发展形态将发生重大变革。社会发展形态是建立在生产力之上的经济基础和上层建筑的统一，是历史的、具体的和发展的。现今，资本主义和社会主义这两种主要社会发展形态，都在自我调整和改革之中。社会主义和资本主义在各自保有基本政治体制和核心价值的基础上，在广泛领域相互借鉴，包括市场经济普遍规律、

经济运行模式、社会管理经验、社会福利体系、现代企业制度、教育与职业培训经验、环境保护、劳工权益，等等。未来10年两种制度相互借鉴领域将更为广泛。我宜在坚持社会主义核心价值观的基础上，倡导互学互鉴。

五、关注“南北关系”和“南南合作”的新变化

当今南北关系已有了新的变化，虽然南北关系发展不平衡问题依然存在，经济全球化使个别不发达国家边缘化了，但从总体上看，经济全球化也使发展中国家得益了，新兴经济体群体性崛起就是例证。同时，还可看到，南北之间固有矛盾依然存在，但合作已成为主要趋势。第三世界明显分化已是不争的事实。发达国家与发展中国家之间，新兴大国同其他发展中国家之间，诸多矛盾呈现更加错综复杂的状态。团结第三世界是我国外交基石之一，但在外交实践中，需要根据第三世界新的发展变化情况，制定更加具体和灵活的政策。特别要注意在发达国家与发展中国家之间取得利益平衡，我宜从中起两者协调作用，还要根据新的发展情况，处理好我同新兴大国既合作又矛盾的新型关系。

六、国际安全形势更加错综复杂

世界格局转换和国际体系变革，造成权力真空与混乱，国际安全形势更加复杂严峻。不少国家依然加大军费投入，加速军事战略调整，提高武器和人员作战能力。大国围绕海洋、太空与网络的战略竞争持续升温。一些大国竞相通过立法，修建超大军事基地和开展大规模军演等。一些大国加大军民两用太空开发投入，加剧太空军事化和武器化趋势。美、日、俄、印等国纷纷制定网络安全战略，组建网络司令部或网络部队。各国旨在应对安全威胁而展示战略意图。突出跨国联合及显示军事实力的军事演习，而且呈现频率高和规模大的鲜明特点。

核问题显著上升，核裁军艰难推进，核扩散危险更加突出。清洁能源需

求上升推动和平利用核能热潮，核废料污染及民转军核技术的风险加大。一些非传统安全问题愈发突出。确保能源安全成为各国安全战略的核心。石油、天然气和水资源等成为诱发诸多国际国内矛盾的重要因素。全球粮食短缺严重，饥饿人口不断增长，粮食危机愈演愈烈。大规模自然灾害和传染病防控形势依然严峻。多国政治社会矛盾加深。恐怖主义威胁不减，反恐难度增大。

七、大国战略竞争更加复杂

面对国际新形势，各国都在谋划战略调整。特朗普当选美国总统后，在“美国优先”和“让美国再次变得伟大”的理念指导下，对美国国际战略进行重大调整，是冷战结束后美国最为重大的一次战略调整，对世界安全形势产生重大影响。俄罗斯外交战略也进行重大调整。欧盟确定了面向 2020 年的发展战略。日本、印度、巴西等新兴大国也进行战略调整。

围绕海洋、太空、南北极和网络的战略竞争有加剧之势。美、俄、加、澳等国抢占南北极“地盘”，宣示主权。美、俄等国加剧太空军事化发展趋势。许多大国近年来特别注重网络安全战略，有的国家还组建网络司令部或网络部队。

八、大国战略互动关系发展变化

冷战终结，维系大国稳定关系的基础是“战略关系”。我国首先同俄罗斯，之后同所有大国和大国集团都建立了“战略伙伴关系”，尽管提法有所不同。当时对“战略伙伴关系”提出三条原则，即一不结盟，二不对抗，三不针对第三国。20 多年的实践证明“战略伙伴关系”是大国关系的稳定器。但同时，现行“战略伙伴关系”也暴露了某些不足。这就是“战略伙伴关系”没有缔约或协议的约束，实可实之，虚可虚之，往往具有不确定性和不稳定性。特别是西方国家政坛和政府领导人变动频繁，实施“战略伙伴关系”缺乏连续性和必要的机制保障。因此，需要倡导一种新型的“战略伙伴关系”。

我们面临难得的历史机遇，同时又面对许多难以预见的风险挑战。虽然总的来说机遇大于挑战，但要清醒认识到，机遇与挑战并存是动态的，而不是固定的。机遇中存在挑战，挑战中孕育着机遇。国际形势复杂多变，突发事件增多，考验着灵活应变能力。我们需要增强忧患意识，主动适应环境变化，有效化解各种矛盾，对国际形势需要冷静观察，沉着应对，进行战略调整。

世界政党政治的新变化

一、政党政治的历史发展过程与特点

政党政治是现代世界各国普遍存在的一种政治和社会现象。政党政治是社会历史发展的产物，有其产生和发展的过程，带有时代发展的特色。从历史发展进程看，大致可以分为七个时期。

第一时期：以在欧洲的资产阶级革命成功和资本主义制度早期确立为标志，政党政治开始进入民族国家的国家和社会政治生活，为政党政治的初始阶段。最早出现的是资产阶级的政党政治。资产阶级以标榜民主自由平等为旗帜，以选举和议会为中心实施政党政治。

第二时期：同样在欧洲，从19世纪开始，工人阶级政党登上政治舞台，反对资产阶级剥削、压迫和统治。工人阶级政党是后于资产阶级政党而产生的。工人阶级的政党政治活动虽在体制外进行，但对国家和社会政治生态产生重大影响。资产阶级为主导的政党政治，也不能不受影响。

第三时期：在殖民地、半殖民地国家，政党是在民族资产阶级登上历史舞台的情况下建立起来的，这些政党为争取民族独立而斗争。

第四时期：俄国十月革命胜利，诞生了世界上第一个社会主义国家，建立了苏维埃政权。形成共产党领导的无产阶级专政和政党政治。

第五时期：二战之后，世界政党政治格局出现多元化倾向。除欧美资产阶级政党政治和苏联苏维埃政党政治外，还有中国特色的政党政治，即中国共产党领导下的多党合作与政治协商的政党政治；亚非拉广大发展中国家取得国家独立后执政的民族民主政党领导下的多种形式政党政治。在欧美发达资本主义国家内部，除资产阶级政党和工人阶级政党外，20世纪七八十年代，中产阶级新社会运动兴起，中间路线政党和绿党踏入政坛。

第六时期：冷战结束，苏联解体，苏联模式的政党政治消失，中国特色政党政治顺应时代潮流而发展。

第七时期：随着全球化、多极化和信息化的发展，世界政党政治进入一个新的发展时期。

从以上历史分析来看，可以得出以下几点结论：1. 政党政治是时代产物，不是凝固不变的，且随着时代变化而变化；2. 政党政治同政治体制密切相关；3. 政党政治同历史与文化传统意识形态以及同经济与社会发展水平密切相关；4. 政党政治主要指民族国家的特定政党的政治活动，其对外职能就是政党外交；5. 深入研究政党政治的发展变化，是做好政党外交的基础。

二、世界政党政治的主要类型

世界上大多数国家都建立了政党政治，但形式多样，无论哪种形式，都是以掌握和影响国内政治权力为主要目的。

从总体上来看，世界政党政治大致可以分为四种类型。一种是欧美日西方发达资本主义国家的资产阶级民主自由体制下的政党政治；第二种是社会主义国家共产党领导的政党政治；第三种是发展中国家的多种多样政党政治；第四种是俄罗斯及东欧国家的转型国家的政党政治。

西方国家代议制民主，也即政党通过组织选举，推举党派候选人，通过各级选举组建国家政权。一旦多数党组成政府，即成为执政党或联合执政党。通过议会，政党成为立法机构的主要推动力量，推动立法机器的运转，通过有关法律，并且实施行政权力与司法权力的运作。一旦组成政府，通过议会讨论按照执政党的纲领执行法律和政策。因此，在这一权力运作过程中，政党作为核心力量发挥作用，实施本政党的施政纲领。西方国家统称实行“多党制”，但情况各不相同。美国、英国、加拿大、澳大利亚、新西兰等国实行的“多党竞选，两党轮流执政”的“两党制”。德、法、意是多党竞争的“多党制”，也可以说比较标准的多党制，特点是政党数量繁多，不断出现新的政党。但基本是左右两翼“二元化”政党政治。但近年来，民粹主义兴起，欧洲一些国家政党格局发生变化，“左右两党轮流执政”格局被打破，中间派政党成为主流政党。日本是一种特殊的“多党制”。日本在法理上实施多党制，但长期以来是自民党一党掌权，只是到2009年民主党获多数选票上台短期执政才有所改变。“党内有派”是日本政党格局的特点。政府首脑更替大多数在执政党内部派系之间进行。日本国会资深议员大多有传承关系，而且派系斗争都有派系头目（往往是退下来的首相）在后台操纵。

俄罗斯和东欧国家实行的是转型时期政党政治。俄罗斯宪法规定，俄罗斯实施多党制，也允许各种政党建立与活动。但俄罗斯实行的是“有限民主”的多党制。在多党并存的政党格局中，由普京组建的“统一俄罗斯党”一党独大，被称为“政权党”。议会只是政党活动的平台，没有实际组建政府的权力。俄罗斯政府不是由政党提名，而是总统提名议会表决组建的。但同时，俄罗斯共产党和自由民主党也有自己活动的地盘。东欧剧变之后，东欧国家苏联模式的政党政治已经消失，已由一党制向多党制过渡和转型。通过竞选，获得选票多数的政党单独执政或多党联合执政。政党基本格局为左右两翼。由原执政党共产党改建的社会党是左翼力量的主导，而受西方政治影响的新建立的政党是右翼力量的主导。

在社会主义国家，都实行共产党领导的政党政治，但各有特点。中国特色社会主义历经近70年的考验，取得了伟大的成绩。除中国外，大多数社会主义国家实行共产党领导的政党体制。这种政党政治体制是由于国内外的特殊环境造成的，但都面临时代发展潮流的改革。

发展中国家政党政治复杂多样，所以各不相同，同历史文化传统和发展水平有关，也同不同宗教信仰有关。亚洲不同于拉美，拉美不同于非洲。如印度，国家独立后主要由国大党一党执政40多年，20世纪90年代后形成国大党和人民党两大党为主的多党竞争格局。马来西亚基本形成以“国民阵线”为主导，以马来民族统一机构（简称巫统）为核心的多党制政党政治。新加坡实行“多党并存、一党执政”的政党政治，于2000年总统大选后进入“多党竞争体制”。拉美国家在先后经历反对军事独裁的民主化进程、由右翼与左翼轮换掌权之后，在不少国家形成左翼掌权的独特政党政治，近年来又有右翼政党上台执政之势。南非独立之后，一直由“非国大”执政，其中南非共产党是一支重要力量。其他不少非洲国家实行多党制，但难有成功的例子。

三、在全球化国际环境下的政党政治

冷战结束，全球化迅速发展。全球化不仅促进世界经济发展，而且使世界政党政治进入了一个新的历史时期，面临新的挑战与机遇。

（一）一体化与多元化同时发展。

全球化首先是经济全球化。全球经济更加紧密联系在一起，“你中有我，我中有你”。经济是基础，必然对上层建筑产生影响。这种全球化产生的一体化趋向，不能不对国际政治和世界文化产生影响，对政党政治产生冲击。各类政党的战略和政策的确定不能不考量全球化带来的影响。本国的经济发展如何适应全球化的需要，政党的国际联系也要把全球化条件下的经济发展与合作放在极为重要的位置。但同时，全球化不能造成政治全球化和文化全球化，恰恰相反，在经济全球化同时，产生政治多元化和文化多元化。这种多元化广泛地表现在政治、社会、文化等整个领域，一体化和多元化看上去是矛盾的，但这正是社会发展的必然趋向。社会在相反相成中向更高形态发展。政党政治只有把握这种发展方向和规律，才能表现出强大的生命力。近年来，欧洲传统政党受民粹主义风潮冲击，力量削弱，民粹主义政党势力增大，政党格局进入更加复杂的多元化。

（二）世界性与民族性同时发展。

全球经济、政治、文化联系日益密切，各种国际性、地区性、集团性组织和论坛正在发挥重要作用。人类面临全球性的挑战问题和发展机遇，需要各国共同努力应对。因而，政党政治的现代发展必须具有世界眼光，也就是要有当代的“世界观”。与此同时，这种世界性不能也不要求抹煞民族性。相反，民族性的发展必然会丰富世界性。政党政治的现代发展，战略和决策要把握世界性与民族性的矛盾统一，牢牢地站在民族国家的战略利益之上，用世界眼光，把本国利益同全球利益结合起来。只有这样，现代政党在国际国内风云变化和错综复杂矛盾中才能立于不败之地。

（三）政党政治的理想性与现实性。

总结各国政党的盛衰成败的经验与教训，坚持自己的理论原则和核心价值观十分重要。西方政党看似超越意识形态，实际情况是在不断强化自身的意识形态和价值观，它们只是把自身的价值观说成是全民价值观而已。但与此同时，近20多年来，各国各类政党越来越走向现实。理想主义与现实主义相比较，现实主义明显占有优势。一切从现实出发，是各政党提振执政能力的要素。处理好理想性和现实性相互影响的辩证关系，即立足于贴近民众，贴近现实，又不失去远大目标与理想，使政党政治在千变万化的现实生活中站稳脚跟，并获取发展。

（四）对信息化的适应性与引导性。

政党政治面临信息化时代的考验。信息社会已经是一个事实，信息社会同新科技革命密切相关。这种以新科技革命为基础的信息社会的逐步显现，带来两种结果。第一种结果是：主要在发达的西方国家，阶级和阶层结构发生变化，白领工人人数大于蓝领工人，科研人员大于产业工人。第二种结果是：大众媒体在社会政治生活中的影响日益加强。社会民主走向多元，同时也要看到信息社会的发育与发展，同民族国家的政治制度、文化传统和经济发展水平密切相关。因而政党政治既要迎合信息化时代的大趋势，又要对信息化带来的大众媒体的影响和社会民主的作用加以引导。

（五）对国际思潮的适应性与抵制性。

国际思潮如潮汐，潮起又潮落。从20世纪70年代开始，“新自由主义”思潮在全世界泛滥，直到2008年发生国际金融危机而受到质疑。欧洲国家一些社会党，顶不住“新自由主义”思潮的冲击，提出新“第三条道路”的理论与政策主张，试图把社会民主主义同“新自由主义”结合起来。但这样做，模糊了社会民主主义的特征，失去了中间阶层群众的支持，社会党在欧盟多数国家执政或联合执政的好形势，不久就失去了。相反的例子是拉美。同样是20世纪90年代，拉美许多国家因接受“新自由主义”为执政主导思想，濒临破产。拉美国家痛定思痛，抵制“新自由主义”思潮，拉美左翼思潮在一定时期内获得很好发展机会，拉美左翼政党通过大选纷纷上台执政。

四、国外共产党发展趋势与特点

苏联解体东欧剧变之后，世界社会主义运动处于低潮。但从新世纪以来，国外共产党基本站稳脚跟，总体发展平衡，有的党的力量还有所发展。这一时期，国外共产党积极开展理论探索并运用于实际，但面临的挑战和困难仍然很大。

执政的共产党首先关注的是努力推进社会发展，在维护政权稳定的基础上，进行经济体制的改革或革新，通过加强自身建设提高执政能力。但各国的情况有很大不同。越共提出了“两个先锋队”的思想，即“越南共产党是工人阶级的先锋队，同时也是越南劳动人民和全民族的先锋队”，还强调进一步革新党的领导方式。老挝人民革命党认为老挝正处于“向社会主义过渡的初级阶段”。越共和老挝人革党坚持以革新促发展，两国经济持续增长。古巴共产党领导实行新老交替，在坚持社会主义方向的原则下探索进行经济体制改革。

非执政共产党从苏联解体东欧剧变以来力量和影响总体下降，在欧美发达资本主义国家影响日益缩小。但日共、法共、西共、希腊共、葡共、意大利重建共等仍有一定力量。在转型国家，俄共和乌克兰共产党在本国政治和社会生活中仍有一定影响。发展中国家的共产党，虽然在苏联解体东欧剧变后力量有所削弱，但一直比较活跃，理论探讨也有一些新思路。非执政共产党当前活动的一些特点：

1. 在客观形势十分困难情况下，许多非执政的共产党依然坚持马克思主义原则立场，旗帜鲜明地反对资本主义，坚持共产主义和社会主义信仰，这是十分宝贵的。

2. 国际金融危机虽然给左翼力量发展提供了机遇，但金融危机并未成为资本主义总危机，而资本主义具有自身强大的调节能力。非执政共产党虽然从危机中提高了对资本主义本质的认识，但由于自身力量和影响薄弱，只能发表一些观点和批判资本主义的宣示，未能乘机壮大自己的力量。特别是西方资本主义国家共产党，未能提出自己的明确和具体的政策主张。

3. 多数党进行理论探索但未有重大突破，难以适应全球化的时代潮流。

4. 一些非执政共产党，参加议会选举和胜选参加联合执政。日共、俄共、乌克兰共产党、捷克和摩拉维亚共产党参加议会选举，得票率有升有降，但通过选举，受到民众的检验。一些党谋求在现有体制内发挥更大的作用和影响。

五、社会党、社会民主党和工党从困境中走出来

战后，社会主义思潮和运动曾经兴盛过一段时期。当时，共产党和社会党的力量和影响在西欧都有很大的发展。而且，共产党的力量和影响要超过社会党。在20世纪60年代之后，西方科技革命兴起，带动经济起飞，社会阶级结构随之发生很大变化。社会党面对新形势，及时“转身”，从“工人政党”转变为“全民政党”，主要依靠中产阶级，但不失为左翼党的立场。“转身”之后，社会党不仅在力量和影响方面一直超过共产党，而且在欧洲成为政坛的重要力量，形成社会党作为左翼、保守党作为右翼的左右两党轮流执政的基本政党格局。冷战之后，欧洲社会党曾一度在欧盟多数国家执政或联合执政。在国际问题上，社会党主张和平、裁军、支持第三世界国家发展经济，倡导南北对话，反对美国“单边主义”，主张通过协商与对话解决地区热点问题。社会党无论是执政或在野，都是在本国或在国际上一支重要的政治力量。

进入新世纪之后，社会党面临一系列严峻的挑战。目前正处于艰难的调整时期。近年来不少欧洲国家社会党在大选中落败，失去执政或联合执政的地位。全球化迅速发展产生的一种效应，就是欧洲国家的社会越来越严重的分化和多元，欧洲社会和经济的深层次变化，带来各种利益和价值的冲突。社会党影响下的工会已被削弱。为适应全球化的发展，欧洲社会党提出介于

“新自由主义”和社会民主主义之间的“第三条道路”，实际上是引入“新自由主义”，淡化传统社会民主主义核心价值，推行私有化和削减社会福利措施。“第三条道路”对社会党产生严重后果。

首先，“第三条道路”使社会党模糊了自身的立场和政治特性，失去了相当一部分选民，动摇了社会党重要的社会基础。

其次，以福利国家为核心的社会民主主义传统经济和社会发展模式已不能适应全球化的时代要求，社会党在“新自由主义”和传统社会民主主义选择两难困局中没有提出新的战略思维和应对政策，造成社会党内部思想混乱。

第三，新的中产阶级迅速增加，社会和阶层结构进一步分化和多元化。传统政党模式受到冲击，整体和集团意识淡薄，社会政治生态发生重大变化，政党的意识形态与政策趋向之间呈现复杂状态。社会党外部标签失去稳定性，普通民众和选民无从辨别，失去对广大选民的凝聚力。

第四，信息社会的特点就是非群体化趋向，信息化的发展，使传统政党社会权威减弱，政党影响下的工会、青年和妇女组织力量削弱，大众媒体对民众生活影响越来越大，使社会党的传统组织形式不能适应广大民众和组织成员的需要。

第五，社会多元化的发展，使新型政党不断发展。新左翼政党以绿党和左翼党兴起为特点。新型政党对传统政党造成冲击。绿党和左翼党拉走了社会党相当多的组织成员和选民。另一方面，由于经济不景气和社会不稳定，极右政党和政治组织也乘机发展力量。

第六，“新自由主义”虽然由于发生国际金融危机而受到质疑，但在国际范围内，右翼保守势力仍然占优势。国际思潮的大环境对社会党的发展也不利。

面对出现的新情况，最近几年来，社会党努力探索走出困境的路子。欧洲社会党提出“新欧洲”的理念，强调在欧洲发展模式改革和欧洲一体化建设过程中，必须坚持社会公正价值，维护劳动的权利，防止大资本和市场垄断一切。在发生国际金融危机之后，提出了对“新自由主义”理论的批评和对全球化负面影响的批判，认为当前的全球化已造成全球贫富差距达到不能容忍的地步，环境遭到空前破坏，社会不公现象正在破坏社会稳定。提出“要市场经济，不要市场社会”的口号，提出保证社会公平，维护中下层民众的基本权益，反对市场决定一切，反对大资本为实现利益最大化和高额利润而放弃社会责任。

战后社会党的一个鲜明特点，就是奉行现实主义政策，灵活多元，不固守教条，但同时又容易陷入实用主义，复杂多变，对现在的政策调整尚需经历一段曲折变化而有成果。

六、民族主义政党曲折发展

民族主义政党是一个复杂的概念，泛指所有第三世界国家除共产党外的所有政党。民族主义政党是殖民地半殖民地领导民众进行反对帝国主义、殖民主义和争取民族独立的政党。民族主义政党是战后在获得独立的国家中执政的主要政党。

民族主义政党很难划分类别，各国民族主义政党都各具自己的特点。既有西方民主政治的影响，又有科学社会主义和各种左翼思潮的影响；既借鉴西方政党模式，又重视中国政党政治的经验；既有民主社会主义的影响，又有封建的种族的宗教的影响；既有经受几十年政治斗争考验的比较成熟的政党，又有新组成的政党；既有地区性特色，又有本国特点。

民族主义政党多彩纷呈，为我们提供了研究世界政党政治特点的新课题。在全球化形势下，发展中国家已经分化。有的国家经济发展迅速成为新兴大国，有的国家却被边缘化了。这些国家都出现了新兴社会阶层，特别是新兴国家中间阶层的扩展，必然在政治上提出自己的要求与主张。不断出现的新兴政党以及传统政党的改革与调整正在接受历史的考验。许多民族主义政党同中国共产党有传统友谊，同时重视中国共产党的政党政治的经验。不少民族主义政党已经成为本国和国际活动的重要力量。

民族主义政党战后大致有几个发展阶段。

第一阶段，战后初期。以巩固民族解放胜利成果，进一步摆脱殖民主义影响，建设独立的民族国家为主要目标。20 世纪五六十年代，社会主义信誉很好，有很大吸引力。许多重要民族主义都引进科学社会主义，将民族解放运动的政治组织组建为共产党和工人党类型的政党。这些民族主义政党作为执政党宣布在国内实行社会主义政策。民族主义政党当时宣称的社会主义，既有苏共的影响，也有中共的影响，同时还有他们自己认为的“社会主义”。在非洲，有的民族主义政党执政后还进行“社会主义”实践，但大多由于没有社会和阶级基础而在不断摸索过程中。

第二阶段从 20 世纪 70 年代开始。不少民族主义政党转向民主社会主义，特别在拉美。

第三阶段从 20 世纪 80 年代中期开始。受西方民主制度的影响，在“民主化”和“多党制”潮流的冲击下，一些发展中国家奉行西方模式的多党制，但在非洲造成的政治冲突和社会冲突加剧。

第四阶段从 20 世纪 90 年代开始。“新自由主义”在拉美国家盛行，但导引一些拉美国家走向破产边缘。在质疑“新自由主义”过程中，拉美许多国家左翼政党兴起，很快在一些国家曾经一度执政。这些国家奉行各自特色的社会主义，主张公平正义，克服贫富差距，发展国民经济，受到民众的拥戴。

政党外交要服务国际国内两个大局

习近平同志2011年1月17日在纪念党的对外工作90年暨中联部建部60年大会上的重要讲话中指出：我们要全面建设小康社会，实现把我国建设成为富强民主文明和谐的社会主义现代化国家的宏伟目标，在对外领域面临的首要任务就是维护和用好我国的重要战略机遇期，为我国改革开放和社会主义现代化建设创造和平的国际环境和有利的外部条件。他又指出：要紧密结合提升党的国际形象的要求推进党的对外工作，广泛介绍我们党以人为本的执政理念，展示我们党的执政成就，表明我们党维护世界和平、促进共同发展的真诚愿望，增进国际社会对我们党的了解、尊重和认同。在习近平同志重要讲话指引下，政党外交要服务好国际国内两个大局。

政党外交是党的事业重要组成部分，是国家总体外交的重要战线，也是国家软实力建设的重要阵地。党的对外工作紧紧围绕国家总体外交布局，为巩固和促进国家关系发展、营造良好的外部环境发挥了重要作用。我们丰富了与社会主义制度国家执政党交往的方式和内涵，进一步深化了传统友好关系；扎实有效地推进了周边国家特别是周边大国政党工作；巩固和拓展了同发展中国家政党的交往，进一步夯实了我对外关系的战略基础；与发展中国家政党频繁互访，政治、经济、文化互动加深，成绩显著；继续深化与发达国家主流政党和组织的交流与对话，促进双边关系的不断发展，增信释疑，交流互鉴，为我国深入进行改革开放服务。

一、服务于我国重大外交部署

通过同世界各类政党互访，特别是高层互访，致力于国家关系的巩固和发展。通过建立各地区各类政党的“交流机制”，可加强相互间的政治对话，促进相互了解，扩大共识。国家关系难免会出现一些曲折，政党交流在国家关系好的时候可以添砖加瓦，在国家关系出现困难时可以推动转圜，解惑释疑，使国家关系向好的方向发展。

同时，通过政党交流，积极推动国际和地区热点问题的缓解。国际形势复杂多变，动荡不安。政党外交根据国家重大外交部署，从国家外交全局出发，积极向中央提出对重大国际问题和地区热点的看法以及政策性建议，并且努力发挥政党外交多渠道、全方位联系交流的优势，积极推动地区热点问题涉及各方广泛接触，从而推动政治协调和劝和促谈进程。特别是近年来政党外交工作，主动服务国际国内两个大局，发挥优势，务实求新，为进一步完善国家总体外交布局，积极推动形成中国特色大国外交，宣介我坚持走和平发展道路、坚持互利共赢的对外开放战略作出了新贡献。党的对外交往工作形式更加多样，优势更加突出。

政党外交致力于国家关系的巩固和发展。同越南共产党、朝鲜劳动党、古巴共产党、老挝人民革命党最高领导人频繁会晤有力提升了新时期中越、中朝、中古和中老友好合作的水平。我党同德国、英国、意大利、奥地利、澳大利亚、新西兰、印度、韩国、日本以及一些拉美、非洲、西欧、东欧等地区国家的朝野主要政党派团互访，就国际形势和各自国家的发展战略广泛交换意见，取得了显著效果。着眼国家关系正常化，我党与未建交国政党的交往持续发展。通过政党外交工作，促进了国家关系的巩固和发展，而且使国际社会深化了对我国的“和平发展、合作共赢”的国际战略的了解和认识。

党际交往的机制化建设有了新突破。我党对政党交往的方式和机制不断进行新探索，逐步形成了一些适合双方特点、能够取得实效的交往机制。我党与周边国家政党、欧洲一些国家主要政党和部分发展中国家的执政党建立了定期交流机制。通过定期互访、合作举办理论研讨会、定向考察等多种机制化形式，深化了党际交往内涵，巩固了党际交往基础。

服务总体外交的领域有了新拓展。党际交往为国家总体外交服务，配合解决外交重点难点问题。利用党际交往渠道积极阐释我对台方针政策，深化外国政党政要对台湾问题的认识；推动一些国家政党政要做出积极表态，坚持一个中国的原则立场，明确反对“台独”。

二、交流治国理政经验

中共作为执政党，开展党际交往的一个重要内容是与外国政党交流治国理政和治党经验，学习外国党的长处，吸取外国党的经验教训，提高自身的执政能力。我们在党际交往中进一步加强对国外政党自身建设和治国理政经验的借鉴研究，及时跟踪国外政治思潮的新动态和世界政党政治的新动向，努力为党中央的战略决策提供智力支持。

苏联东欧发生剧变、共产党丧失执政地位后，我们积极探索政党执政规律和共产党执政规律，研究世界上其他政党兴衰成败的经验教训。

与此同时，随着中国经济的快速发展和国际地位的日益提高，越来越多的外国政党希望了解中国共产党的方针政策。社会主义国家执政党在与中共交往中，十分注重了解中共在加强党的自身建设和促进经济等各领域发展的做法，注重与中共探讨社会主义制度理论的新发展。发展中国家的政党，通过政党交流，借鉴中共治党治国经验。一些西方发达国家的政党也越来越重视了解和研究中共治国理政的理念和经验。

政党外交充分发挥与各国各类政党深入交往的优势，在党际交往中加强了对国外政党自身建设和治国理政的借鉴研究。中共出访代表团都有特定的考察课题，如考察外国政党的党建情况，外国的经济发展战略、经济结构的改革与调整，外国的投资战略，外国的行政体制改革及公务员制度，外国金融体制及其优势与危机，外国的城市管理、住房建设、网络通讯以及文化、新闻、媒体、教育、卫生等各个领域。近年来又增加了反腐、法治、治理环境等课题。考察结束后写出专题报告，供中央及有关部门参考。

三、加强国家软实力的重要阵地

营造客观友善的舆论环境，是政党外交的一项新任务。通过政党交往，我们对外宣介我国经济发展成就和对外政策主张，而且重点放在宣介我国的政治经济体制、政治制度以及我党的执政理念和党的自身建设方面。因此，政党外交已经成为我国国家软实力建设的重要阵地，也是对外宣传工作上重要力量。在对外宣介上，我们力求在形式上生动活泼，不断创新，本着“让世界了解中国、让中国了解世界”的精神，要讲好“中国故事”，自然也包括讲好“中国共产党的故事”。近年来，在政党外交及同政党外交有关联的民间交往中，加强了“中国共产党的对外信息传播”工程，以广泛的联系面和生动活泼的形式，将我们党的先进理念、战略思路、执政方式和各领域的方针政策转化为对外的软实力。

政党外交最突出优势是做人的工作。我们同外国政治家交往，根据不同对象，进行平等友好对话。广交新朋友、深交好朋友、不忘老朋友。这些朋友中，既有执政党领导人，也有在野党负责人；既有身负重任的当权派，也有青年政治家；既有建交国的政要，也有未建交国的政党领袖。通过政党交往，许多外国政要对中国有了较为全面的了解，清除了一些疑虑和偏见。他们看到正是一个坚持改革开放、谋求和平与发展、与时俱进的中国共产党在带领中国人民走繁荣富强道路，实现“中国梦”和“人类命运共同体”。

构建“新型国际关系”和我国政党外交的新发展

党的十八大以来，习近平总书记在国际关系和对外政策领域提出了一系列新战略和新思想，特别是提出了推动构建以合作共赢为核心的“新型国际关系”。

2015 年 3 月，习近平主席在访问俄罗斯时，提出“建立以合作共赢为核心的新型国际关系”。这是顺应时代潮流之举。“新型国际关系”包含丰富内容，既是我国一贯坚持的国际关系原则的继承，又符合复杂多变的时代发展的需要。建立“新型国际关系”是一个复杂的长期工程，同时也是发展作为“总体外交”重要组成部分的我国政党外交的一个重要课题。

一、“新型国际关系”顺应时代潮流

“新型国际关系”有深厚的历史背景和现实基础。这就是我国近 70 年来一贯坚持和创立有效的国际关系的原则和理论。

“新型国际关系”的提出，顺应了时代潮流。关于当代的时代潮流，可以归纳为“四化”，即“世界多极化、经济全球化、文化多样化、社会信息化”。其中“多极化”和“全球化”是多年前提出的，现在它们的内涵也有新的变化。“文化多样化”和“社会信息化”是近年来所强调的。国际格局多极化正在向“多个发展中心”方向发展；经济全球化向“你中有我、我中有你的命运共同体”方向发展；文化多样性要“相互尊重、相互借鉴”；社会信息化要“积极引导”和“国际合作”。

“新型国际关系”以“合作共赢”为核心。邓小平提出“和平发展”为时代主题已经30多年。30多年来国际形势发生很大变化，“和平发展”的内涵和外延也应相应深化和扩大。中共十七大在“和平发展”之后加上“合作”。中共十八大又在之后加上“共赢”。因此，“合作共赢”是“和平发展”的新发展。构建“新型国际关系”把“和平发展”的时代主题提高到了新的国际战略高度。“新型国际关系”贯穿于“战略伙伴关系”、大国的“大三角关系”和推动建设国际经济新秩序之中。

大国之间的“战略伙伴关系”是冷战结束之后提出来的。中国同几乎所有大国和大国集团都建立了“战略伙伴关系”。尽管提法不尽相同，深浅和亲疏也不相同，但大致有一个共同认识，这就是“战略伙伴关系”既非过去结盟关系，也非昔日对抗关系，而且也不针对第三者，目的是维系双边关系的共同“战略利益”。然而“战略伙伴关系”实可实之，虚可虚之。特别是西方国家政坛变动，会对这种关系作出不同的解读，甚至利用这种关系只为一已所用。因此，需要把构建“新型国际关系”同建立和发展“战略伙伴关系”结合起来，突出“合作共赢”“共同分享发展机遇，共同应对各种挑战”。

二、构建“新型国际关系”的丰富内涵

推动构建“新型国际关系”，内容十分丰富，根据个人理解，大致有以下内容。

（一）强调“和平发展，合作共赢”为时代潮流。当今世界正在发生深刻复杂的变化，但“和平与发展”仍是时代主题。面对世界多极化、经济全球化深入发展和文化多样化、社会信息化持续推进，“合作共赢”是现今人类社会向“和平与发展”目标前进的现实途径。

（二）宣示中国坚定不移走和平发展道路。推动构建“新型国际关系”，既积极争取和平的国际环境有利于我国自身发展，又以自身发展促进世界和平，促进中国和世界各国良性互动、互利共赢。

（三）推动构建“新型国际关系”同构建“人类命运共同体”是联结的。两者目标是一致的。就是要建立平等相待、互商互谅的伙伴关系，坚持多边

主义，建设全球伙伴关系，走出一条“对话而不对抗、结伴而不结盟”的国与国交往新路。

（四）推动构建“新型国际关系”同推进“一带一路”的倡议是相通的。推动“新型国际关系”以“合作共赢”为核心，“一带一路”倡议是合作的倡议、开放的倡议，强调的是共商、共建、共享的平等互利方式。

（五）构建“新型大国关系”，将推动同世界各国各方关系的全面发展。大国是影响世界和平与发展的重要力量，切实运筹好大国关系是构建“新型国际关系”的重要内容。同周边国家发展睦邻友好、互利合作的关系，突出体现“亲诚惠容”的理念，是推进“新型国际关系”的重要方面。推动构建“新型国际关系”，还应突出切实加强同广大发展中国家的团结与合作。

争取建立国际经济新秩序是一个长期的目标。现实的国际经济秩序是以西方发达国家为主导的，存在着不公平、不公正和不能持续发展的问题。但不能推倒重来，而应以渐进式改革，增加发展中国家的话语权、参与权和规则共同制定权。经济全球化既有利于世界经济发展又造成各国之间的经济摩擦和纠纷增加，特别在发达国家与发展中国家之间，在同经济发展有关联的进出口贸易、环境保护和知识产权保护等领域表现尤为明显。但同时，经济全球化使各国之间经济相互依存度增加，竞争与合作同时进行，以合作为主要趋势。近 10 多年来，国际和地区经济合作范围不断扩大，内容不断深化，机制走向完善。国际金融危机也为争取建立国际经济新秩序提供了契机。现在的共识是，首先要推动国际金融体系的改革，以“合作共赢”为理念，推动建立国际经济新秩序，以有利于在全球构建“新型国际关系”。

三、政党外交的新发展

我国政党外交工作，依据时代精神和国情发展，以服务党和国家大局为宗旨，围绕党和国家的中心任务做了许多工作，取得了很大成绩。

20 多年来特别是党的十八大以来，政党外交的外延和内涵不断扩大和丰富。大致有以下几个方面。

第一，政党外交的交流范围和课题不断扩大和深化。世界各国政党按类别，除个别法西斯、恐怖主义和极端主义组织外，大致可以分为5种类型，即共产党、工人党；社会党、社会民主党和工党；第三世界国家政党；发达国家中间党和保守党；新社会运动发展起来的和主张和平与环保的新型政党。以“独立自主、完全平等、相互尊重、互不干涉内部事务”四项原则和建立“求同存异、相互尊重、互学互鉴的新型政党关系”为基础，我们党同上述五类政党都可以建立和发展交流与合作的关系。现在同我们党有交往的政党已经遍及世界各国，总数为160多个国家的400多个政党。交流范围从国际到国内，从经济到社会，涉及各个领域。

第二，参加地区政党会议和建立政党高层或战略对话机制。我们已主办过和多次参加亚洲政党国际会议，近年来发展起来的政党高层或战略对话，是交流的新形式，受到各方的欢迎。这种交流平台可以就重大国际和地区问题，政党的战略思路，平等自由地交流，达到相互学习和借鉴的目的。同大国大党的机制化交往格局初步形成。

第三，成为党的事业不可或缺的重要方面。习近平同志指出：党的对外工作是党的一条重要战线，是国家总体外交的重要组成部分。这个重要论断把政党外交提高到同我们整个党的事业紧密相连的新高度。这就要求政党外交工作，要为坚持和发展中国特色社会主义，为实现社会主义现代化和中华民族伟大复兴的总任务服务，也要为新时代全面推进党的政治建设、思想建设、组织建设、作风建设、纪律建设服务。习近平同志在纪念党的对外工作90年暨中联部建部60年大会上指出，要紧密结合统筹国内国际两个大局的要求推进党的对外工作，自觉把党的对外工作放到党和国家工作大局中来认识，放到中国与世界关系的发展变化中来谋划，处理好内政和外交的辩证关系。这就赋予了政党外交新的内涵与外延。

第四，着重做好对外民间交往工作。人民外交是新中国外交的基础与特色。党的对外工作一向重视同国外的民间交往，参与统筹民间外交。世界上非政府组织的发展，对国外特别是发达国家的政治生态产生多种影响，也对国际社会的一些活动产生影响。因此我们要深入地研究出现的新情况，同我国外事单位以及我国各类民间团体和组织统筹合作，发挥在新形势下民间交往的积极作用。

第五，着重做好舆情工作。近年来，我们在做好公众外交，树立中共良好国际形象方面做了不少工作。中共与外部世界的相互认知有了发展和深化，党的国际影响显著提高。我们努力构建党的对外信息的立体平台，向国际社会展现我们党改革、开放、民主、进步和创新的良好国际形象。我们党在政党交流与对话中，宣传我们党的立党为公、执政为民的执政理念和成就，扩大我们党的国际影响。我们还积极做外国媒体工作。结合世界和我国发展实际，广泛介绍我们党维护世界和平、促进共同发展的真诚愿望，增进国际社会对我们党的了解、尊重和认同。

第六，经济和民生问题的交流成为重要课题。发展经济和改善民生，是我们党和许多国家执政党的共同愿望和要求。政党外交工作多年来着重同外国政党领导和各界政要交流各自的经济和社会发展战略和方针政策。面对国际形势的复杂变化和世界经济发展状况，相互交流治国理政的经验以及推进全球治理体系变革和贡献中国智慧、中国方案和中国力量，在政党高层交往中，共克时艰、共谋发展成为最重要主题。

第七，增强生态文明的国际交流。党的十八大把大力推进生态文明建设放在突出地位。遵循党的十八大这一精神，我国包括政党外交在内的总体外交已把生态文明作为国际交流的一个极为重要课题。生态文明的国际交流存在一种复杂的局面。我国是发展中国家，同其他发展中国家一样，发展经济是第一需要。而发达国家凭借其资金和技术优势，强制要求发展中国家按照发达国家的标准来治理环境。这已成为近年来发达国家和发展中国家的主要矛盾之一。我们应继续按照国际社会达成的“共同而有区别”的原则，同发达国家进行交流和协商。同时，我们自己也要为“全球生态安全”承担责任，也宜说明我国多年来在环境治理和生态文明建设方面所取得的成就及远景规划。就政党交流和民间交流来说，我们多年来同一些发达国家和发展中国家的政界和学界就环境治理问题进行了专题交流、考察和研讨。

第八，加强战略思维和理论研究。政党外交工作要研究世界大局的新变化和未来 10 年国际形势的发展趋势，要研究世界多极化、经济全球化、文化多样化、社会信息化的新情况，为我国“战略机遇期”提供应对之策。

深入学习
习近平新时代中国特色社会主义思想

关于政党外交重要论述，党的十九大报告指出，中国特色社会主义进入了新时代，提出了习近平新时代中国特色社会主义思想。习近平总书记在党的十九大报告中指出："中国共产党是为中国人民谋幸福的政党，也是为人类进步事业而奋斗的政党。中国共产党始终把为人类作出新的更大贡献作为自己的使命。"这宣示了新时代中国特色大国外交的目标和使命，同时也宣示了新时代我国政党外交，既要为实现中华民族伟大复兴的目标服务，也要为人类社会共同进步发展实现担当。

党的十九大胜利闭幕后不久，于 2017 年 11 月 30 日至 12 月 1 日在北京召开了中国共产党与世界政党高层对话会。习近平总书记作了题为《携手建设更加美好的世界》的主旨讲话。这篇重要讲话从全人类命运和前途出发，全面和深刻地论述了中国特色政党外交为"开创人类更加光明的未来"的宗旨与目标。习近平总书记的主旨讲话立足于"天下一家"理念，提出世界政党的"政治引领"和"政治担当"的共同责任，论述了"求同存异、相互尊重、互学互鉴"新型政党关系的原则。习近平总书记的主旨讲话着眼于人类发展和世界前途，深情描绘了人类命运共同体的美好图景，深刻阐明了建设一个美好世界和中国共产党为世界作贡献的历史担当。

习近平总书记的重要论述将作为习近平新时代中国特色社会主义思想载入史册，其关于新时代中国特色政党外交的重要论述也成为中国特色大国外交的根本遵循。

习近平总书记关于中国特色政党外交的论述有着丰富内涵。在深入学习中，我理解主要有以下几个重要方面。

一、天下一家

习近平总书记在主旨讲话中说："中华民族历来讲求'天下一家'，主张民胞物与、协和万邦、天下大同，憧憬'大道之行，天下为公'的美好世界。""世界各国人民都生活在同一片蓝天下、拥有同一个家园，应该是一家人。世界各国人民应该秉持'天下一家'理念，张开怀抱，彼此理解，求同存异，共同为构建人类命运共同体而努力。"

国际社会早就有人提出过"地球村"的概念，即"同一片蓝天，同一个家园"。提出"地球村"的理念是很可贵的。但在这个"村"里，并非"一家"，除友好往来之外，还存在从未间断的战乱，各种自然灾害，以及饥饿与贫穷。这就提出了在这个"村"里，人类"向何处去"的时代之问。习近平总书记以中华民族深厚的历史文化底蕴，洞察当代世界的现实，通览人类发展进程，提出"天下一家"崇高理念。如何治理这个"家"呢？习近平总书记明确提出："张开怀抱，彼此理解，求同存异，共同为构建人类命运共同体而努力。"这就是把"天下一家"同"构建人类命运共同体"紧密联系在一起了。

二、政治引领

习近平总书记在讲话中说："政党在国家政治生活中发挥着重要作用，也是推动人类文明进步的重要力量。"习近平总书记倡议世界各国政党同我们一道"做世界和平的建设者、全球发展的贡献者、国际秩序的维护者"，"为世界创造更多的合作机会，努力推动世界各国共同发展繁荣"。

习近平总书记从分析政党的历史地位出发，提出同世界各国政党一起努力的共同倡议，意味着政党要发挥政治引领作用。与会许多国家政党代表都赞同提出"政治引领"的政治责任，并表示要联系本国实际和国际形势，切实负起思想引领和组织动员的任务，坚持问题导向，发扬实干精神。

2017 年 12 月 3 日，在首届中国共产党与世界政党高层对话会的闭幕式上通过的《北京倡议》指出："在推动构建人类命运共同体、建设美好世界的过程中，政府、政党、议会、社会组织、公民等都应发挥积极作用。其中，政党作为国家政治生活的基本组织和重要力量，发挥着重要的政治引领作用。当前，持久和平、普遍安全、共同繁荣、开放包容、清洁美丽等日益成为世界各国人民对美好未来的期待，引领和推动世界朝着这个方向不断前进，是政党不可推卸的责任和使命所在"。

三、时代使命

习近平总书记的主旨讲话中提出了政党应自觉担负起时代使命的命题。他说："当前，世界格局在变，发展格局在变，各个政党都要顺应时代发展潮流、把握人类进步大势、顺应人民共同期待，把自身发展同国家、民族、人类的发展紧密结合在一起。我们应该志存高远、敢于担当，着眼本国和世界，着眼全局和长远，自觉担负起时代使命。"

我们生活在大发展大变革大调整时期，和平与发展仍然是时代主题。世界多极化、经济全球化、社会信息化、文化多样化深入发展，全球治理体系和国际政治经济变革加速推进。但国际形势复杂多变，世界面临的不稳定不确定因素突出。因而我们生活的世界既充满希望，也面临严峻挑战。各个政党担负起时代使命，并不是一句空洞的口号，而是要面对当前时代发展的现实，深入考察国际风云变幻，深入体察民情，把人类向往和平与发展的强烈愿望，把民众需求转化为政党的理念、宗旨、目标，制定符合实际的实施方案。特别是要推动和落实共同、综合、合作、可持续的"新安全观"，推进开放、包容、普惠、平衡、共赢的"新发展观"，确立求同存异、开放包容、互学互鉴、和谐共生的"新文明观"，推动尊重自然、顺应自然、保护自然、和谐宜居的"新生态观"。

四、互学互鉴

习近平在讲话中提出了建立“新型政党关系”的原则。他说:“不同国家的政党应该增进互信、加强沟通、密切协作，探索在新型国际关系的基础上建立求同存异、相互尊重、互学互鉴的新型政党关系，搭建多种形式、多种层次的国际政党交流合作网络，汇聚构建人类命运共同体的强大力量。”

1982 年 9 月，中共十二大政治报告中提出了独立自主、完全平等、互相尊重、互不干涉内部事务的党际交往的四项原则。30 多年来，在党际交往四项原则的基础上，我们党同世界上各类政党的交流与合作取得了很大的成就。

习近平总书记纵观国内外形势的新发展，提出了新时代的“新型政党关系”，必将使中国特色政党外交不断开拓、纵深发展，进一步开创新的局面。

习近平“新型政党关系”的理念，突出了“互学互鉴”的思想。这是顺应时代的潮流的，也是各国政党所期望的。

党的十八大以来，习近平总书记紧紧围绕实现“两个一百年”奋斗目标和中华民族伟大复兴的中国梦，开创了党和国家事业发展的新局面，在国际社会产生重大影响。习近平总书记围绕改革发展稳定，发表了一系列重要讲话，形成了治国理政新思想新战略。习近平总书记把握时代发展大趋势，提出了推动建立新型国际关系、构建人类命运共同体、共同推进实施“一带一路”的倡议，受到了国际社会的积极响应和普遍赞誉，深得人心。许多国家政党希望同中国共产党加强相互交流与相互学习，相互借鉴治国理政经验，了解“中国智慧”和“中国方案”。

在我国建设社会主义现代化国家、谱写改革开放伟大事业新篇章、实现中华民族伟大复兴的中国梦的历史进程中，我们也要学习和借鉴人类一切优秀文明成果。